细说中国历史人物

帝王系列2

完颜绍元 著

细说汉高祖

上海人民出版社

总　　序

郭志坤

　　中国历代帝王,在历史发展的舞台上扮演了重要的角色。由于他们的文治武功,作出突出贡献的,谓为明君;由于他们的昏庸残暴,成了千古罪人的,则谓为昏君。"朕即国家",皇帝有至高无上的权力,对当时社会乃至对后代的影响不可低估。"时势造英雄"与"英雄造时势",有其辩证关系。一个英明君主当政,在适当的历史条件下,就可以创造出国富兵强、繁荣昌盛的治世。一个昏暴的君主掌印,就有可能把国家搅得民不聊生,甚至衰败,最后灭亡。这是值得研究和考察的课题。对此,大凡政治家、学者,乃至平民百姓无不感兴趣。

　　我毕业于复旦大学历史系(中古史专业),自然对中国古代史,特别是对帝王的历史感兴趣。尽管被分配在《文汇报》社当编辑、记者,但几十年来我坚持利用业余时间考察帝王的功过问题,并断断续续写了有关帝王的读史札记与著述。

　　在撰写拙作《秦始皇大传》过程中,隋炀帝的形象不时地呈现在我面前。隋炀帝和秦始皇有着极其相似的地方,有其相似的结局,也有其相似的业绩,同时又有其相似的长期不公正的评价。秦始皇并吞六国,统一天下;隋炀帝还在晋王时,就出任平陈统帅,一举灭掉陈国,结束了自东汉以来,三国到南北朝长期南北对峙、分裂的局面,这是继秦始皇之后,又一次影响深远的统一活动。它为此后数百年的统一局面奠定了坚实的基础,其功勋可与秦始皇媲美,并非过誉。

于是在《秦始皇大传》出版后,紧接着撰写了《隋炀帝大传》。《隋炀帝大传》出版后,又准备撰写《永乐帝大传》。友人问我为何要为此三帝作"大传"?我说:此三帝在统一大业上有功,而且留下遗产。秦始皇统一中国,修筑了万里长城;隋炀帝统一中国,疏浚了南北大运河;永乐帝统一中国,建造了北京城。其实,当时还搜集了不少有关中国历代帝王的资料,准备为更多的有所作为的中国帝王立传。多位友人鼓励我,也有几家出版社约稿,让我倍受鼓舞。

1995年8月奉命调任上海人民出版社总编辑,肩负重任,不得懈怠。原先自己所拟定的写作计划全部搁浅,不过,对撰写中国帝王传记的打算始终没有放弃,我想,在职期间无力实现,可留待在退休之后进行吧。1996年初,我社编辑崔美明女士提出编辑出版旅美资深历史学家黎东方先生"细说中国历史丛书"的选题报告。作为总编的我心存矛盾,迟疑不决,因为社里历时数十年的重点图书《中国通史》以及"中国断代史系列丛书"将要全套推出,担心出版了"细说"丛书会否冲击上述两套重点图书的销售。然细读黎先生的"细说"丛书之后,觉得作者以精细入微之笔触、轻快流畅之文字娓娓道来,读上了就令人不忍释卷。写历史,不比写小说,写小说可以随意编造情节,把故事叙述得有趣有味,天衣无缝,写历史,就只能屈从于现有的材料,据实写来。我深感黎先生有过人之笔,认定这是一套深入浅出的通俗历史读物。对此好选题,我不忍放弃,于是决定先出版黎先生已写就的《细说三国》《细说元朝》《细说明朝》《细说清朝》《细说民国创立》。新书一上书架,市场反响很好。我建议补齐《细说秦汉》《细说两晋南北朝》《细说隋唐》《细说宋朝》,以全套推出,效果将会更好。惜乎当时已届九十高龄的黎东方先生未及完成全套"细说",遽然谢世,这一未竟事业最终由几位学术造诣颇深的历史学家仿照黎先生首创的"细说体"加以完成。"细说中国历史丛书"推出后,果然一印再印,很受欢迎。究其原因,本套丛书既严肃又通俗。黎先生所开创的"细说体"叙史体裁,是一种不同于古代之纪传体及现代之讲义体通史、断代史一类著作的新体裁。沈渭滨先生把"细说体"的特色概括为三点:融会贯通,取精用宏,深入浅出。所言甚是。我觉得"细说体"可以撰写许许多多历史题材的图书,若加插图,形成图文并茂,效果将会更好。

2001年,当崔美明提出"细说中国历史人物丛书——帝王系列"(以下简称"细说帝王系列")选题报告时,就引起我的极大兴趣,并非责编约请我参与撰写的缘故,实因选题构想道出了我酝酿多年的宿愿。我要责编尽快组稿并早日推出这套"细说帝王系列"。目的有三:

其一,普及历史知识之需。这套"细说帝王系列",同"细说中国历史丛书"一样,能够为历史知识普及化起积极的作用。章太炎说过:"夫读史之效,在发扬祖德,巩固国本,不读史则不知前人创业之艰难,后人守成之不易,爱国之心,何由而起?"葛剑雄先生竭力主张普及历史知识,并以其著述《历史学是什么》疾呼学界和出版界积极从事历史知识的普及工作,用通俗的语言,把较为深奥的历史知识传授给普通受众,以提高人文素质,塑造文明、开放、民主、科学、进步的民族精神。透过帝王的活动,形象地反映和推究人类的生存方式以及人类生活中的各种矛盾、困境等,从中给今人多有教益和启迪。就说秦始皇、隋炀帝,这两个帝王对建立统一的帝国有过突出的贡献。在统一之后,本可大展宏图,长治久安,而秦朝为什么二世而亡,隋朝为什么短期崩溃,这究竟是何缘何故? 学人都说,这与秦二世的倒行逆施、隋炀帝的荒淫残暴有密不可分的关系。应该说,此言不错。历史发展是有规律可循,但是,决非宿命论,不能说凡是历史上存在过的事,都是合理的,都是应该出现的结局。

其二,倡导真实写史之需。"细说体"写史特点之一就在于据实说来,不编造,不掺假,尊重历史事实,维护历史尊严。撰写历史人物传记是以真实为基础,历史人物的本来面目是怎样就怎样,秉笔直书,不应有所避忌。陈寅恪讲过:"在历史中求史识。"这是重要的原则。在今天,历史被搅得真假不分之际,尤为需要。我也不知何时起在银幕与荧屏上"戏说"之风兴盛起来,什么戏说皇帝剧,什么戏说皇后剧,什么戏说太监剧,什么戏说太子剧……完全不顾历史的真实,天马行空,随手挑来一个帝王或是一段历史,添油加酱,搅拌一番。有一段时间,出现"满台大辫子"、"七个慈禧闹荧屏"的景观。你若把它当历史,他会用"戏说"来敷衍搪塞你;你若把它当假话来看,他却又撑出一个朝代来吓唬你。看了这些非历史化的戏说"历史剧",往往会误以为历史上本来就是这个样子,因而"见怪不怪","习以为常",甚至把本来是错误的东西,竟当成了真实的历史接受下来。有一部50集的《秦始皇》电视连续剧,我看了五六集后,觉得剧情编造太甚,实在看不下去,奋然落笔,在《文汇报》《文学报》发了3篇批评文章,严正指出:这不是随意歪曲历史,就是对历史的无知。导演见文便找上门来说情,希望不要再发批评文章,让其50集播完之后再修改重拍。17年过去了,重拍片在哪儿? 又是一种搪塞敷衍。

其三,满足多元读者之需。有些同事或有些读者都有这样的说法:上海人民出版社已有《中国通史》、"中国断代史系列丛书",对中国历代帝王都有介绍,再说兄弟出版社也有多种帝王传记系列,再出"细说帝王系列"似有重复之嫌。我说:不重复,读者的需求是分层次的。由白寿彝任总主编的22卷本《中国通史》,历23年之久,集550位专家学者之功,系迄今最完整的大型学术性通史著作;13卷的"中国断代史系列丛书"历51年之功,对帝王都有涉及,但均未着墨加以介绍,多从学术角度进行探讨。前者适合于大学本科教材,后者适合于研究生教材。"细说帝王系列"则着眼于通俗大众化。细说关键在于说。文字是在语言之后出现的,开头只是存在于知识分子中。于是出现了以语言为载体的口头文学和以文字为载体的文本文学。文化层次不高者,往往喜欢以语言为媒介,也就是通俗大众化。我想,正由于这种通俗的"细说"才会被邓广铭先生评为"标准的深入浅出的历史读物",这套"细说帝王系列"的作者虽然文笔并非都与黎东方先生完全一致,但都以历史学家的睿智讲真实历史,不虚构故事,不杜撰情节,完全依史实本身的曲折复杂,把帝王的生平叙述清楚,使中等文化程度的读者获得真正的历史知识,又能给治史学者以启迪。

这是一套严肃真实的历史通俗读物,对于"古为今用"、"史料取舍"以及"增强可读性"等方面都掌握得度。

"古为今用"。古为今用,乃中国史学史上的一个优良传统。孔子编撰《春秋》在于"寓褒贬,别善恶";司马迁著《史记》要"居今之世,志古之道,所以自镜也"。一切有识史学家无不如此。"历史中有我们的人生,有我们的世界,有我们的自己","向历史中寻找人生、寻找世界、寻找自己的兴趣"(见李大钊:《史学要论》)。丛书的作者深刻理解历史的作用,在其前言或是后记都提及撰写的初衷。但是,他们在将历史人物作借鉴、求教训、强信心之用时,注重"循名责实",一戒造假,二戒比附,一切从史实出发,是什么样的帝王说什么样的帝王,作者通过帝王活动的展开以及不同人物的对比，体现叙述者的感情倾向，可谓为"寓褒贬于叙事之中"，这种含而不露的褒贬，正是史家"古为今用"的一种良苦用心，不像历史小说那样"主题先行"，牵强附会，或激情澎湃地抒发了时代的愤懑和呼喊。他们在取材上、用词上都能做到持之有据，言之有理。其"用"集中表现在：一是阐明历史的发展规律，二是传播历史的知识，三是提供历史的借鉴。历史知识开拓人们的视野，是一种生活的力量；鉴往知来，借前人的得失成败照见自己的作为，故谓"历史是面镜子"。某些影视历史剧为了达到"古为今用"，往往用古代的清官、好皇帝来比附。这种不依赖于制度的创新，而寄希望于抽象的个人道德，确是极其危险的。同时，以现代人的意识和眼光来解读历史，借古人的躯壳将现代人对权力、金钱、美女的欲求表现得淋漓尽致，孕育出来的只能是非驴非马、不伦不类的畸形儿，让人瞠目结舌。这种胡编乱造的历史是没有感染力，起不到教化作用的。

　　"史料取舍"问题。史料是复杂的，一要鉴别真伪，二要诠释说明，以求得"历史事实的例证"，此可谓关键。史料又被视为"说故事者"，也就是用史料去"让过去用它自己的声音来诉说"，由此可见，掌握正确的史料，能带来临场感和真实感，虽有后人转手叙述之难，但本丛书的作者力尽自己的才智，将一段段史料化为一幅幅"历史之画像"，让读者"直接观察"。"细说"，并非包罗万象、面面俱到，而是紧扣其人其事及其相关尽量详说，以显个性，让人读后如闻其声，如见其人，力避梁启超所反对的弊病，即把历史人物传记写成"一人一家之谱牒"。历史人物也是人，有血有肉，也有丰富可感的细节。本丛书作者注意把散落于人们视野之外的珍珠串起来，使读者了解了鲜为人知的秘闻内幕和轶闻趣事。用讲故事的叙述方式，用质朴的语句娓娓道来，于是历史人物变得那么生动活泼，真实可感。在运用这些"秘闻轶事"材料时,十分注重史料的真实性和科学性,不虚构,不扭曲,每一细节,必有所本。这是本丛书作者高明之处。有些历史传记,特别是帝王传记偏重于所谓的"揭秘"。说实话,历史上九重之内的"秘密",诸如宫廷阴谋、厚黑者胜,是不胜枚举的。唐太宗杀兄诛弟、霸占弟媳、逼父夺位,武则天的连杀亲子乃至亲手掐死自己的女儿,等等,在史书里都有记载,而有的却没有记载。有些人为什么喜欢看"戏说"?他们的回答主要集中在两点:一,有趣好看;二,了解一些历史。"好看"是艺术的追求之一,然而,如果通过观看"戏说""来了解历史",那只能是缘木求鱼。这套丛书的"细说"不同于"戏说",对于有关秘闻轶事史料的取舍可谓"恰到好处,取舍得度"。

"增强可读性"问题。历史并非依靠死记硬背的史料进入生活和心灵的,它本身充满着丰富多彩的情节。特别是历史人物本身具有极强的故事性、戏剧性。有一种说法:只要如实反映历史,就是具有可读性的。此说有所偏颇。增强可读性并非仅是文学技巧的问题,而是一个叙述内容的问题,即通过情节故事的选择,传递"历史人物"的性格和精神。如帝王的身世、宫廷生活、人物个性、民风民俗以及万国往来等等章节,都扩充了历史记述的空间,也增添了阅读的兴趣。在叙述中穿插一些引自原始文献的"资料",尽管仍为文字说明,但如同图像一般向读者提出了更多的问题和更深的思路。本丛书的可读性还在于作者对传主有独特见解,叙述中不断提出问题、回答问题,如此写法可以刺激和启发读者边看边思考,引人入胜。有的章节写得很生动,人物跃然纸上,把历史写得有血有肉,历史人物活起来了,进入了你的思维系统。作者为了增强可读性,在写作技巧上不仅取胜于优美的语言、生动的叙述,还作了精巧的布局,如对传主像戏剧那样树于对立面之中来展开冲突情节;要展示的人物思想不是叙述出来,而是让人物自己对话的表演;句式要简单,开篇要新颖;……就说开篇,这是很重要的,它能把读者一下子带入当时的历史氛围之中。传记的可读性靠编造当时的故事或者违背当时的典章制度和一般社会习俗,以七奇八怪来增强是不可取的。当然,传记文字的通俗是增强可读性的关键。《易经·系传》有言:"乾以易之,坤以简能,易则易之,简则简从;易之则有亲,简从则有功。"晦涩难懂的古埃及文化早已不再流传,而通俗易懂的欧美文化却能风靡全球,其通俗性起到了关键作用。这套丛书就是靠通俗的语言。

　　值得将"细说"进行到底!

　　是为序。

2004 年 9 月 30 日

自　　序

　　现代人口语中对古代皇帝的称呼，习惯上是分为"两条路子"的——一种是连朝代带谥号，比如"汉武帝"、"唐太宗"，另一种则是直呼姓名，比如"刘备"、"朱元璋"。有此区别的缘故，分析起来自然各有原因，但前者略具隔膜色彩，而后者隐含平视意味。本书的主人公刘邦，就属于后一类。

　　汉高祖刘邦所以值得细说的依据之一，因为他是中国历史上第一个平民出身的皇帝。但是，在许多刘邦传记的视觉中，都把焦点放在他从平民到皇帝的转变上，却忽视了这个"皇帝"的特殊性——刘邦称帝时的这个"皇帝"，无论从哪一方面看，都不是中国首创皇帝制度的秦始皇的自然继承者，更不是到他曾孙刘彻（即汉武帝）时，才最终坐稳权力巅峰的"朕躬独裁"的君主。刘邦可说是顺应那个时代的特殊理念，先与众人一起打天下，又与众人一起"共天下"的。按照"共天下"的约定，这个同刘邦一起打江山的平民集团曾占据西汉上层政权达四十余年，这在中国历史上可谓绝无仅有。所以，本书的视点，对于刘邦怎样把"共天下"现状向着"家天下"改造嬗替的过程，也给以特别关注。

　　其次，无论从勋业还是道德评判的角度，刘邦又是最富有争议的皇帝之一。早在封建时代，既有人颂他为"豁达大度，从谏如流"的英雄，也有人骂他是背信弃义，狡诈无赖的"竖子"。近现代以来，这种分歧几有水火无法相容之势。比如民国"奇人"李宗吾发明"厚黑学"，推举刘邦为皮厚心黑的代表人物，因为"厚黑"彻底，所以才取得成功。又如这些年颇有一些大学者热衷探讨"痞子文化"，亦认定刘邦是"第一游民"、"流氓皇帝"，更将楚汉相争刘邦战胜的结果叹为痞子文化的源头，似乎若非如此，中国的历史文化或许会有另一个走向。反之，从正面肯定刘邦的历史作用的声音也很洪亮，比如毛泽东就直言刘邦是"一位高明的政治家"（《毛泽东读文史古籍批语集》，第 121 页，中央文献出版社 1993 年版），史学大师汤因比更将他和西方的恺撒并列为对人类文明最有影响力的两大历史人物。凡此，固然反映出人们在评价历史人物时价值观念的反差之大，但也说明刘邦一生作为的斑斓多彩。

所以，本书将突破一般的评传式框架，力求在贴近历史原貌的基础上，让刘邦其人的思想风貌、禀赋个性、权变智谋、功过是非等，在错杂曲折的人生历程与人际关系中，得到自我展示，从而使读者获得一个不受概念化影响的立体形象。

芜言既毕，接下来就请刘邦登场吧。

目　录

一　出生之谜

　　周赧王五十九年乙巳(公元前256年)，刘邦出生于沛县丰邑(今江苏丰县)中阳里。当时这块地方归楚国管辖。

　　按照中国人以生肖纪年的传统风俗，乙巳年出生的刘邦属蛇。后来大家传说他是赤练蛇的儿子，斩杀了白蛇云云，不妨看作是生肖附会。《陈留风俗传》里，还有一个与此呼应的传说，讲刘邦做皇帝后，曾用"梓宫"，即皇帝级别的棺椁，放在幽野中为母亲招魂，结果有人看见一条"丹蛇"从水边游来，钻进了梓宫。丹蛇，就是赤色的蛇，恰好为他是赤蛇之子提供了印证。

　　其实，正是这个与肖蛇纠缠在一起的传说，使刘邦的身世从一开始便笼罩在一团神秘莫测的迷雾中。这就需要自他的出生从头细说了。

　　《史记》记载，刘邦的父母只留下刘太公和刘媪两个俗称，近似俗语中的"刘家伯伯"和"刘家阿婆"；又说刘家阿婆在湖边的堤坝上打瞌睡时，迷迷糊糊中与"神"做爱，紧接着又有刘家伯伯跑来做证人，见有蛟龙一条盘绕在妻子的身上。彼时雷鸣电闪，天色昏暗，就那么惊险而不失浪漫的片刻，未来的汉高祖胎床着膜了。

　　"真命天子"生而神之的神话历来皆有，惟丈夫目睹老婆与神共播"龙种"，还要以亲历亲见的当事人口吻作历史现场直播的，却是"二十四史"中仅有的一例。为此，有人曾带有暗示性地指出，司马迁作《高祖本纪》，开篇就来如此暧昧的一段，委实有点不恭不敬。

真相究竟如何，揣测者不乏其人。实际上在两性关系原始阶段的上古时代，妈妈生下孩子而没法确定父亲的，是不足为奇的普遍现象。等到强调父亲血缘的宗法观念在后世形成以后，最佳的掩饰办法，莫过于将"圣人"的出生神话化。《五帝本纪》的第一号人物，也就是中华民族奉为始祖的黄帝，就是他母亲附宝在祁野看见一道闪电绕过北斗枢星，"感而怀孕"的。在此之后，炎帝母亲任姒游华阳遇"神农首"而感孕，唐尧母亲庆都见赤龙而感孕，虞舜母亲握登见大虹而感孕。夏、殷、周、秦四篇《本纪》的开篇人物，也都没有亲生父亲；夏禹是母亲脩己吞食薏苡怀上的，所以夏人姓姒；殷契是母亲简狄拾取燕卵吃下肚子后结胎的，古人称卵为"子"，所以殷人姓子；周代始祖后稷是母亲姜原在野地里踩上巨人足迹后怀上的，所以周人姓姬。秦人以大业为鼻祖，《秦本纪》说：大业的母亲女脩在织布时，"玄鸟陨卵，女脩吞之，生子大业"。凡此种种，都可见"圣人"找不到亲生爸爸。

三代以还，按父系计算的宗法制度逐渐形成，但是两性关系的相对宽松，仍旧从制度的网洞中流溢下来。姑且不论《诗经》中那些浪漫场面的描写，据《汉书·地理志》介绍，甚至直到东汉时代，北方还流行着"宾客相过，以妇侍宿"的风俗。按司马贞对《秦始皇本纪》的索隐，就连这位"千古一帝"，也是他母亲"有娠"后，才由其前夫送给他父亲的。倘是背着配偶做爱，文言叫"野合"，在先秦、秦汉史上亦属常见。秦始皇巡游吴越，在会稽(今浙江绍兴)刻石歌功，宣传教化，特别告诫老百姓应该"防隔内外，禁止淫泆，男女絜诚"。可见当时在刘邦所出生的南方地区，这种"野合"的风气同样很流行，乃至上达天听，要大书特书了。

搞明白这些问题，刘邦的另一半来历也就迎刃而解了：他就是母亲与另一个男人在"大泽之陂"野合的成果。

读者或许还想知道那"另一个男人"究竟是谁？此乃历史侦探的话题，不妨放到后面细说，这里先设想一个"真命天子"的神话是怎样"取信于民"的：倒轧账的话，刘媪怀上刘邦应是甲辰龙年（前257年）。古人是依蛇之形象创造观念中的"龙"的，故又称肖蛇为"小龙"，且有"深山大泽，实生龙蛇"的环境构造说。刘媪于甲辰龙年在"大泽之陂"与龙相交，再生下属蛇的儿子，按当时人的思维方式，真是一段天衣无缝的传奇故事。不过刘邦的亲生父亲绝非刘太公，自然也就在人们将信将疑的流传中，慢慢地成为公认。况且这种直接把血脉攀上神龙的谱系，正好能证明刘汉皇家"真龙天子"君权神授，确实是有百益而无一害。试看一部《史记》，上起炎黄尧舜，下逮夏商周秦，一代代开山创业的老祖宗都是有母无父、事垂青史，给高祖派一个无名氏的"神"父，正是远溯传统，顺理成章。要不然，下蚕室、受腐刑的余痛犹在，奇耻难忘，司马迁又怎么敢公然青简黑字地挑明刘邦与太公之间并无亲子关系！

二　刘氏家世

司马迁不承认刘邦是刘太公的儿子，所以在《高祖本纪》中，并没有对沛县刘氏的家世作详细叙说。但是《汉书》的作者，以及为《史记》做《索隐》的裴骃等人，都很注重这个问题，还根据《春秋》等古籍记载做了详细考证。这个态度是对的，因为刘邦在"提三尺剑"创业过程中的许多作为，都与这份刘氏家世密切相关，也牵涉到我们今天来细说刘邦时对不少问题的解释，所以大有先介绍一番的必要。

根据班固、裴骃等史家的考索，沛县刘氏的先人，可以祖述到陶唐氏，就是传说中的古代部落联盟首领帝尧。帝尧本姓祁氏，是黄帝后裔分得的十二个姓族之一，其后子孙中有一支被封在刘国(今河北唐县)。到夏代第十三个夏王孔甲当政时，这个家族中有个人当官了，封"御龙氏"，大概是管理夏王车驾出行的职务。按说他姓祁，但既是当官的，总得在称呼上与族人有所区别，于是便因其来自刘国的缘故，叫他刘累。

这个刘累，就是沛县刘氏的太祖。往后的大致情况是：刘累因得罪夏王，被迫出逃，后人历经商、周两代迁徙，迄春秋时在晋国落脚，出任士师(法官)，从此便以官名为氏姓士。后来士家出了个能人士会，当上了晋国的中军主帅，还获得范(今河南范县)做封邑，故又称范会。晋襄公死后，国内为推选继承人分成两派,士会在内争中败北,便带族人逃往秦国,这是周襄王三十三年(公元前620年)的事情。到周顷王五年(公元前614年),士会因晋国首相赵盾之召,重返晋国,但家族中仍有自愿留居秦国的,便恢复了太祖刘累的姓氏,以示与士氏有别,此外也有说姓刘是取"留"在秦国的意思。当时秦晋两国接壤,后来刘氏中仍有人去晋国依傍士氏族人。到周贞定王十六年(公元前453年)韩、赵、魏三家分晋时,士氏早已衰落,返归晋国的刘氏成了魏文侯的臣民。战国初期,魏国日益强盛,魏惠王把国都从安邑(今山西夏县)迁到大梁(今河南开封),刘氏中也有人跟着搬到了大梁。周赧王二十九年(公元前286年),魏国与楚国、齐国联手攻灭宋国,瓜分了宋国的土地,原先属于宋国的沛县被楚国拿去,刘氏中又有人迁居到了沛县。

如果以楚国得沛的公元前286年为时间坐标,算到刘邦出世的公元前256年,刘姓从大梁迁到沛县的历史也就是三十年左右。以此推算,刘姓在沛县的始迁祖,至多就是太公的父亲这一辈。这个计算方式与《汉书》的记载正相吻合,《汉书·高帝纪》说:始迁沛县的刘氏,就是太公的父亲,因为定居在丰邑,所以称"丰公";又说,由于刘氏迁沛的时日太短,所以刘家在丰邑的坟墓极少。这个"极少"的概念,也许就是只有几处坟墓。

以上就是《史记》、《汉书》作者和注家为沛县刘氏勾画的姓氏迁徙图,其路线大抵为:陕西雍(今凤翔)→山西安邑→河南大梁→江苏沛县。但是自士会赴秦,刘姓在关中发祥起,再辗转迁居的这些刘太公的祖先们,究竟是什么人,什么身份,什么名字,都是失考的。或许刘邦做皇帝后,太公又曾向儿子作过家史口述,因为没有什么闪光点,所以也就没有记录下来,甚至连太公和丰公的大名,在历史上也始终是个空白。

但是这份家世是刘邦生前明确给予认可的。汉朝开国后为祭祀天地祖先建筑祠庙,设置的办事人员分别从秦、晋、魏、楚四个故国中的巫觋招聘,正好代表了沛县刘氏的四个迁居点。当然我们还会从后面的细说中发现,善于为自己制造公众形象的刘邦,最感兴趣的还是这份家世证明了他是帝尧的远裔。摸准他这个心态的汉朝史官,便用二十四个字对此家世作出精辟概括:"汉帝本系,出自唐帝。降及于周,在秦作刘。涉魏而东,遂为丰公。"

　　刘邦是否见过他的祖父丰公?我们也不知道。想来是个饱尝艰辛,而又对创造新生活充满希望的老兵吧。因为贫困,在富人聚居的大梁难以立足。适逢楚国灭宋后,因为这块地方战乱中丁壮战死、妇孺逃亡,遂以优惠政策向邻国招募移民,于是背井离乡,来到沛丰。可怜最终只是在丰邑的荒山上留下一座坟头,未能分享到一点孙子给刘家带来的福祉。

三　太公其人

表过沛县刘姓的历史脉络，再把话题转回来。

刘邦出世不久，刘太公就遵循楚国以"里"为单位的定时的户口登记制度，即"书社"之法，让这个不是自己血脉的儿子进了自家的户籍。凑巧，和太公同邑同里的卢家，也在刘邦诞生的同一天迎来了一个新生儿，就是后来被封为长安侯和燕王的卢绾。卢绾的父亲与刘太公一向亲善，又同日得子，里中人便凑份子置羊酒为两家庆贺。

上述卢绾与刘邦同日出生，同里邻居向两家送礼祝贺的故事，一般人都当作刘邦呱呱坠地时的一段佳话，并未十分重视。但我们在细说刘邦时，切勿轻易放过，因为这正是我们观照刘太公其人的一条线索；而刘邦虽然并非刘家伯伯亲子，毕竟是由这位名义上的父亲抚养长大，是解读刘邦家教影响的一个视角。

就从这个"同里"说起。"里"是春秋以来各诸侯国普遍实行的一种编户和管理制度。它的实际形态，就是一个四周用围墙环绕起来的封闭性社区，提供出入的里门晨启昏闭，都有时间规定。政府的政教实施、赋税收取、徭役征调，乃至刑罚庆赏，都以里为单位进行。每个里中居住多少户人家，各国规定不一，据《鹖冠子·王铁》介绍，楚国的每个里住五十户人家。按春秋以来的传统，里的领导核心叫"父老"，这个称谓直到秦汉时还在普遍使用,有时也叫"父兄"。揣摩它的含义,差不多就是把同住在一个围墙里的居民当成了一个家族,"父老"或"父兄"就是家长,其余人便是与之对应的"子弟"或"兄弟"。这种社会基层自治形态与称谓,与刘邦一生的业绩密切相关。

回到中阳里四十八户人家凑份子给刘、卢两家庆贺弄璋之喜这件事来看,不难推测,这两家中必有一位是父老级人物,也可能两位都是。但分析史料,刘太公不像。

《史记正义》说,刘太公"平生所好,皆屠贩少年,酤酒卖饼,斗鸡蹴踘,以此为欢"。在先秦、秦汉时代的语言中,安分守业,听从父老或父兄管教的年轻人,就叫"子弟",挣脱出这个体系的"问题青年",才叫"少年"。同样,像"屠"、"酤"这一类边缘性行当,"斗鸡蹴踘"这一类赌博性娱乐,也都是与"少年"联系在一起的社会现象。

我们从《史记》里就可以举出大量事例:逼迫韩信钻裤裆的恶势力,是"淮阴屠中少年";张良纠集的勇敢分子,是"(张)良亦聚少年百余人"。这个特殊群体的日常活动,就是抢劫杀人,埋尸匿迹;绑票勒索,诈伪骗财;掘墓盗物,铸造假币……反正都是扰乱社会秩序的行为,而平时又以屠沽这类便于混迹市井的行当作掩护,所以古人一向将之并视为不法分子的身份符号。

喜欢同这些人交朋友的刘太公,自己该是个什么形象,大体已经浮显出来了。

《三辅黄图》中还有一段可与《拾遗记》有关记载互相印证的史料,说刘太公卑微之时,随身佩带一把长约三尺的刀,刀上还有依稀难辨的铭文。某日,"游沛丰山中,寓居穷谷",看见有冶匠在那儿铸剑,便走近前去看热闹。冶匠看了他的佩刀后,说是古董,如果"杂而冶之,即成神器",太公大喜,便请他添加材料后,改铸成一把剑。后来刘邦斩白蛇时,用的就是此剑。刘邦做皇帝后,这把剑被当作历史文物收藏在皇家博物馆中,库名是刘邦儿子刘盈亲笔题写的"灵金内府",后来刘邦的妻子吕雉又改题为"灵金藏"。《拾遗记》的作者还见过这件文物,道是上面记有成剑的年月和铭文。《三辅黄图》是东汉人写的,连同《拾遗记》与《西京杂记》等书,都是唐代史学家为《汉书》作注释的史料资源,看来这段故事大抵可信。但读者应该搞清的问题是:在普遍推行法治的战国时代,平民百姓佩刀带剑是不允许的,只有聂政、荆轲这类放荡不羁的"任侠"之流,才以此作为一种身份标志。所以,太公的这段佩刀冶剑的经历,又为其人年轻时的形象写照,增添了更加生动的一笔。

　　父老,不仅是维护里人共同利益的家长,在行为上也应该是"子弟"的楷模。结交"少年"、佩刀游历的刘家伯伯,大概是没有当选资格的。这样看来,中阳里的父老应是卢绾的父亲。但是我们从《史记·高祖本纪》中有关太公的言行描述看,刘邦长大后的太公,已经是一个家道殷实的自耕农了,并且把多治产业作为人生目标,早就洗尽了"少年"的习气,受到里人的尊重。从"平生所好"到反过来骂刘邦是"无赖"之间,太公有一个人生的转变历程。在这个转变历程中,充当父老的卢绾的父亲,应起过重要影响,诸如庇护他在里中安居成家,帮助置田立业,不时予以劝谏指导,确保浪子回头不蹈覆辙什么的,最终确立了两家一向亲善的友谊。曾与屠沽卖饼一类交往的经历,这时也转化成了积极因素,有人认为刘家伯伯的产业比一般自耕农要多一些,很可能是趁农闲时兼做一点小生意的缘故。

　　在换了个人样,事业也有成的情况下,太公最终跻身父老一级,也是完全可能的。

四 羹颉侯

在刘邦落户刘家以前,太公有两个儿子,都按古时流行的伯、仲、叔、季的排行取名。长子刘伯,意即老大;次子刘仲,就是老二。刘邦本名是季,就是刘四。可是《史记》里没说有个老三刘叔,而在《汉书》中,刘邦还有个姊姊,先已追谥为"宣夫人",到高后七年(前181年)再加封"昭哀后",或许这位姊姊排行为老三。至于刘邦,是他做了汉王后才改的名,安邦定国,比刘老四的含义气派多了。古代的规矩,凡文字上不许直书当代君主以及君主所尊的名字,必须用其他办法避开,叫"避讳"。刘邦称帝后,讳邦不讳季,所以季布并未讳"季"而改姓。司马迁叙史中凡写刘邦登上政治舞台以前的生活,包括人物对话,多用"刘季"直称,听起来一口一声"刘老四",非常生动,但总有点轻蔑的意味。

除老大老二以外,《史记》中还出现过一个刘贾,后来被封为代王。据《汉书》介绍,他是刘邦同一个祖父的堂兄,早年的情况失考,刘邦被封为汉王的那一年,他已经是将军了,这就存在着从沛县跟随刘邦造反的可能性。假使如此,则太公在沛县还有兄弟。又有一个刘泽,《史记》说是"诸刘远属",相当于族人的意思,关系疏远;《汉书》说他是刘邦同一个曾祖父的族弟,关系又拉近了一层。但此人的履历从高帝三年才写起,仅仅是个郎中,直至高帝十一年才做到将军。查高帝三年,刘邦已在河南地区与项羽展开拉锯战,声势很大,所以又不乏河南刘姓到这时才来投奔的可能性。倘是沛县族弟随兄从军,绝不会升迁这么慢。

由此看来,刘家在沛县的成员寥寥可数,这就反证了他们在魏攻宋国时,才从河南迁居沛县的家世。要想改变这种门户孤单的局面,最佳方案莫过于"析户"。所以刘伯、刘仲相继娶妻后,都和刘家伯伯分家另过。刘伯早逝,刘仲撑出了一片小康。他的作业方式,大概也学刘太公,务农为本而兼营商贩吧。

老大老二先后分家了,剩下来的刘邦自然成为刘家伯伯期望中的顶梁柱。而刘邦不肯像父兄那样致力"生产作业",成日东游西逛,惹是生非,更兼"好酒及色",交往的朋友也多是挣脱子弟规范的一班"少年"。在小有成就的刘家伯伯眼里:这哪像是我的儿子!

何况他心中有数,这的确不是我的儿子。

天下事就是如此令人不解。不是刘家伯伯亲生的刘邦,活脱脱就是刘家伯伯年轻时的模样。后来刘邦有了亲生儿子刘盈,却循规蹈矩,全无父亲的痕迹,所以刘邦又一直抱怨,说这个儿子一点也不像是他生的。这可能是后天环境的作用吧。

父子间的矛盾无可避免地爆发了。这时老大刘伯已死,剩下一个全力以赴赚钱养家的老二刘仲。在刘太公心目中,老二与老四形成鲜明的对比,所以他常用老二为子弟楷模来教训老四。最让刘太公不满的是,这个儿子不仅挣不来一个钱,而且为人豁达,挺有派头,别人如有困难向其求助,只要手头有钱有物,照例是来者不拒的。少一个发家的帮手,多一个败家的浪子,这一进一出,让价值观念早已转变的太公算起账来就心痛。

眼看老四屡教不改,讲究实在的刘太公便采取了从经济供给上卡住刘邦的措施,于是刘邦转向兄嫂寻求后勤保障。当时刘伯已死,长嫂带着侄子撑门户,境遇不比以往,但是对这位小叔子还是以礼相待的。刘邦不识相,还经常领着那帮难兄难弟一起来蹭饭,时间一长,嫂子难免心生厌烦。有一天远远看见刘邦又呼朋唤友,带人来吃白食,忙走到灶前,拿起勺子猛刮锅沿,故意把声音弄得噼里叭啦猛响,假充在刮锅底,暗示菜羹都已经吃光了。估计当时的脸色也很难看。刘邦的那些朋友见此情形,倒比他识相,纷纷找借口告辞。送走朋友后,刘邦到灶边揭开锅盖一看,锅里分明还有羹在。从此刘邦便怨恨这位嫂子,害他在朋友面前失去了面子。等他当上皇帝后,分封勋臣亲友,却没有嫂子家的份。其实当时刘伯的儿子刘信已经长大成人,追随叔叔参加平叛战争,在北征韩王信的军事行动中建有战功,还当上了中郎将。对比有些刘家人的无功受禄,似乎是有欠公平的。于是太公出面为孙子向儿子求情,刘邦犹有余恨地说:"我不是故意忘记封他,只因为他的妈妈不像个做长者的样子!"

不体谅嫂子守寡育儿的艰难,反过来却指责她没有做长嫂的气度,这还是刘邦当上皇帝后的认识水平,当年那个气忿,就不用形容了。好在积怨吐过,皇帝而兼叔叔的派头还是要维持的。等他在高帝七年发布第七批封侯名单时,刘信总算榜上有名了。惟别人的封号都以县邑为名,如张良封邑在留,就称留侯;曹参封邑在平阳,就叫平阳侯;而刘信的封号奇特,称"羹颉侯"。《史记索隐》诠释,这个"羹颉"就是拿勺子铲锅底的意思。一句话,就是让刘信永远为母亲当初的行为背上黑锅,倒是这位大嫂本人,最终却被封了一个阴安侯,毫无"羹颉"的嫌疑。

比较起来,经济条件尚称宽裕的二哥,大概还能耐心应付刘邦的"打秋风",或许还帮了一些"救急"的忙,老婆也不像刘信他娘会做脸色。所以刘邦称帝后,封刘仲为代王。恐怕是嫌"刘二"这个名字土气了一点,先替他改了名,叫刘喜。

　　对于早就亡故的大哥刘伯,刘邦似乎凭印象,颇有好感。消灭项羽以后,还没有称帝,就追尊他为武哀侯了。看来这位大哥给四弟留下了美好的回忆。

五 父 与 子

　　目睹刘邦给予寡媳和长孙的羞辱,刘太公只有苦笑的份。他心里明白,媳妇拿勺子刮锅而导致儿子在朋友前坍台,根由还在于自己当初毫不留情地卡住了刘邦的经济来源。作为始作俑者,刘邦何曾一日释怀?

　　最能反映刘邦对太公感情的典型事例,并不止那个著名的"分一杯羹"的故事。单说他称帝以后,立太子,封皇后,封女婿,封兄弟,封儿子,封功臣,连故世多年的母亲也给了追封,惟独没有考虑过太公的封号,而且群臣中也从无一人就这个问题提过意见。为此,明人张遂曾在历史论著《千百年眼》中专列一条"汉高祖尊母不尊父",慨叹高祖称王称帝,已经七年,太公却仍然只是一个平头百姓,父子的地位差别不啻天壤,实在令人不可理解。

　　想一想刘邦为布衣时,父子俩势同水火的关系,再从刘邦迟早已知道自己并非太公亲子的角度考虑问题,就不难理解了。够得上在皇帝面前就"陛下家事"说几句话的,当然只有当初从故乡跟出来打天下的沛丰老乡。但恰恰就是这班人,对于刘家父子感情淡薄,乃至原非亲子关系的真相,即使不知其二,至少亦知其一,谁又敢出头学"羹颉侯"他娘?

　　解铃还须系铃人,太公必须拿出沉痛检讨的态度来,还皇上一个"尊严"。

这个故事,善用春秋笔法的司马迁就把它写在《高祖本纪》中,道是刘邦开始分批颁布封爵名单的同时,突然采取了一项行动:汉朝的政府作息制度,是每隔五天,休假一日。只要刘邦不是亲自带兵出去打仗,或外出巡视,但凡人在长安,必定逢休假日来看望太公一回,恭行儿子见父的礼节,关心一下生活起居,吃得好吗,睡得香吗,有哪儿不舒服?

太公只有小商贩那点儿算计,质地上还是乡下老头,只当这个儿子已成大器,也懂得孝顺父亲的道理了,居然受之不却。倒是随身服侍他的管家聪明——估计也是从沛丰老家跟过来的乡党,对老刘家的陈年旧事知根知底,一来二去,便悟出了道理,马上警告太公:"天上没有两个太阳,世上没有两个君主。当今皇上虽说是您老人家的儿子,却是人间的至高无上的君主;你老人家虽说是皇上的爸爸,说到底也只不过是君主治下的一个平头百姓。哪有君王向臣民行礼的道理? 照这样下去,皇上还有高高在上、治理万邦的权威吗?"

未知这个管家还用了几多理论,终于劝得偏老头翻然悔悟。等到下一个休息日刘邦再来看望时,白发苍苍的老太公早早恭候在门口,手里还捧一把扫帚,作九十度鞠躬状,就像奴仆跪迎主人一样。一见皇上的车驾来到,忙按照数天来管家的指导,一边哈着腰儿作扫地动作,一边碎步往后倒退把车驾迎进来。

刘邦亦作"大惊"状,忙走下车来,摆一个"下扶太公"的姿势。太公不肯,像是背书似地喃喃道:"皇上是人世至高无上的君主,怎么可以为我而搞乱了治理天下的法度?"

太公在家人环伺下偿还了旧债,司马迁笔锋一转:"于是高祖乃尊太公为太上皇"。

有了太上皇称号的刘太公搬进了儿子居住过的栎阳宫,儿子则移居由兴乐宫改建的长乐宫,继续保持沛丰时代父子不在同一个屋檐下生活的格局。《括地志》说,刘太公变成太上皇以后,"时凄怆不乐",刘邦听说了,便把侍候太上皇的人找来,询问缘由。他们便告知说,太上皇现在住房改善了,原来那些朋友和娱乐却都没有了,所以高兴不起来。刘邦乐了,这不也正是我终生难忘的岁月吗?马上让人在栎阳宫南面的郦邑,仿照老家丰邑的人文环境,盖起一片造新如旧的社区,又把太上皇当年的那些老朋友连同家属都迁居到这里。这片社区后来就被称为"新丰"。成书于汉晋时期的《西京杂记》也记有这段史实,并说"故新丰多无赖,无衣冠子弟故也"。此又证明了太公父子两代年轻时俱非"子弟"而都是"少年"、"无赖"的身份。

实际上,只要站在太公的立场上设身处地想想,便不难体会"时凄怆不乐"的深层原因,刘老四对老子的报复,已到了逼迫父亲做矮人的地步,如今侍从环伺,形同监管,抚今追昔,还不如当初在故乡做"少年"快活,又哪能高兴得起来?明代的李贽,世称"儒家叛徒",典型的持不同政见者,尤能把握刘太公的真实心理,又看穿了刘邦欲借建造新丰,挽回"太公拥篲"事件给自己公众形象造成恶劣影响的用心所在,所以特地把这个故事抄进他的名著《初潭集》,然后用辛辣的口吻写了六个字:"大孝子! 大见识!"

然而,即使有此亡羊补牢的"大见识"和"大孝子"行动,刘邦毕竟是刘邦,事过未久,高帝九年(前198年)十月冬,分封在各地的刘姓藩王来长安朝见皇帝,恰逢新建的未央宫正式落成,刘邦便下令在未央宫前殿上摆开家宴,在京勋臣也多来赴席庆贺。酒酣耳热之际,灌满了歌功颂德之言的刘邦,忽然兴起了忆苦思甜的情怀,举着玉卮站起身来,要向太上皇敬酒,谁知一开口颂祝酒辞时,便无法控制自己:"过去,您老人家常骂我是无赖,不能治产业,没有老二的本事大。现在您看,本人的产业和老二相比,到底谁多?"据司马迁在《高祖本纪》中的记录,当时"殿上群臣皆呼万岁,大笑为乐"。

当着众多儿孙辈和许多来自故乡的群臣,至少已经年届八旬的太公,在满座的"大笑为乐"中,再一次为当初严待老四,付出了蒙受羞辱的代价。

这是敬酒吗?

翌年七月,"太上皇崩栎阳宫"。

这时刘邦也已经是年过六旬的人了。

大概自己也觉得去年在未央宫所设家宴上的祝辞过分了一些,办完太上皇的丧事后,刘邦下令赦免栎阳的囚犯,为太上皇祈祷冥福,又命将郦邑正式改名新丰,以慰太上皇不能魂系故土的遗憾。八月,再诏令各诸侯王都在国都立太上皇庙。自此,沛丰老汉刘太公与汉高祖的恩恩怨怨全都化解了。

六　母亲和兄弟

　　刘太公虽然在父子关系上受了点委屈,但总算也享受了几年太上皇的荣华。相比之下,刘邦生母的结局可谓凄惨。

　　据《史记正义》等文献,刘媪是儿子起兵反秦,率部队与敌军野战时,死在陈留(今河南开封东南)县东北约三十里处的小黄城的。当时因戎马倥偬,所以刘邦就地葬母。等他在汜水北岸登皇帝位后,所发布的第一批诏令,就是尊王后为皇后,立王太子为皇太子,追尊母亲为昭灵夫人。接着又在小黄城用梓宫为母亲招魂,并就地营建陵庙。前面讲过的招魂时有丹蛇游入梓宫,就是这时发生的故事。清人史梦兰拟西汉宫词:"昭灵幽怨隔黄乡,广漠魂归枕席凉。"揣摩词意,当初战乱期间,葬母事不仅粗简,而且慌忙,或许连葬地也找不见了,因此有野地招魂之举,而当年的居处和葬地,只是一片偏僻的"黄乡",小黄城是后来托了在此营建陵庙后才起的名称。抚今追昔,不难体会刘邦内心的伤感。

　　查刘邦攻取陈留,约在秦二世二年(公元前209年)与三年(公元前208年)之际。原居沛丰的刘媪何以会死在陈留附近的小黄城,应该说也是颇费猜详的事,这里姑且不论。

　　刘邦还有一个弟弟刘交,表字游。《史记》说他是"高祖之同母少弟"。言同母,知其异父。是否和刘邦异父,不明。

刘交爱好读书，多才多艺，少年时代曾随战国名儒荀况的门人浮丘伯学《诗经》，后来成为著名儒学家的穆生、白生、申公等人，当时都是他的同学。直到秦始皇三十四年(公元前213年)，政府颁发了焚书令，凡有再敢谈论《诗》、《书》的均处死刑，这才各自散去。到秦二世二年，已经被推举为沛公的刘邦带着萧何、曹参等人一起去留县(今江苏沛县东南)联络自立为楚王的景驹，刘交也在同行之列。其后西攻南阳，取道武关，大战蓝田，挺进关中，刘交无役不从，到刘邦驻兵霸上后，即以战功封文信君。照这样的记录，即使刘交被迫辍学《诗经》那年还只是十岁左右的童子，到追随刘邦反秦时也该是十六七岁的青年了。而此前我们已经知道，刘媪死后葬小黄城，当是秦二世二年到三年的事。如果刘太公在此之后再找个老伴，断断不可能生出这么一个儿子来。以此推算他与刘邦之间的年岁差距不会拉开太大，至多也就是十多岁左右吧，因知他与刘邦是"同母"决无疑问，很可能也非太公亲子。

太公抚养儿子的最终目的，是想让他们像老二刘仲一样，多治产业，为刘家光大门户的。没想到这两个小子相继背离了他所期望的人生轨道：刘邦在行为上每每成为当时社会的打击对象，常常要"避风头"，所以才引出前面所述的"羹颉侯"的故事；接受《诗》、《书》教育长大的刘交，则在观念上成为当时主流意识形态——法家思想的对立面，是一个躲在乡下的持不同政见者。诸位注意了：当陈胜、吴广在大泽乡揭竿而起，反秦烽火迅速燃起各地时，熟读儒家《诗》、《书》的刘交很快与为秦吏多年、饱受法家思想熏陶的刘邦一拍即合，其思想基础与郦食其、叔孙通这班儒生们相同，那就是：不同的"学术流派"，在推翻秦朝的大目标上取得了一致。

相反，已经撑出一片小康局面的太公和刘仲，自然是维护现存制度的既得利益者。因此刘邦虽有"沛公"的名义和地位,在他们看来,那是兔子尾巴长不了的造反者,莫如趁早划清界线。尽管许多沛丰乡党都跟着刘老四铤而走险了,刘太公和刘老二却选择了留在乡下继续当大秦良民。冰冻三尺,非一日之寒,父子兄弟间在基本立场上的矛盾,应该有一个逐渐增长的过程,又势不可免地要把刘邦刘交的"同母"——最后的保护人刘媪,从中立的立场上慢慢地卷入漩涡,这就是沛丰刘家"父党"和"母党"的划分了。

细说到此,刘媪在战火纷飞中客死陈留黄乡,太公却反而稳稳当当活在沛丰的疑问,大抵有一点历史真相的轮廓浮现了:震撼大秦帝国的农民起义风暴,已经进入了促成整个社会大动荡、大分化的历史关头,沛丰虽处偏乡僻壤,老刘家却是最为敏感的家庭之一。何去何从,靠精打细算发家的太公属于理智型人物,所以"父党"留在这片他们辛勤创起家业的故乡土地上;刘媪呢,从古到今,做母亲的在对待子女的选择上,几乎都属于情感型("大义灭亲"这类事大抵都是父亲干的)人物,所以当两个小儿子提着脑袋走上造反之路时,她也义无反顾地走上了随军行动的道路。与其说是思想觉悟所致,倒不如说是出于爱子情深的母性情怀更切合实际,留在家里也是提心吊胆,真不如要死也死在一起。

再从刘邦的立场看问题,一旦造反失败,株连全家的大秦法制他是明白的,这也是当初人望更高的萧何、曹参等人都不肯当头,非要推举他做"沛公"的原因。往后的历史表明,太公也好,老婆也好,亲生的女儿、儿子也好,谁都不能成为敌人胁迫刘邦动摇妥协的"软肋"。但是儿子对母亲的依偎之情,恰恰是人类与生俱来的天性,可以说,刘媪的毅然选择,不啻是最终断绝刘氏兄弟后顾之忧的关键一剑。从此,刘邦永不回头地走向了他的第二个人生。

　　战火中的妇女,艰难坎坷不用形容。导致刘媪客死黄乡的直接原因,死于疾病,死于饥饿,死于乱兵之中……或许刘邦自己也没弄清楚过,以致最终找不到尸骸,要用梓宫在野地招魂。然而战争中收到的噩耗,又同时意味着最后一丝牵挂的消失,算在秦军头上的这笔账,自然就是化悲痛为力量了。刘邦称帝后马上追尊母亲,完全符合饮水思源的传统思维方式。

七　楚风滋养

　　刘交的身世剖析,引出了对刘邦母亲的深度认识;刘媪形象的逐渐清晰,又为人们对刘邦家里暧昧的成员结构和复杂的关系编织,开拓了多视角的认识。

　　但是,一个人的成长环境不仅仅是他的家庭,或许比之更重要的倒是社区和社会。接下来,我们就该把细说刘邦的话题,引向那时的"人文环境"了。

　　翻开《史记·货殖列传》,有一段写到了刘邦的故乡:淮北的沛县、陈县、汝南、南郡,均属西楚地区。这里的风俗轻薄,人易发怒;土质贫瘠,缺少积累财富的自然条件。

　　寥寥数笔,结合地理点染风俗,虽然疏简了一些,但起笔就点明了沛县的文化符号——楚,从而为我们观照刘邦大半辈子的社会生活环境提供了明确的导向。刘邦总共享寿六十二年,四十八岁起兵反秦,四十九岁才率领义军离开故乡,几乎有五分之四的岁月在沛县度过,说是"大半辈子",一点也不夸张吧。

　　诸位已经从本书第三节了解到,沛县是周赧王二十九年(前286年)并入楚国版图的,到秦王政二十三年(前224年)划归秦国,前后六十余年。其实,源于荆雎山区、盛于江汉平原的楚文化,早在春秋晚期就显示出向江淮渗透的强劲攻势,尚在宋国版图的沛县,因为宋国传统文化的优势丧失,在接受楚文化影响上更是遥领风气之先,所以我们看《汉书·地理志》在追述宋国故地传统人文中,写到沛县时,是直接就以"沛楚"相称的。《汉书》这样说:沛楚的偏失,主要在性情褊急,固执己见,土地贫瘠,人民贫困,而山区的风气又以为非作歹、劫盗财物为尚。

可以说,楚文化氛围在沛县一带的逐渐形成,起码有两百多年的历史。刘邦的文化品性和价值取向,常常流溢出楚文化的熏陶和影响。

我们从刘邦的自我形象塑造说起。《史记》上说他身高颈长,鼻挺额宽,"美须髯"。身高相貌是父母的遗传,这一把漂亮的胡须是后天留蓄的。《左传》记载,春秋时鲁昭公赴楚国访问,楚灵王使"长鬣者"担任礼宾官。后来楚平王与吴国开仗,吴公子光率兵夜袭楚军营地,特地选三个"长鬣者"冒充楚人,先混进楚营。"长鬣者",就是蓄一把长胡须的人。可见楚人向来以男子蓄须为美,越长越漂亮。假如能配上五官端正的相貌,那就是端丽中透出威严的美男子了。后人从西汉帝王陵地中出土的一些男性陶俑,造型风格与秦始皇陵兵马俑完全不同,学者称为"汉俑楚风",意思是刘汉皇家的审美意识正是楚人的一脉相传,这条线索又可追溯到开创汉朝的刘邦身上。

和诸夏地区的服饰风尚有别,楚人以穿着交领直裾的短衣为美,夏天时则流行一种有领对襟的"緅衣"。《史记·叔孙通列传》说叔孙通初见刘邦时,穿一套宽带长袍的儒服,刘邦很讨厌。于是他改换楚制的短衣,刘邦便高兴了。刘邦一直保持着穿短衣的习惯,正因为这个缘故,他左股上有七十二颗黑痣的生理特征,在故乡是公开的秘密。放在鲁国,有几个人讲得出孔夫子的胎记长在哪个部位?

成年的楚男又必以挽髻戴冠来修饰仪容,这是有长沙、江陵等地楚墓的出土文物可证明的。据专家考证,楚人寻常流行的冠式，有扁圆冠、凸圆冠、切云冠等几种。而据《史记》记述，刘邦还别出心裁，自己设计了一种冠式（其式样像鹊尾，故又称"鹊尾冠"），是用竹子初生时的竹皮为材料，十分考究，还特地让人到以制冠出名的薛县请名师定做。等他发迹后，这种竹皮冠便因名人效应流行开来，世称"刘氏冠"。他又下了道诏令：没有公乘以上的爵位，不许戴刘氏冠。

刘邦按照楚文化的传统审美观念蓄髯服衣，乃至不惜工本定制竹冠，可见其人相当注意仪表美容。根据取悦异性的生物学原理，再参照司马迁说他"好酒及色"的记录，不难看出这番煞费苦心中，含有相当的讨女人喜欢的成分。后来范增劝项羽及早杀掉刘邦时，说他"居山东时，贪于财货，好美姬"，可见他这方面是有点名气的。《西京杂记》说刘邦年轻时，常参加乡里的社祭活动。这个"社"，就是《墨子》中讲到的可为男女自由交往提供方便的场合。《西京杂记》还有刘邦当皇帝以后常常搂着戚姬，让戚姬鼓瑟的细节描写，自己则随着瑟声唱起楚歌，唱罢，往往怆然泪下，感情十分投入。楚人对女子的审美要求，以纤柔苗条为尚，《韩非子·二柄》说："楚灵王好细腰，而国中多饿人。"恐怕就是节食减肥的源头。细腰的女子，跳起柔曼轻盈的楚舞格外动人，戚姬"善为翘袖折腰之舞"，显然符合刘邦在楚文化浸润中形成的审美标准，所以无论从哪方面讲，都比吕雉讨丈夫喜欢。《西京杂记》还说刘邦让许多侍婢跟戚姬学唱《入塞》、《望归》等歌曲，歌声响彻云霄，说明他在青少年时代养成的对楚歌楚舞的爱好，至老还保持着。至于刘邦本人能歌善舞，而且还会自编歌词的史实，《史记》中亦有生动的纪实，留一些放在后面细说。

能歌善舞是为了方便跻身祭神活动，跻身祭神活动的世俗性动机则是为了方便寻找对象。但长此浸润在这种氤氲中，以敬奉神灵为核心的各种楚文化性质的信仰和禁忌,同时也就植入了刘邦的意念深处。比如楚人敬鬼神而亲之,非常看重以占卜探询鬼神指示,占卜的方式也有一些不同于诸夏的特别之处。《高祖本纪》说沛县父老要推举刘邦当首领时,刘自谦才能薄劣,父老们说了一番理由后,又特为强调"且卜筮之,莫如刘季最吉",他心里更踏实了。反过来,他也会娴熟地利用楚文化特有的风俗禁忌来为自己服务。比如楚人笃信自己是日神的远裔,火神的嫡嗣,所以崇尚赤色,江陵、淮阳等地出土的楚文化遗存中,衣衾、战旗、漆器等多以赤为主色,刘邦斩蛇后马上有"赤帝之子"的故事流传,正是对这种赤色崇拜心理的利用。后来为母亲招魂时又借别人的眼睛,道是看见一条丹蛇游入梓宫云云,还是这一套把戏。至于招魂,更是典型的楚文化。楚辞中不惟有《招魂》,还有《大招》,由其描述推想,刘邦为母亲招魂当有盛大的场面。

　　楚文化之潜移默化以外,沛县小环境的影响因素也不可忽视,现在有据可查的史料,就是前面引过的两条,两条互相重复的一点,就是沛县的土地贫瘠,在以农为本的先秦、秦汉时代,积聚财富的自然条件先天不足,所以人民贫困。太公和刘仲小有成就,便足以引起乡党的羡慕敬重而自得,就是这个缘故。换一个角度想,也因为积聚财富不易,一般人也就绝了在这片贫瘠的土地上发家致富的指望,刘邦"不事家人生产作业"的价值取向,正是在这种环境中自小形成的。

　　司马迁又说这里的人容易发怒,班固则用"性情褊急、固执己见"修饰得雅致一些。他们都没有举例子,要举例子莫过于刘邦最称典型,你看他脾气急躁、开口骂人的习惯到死也不曾改正,骂得最多的又是儒生,固执己见的程度可谓够深了。贫困,意味着无身家之累;易怒,表现出来的当然还不止于骂人,往前发展,就是班固所说的山区风气又以为非作歹、劫盗财物为尚了。由此观照,打伙儿亡入"芒、砀山泽岩石之间"(《高祖本纪》),对刘邦、对家属、对沛丰乡党而言,都是有榜样在先的常见现象。

八 少年时代的偶像

古今人情,本同一理。少年时代的刘邦就和现代的年轻人一样,也有自己的青春偶像,他就是战国后期名扬天下的"四大公子"之一——信陵君魏无忌。司马迁在《史记》中专为信陵君立传,最后写道:高祖早在青少年时就一直听说他的故事,仰慕得不得了。等当上皇帝以后,每次从魏国故都大梁经过,都要去魏无忌的纪念馆(祠)虔诚祭祀。高祖直到去世那一年,东征英布归还时,又特地下命令,为魏无忌设置一批看守坟墓的专业户,其职责就是世世代代,"岁以四时奉祠公子"。

了解一下魏无忌是个什么样的人,对于把握刘邦的思想性格,很有必要。

魏无忌,魏昭王的小儿子。昭王死后,无忌同父异母的哥哥魏安釐王即位,封无忌为信陵君。信陵君身为贵公子,却爱结交三教九流,"士无贤不肖皆谦而礼交之",以致投奔在其门下蹭饭吃的食客有三千人,还有无数的情报人员分布四方。有一天,他和魏安釐王游戏赌博,正玩在兴头上,魏国北部边境燃起烽火,警报一路传来,报进王宫,说是赵国的军队冲过来了,即将侵犯魏国国境,吓得安釐王赶紧要召见大臣共商对策。信陵君笑道:"赵王不过是在打猎罢了,并非越境侵犯。"拉住王兄继续赌博。

过后，又有新的报告送到，说是赵王打猎，警报已经解除。安釐王大惊，问："公子何以知之？"信陵君说："我有眼线布在赵王身边，他的一举一动我随时都会知道。"安釐王这个人猜忌心特别重，心想这还了得，说不准连我的一举一动都在你控制中哩。从此，不敢把任何重要的职务放给这个弟弟担任了。

他何曾知道，自己才能平庸，但各诸侯国十多年不敢起兵犯魏，正因为这个弟弟拥有三千食客和众多朋友的缘故。

信陵君交往如此广泛，都有哪些朋友呢？随举两例：一个是在魏都大梁看守城门的老头侯嬴，侯嬴又介绍了一个做屠贩的朱亥。魏安釐王二十年（公元前257年），秦军大举攻赵，兵围赵都邯郸。赵王和他的弟弟平原君向魏国求救，安釐王派大将晋鄙率领十万大军去援助，秦王马上派人警告他：你敢多管闲事，等我收拾完了赵国，就来教训你！吓得他马上命令晋鄙留在邺城，按兵不动。平原君的夫人是信陵君的姊姊，他眼看魏王见死不救，连连向小舅子告急。可是信陵君没有职权，哪能指挥晋鄙？看门老头侯嬴教他：我听说魏王把调动军队的兵符藏在卧室里，只有他最宠爱的如姬才可能偷到手。我又听说这个如姬的父亲被仇家杀了，魏王三年中动用了多少力量，也没找到凶手，但你命门客割取了他的首级，献给如姬，如姬一直想报答你，虽死无辞，只是找不到机会。何不请如姬帮你把兵符偷来。

信陵君照他指教行事，如姬果然将兵符偷到手中。侯老头又说：也许晋鄙心存怀疑，见了兵符也不肯把军队交给你，你把朱亥也带去吧。他是力士，晋鄙交权最好，不交就让朱亥杀了他。信陵君对无缘无故杀了晋鄙，觉得心中不忍。侯嬴说：这是为了营救魏国，将我这颗脑袋为他抵命好了。于是信陵君带着朱亥和一批食客前往邺城，出示兵符，假托魏王名义要晋鄙交出军队。晋鄙果然不信，朱亥从袖管中甩出四十斤重的铁椎，一椎便把晋鄙砸死了。侯嬴也不食言，算准了信陵君抵达邺城的日期，面向北方，引剑自刎。

得到军权的信陵君马上带兵向秦军发起进攻，解了邯郸之围。但是他不敢回去了，让人把魏军带回魏国，自己和跟来的食客留居赵国十年，在那儿又交了不少朋友，最出名的有两个，一个是混在赌徒中的毛公，一个是沽酒的薛公。前文已讲过，诸如屠贩沽酒、抱关（即看门人）博徒之类，大抵都是哪一类的人物，则信陵君的交往对象也就可想而知了。

听说信陵君不敢回魏国，秦国趁机发兵攻魏，时为魏安釐王三十年（前247年）。安釐王怕了，忙派人请弟弟回国。信陵君遂带着毛公、薛公等新朋友、老食客赶回魏国。安釐王把军权交给他，他又派人向各国求援。各国诸侯听说是信陵君掌兵，都派来军队听他调遣。结果由信陵君统一指挥的多国部队将秦军打得落花流水，一直追到函谷关前，吓得秦军闭关自守，再也不敢出来了。

眼看信陵君成为秦国争霸天下的最大障碍，秦王便使用反间计，派人用重金贿赂晋鄙的部下，让他们去安釐王那里挑拨，道是各国诸侯都支持信陵君，他也打算借助各国力量夺取您的王位呢。魏王又犯了疑心病，连忙向信陵君讨回军权。信陵君知道有人在王兄那儿下了药，从此便不过问国事，天天和食客们饮酒作乐，玩女人，四年后竟因酒精中毒而死去。

刘邦是在信陵君去世后十三年才出生的，而按照《史记》中说，"当是时，公子威振天下"，有关他的事迹必定流传很广，刘邦所听到的，应该比我所引述的还要丰富精彩得多，难得的是他对这位少年时代仰慕不已的偶像，竟能保持终生崇敬。据司马迁称，当初信陵君与侯嬴初次结交的地点，就是大梁城的东门，直到西汉前期还存在。刘邦每过东门，都要感慨地凭吊一番，并勉励当地民众虔诚祭祀,乃至临终那年还做了那番永久性的安排。

　　透过太史公的介绍,读者可以设想这个偶像给少年刘邦人格塑造带来的影响,刘邦差不多就是照这个人生目标进取的。即使在他已经位登九五之尊,锻炼成一个成熟的政治家后,青春偶像的历史投影,依然可以从某些行为方式中辨别出来。所以,在《史记·魏公子列传》里,司马迁两度叙写这个问题,也是颇有深意的,似乎着意引导我们将两个人作一番对照。比如他特别指出,当时贵族公子喜交贤士的不少,但像信陵君那样连躲进山洞里的隐士也折节求交的,的确少见。联想起刘邦做皇帝后对所谓"商山四皓"的寻访,不难看出前因后果的联系。

九　避祸走他乡

　　到此，应该说一说布衣刘邦人文环境的另一个重要因素——人际交往了。

　　彼时社会基层的男性成员，可分两类：多数人是生活在里坊中的"子弟"，接受"父老"的约束，也就是处在一种居民自治的社会秩序内；还有一部分人就是"少年"，摆脱了秩序约束，形成另类的势力结合，但是在通常情况下也有他们的"领导"，就是所谓"豪桀"，这个"桀"字，表明了它与传统价值观念的对立，用白话说就是"大亨"。读过《史记》的人都知道，从战国直到西汉前期，这种由豪桀操纵少年的所谓"任侠"势力，始终是一股不容轻视的社会力量。

　　当时在沛县范围内的大亨，在《史记》留名的就有两个。一个是雍齿，《高祖功臣侯者年表》称他是"沛豪"，孔武有力；一个是王陵，《陈丞相世家》里夹有一篇他的传记，称他是"县豪"，缺少文化，讲话直来直去，而且以"任气"著称。"任"的本义，是任受、保任，引申为对朋友关系的保证，在《史记》里经常与"侠"字连用，如《孟尝君列传》有"招致天下任侠"，《季布栾布列传》有"为气任侠"，《货殖列传》有"任侠并兼，借交报仇"等。这是从战国后期开始流行的一种风气，是崇尚武力的社会意识在时尚上的反映。但"任"比有力的侠勇更高一等，就是重视友道。《韩非子·六反》说："活贼匿奸,当死之民也,而世尊之曰任誉之士。"就是说:受人请托,把亡命的罪人匿藏起来,这是抗拒法律的死罪呀,可是世人却说他有"任气"。这样一解释,我们就知道王陵是何许人了:他比雍齿还厉害,是气与力的结合!

雍齿和王陵都是丰邑人。雍齿拥有一批徒党,在地方上有些势力,而且与刘邦结过仇怨。而王陵却是刘邦的靠山之一,当刘邦还不甚起眼时,拜王陵为大哥。这个大哥一向与雍齿有交情,现在又认了刘邦这个小兄弟,素有"任气之誉"的他当然要为双方化解仇怨,于是刘邦和雍齿又化怨为友。由此可见刘邦已经脱离了由父老和子弟共同组成的中阳里,成为"豪桀"同"少年"结合的任侠势力的一分子。

刘邦没有王陵和雍齿的"任气"或"有力"的名声,但他却能同一个兄弟相称,同另一个分庭抗礼,自然另有他的禀赋。司马迁说他对人仁爱宽宏,喜欢施舍,豁达大度,前面说他经常把一起躲避官司的朋友带到长兄家蹭饭,就是一例。在贫穷的乡村里,这些都是获得朋友和人缘的条件,连王陵母亲对儿子结交的这个小兄弟亦有极好的印象,这一点我们放在后面还要说。更让人敬畏的是,刘邦爱说大话,不治产业,全无身家观念的羁绊,所以论犯禁试法的冒险精神和蛮勇,甚至要胜过王陵和雍齿。后来陈胜揭竿首义,整个沛县先后出现刘邦、雍齿和王陵三股造反势力,但最早冲杀出来的正是刘邦。这是一个比照。

似这种与"二豪"纠缠不清的沛县"名流",招惹官司是免不了的。于是布衣刘邦多次躲避官府的捉拿。韩非曾从法治的角度指出:"今有不肖儿子,父母怒叱而不思悔悟,乡人谴责而不为所动,师长教育而不肯改变。以父母的爱心、乡人的美行、师长的智慧加在一起,动不了他一根汗毛。非要官府出动公差,依法求索奸人,然后才知道害怕。"看过前面细说太公与刘邦的关系后便知道,这个例子简直就像是针对少年刘邦说的。

　　然而刘邦尽管经常违法,却始终没有受到任何刑罚,因为有个老乡包庇他。这个人就是日后成为汉朝开国丞相的萧何。萧何也是沛县丰邑人,以"文无害"成为沛县政府所属吏员中的骨干力量。所谓"文无害",历来注家的诠释有几十种之多,大都从品德和才干两方面着眼,也有兼顾德才的。现在人们通过云梦秦简的研究,已经有了结论,这个"文无害",是后来秦朝选取"主吏"的一项标准,特指对各项法律令文的理解和运用都没有障碍,和品德没有关系。萧何借此本事照顾小同乡刘邦。刘邦为布衣时,萧何经常凭借自己的职务便利救助他,有时是笔下开脱,有时是帮助说情,有时只好通风报信,让他避避风头。

　　避风头也有多种讲究,风声特别紧时,免不了要"避祸走他乡"了。

　　他乡何人能接纳避祸的丧魂落魄之徒刘邦?此人便是张耳。张耳是楚国邻邦魏国大梁人,少年时就做过魏公子信陵君门下的食客,可知不是一般等闲人物。等信陵君死后,树倒猢狲散,他只好另找生路。弄不清又惹了什么祸,亡命到属于陈留的外黄,其地理位置大抵就在刘媪客死的小黄城那一带。信陵君不仅在魏国是万民景仰的英雄,在列国也很出名,逃到外黄的张耳掮起曾在信陵君门下为客的光荣履历,还是有点影响的。外黄有个富人的女儿守寡,欲凭资产重新选个有前途的丈夫,其父亲的宾客便推荐张耳。当时张耳不知用了什么办法,已经摆脱了官司追究,娶富孀为妻后,又得到她娘家一笔可观的资助,就此学着当年信陵君的模样,居然也招纳远近亡命充当食客,自己开创山门,做起了"豪桀"。

　　这一招,招来了到这里避官司的刘邦。

　　《张耳陈余列传》中有关他与刘邦早年交往的记录,仅寥寥数语:"高祖为布衣时,曾几度追随张耳游历,在外黄客居数月。"
却没有交待两个人是如何结识的。以我推度,有两种可能:一种
是传记里写明的,张耳用老婆的钱财"致千里客",千里范围的无
根之徒都会慕名前往投充,沛县与陈留相距有限,刘邦自然也会
听到他的名声。特别是其人做过自己偶像门客的经历,大概益
加会激发爱屋及乌的不胜向往吧。还有另一种可能,也与他对
这类信息的接受和敏感相关。前面介绍沛县刘姓家世时已经讲
过,刘氏从关中辗转迁入沛县,至关重要的中转站便是大梁,就
是今豫东一带,陈留紧贴大梁,外黄又属于陈留。估计这个圈子
里会有刘邦族人居住,所以刘邦把离乡避祸的目标指向这里。
从古到今,避官司外逃者首先想到投亲靠友的思维方式是相同
的,当时陈留、大梁一带均属魏国,所以要逃避楚国官方缉捕的
刘邦很自然地跑到魏国来了。然而大梁刘氏对于这个爱说大话
又会闯祸的本家并不欣赏,结果是刘邦在满腹怨恚中就近听到
了张耳"致客"的名声,便前去外黄投靠。往后有急难便往那儿
跑,又有了"尝数从张耳游",听取信陵君的故事之外,去历史现
场凭吊一番也是少不了的。何况张耳有老婆从娘家带来的财
产,足供刘邦好吃好喝,这份患难中的交情更觉珍贵。日后刘邦
与张耳结成儿女亲家的远因,就在此时种下。

　　不过从刘邦性格与禀赋磨练的角度来看,"数从张耳游"还
有更重要的意义:一是走出沛县的小圈子,打开了眼界;二是在
张耳这里认识了不少朋友。司马迁曾在结束《张耳陈余列传》后
发出感叹,其中说到"其宾客厮役,莫非天下俊杰",这里面会有
一些与刘邦气味相投的人,凑在一起交流信息和思想,肯定长了
不少知识。还有第三:张耳后来凭资产人望,弄了个外黄令的地
方小官,还结交了一个"好儒术"的小兄弟陈余。等秦王消灭魏
国后数年,新生的地方政权曾悬赏通缉过这两个人。两人便改

换姓名,逃到陈县,替人家看守里门。有一次,有个陈县小吏,为一点小小的过失,要用荆条责打陈余,年少气盛的陈余正欲奋起反抗,张耳悄悄地用脚尖踹了他一下,陈余马上领会,俯首帖耳地接受了肉体惩罚。等这小吏离开后,张耳把陈余叫到桑树下,痛加数落:"我一向是怎么告诫你的? 现在仅为这一点小小的羞辱,想死在区区一个小吏手里吗?"陈余唯唯受训。后来秦朝抓紧追查六国余孽的下落,中央政府根据各地举报编制的缉捕名单中,也包括张耳和陈余。名单发至基层,张耳与陈余反过来以社区保安的身份,煞有介事地在里中挨家挨户要求大家协助捉拿。像这种甘忍小辱、机诈权变的功夫,恰是敢于犯险试法的刘邦所缺乏的,而刘邦在与张耳几度"从游"中,是不会不心领神会的。

所以要说刘邦的"老师",张耳才是迄今文献中所载的第一个。

一〇　贫贱之交

　　"大哥"王陵,仇家雍齿,恩人萧何,老师张耳,这是刘邦在道上厮混时的四个重要角色;后来天下大乱,真正成为叱咤风云一流英雄的,只有一个张耳,其他三个皆缘刘邦成名。这也说明,刘邦才是沛县一等一的人物。若无沧海横流,至少王陵和雍齿这两个在沛丰称雄的"豪桀",是永远意识不到这一点的。

　　下面该说一说那些很早就自觉地追随刘邦,甚至甘愿赴汤蹈火的朋友了。当然,囿于资料有限,我们也只能依据《史记》上的零星记载寻找。

　　纪信:丰邑人,高帝三年在荥阳突围时替代刘邦送死。刘邦称帝后要追封他,他不但没有妻子儿女和兄弟姊妹可以沾光,连需要刘邦代尽儿子赡养责任的父母或其他长辈也没有。为此,刘邦派人寻访多年,终无结果,直到去世那年,大约已意识到生命快要走到尽头,才封了一个"纪信侯"了却心愿。用人的姓名作为侯爵封号,在他的封爵名单中仅此一例,表示永远缅怀的意义特别鲜明。实际受封纪信侯的人叫陈仓,也是沛县人,也许生前与纪信要好,也许拐了十七八个弯子同纪信有一丁点儿沾亲带故,总之是让他负起春秋祭祀供纪信血食的责任。根据上述情况,纪信很可能是一个穷苦的孤儿,而刘邦待之如同兄弟。其在人世间所得的一点温暖,尽是刘邦所给,所以甘心为他送命。

秦汉之际的史实中,像这等义薄云天的壮举很多,这也折射出刘邦为人的另一个方面。

奚涓:沛县人,是一个敢打敢冲的角色,最终在追随刘邦夺取天下的战争中捐躯疆场,铨叙战功时名列第七。《史记》说他"功比舞阳侯"樊哙,追封鲁侯,食封四千八百户。可是代替受爵的,却是奚涓的老母疵(疵是人名),老太太享受了五年便去世了。因为没有后代,这个侯位便撤销了,这叫"国除"。刘邦年近五旬造反,奚涓在此之前没有成家,光棍一条随他奔赴疆场,到跟着打进咸阳时已是郎中,再杀出汉中时已是将军,却始终无暇娶妻生子,真正是"天下未定,何以家为",死心塌地为刘邦效命的精神可以媲美纪信。循这条线索追溯,可知奚涓当年孤儿寡母相依为命,也是穷苦人出身。

周勃:沛县人,祖先居住在荥阳卷地,同刘太公家相似,也是从河南迁到江苏的外来户。周勃没有田产,连自耕农的经济地位也没有。当地人养蚕,要用一种铺在底下的薄席,周勃就以编织这种薄席为业。光靠这行当还不能自给或养家,他又常帮人家办丧事。当时的丧葬习俗,出殡时要有乐队鼓吹,以娱吊丧的亲友宾客。周勃会吹箫,成为这种临时组合的助丧乐队的一员。丧事办完后,多少能得到一些报酬。此人膂力了得,能够挽拉硬弓。其为人木讷质朴,敦厚持重,刘邦当他老实人看待,评语是"重厚少文"。

"少文",不仅是缺少文化的意思,而且还轻视文化。这又是受了刘邦的影响。《史记》说,周勃不好文化知识,封侯拜相后仍旧如此,每次召见读书人时,总是大模大样地朝东坐着,很不客气地说:"有什么话快讲!"楚国人认为自己是太阳神的后裔,火神的嫡嗣,由此形成楚文化尚赤的风尚。太阳从东方升起,火神所居的方位也在中原的东部,因此楚文化又以东向为尊。如主人会见宾客,照例是让对方东向而坐,表示有礼。《史记》突出周勃接待读书人时东向而坐,可知敦厚持重的他若与其他人相会,可不是这个样子。那催促对方有话快讲的口吻,尤能反映出其不懂客套拐弯、说话直来直去的质朴。除了没开口骂人外,他对文化人的这种态度,简直是刘邦的翻版。这也说明自居刘邦属下的这些朋友,对他是何等地信奉,连刘邦认为是最老实木讷的周勃,也学了一点坏样。但他的年龄,似要比刘邦小很多,是一个小兄弟角色。

樊哙:沛县人,屠狗为业。此人孔武有力,不惟刚勇,还颇有见识,也许是比刘邦更早挣脱里中父老约束的那一部分不听教训的少年,往后还与刘邦做了连襟。后世文人小看沛丰集团出身的,多拿他作典型。苏洵《权书下·高祖》说他是“椎埋屠狗之人”,赵彦卫《云麓漫钞》更将周勃、灌婴归为他同类;“皆向时椎埋狗窃之人”。也许都干过犯法的事,《史记》没有写进去。

夏侯婴:沛县人,是沛县县衙门的马车夫,属于夫役一流。后来刘邦做泗上亭长,他每次驾车迎送到沛县出差的官员或过往宾客,如经过泗上亭,必与老朋友叙情,甚至聊上一整天。其后沛县官府选任县吏,大概是因为一向工作热情负责,或许同乡萧何等人也帮了一点忙,他竟被选上了,先作为试用,这当然是喜事,夏侯婴兴高采烈地来向刘邦报讯,刘邦也替老朋友高兴,两个人抱成一团,推搡戏闹。刘邦出手太重,一不小心,夏侯婴受伤了。有人便去县衙告发,说他打伤了夏侯婴。秦朝法律严密,伤人有罪;刘邦是亭长,罪加一等。依法办事,逮捕讯问,刘邦一概不承认。传讯夏侯婴,他为刘邦证明,说刘邦不曾打伤自己。这种事情,旁证肯定有,但是两个当事人攻守同盟,所以反反复复,结不了案。夏侯婴为此以伪证和包庇的嫌疑,在牢监里关了一年多,其间屡受肉刑,竹板责打累计数百,吃尽苦头,却咬紧铁嘴钢牙,坚决不改口供。最终以证据不足,两个人全都解脱,刘邦照旧做亭长,夏侯婴也没丢掉小吏的职务。律令完善的秦法强调重证据定案,这个故事具有很强的讽刺性。

周缲:沛县人。别看刘邦布衣时没有产业,但讲究派头,有时出行还要乘车;乘车时还有个随从,这就是周缲。《史记》中有他的小传,说是刘邦在打天下的征战中,他始终履行跟班的角色,无论情形多么危险,前景如何暗淡,他都忠心耿耿,寸步不离刘邦。就凭这个资本,后来封爵食邑三千三百户的信武侯,往后又改封蒯成侯,所以《史记》中就有《蒯成列传》。

曹参:沛县人。秦朝时任沛县分管司法的吏员,估计他的这一职务可以追溯到楚国时。他早年与萧何关系不错,那么刘邦与他的结识,也可能是朋友的朋友。以此人的职务性质推理,按说是铁面执法者,其实不然。他在萧何死后,从齐国丞相升任汉相国时,特地交待接他原任的人千万别去骚扰自由市场(狱市)。后任很不理解:难道自由市场这么重要,值得您特为强调?他说:这你就不懂了。自由市场是最混杂的地方,坏人也可以在里面藏身混日子。你去整顿,他就没法藏身了,只好铤而走险。所以我预先告诫你。这些经验,多半是他在沛县工作时就积累起来的,因此我们也就明白刘邦、樊哙这些人为什么一直能在沛县厮混的缘故了。

单父圣,又名右车或左车。笔者从《史记·高祖功臣侯者年表》上发现了他。其事迹是刘邦贫贱时,可能是遇上官司缉捕,急于逃走,此人向他提供了一匹马。秦汉时一匹马的价格几乎要抵四头牛,单父圣有此豪迈举止,足见与刘邦交情不浅。此人后来随刘邦起义,但才具平平,没什么建树,直到刘邦临死那一年,才以郎中身份随军出征英布记功。但刘邦不忘他当年赠马助己脱险的功劳,封他为中牟侯。

　　刘邦的故交不止这几个人,原先仅是认识或互相知道,后来才密切起来的则更多,留着慢慢说吧。但是有两条很明确:其一,这些朋友大多是雇农、小贩、夫役、工匠、屠户之类没有什么社会地位的人,甚至不乏失业的光棍,穷到壮年也娶不上老婆。与这些人交往,使得刘邦对下层人民的生活和他们的愿望,具有一定深度的体察。其二,种田的"子弟"没看见,边缘性人物倒是不少,很有一点信陵君门下的气味。司马迁说他"喜施[舍]",正是信陵君养食客结人心的手段,可惜他仅仅赖有太公那点产业,在穷伙伴中才算鹤立鸡群。

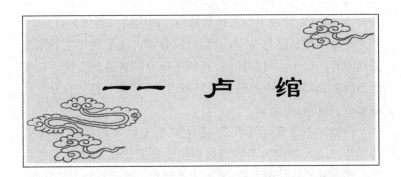

一一 卢绾

刘邦称帝后,论功行封,以沛丰故旧为主体的一班老部下争表功勋,吵得不可开交,更不服萧何功居第一。刘邦取笑他们,说你们只是捕捉到一些走兽的猎狗,萧何才是指示方向和目标的猎人。

当面以"狗"相称,固然能反映刘邦讲话坦率毫无顾忌的性格,说明他们在开国之初尚无君臣间的规矩,大体还保存着兄弟打伙时亲密无间的语境,但也多少折射出这些贫贱之交在刘邦心目中的地位。不过另有一个人,在刘邦心目中的分量绝对不同于这班冲锋陷阵的人,大伙儿也知道刘邦的"偏心",这就是前面提到过的,与刘邦同县同邑同乡同里,又是同年同月同日出生的卢绾。

卢绾的父亲与刘太公很要好,两家同日得子,里人凑份子置羊酒祝贺。后来两个少年一起进学读书,也十分要好,继承了父辈的交情,里人又凑了一次份子,置羊酒为两家庆贺。刘邦曾经读过书,多少有点"学历"。布衣时的刘邦尝为"吏事辟匿",就是为躲避官府缉拿或传讯,被迫东躲西藏,卢绾经常陪着一起逃亡。待刘邦自沛县起兵造反,卢绾紧跟。他到汉中时就升为将军了。这个将军不是攻城略地的马上先锋,而是"常侍中",就是老陪侍在刘邦的身旁。等到刘邦拜韩信为大将反攻关中还定三秦时,卢绾马上便成了位居包括韩信在内的诸将领之上的太尉,相当于全军的参谋总长,与丞相萧何分别占据了刘邦之下军政最高领导的位子。与此同时,刘邦还给卢绾封爵长安侯。长安是当时在刘邦控制中的最重要的城市之一,这个名义的分量该有多重,各位可想而知。

卢绾并不像萧何那样,开府治事,而是以太尉身份,继续随侍刘邦,"出入卧内",亲密到可以随时任意进出刘邦卧室的程度。如果从政治体制着眼,实际上萧何就是政府首相,是"外朝"班子的负责人;但是"外朝"又受皇帝身边的"内朝"班子的领导,这个"内朝"班子的负责人就是刘邦的第一助手卢绾。至于刘邦给他的赏赐之多,更是其他人不敢指望的。像萧何、曹参等人,都因为或总理民政,或主持军务,调度有方,策划有能,受到刘邦礼遇,但"至其亲幸,莫及卢绾"。

引录太史公的记载到此,恐怕读者都会产生疑惑,仅仅凭同县同邑同乡同里同日出生又做过同学,还陪着一起度过几次逃难的日子,此外别无战功记录,也无德能可叙,卢绾居然能得到如此待遇?要说这"六同"中,沛丰来的故旧中大多能占一半。另一半呢,萧何于刘邦有恩,夏侯婴于刘邦有"难",樊哙不仅与刘邦有亲,而且在鸿门宴上冒死保驾,其他如周勃、纪信、奚涓等一班老兄弟,个个都是从沛丰追随起,把脑袋拴在裤腰带上为他拼命,论情分又何曾逊于卢绾?

看来其中必有外人不解的缘故,值得细说几句。

然而司马迁不肯把话讲明白,这里只好先来个"大胆假设":

话题又回到刘邦的出生之谜上。前提当然是刘邦乃刘媪与另一个男人所生。以刘媪"梦与神遇"的地点就在灌溉自家农田的湖边堤坝上,加上一个农妇的社交范围的有限性,这"另一个男人",应该认定是沛邑的一位定居男士吧。可是在《史记》中,有关刘邦少年时代的环境描写实在有限，够资格做他爸爸的成年男性形象，仅太公一人。除此之外，就是那位用"卢绾亲"一笔带出，而且已被分析出位居中阳里"父老"身份的卢公了。

这位似在我们视线之外，但又闪烁在《史记》之内的卢绾的父亲，很可能就是刘媪的另一个男人。他完全符合上面分析的几项条件，因而与刘媪的私情来往也远不止一回，甚至连刘交的亲父之谜，也可以由此破解。世上或许果真没有密不透风的墙。先是天知地知你知我知，而后刘邦知卢绾知，乃至邻里皆在疑惑不定中似有所知，只不过碍着卢公的"父老"资格，谁敢说三道四？

接下来便可以"小心求证"了。

先看太史公在《卢绾列传》中的笔法：两家大人"相爱"，两家孩子"又相爱"、"壮又相爱"。几行直书，三个"相爱"，细细品嚼，大有意味。

次看两家太公对刘邦的态度：刘太公忍无可忍，一怒之下掐住了刘邦的经济供应；卢太公竟允许儿子陪着刘邦逃亡，一而再，再而三，以其身为父老的责任，不说为了让里中子弟学点好样，早该把刘邦逐出中阳里，至少也得竭力维护全里五十户人家的共同利益，不使大家都赔累进去，因为官府对社会治安的维持，通常都要求全里担保，共同防范。而卢绾父亲不惟担待大家受牵连的麻烦，甚至甘冒把自家子弟也拖进法网的风险。若无对刘邦的特殊情感，何至如此？当然，父老的身份，又使得他与乡官、县吏一类代表政府的人物非常熟悉，或许这方面的后顾之忧不大，反倒增加了不少庇护说情的便利。

再看刘邦与卢绾、刘邦与刘交的关系。《汉书·楚元王传》说，在整个入蜀汉、定三秦、战项羽、即帝位的过程中，都是刘交和卢绾两人始终陪侍在刘邦身边，享有出入卧内的特殊待遇，大事的最终决策都是他们关起门来商量，刘邦的许多命令也是通过他俩对外传达。远在大汉帝国开幕之前，前面讲到的那个"内朝"班底，以及它同"外朝"的关系，就已经形成了。应该提醒读者注意，这个"三人团"的核心决策层，不仅不包括刘邦赞为功居第一的萧何，甚至连他视为智囊、而且似乎最缺乏个人利益动机的张良也被排除在外。刘交是刘邦的同胞兄弟，史有明载，而在刘邦心里的那一座天平上，卢绾与刘交的分量竟是等值的。

这还不够，我们再看看《史记》的《汉兴以来诸侯王年表》，又能从等值中发现轩轾：刘交封楚王的时间是高祖六年，而卢绾封燕王的时间提前到高祖五年。高祖五年时，不是刘姓而封为藩王的共有七人，或者有历史渊源，或者凭战功实力，这两种条件都不具备的卢绾居然能跻身藩列，实际上就是享受刘姓血亲的同等待遇，更何况包括刘邦的儿子、兄弟及族人在内，这时候还没有一个姓刘的封王！

对此，《史记·卢绾列传》中有极为生动的心理和场景描述：刘邦降伏老燕王臧荼后，欲封卢绾为新燕王，但担心大家不服气而生怨望。其实不服气是肯定的，但他非要让自己的想法从别人嘴里讲出来，求得场面上过得去。于是发了道诏令，要各位将相列侯各自推选一位有功的大臣受封燕王。凡从沛丰跟来的人，多少都知道一点底细；不是沛丰的人，仅从五年来"三人团"的核心机制构成，也明白刘邦属意何人。结果司马迁笔下就出现了这么富有戏剧性的一段：群臣全晓得皇上要封卢绾为王，所以都进言道："太尉、长安侯卢绾经常随从皇上，平定天下，功最多，可以当燕王。"于是刘邦颁诏批准，册立卢绾为燕王。最后还添一笔："诸侯王得幸莫如燕王。"因为这一段结束后，紧接着就写高祖十一年刘邦同卢绾两路合击陈豨的故事了，所以从这篇传记的结构上看，所谓"诸侯王得幸莫如燕王"，还涵盖了从次年起陆续封立的刘交等同姓王也不及燕王的意思。

　　当然,这仅仅是分析与猜测,完全存在大前提设置谬误的可能。也许两个人就是从小到大亲如同胞兄弟,但血缘上毫无半点关系。所以这个话题的细说,立意还是在于表明刘邦的早年交往中,有一个与众不同的特殊人物。

一二　创业起点

　　司马迁在写完樊哙、夏侯婴等刘邦故交的传记后,发过一番感慨。他说自己曾去刘邦的故乡沛丰向遗老采访口述史料,实地瞻仰了萧何、曹参、樊哙、夏侯婴等人的故居,还通过当时已被免为庶人的樊哙的孙子他广,了解了许多鲜为人知的事情。这些开国功臣在老家的房子,简陋得令人难以置信。若无风云际会的时势,刘邦和他故交们的一生,也许将永远湮没在这片贫瘠的土地上。

　　幸好,不甘心像太公和二哥那样度过一辈子的刘邦,赶上了那一段波澜壮阔的历史岁月。

　　公元前256年,刘邦出生的那年,东周末代天子赧王被秦军俘虏,延续八百余年的"天下共主"——周朝,就此绝祀。作为一个时代的埋葬者,志得意满的秦王不会想到,就在此时,又一个时代的掘墓人来到了世间。

　　公元前247年,刘邦十岁,大概正是和卢绾一起入学念书的时候吧,秦始皇登上秦国王位,群雄逐鹿的兼并战争进入白热化。

　　公元前223年,由素有"虎狼之徒"名声的王翦统帅的六十万秦军大举攻楚,楚国名将项燕兵败自杀,乘胜前进的秦军一举攻下楚国首都寿春,生擒楚王负刍,从商周之际开始书写的楚国历史,到此结束了最后的一章。项燕的孙子项羽当时年仅十岁,因为父亲也随祖父战死沙场,成了孤儿,其叔父项梁恐遭灭门大祸,早早领着侄子乘乱逃出寿春,最后在下相(今江苏宿迁西南)隐居起来,一面教项羽读书学剑,研究兵法,一面暗中结交豪杰,酝酿"亡秦必楚"的复仇运动。

这一年,刘邦三十四岁,却依然是结伙闲逛的光棍一条。据《史记·白起王翦列传》介绍,当末代楚王得知秦军六十万大举来攻时,也明白楚国已到生死存亡的关头,故征调了国内所有的兵力以抗强敌,战争的惨烈不难想象,沛县中因亲人阵亡而抱头痛哭的家庭,总也该有一些吧。虽然我们已经没法了解刘邦当时对这场战争持有何种见解,但他最终成为一个小小的受益者是无疑的。

灭楚之后的秦国,马上按现成的模式对这块新入版图的地方行政体制进行改造,以相县(今安徽濉溪西北)为治所,今苏皖淮河以北,宿迁、泗洪以西,萧县、涡阳、凤台以东的一大片区域,被圈定为一级地方政区的泗水郡,刘邦所在的沛县作为隶属泗水郡的二级行政区划,这就是刘邦可能也听说过的郡县制。郡守和县令等主要长官都由秦王嬴政从首都咸阳派过来,上任伊始,马上又着手建立秦国模式的乡里制度,乡里制度的基本结构,就是以县统乡,以乡统里。若照刘太公的老眼光看,刘家所在的中阳里隶属枌榆乡,枌榆乡又隶属沛县,或许连原先的父老、乡官也不用改选,只不过变换成了什么三老、有秩、里魁、什长的"秦式"名称,有待慢慢地叫唤顺口。

可是刘邦获知的信息就新鲜了:原来特别重视法制建设的秦国,还有一套与乡里建制相交叉的基层治安系统,大抵以方圆十里为距离,分别设置一种叫做"亭"的机构,主要职责是协助县政府的都尉维护社会治安,同时负责候迎护送过往境内的官员宾客，以及官府文书的承传转递工作。这个机构的负责人叫"亭长"，和隶属县令领导的行政系统中的乡官一样，都属于政府系统的"吏"，虽然排序在最低一级，但毕竟有一份不用种田就可以吃到嘴里的公粮了，更何况自上而下俯瞰是"将尾"，自下而上仰视却是"兵头"，因为系统不一，互不统辖，还能与乡下人当大长官尊敬的乡官平起平坐，岂不扬眉吐气！

有关秦制中的亭究竟是乡与里之间的一级行政建置，还是乡里系统以外的治安建置，学者们历来有多种看法，但最要紧的事实是，在楚国时期常因官府追捕而掩面逃窜流亡的刘邦，秦国时期却成了协助官府捕捉逃犯和犯法分子的泗水亭长。

《史记》中关于刘邦当上泗水亭长的记载很简单，只有十个字："及壮，试为吏，为泗水亭长。"及壮，正是他处在三十多岁年纪的写照。"试为吏"，同前面讲过的夏侯婴故事一样，要做正式编制中的吏员，得有一个见习期。据《史记正义》引录《括地志》，泗水亭的位置在沛县县城以东约一百步的地方，估计所管辖的范围与其住家所在的粉榆乡是两个区域，但离县府倒是很近，所以前述夏侯婴驾着马车迎送宾客，经常要从他那里经过。

《括地志》是唐代初年萧德言等人编撰的一部地理著作。该书除了指明泗水亭的位置外，还记载说这里有一座高祖庙，想来也是有点年头的古迹了。而为《史记》作《索隐》的唐人司马贞又说，他还有一件泗水亭长古石碑的碑文拓片，作者就是东汉史学家班固。大概亭边的高祖庙也是汉代时建造的。由此可见笔者的特别强调，也正投合汉代国史研究者的见解，小小的泗水亭长，正是他们的高祖皇帝开创千秋大业的起点。

一三　勾挂三方来闯荡

　　秦国选拔吏员的方式,有耕战仕进、学校培养和乡里推择等好几种。乡里推择,就是由父老推荐,政府选择,推择的标准首先是品行,然后看文化水平和才能高低。当年韩信就是过不了品行这一关,"不得推择为吏"。

　　这就出现了一个问题:连被太公也骂为"无赖"的刘邦,当然比韩信更加"无行",他是怎么当上泗水亭长的?

　　分析起来,是上下左右合力的作用。

　　下,就是乡里推荐。位居中阳里父老的卢绾的父亲趁秦、楚政权更替的机会,把刘邦推荐上去,又借经常与枌榆乡其他里社父老合议公事的交情,说服他们附议自己的提案,应该没有什么困难。

　　上,就是政府选择。其间必有萧何的作用。

　　秦国对楚国的兼并,决定胜负全在平舆和蕲南两大决战中对楚军有生力量的歼灭。其后秦军自北向南的推进,再未遇到稍具规模的抵抗,差不多是以胜利接收方式进行的,而且由王翦统帅的秦军主力继灭楚之后,要根据咸阳的既定方略,马上转入南征百越,在缺乏充足的接任官吏的情况下,新政权的建设势必要依赖对旧政府人员大批留用,这也是取得他们积极合作以保证平稳过渡的一项条件，否则，新后方的局势不稳，就会拖住大兵团南下作战的后腿。

像萧何、曹参这些吏一级的旧政权人员，只要不参加抵抗运动，大概都可以量才留用。我们不妨想一想日后萧何随刘邦进关中时，抢先保管簿籍档案的行为，即可推测他在秦军接管沛县过程中所给予的有效配合，并因此受到新长官的赏识与重用。凭这种身份，他被吸收参与沛县乡里基层政权系统的重组工作，并且在接受父老推荐、选择录用刘邦的程序中发挥了作用，应该是顺理成章的。

左，就是社会关系。

秦朝的吏，有文武之分，亭长是佩带武器、执掌捕盗、维持一方治安的武吏，刚猛有力，任侠轻财，能够震慑奸宄草窃，应是基本的素质要求。刘邦与王陵这样的"县豪"称兄道弟，与雍齿这样的"沛豪"颉颃上下，又有樊哙、纪信、奚涓、周勃这一批或敢打敢冲、或孔武有力的"少年"、游民听他使唤，就社会背景和人际关系而言，完全符合要求。否则，以司马迁、班固对沛县环境风气的形容，一般人哪能胜任？

右，就是当局背景。

刘邦以王陵、雍齿、樊哙、纪信这班"豪桀"、"少年"作为社会关系出任亭长，要谋求他们的配合，又必然以姑息、容忍和庇护这些人的一些日常行动作为交换，这就是前面引述过的曹参的"并容奸人"理论。一个小小的亭长要实现这种理论，不比已经坐在齐相位子上的曹参，必须有一定的当局背景，最起码得把沛县政府相关职能部门的各道环节打通，讲具体一些，就是同那些位卑而权重的吏员间的人脉了。这个道理，司马迁看得很透彻，《史记·高祖本纪》在记述刘邦"为泗水亭长"后，马上又来了一笔："廷中吏无所不狎侮"，用白话说，整个沛县政府的吏员，无不受到刘邦的轻薄戏弄,反过来看这种行为的基础,当是刘邦与他们的关系早就处在轻松和谐的状态中了。作为见习吏员前去沛县衙门拜谒县令的刘邦,一走进大堂(廷),举目所见都是熟人,于是或作揖拍肩,或插科打诨,一个个玩笑开过来……就这么一句,包含了多么丰富的内容呀!

　　凭借豪桀赞襄、少年拥戴的社会势力,刘邦早在沛县吏胥中广结私交;等自己也摇身一变,成为他们中间的一员后,又利用这个身份和这层关系为背景,求得这种势力的进一步配合与支持,这就是刘邦出任泗水亭长的左右合力。递深一个层次分析,来自当局内部的促进作用,还是萧何、曹参这些人。《萧相国世家》记刘邦称帝后,"悉封[萧]何父子兄弟十余人",可知萧家在沛县宗亲不少。《曹相国世家》又称早先沛县改归秦国后,萧何与曹参"居县为豪吏矣"。位卑秩低的吏员也得称"豪",说明经过这一次基层政权系统的调整重建,这些人已隐然成为地方豪强势力在政权中的代表人物,其中介正是刘邦。讲穿了,萧何、曹参为个人和家族利益计算,也一向通过刘邦在调节与王陵、雍齿这些势力的关系,而刘邦自己又拥有樊哙、纪信等徒属,本身就是拥有一股势力的大亨。趁着秦国派官接管沛县创建亭制的机会,把勾挂三方来闯荡的刘邦拉进来以加固人脉地望,萧、曹对推择刘邦为吏的主动与热情,是丝毫不亚于当事人的。

　　可笑的是那几位从咸阳派来接管旧沛县的官员,被这些留用人员蒙在鼓中而不自觉,竟把一个日后将推翻大秦帝国的重量级颠覆派人物吸收到了新政权内。但是退一步想,即使新任沛县县令在择用刘邦之前,先在丰邑贴出公示,甚至派人去枌榆乡开几次座谈会,下有卢绾父亲这类父老操纵舆论,上有萧何这班"主吏"控制信息,最终写进考察报告里的刘邦,恐怕仍旧是一个德才兼备的完美形象吧。

一四　秦皇的崇拜者

　　出任泗水亭长后的刘邦,在短暂的一年多"试为吏"的见习期间内,目睹灭楚后的秦军,又相继灭赵、灭燕、灭齐,实现了华夏一统的伟大事业,多民族的统一国家——大秦帝国,庄严地宣告了自己的诞生。

　　大秦帝国的缔造者秦始皇亲自决定了与人民一起欢庆开国的办法:"更名民曰黔首,大酺。"黔首,意味着原先被六国贵族役为奴隶的人,从此都获得了帝国平民的自由人身份;大酺,就是好酒好肉地大吃大喝,对于"好酒"的刘邦来说,这是最实惠的。吃饱喝足以后,还有全国郡县体制的划一和巩固,法律、货币、度量衡、文字及车轨的统一,协同政府征调赋役,以支援对边疆地区的统一战争,以及长城、阿房、国道、皇陵等一系列浩大工程的建设,乃至对六国贵族的通缉追捕,对私藏武器的收缴销毁,对罪犯商贾的登记迁徙,对皇帝巡游的安全防范……事情多得做不完,而且或多或少都与亭长的职务相关。追求急骤猛进的秦始皇恨不得一天当作十年用,数不清的诏制政令不间歇地从咸阳或皇帝巡游的"行在",通过四通八达的国道发向各地,传达到沛县的文件,以及传送文件的人,都经过泗水亭来往。

　　作为秦朝创立前就开始为秦国政权服务的刘邦,亲历着这些激动人心的历史进程,对秦始皇无限崇仰的情感与日俱增。
因为职务关系,他常有机会去咸阳出差,如交解散落在民间的兵
器去咸阳销熔改铸铜像,押运犯法人员去咸阳集散迁徙实边,护
送应征应调的农民去咸阳参加阿房、皇陵等工程建设。每一次
出行,都能目睹国家,特别是咸阳日新月异的面貌变化,其思想
感情无可遏制地为宏伟蓝图的设计者所折服。于是继信陵君之
后,千古一帝秦始皇成为刘邦又一个崇拜对象。终于有一天,他
实现了亲眼瞻仰皇帝风采的夙愿:当时正逢秦始皇车驾出宫巡
游,正在咸阳出差的刘邦有幸目睹这一气势磅礴的场面:旌、旗、
旆、旄猎猎飞扬的卤簿仪仗,戈、矛、弩、箙威势赫赫的警跸护卫,
身穿衮袍头戴旒冠的嬴政端坐在镶金嵌玉的銮辇中,神色凛凛,
不怒自威。身后,是九九八十一乘组成的长长的属车队列……

　　司马迁用他那一管神笔,声情并茂地写出了刘邦在瞻仰行
列中的观感:"嗟呼,大丈夫当如此也!"

　　使用侠道上朋友互相称誉的语言来赞美至尊无上的皇帝,
或借此抒发仰慕无限的情感,听起来似乎有点不伦,但是这正合
乎刘邦的个性与口吻,也是其内心世界的真实表露。

　　带着侄子项羽隐藏在下相的项梁,其后又因犯法坐狱、杀人
避仇等一连串事故,辗转逃到吴中(对吴国旧地的别称),暗中结
纳地方势力,继续从事颠覆秦朝、恢复楚国的阴谋活动。因为秦
始皇巡游全国曾到过那里,使得项氏叔侄也有了一次瞻仰皇帝
威仪的机会。青年项羽的观感是:"彼可取而代也。"吓得项梁一
把捂住他嘴巴,压低声音严厉警告:"别胡说,这要惹出合族抄斩
的大祸!"

　　刘邦和项羽后来成为政敌。有人曾将两人观瞻秦皇时的感
想加以对照,并说刘邦以垂涎之态流露欣羡心理,项羽以英武之
态抒发豪迈之情。其实,自小接受国仇家恨教育的项羽,胸膛已

被复国主义的热情填满，又因少不更事，说话不分场合，骤见心目中的仇人，有此愤激是很自然的。刘邦就不同了，他不是世卿世禄的楚国贵族，也无家人死于抗秦战争，秦并吞楚国不仅改变了他的游民身份，使之进入了一般平民所羡慕的仕道；而且在业已成年的见识中，不难对楚、秦两个时代作出客观比较：世卿世禄的贵族老爷被打倒了，王侯子弟长久独占的采邑化作县府官吏治理的乡里，刘家这种自耕农的身份受到政府保护，允许土地买卖的政策更为太公二哥这类想靠经营农业致富的平民开拓了广阔的前景……往年因"辟吏事"而常要东躲西藏的自己，现在扬眉吐气地押着贵族豪门去登记迁徙；而且按照秦朝的制度，通过积功、积劳或考课，看似卑微的吏员都有升迁为官的前程。因知刘邦在瞻仰秦始皇后的感叹，正见其坦率真诚的一面。

　　更重要的是，后人在解读刘邦时，往往于无意间把他为秦朝政权长达十五年的服务时间大大浓缩而且忽视了。作为一个与大秦帝国同时成长起来的基层小吏，当秦始皇还没有走向自己的反面时，以刘邦那个层次的认识水平，加上从新体制中获得的种种实惠，以及折服于皇帝的恢宏气度而不诚心感戴，倒是难以想象的。以刘邦晚年所作《敕太子》中的片断回忆分析，当初他对秦始皇的态度，曾经到达过在思想上感情上双双产生强烈共鸣的程度。

　　事情发生在秦始皇三十四年（公元前 213 年），彼时刘邦在泗水亭长任上已干到第十个年头。首都传来的故事：皇帝在咸阳宫宴请七十个已被授予博士的高级知识分子，其中多为古心古貌的儒生。有个来自旧齐国的淳于越，吁请给王子王孙们每人拨一块地皮，给一个封号，还像煞有介事地给皇帝上起了宗商从周的历史课。皇帝让群臣讨论，引出丞相李斯一篇皇皇大论，随后便是一场禁书运动轰轰烈烈地在全国范围展开了。

　　按照上面逐级传达下来的要求:除了秦国的史书,其他各旧政权的史籍必须统统烧毁;除了中央有关部门,任何个人不许再收藏《诗》《书》、百家语,一律交给郡县政府由守、尉烧毁;往后敢有再谈论《诗》《书》的当众处死,引述历史议论现实的诛戮全族。收缴图书和送官销毁,都要依靠基层吏员执行,对胆敢违法讨论《诗》《书》,或以古非今的监督,也要靠吏员竭尽责任,如果吏员知情不报,与犯者同罪! 同时传达的还有收缴图书的期限:三十天。过了期限后还有发现藏书不烧的,处以脸上刺记号或文字并涂上墨的黥刑,再押送边地服苦役。

　　据刘邦后来对儿子回忆:"当这些命令和法律颁布时,我心里真是高兴呀! 因为我一向认为读书是没啥用处的。"换一种讲法,简直是陛下说出了他的心里话。负有执行这些法令使命的刘邦,在操作中是何等有劲得力,不难设想。为此,他曾带有点愧疚地说:追思以前的所作所为,大多是不对的。这份迟来的检讨中,隐去了许多具体生动的历史场面,其中或许就有刘邦带着樊哙、周勃这班"少年",气势轩昂地冲进某个老儒家里,当着他的面,把大捆大捆简册收缴来投入熊熊火焰中的镜头。

　　禁书运动也有政策范围,上面的精神讲得很明确:凡医药、卜筮、农书这类有实用价值的图书,一律不禁不毁。这又说到了刘邦的心坎里,因为他是很相信卜筮这一类文化的。更令刘邦切感秦始皇英明无比的是,伴随着这些政策掌握,还有一项永久性的原则:烧书不等于烧毁文化,只是烧掉那一部分没有用的东西,还得保留这一部分有用的东西。同样道理,禁书也不等于禁止学习,今后还是要兴办学习教育,但是那些说《诗》论《书》、引经据典的"竖儒"们统统让位,皇帝的诏令是:要想学习法令的,拜政府官吏做老师!

　　就这么一句话,刘邦的社会地位骤然又提升了一个层次。

据他在《敕太子》一文中自叙："我平生不习书法,但通过读书和向人请教,多少还知道一些,只是不甚高明,但也足以自我安慰了。现在看你的书法,还不如我哩。"我们知道刘邦是与卢绾做过同学的,会写字,通文理,绝无疑问;再看其自撰歌词的楚歌创作,智商之高令人佩服,所以理解法令、撰拟公文这一套,更加不成问题。但秦朝培养吏员的要求,除"明法"之外,还要"能书",对书法艺术的要求颇高,刘邦以此标准自衡,故有自谦之辞,但他能够批评在皇宫教学条件下学习的太子不如自己,又可想见这方面的水平也不低。再从字里行间的语气推绎,或许他当真履行过"以吏为师"义务的。亭长是执法之吏,教人学法令的本钱他是有的,为求得这份束脩赚得体面,问心无愧,向萧何这些同事"问字"请教也无伤自尊,一笔书法也就在此边教边学中不断提高。当然,这终究是他兴致与智商的结合。以刘邦的个性,这个"老师"是没有耐心做长的,不过是一时兴起,赚点外快、得些虚荣罢了。

　　焚书投合了刘邦的心意,以吏为师更抬升了他的地位,但禁书运动对众多知识分子的伤害,同样也没放过刘家:刘邦的兄弟刘交就是因此而被迫中断对《诗》的专攻,与老师浮丘伯和同学穆生、白生、申公等人黯然伤别的。尖锐的儒法斗争反映到了家庭内部,然而刘邦终究不为所动,还是有"追思昔所行,多不是"的表现,甚至在其已经起用儒生并尝到甜头的当上皇帝的时代,依然在汉朝文化政策中保持了"挟书"律,再联系起后面我们将多次谈到的他对儒生、对诗书的极端厌恶鄙薄,足见其人对"以法为教,以吏为师"的秦始皇思想确实信奉到了何等地步。为什么是刘邦而非项羽成为秦始皇的继承者,显然是不能仅从几场军事决战中寻找原因的。

　　再把话讲回来,刘邦对秦始皇的敬仰,并非等于他认为秦朝样样都好。当时各地吏卒去关中服役,或服役途中经过三秦地区,没有不受当地吏卒欺负的,有时甚至达到令人不堪忍受的程度,但还得忍气吞声熬住。刘邦经常去关中出差,不免亦尝过这种滋味。

一五　刘邦怎样做亭长

　　巡游各地的秦始皇,不停地以诏令制书、勒碑刻石等方式发出指示,以发展经济、稳定社会、加强法制和巩固国防为重心的基本国策愈趋明确,其中经济建设尤称重中之重:"皇帝之功,勤劳本事;上农除末,黔首是富。"这个十六字纲领,可谓高度概括了秦朝以农业为经国之本的指导思想,同时又有正式认可土地私有,按如实申报田产占有数字确定赋税的《实田令》,以及设置仓廪、兴修水利、保护山林、保养耕牛等一系列法律陆续出台,以及给响应国家移民垦荒号召的农民拜爵一级、赐各里社的黔首六石米、两只羊,让大家欢庆丰收等各种奖励措施。

　　刘邦虽然自谓"读书无益",但职责所关,这些诏书法令的基本精神都是需要学习领会的。尽管史料中有关刘邦是怎样做亭长的记载,实在太少,但拼合断鸿片羽,也能为我们在秦朝重农国策的历史背景下,提供一个基层吏员的形象观照。

　　发展经济需要有一个稳定的社会环境。刘邦这个亭长差使的首要职责,就是维持一方乡里的治安,属于佩带兵器执法的武装人员。他过去佩刀执剑是犯法行为,如今变成了执法需要。这个体现身份地位的变化,多少也改善了他父亲对他的看法,把自己年轻时佩带过的那把剑传给了儿子。反正,这以后,此剑从不离身，直至用它斩蛇。

亭长手下有两个助手：一个叫"亭父"，负责过往宾客的接待和亭舍的内勤；一个叫"求盗"，负责逐捕盗贼。他上任后派给"求盗"的一个差使，就是让他到薛县给自己定制了那顶竹皮冠。事实上，要维护沛县这种地方的治安，只要刘邦同他的兄弟伙有个"君子协定"就可以了，外来的流窜犯或本地的小痞子是玩不出气候的。

秦朝时上起中央，下逮郡县，上级对下级的考核，都根据下级的工作汇报总结，官方语言叫"上计"。其操作方式大抵是每年秋冬，在规定的时间里，地方政府要把本地农桑、教化、治安、诉讼、救灾、抚恤等各项公务的管理情况，编成报表形式，如户口增减、垦田多少、钱谷收支、仓廪出入、犯罪率的升降等等，全都形成量化统计，一一装订成简册，统称"计簿"，然后派专人用车子载着这些"计簿"去向上级汇报，所以叫"上计"。上级就根据这些统计数字和相应的文字说明，对下级的政绩是优是劣作出评估，至于真相究竟如何，那就要看官吏的素质了。

刘邦上报给县尉的计簿，以及沛县政府在汇总各乡亭计簿过程中编报给泗水郡的计簿，究竟是怎么填写，现在已无从考索，但是仅就"盗贼"，就是治安这一门类的内容而言，肯定给秦始皇造成了至少是良好的印象。因为秦皇统一全国后，孜孜在念的一个大问题，就是如何防范六国贵族的捣乱、破坏乃至阴谋复辟的活动，那些在统一战争中投降被俘的六国国君，人还在，心不死，最易成为复辟分子用来号召群众的旗帜，所以对他们的安置和看管，便成为秦朝中央格外重视的一项工作。据《史记·高祖本纪》载，魏国的末代国君王假，也就是魏安釐王的孙子，就被秦始皇下令安置在沛县丰邑居住。设想一下，假如刘邦故乡丰邑迄今仍旧是一个县级以下的乡镇，那么即使在绘制精细的全国地图里都难以找到。可是,就这么一个小小的地方,却安置了一个令秦始皇时刻警惕的六大旧政权头子之一,足见当地治安环境良好,民众觉悟也很高,一有情况就会上报的。

　　总之,要密切监视王假及其家属仆从的一举一动并随时上报可疑迹象;要严加防范魏国逃亡贵族及其党羽窜入沛县,与王假暗中密谋勾结;要时时警惕大秦帝国创立以来始终未平息过的楚国复国运动,利用王假这个枢纽与其他旧政权的复辟势力串联……所有这些,都是秦始皇寄重托于沛县治安系统、寄希望于沛丰父老子弟的。作为沛县治安体制中的一环,作为丰邑的常住居民之一,刘邦能够在这个亭长位子上一坐十几年,一直在这个方面没出过什么意外,反过来又说明了他对秦始皇的忠诚经受了实践的考验。

　　但是,就是这么一个忠于职守的亭长,后来领着沛丰子弟抄了秦朝的老窝,肯定是秦始皇做梦也想不到的。人们根本无法设想像王陵、雍齿、樊哙、纪信这班"豪桀"、"少年"会因政权的更替而一夜之间变成循规蹈矩的"父兄"、"子弟",只不过这些后来的反秦骨干,在常态下从未使自己的违法乱纪活动与政治斗争搅和在一起而已。

　　刘邦平平稳稳地度过了见习期,由"试为吏"转正,其后虽然因和夏侯婴打闹,让别人检举到县政府,但赖有萧何、曹参这些人帮忙,夏侯兄弟又忍刑死保,使他最终逃脱了开除公职的厄运。我们不可轻易放过的是有人检举到县这个细节,说明此人虽然在上司眼里还是一个称职的亭长,但在群众中并非众口交誉,有些人的意见还是很大的。

　　据元人钟嗣成《录鬼簿》称,元代中叶,"维扬诸公,俱作《高祖还乡》套数"。就是说直到元代,刘邦在亭长或平民时的一些事迹,仍在他故乡一带广泛流传,所以当地许多剧作家都爱用这类题材进行艺术创作。但钟嗣成又说,所有同类题材作品中,只有他新交的朋友睢景臣的写得最好,其他人"皆出其下"。这个套曲用第一人称来写,假托一个与刘邦同乡居住的农民之口,抖搂出了不少他与刘邦的瓜葛,现在把与刘邦职务相关的部分转抄在下面,原文就是白话:

> 你须身姓刘,你妻须姓吕,把你两家儿根脚从头数:你本身做亭长,耽几盏酒;你丈人教村学,读几卷书……春采了俺桑,冬借了俺粟,零支了米麦无重数。换田契,强称了麻三秤;还酒债,偷量了豆几斛。有甚胡突处?明标着册历,见放着文书。少我的钱,差发内旋拨还;欠我的粟,税粮中私准除……

秦朝制度中的亭,究竟是乡与里之间的一级行政建置,还是行政系统以外的治安机构,学者中历来有争论。有人说"十里一亭",就是一个亭管十个里的民政。这样解释,亭长就是乡官属下的吏胥;有人说"十里一亭"是一个亭管方圆十里范围内的治安,此"里"乃道里之里,不是居民社区的里,这样解释,亭长就是民政系统以外的治安人员了。从上引睢景臣《高祖还乡》套数中的文字来看,刘邦这个亭长参与了替农民换田契、收税赋、派差役等民政性事务,似乎有点像乡官那样的身份了。但史实告诉我们,治安人员参与乡村收税征役的情况在古代十分普遍,因为农民对于法定税赋徭役以外各种名目的附征加派,多不情愿,在县乡政府看来这就是抗税,于是动用"武吏"参加征税,便成了历代相因的惯例。所以刘邦以亭长职位而出现在这些活动里,实在是很正常的现象。

武吏参与民政税务,自然要有报酬,这些照例要摊派在农民身上,成为收税成本的一部分。不过引文中刘邦的酬报,还不止这些,他把平时借欠的钱物都从税赋差役中抵扣了,这就不免陷进了假公济私的泥淖。至于归还酒债时顺手牵羊，替人办理换契时多收手续费，这就是一个作风问题了。但总体上看，比较起后世的乡官吏胥为非作歹，祸害乡里，刘邦这种趁机弄点外快的小动作，充其量也就是吏风不正，有人因此怨他，总想有机会告一状，如夏侯婴事件的举控到县，是可以理解的。

　　像这种假公济私、多吃多占的问题，在《史记·高祖本纪》中也有记载：泗水亭就在沛县东门外，是一个位居交通要冲的地段，因稍有人气而聚集为小小的市口。好酒的刘邦常去两家民营酒铺饮酒，一家是王阿婆（王媪）开的，一家是武大娘（武负）开的，经常喝得烂醉，就躺在店铺里打呼噜。而且他喝酒不付现钱，写个白条让老板入账，到了年终，正是商家催讨赊欠的时候，可是王阿婆和武大娘只好把这些白条扔掉，原文叫"折卷弃责"，就是放弃向他讨账。

　　什么缘故？司马迁写了两条：一是刘亭长醉倒西江月下时，两位女老板隐隐约约看见他身上似有龙影蠕动，引以为怪，这个错觉，就是当年太公向人解释陂塘事件的神话，在两个乡下民妇心目中引发的幻觉，自然不足为据。另一条，原文写作"高祖每酤留饮，酒雠数倍"。如何解释？《史记索隐》解释说，这是刘邦大度，既然经常赊欠，到手头有钱时，照例是数倍偿付，就是以酬还的"酬"来释读"酒雠数倍"之"雠"。但是照这么讲，年底自然就不该再讨账了，何来白条问题？《史记集解》提供了另一种说法："雠亦售"，就是"雠"字乃"售"字的假借：刘邦来喝酒时，酒铺里售出的酒，照例是平常的数倍。这样一来，刘邦的酒账，完全可以在加倍实现的售酒利润中抵消了。应该说，这才是《史记》原文可以首尾呼应的逻辑性解释。

　　为什么刘邦一来喝酒，酒铺的生意就特别好呢？原来亭长既有掌管一方治安的责任，也有向过往宾客提供住宿的义务；其实登记留宿，也是严格控制外乡过往之人行动的一项措施。但是亭舍不供应酒水，旅途中的人又爱借酒消乏，遣解乡愁。于是刘邦便利用职务之便，总是带他们一起到王阿婆、武大娘开的酒铺里去消费，自己也趁机喝个烂醉。从酒铺一方看，刘亭长一来光顾，"酒售数倍"的奥妙也就出现了。一醉方休之后，宾客掏钱付现，刘邦打个白条，年终时彼此心照不宣。但旁人要有疑问：你们怎么从来不收刘老四的酒账呀？于是"见其上常有龙"的神话便成搪塞之辞。

　　由此看来，刘亭长的假公济私、吏风不纯，大抵也就局限在这点范围内，而且《史记》中只说他常去这两家酒铺赊饮，因知还没落到小酒天天醉的地步，不致出现职守上的差错，所以既无上司见怪，也无民愤可述。后来他号召沛县父老子弟跟着他造反，能有一呼百应的效应，正说明做了亭长后的刘邦，已经在十多年的乡村吏员生涯中，改变了年轻时不良的公众形象。不少刘邦传记作者，有意无意间浓缩了这十五年光阴，使得很多人形成刘邦径直由无赖成为义军领袖的印象，既违背了历史的真实，也不合生活的情理。

一六　原配妻儿

上一节借用睢景臣《高祖还乡》的描述,对刘邦的亭长生涯略加观照,无意间又引出了他的妻子和丈人,现在就来说说刘邦的婚姻情况。

《汉书·惠帝纪》载,刘邦封汉王那年,吕雉生的儿子刘盈五岁,刘盈之上有个姐姐鲁元。据此推算,刘邦与吕雉结婚的时间,约在秦始皇三十四至三十五年(前213～前212年)。

这时的刘邦,已经是四十三四岁的人,居然还未娶妻,听起来怪怪的。但查一下《史记》的《高祖本纪》和《齐悼惠王世家》就可知道,此刻在沛丰也算是一个人物的刘亭长,已经有了丈夫和父亲的身份。妻子娘家姓曹氏,至少已经和他生了一个儿子(除鲁元外,《史记》里省去了有关刘邦女儿的记载),可能是比较胖的缘故,就叫刘肥。

刘邦是何时与曹氏结婚生子的?这又是一个应该细说的问题,否则我们对刘邦处世为人的认识,就会缺掉一个角。

先设一个有确切时间记载的坐标:《齐悼惠王世家》载,刘肥至少有九个儿子,其中老二刘章在吕雉死前一年(前179年)为二十岁,则老大刘襄至少是二十一岁。往前推算,刘襄应该是高帝七年(公元前200年)出生的。假定这一年他的父亲刘肥是已经戴冠的成年人,即十八岁,那么再往前推算,刘肥的出生时间大约就是秦始皇二十八至二十九年（公元前 219～前 218 年）。然后据此推定刘邦与曹氏的结婚之期，正是大秦帝国开国的第二年（前 220 年）。

科学的计算，又完全合乎情理：此时的刘邦，已经从旧政权的冲击对象，变成了新政权的基层吏胥，且已转正数年，何况其人相貌不俗，太公的家道亦称殷实，愿意把女儿嫁给他的人家，一定不会少吧。不过其人既称"好色"，而且又有长年混迹于脂粉丛中的经历，对女方的要求未免挑挑拣拣，以至熬到王老五的极限之年才正式结婚，这门亲事的郑重，也就可想而知了。

进一步提问，这位郑重其事成为刘亭长太太的曹氏，是谁家的姑娘呢？笔者认为：是曹参的族妹。前面曾说过，曹参与萧何都是沛县的"豪吏"，则其家族人员在沛县一定不少。后来刘邦行封时，萧何一家父子兄弟十余人都有封号，并给食邑，但是我们在《史记·高祖功臣侯者年表》上却查不到他们的姓名，因知这都是关内侯以下的等级。看来曹家也有相似情形，只是受封的人数远不能同萧家相比。以刘邦在大秦帝国开国初期时的社会地位，与曹家姑娘结成婚姻，亦可说是门当户对了。而曹参、刘邦两人皆因这门婚事，彼此间的关系更紧密一层了。

说刘肥生母是曹参族妹（还可能是堂妹），有无佐证呢？当然有。

先看刘邦给刘肥的待遇：从史料记载看，这个大胖儿子除了生育能力比较强之外，并无什么才能可言，可是刘邦在八个儿子中，除刘盈立为太子外，惟独对他独厚，封立为齐王，食七十余城，是所有王国中面积最大的。但当时的情况，光有土地城池还不够，人口才是第一生产力，特别是历经多年战乱后，居民大多流亡，人力资源更显得宝贵，结果刘邦在封立刘肥为齐王时，册书中写明：凡是能说齐国话的民众，无论现在居在何地，一律还给齐王。

　　这是一个什么概念？要说掌故了：战国时山东六国中，齐国最称国富民众，与秦国并称东西两霸。以至公元前288年，两霸约定同时称帝，瓜分天下：秦昭襄王自称"西帝"，同时尊齐闵王为"东帝"，孰知齐闵王还临时背约，不买他的账，"辞称东帝"，活活把昭襄王气煞。后来秦始皇发动统一战争，六国中顽抗到最后的，也是人力物力最为充沛的齐国。一句话，把齐国故土和逸民都给刘肥，好比刘邦端盘子切蛋糕，刘肥分得了最大的一块。如此厚遇，鲜明地体现出刘、曹婚姻的"明媒正娶"性质：刘肥决不是什么野孩子，同时又在一定程度上昭示着刘肥母舅家的背景。

　　次看刘肥父子对自己身份的认定：刘肥虽然死在刘盈之前，但自我认定是刘邦真正之嫡长子的心念，从未释怀。这一点，可以从吕雉一死，他儿子刘襄马上以长孙自居檄诸王，号召大家随其共扶宗庙，甚至公然以"寡人"自称上看出来，显然有刘肥生前牢骚的影响。反过来，对于刘肥服从父亲意旨被迫让出嫡长子的委屈，在刘家兄弟和沛丰旧臣间，也是共同认可的事实，所以刘肥一死，刘盈马上请出早就退出政坛多年的老臣张良，恳求他亲自去齐国代表自己悼念慰问，并封立刘襄继承王位。等刘恒（即汉文帝）继承帝位后，仍有占据了刘肥这一脉应得皇位的愧疚心理，居然又把他其余八个儿子统统封为藩王，这在西汉封爵史上是绝无仅有的异数，更加清楚地凸显出了刘襄兄弟辈的姥姥家的功臣背景。

　　再看刘邦对曹参的安排：刘邦称帝并分封功臣后，讨论排名，大家公举曹参位居第一，等到分配职位时，公认的第一号功臣却未能像周勃、樊哙、王陵、灌婴等人留在中央，而是派他出任齐相国，这也是一个当时令众人诧异的安排。其间隐藏着刘邦的复杂心态，真是一言难尽，但有一条是明写在《史记·曹相国世家》上的，就是当英布造反时，曹参得以齐相国身份，统率步、车、骑三军共十二万人，随同齐王刘肥与刘邦合击英布，既说明齐国拥有强大的军备，曹参拥有独立的兵权，又隐隐地折射出刘邦在与众多沛丰旧人中，与曹参的关系多出一点什么成分，连带当初大家公举曹参排名功臣第一，也是对这种特殊关系的一种呼应。

　　上述牵丝攀藤的复杂关系，往后还有机会一一展开，这里仅提取数条，专为刘邦曾与沛县曹家联姻并生子的史实，先给读者造成一个清晰的印象。顺便提一下，刘邦八个儿子中，惟有刘肥和刘盈的谥号都用一个"惠"字(谥法："柔质慈民曰惠")，这也从礼制的角度映射出他和刘盈相同的"正牌"身份。

一七 刘吕联姻

　　介绍过刘邦的原配家庭,再来谈刘邦与吕后的结合。这门婚事在刘邦一生事业中占据重要地位,甚至在他死后仍发挥出很大的影响,所以有些向来被人忽视或搞错的细节,需要细说一下。

　　吕后名雉,小字娥姁。她有两个哥哥:长兄吕泽,次兄吕释之;一个姐姐,本名失考,小字长姁,已嫁人,丈夫的姓名也已失考,只知道有个儿子在档案里随母家姓氏相称,叫吕平;又有一个妹妹,叫吕嬃,现在都减笔写成吕须。

　　刘、吕婚事的策划人,是吕雉的父亲,《史记》上只说他是单父(今山东单县)人,并称他"吕公",表示名字失考;但司马贞《索隐》引录《相经》:"魏人吕公,名文,字叔平",是名字俱全的。查单父原为春秋时鲁国的地盘,孔子的学生宓子贱就做过单父宰。战国时代,单父已落入魏国版图,吕公曾做过魏国臣民是不错的,当然更需引起我们重视的是,此人在魏时已经以善于看相出名,所以名载《相经》。在当时,看相与星占、望气、圆梦等,都是与卜筮同样流行的方术,吕公很可能就是凭这套本事养家活口,受父亲的影响,吕雉不惟对之深信,而且也学了一些门道。

　　大秦帝国创建后,以法家思想为正统意识形态,禁毁百家学说,但卜筮星占这类方术除外,因此吕公照样执业,孰料在故乡结了仇怨,怕人家报复,想到沛县县令是老朋友,可以托庇,便举家迁居沛县。前一节讲过,这是秦始皇三十四到三十五年(前213~前212年)之间的事情。

中国古代有个不成文的官场潜规则,就是某人在某地当了官,倘有落魄的亲朋故旧前来投靠,总得设法济助若干,这叫"打秋风"。会打小算盘的长官,不必自掏腰包,而是将此负担分摊到属下头上,常用的办法就是用设宴给故人接风洗尘的名义,邀请大家做陪客。下属们也领会长官的意思,照例以见面礼的名义,送上钱物,客人"秋风"开销落实了,面子还是主人的,彼此两便。

这个沛令也搞这一套,早早把风声放了出去。因为得知吕公是县令的"重客",即很贵重的客人,所以"沛中豪桀、吏……皆往贺",就是除了吏员等下级,那些有点头面的当地名流,包括王陵、雍齿这类"县豪",也都前去赴宴。由于场面太大,沛令特请萧何主持收受红包的会计事务,萧何订了一个根据礼金多少安排座次的标准:超过一千钱的坐堂上,不满一千钱的坐堂下。

当时一千钱是什么概念?我们看《史记·货殖列传》中开列出来的物价表:马:每匹四千钱;牛:每头一千一百九十七文,不满一千二百钱;猪:每只八百钱;鱼:每石二百钱;桑竹:每亩二百钱;酒或酱:每瓮二百钱(这还是"通都大邑"的市价);谷物:一钟二百钱,一钟为六斛四斗;奴僮:一口二千钱。

虽说《史记》写于国民经济开始趋向好转的汉武帝时代,但是在秦末农民起义和楚汉战争等连年战乱还未爆发的大秦极盛时期,同样名目的物价,大抵也相去不远。当时秦朝基层官吏吞吃红包的行情,可以从萧何这个标准里略窥大概。

身为亭长的刘邦也去蹭食,又一向与同事们轻薄惯了,"乃给为谒曰:'贺钱万',实不持一钱"。谒,又称刺,就是一种起名片作用的木简,根据汉墓中出土的实物,一般长约 20~24 厘米,宽 3.5 厘米,厚 1 厘米,上书持谒人的姓名、官爵及郡县乡里,故也叫"爵里刺"。因为这是递名片祝贺吕公来沛县定居并赠送礼金,所以还要在谒上写一两句表示客气和问候的话,同时书明礼金数额。刘邦好捉弄人,空麻袋闯席,不持一钱,却大言不惭地在谒上写"贺钱万",因此司马迁说"绐为谒"。绐,就是欺骗的意思。

这一枚名片送进去,可把吕公吓坏了:相当于两匹半马或九头牛的价值呀! 当时便大惊而起,亲自到县署门口迎接豪客。因为职业习惯,吕公先端详刘邦相貌,肃然起敬,遂陪他拾阶登堂,带引到贵宾席。负责收红包登账的萧何一看,又好气又好笑,说:"刘老四一向多说大话,少成正事。"刘邦则毫无半点正经,一面动口动手与正襟危坐的"贵宾"们开玩笑,一面大模大样地在上座入席,一点也看不出心虚的神情。按情理,沛县县令和丞、尉等几个本县长官,应该也在这次接风宴上,刘邦如此行事,亦可见此人藐视官府的作风是一贯的。

酒足食饱,客人们开始陆续告辞了,吕公向刘邦使个眼色。刘邦马上领会了他的意思,独自留到众客散尽,再与吕公面谈。吕公开门见山道:"我自年轻时便爱替人看相,不知看过多少个面相了,没有一个比得上你的,希望你自我珍重。"又提出:"我有一个亲生女儿,情愿让她给你做手持畚箕扫帚操持家内杂务的奴婢。"

吕公所说的这个女儿,就是吕雉。

刘邦当时是怎样应答吕公的,是否如实相告自己已经娶妻生子的真相,司马迁都没有详写,但他却写了事后吕公与吕媪的相吵——吕媪怒骂丈夫:"你一向认为二姑娘不比寻常,要替她找一个贵人。沛令和你那么好的交情,向你提出过要娶她的请求,你不肯答应,又怎么自说自话地许给了刘四?"吕公一句话顶回去:"这种事,你们女人怎么懂?"

这样听来,大约吕公在酒席间曾悄悄向人探听过刘邦的情况,以至吕媪亦得知了他的底细,所以吕公才在主动提起婚事时,先把"愿为[刘]季箕帚妾"的客气话讲在头里,就是知道你已经有妻室了,宁愿让我女儿做小妾。其次,从沛令曾向吕公求婚这一条信息判断,吕雉的才貌大概是有点口碑的。

《史记》没有详叙刘邦与吕雉结婚经过,只说吕公不理太太投反对票,顾自作主,把女儿嫁给了刘邦。由适才萧何所订按礼金排座次的标准,再对照那份物价,可以想见这一次吕公进账颇丰。他又是看好刘邦面相,把一心要配给贵人的女儿在刘邦身上押宝的,因此这份陪嫁也不会菲薄。刘亭长以空手道闯席,人财两得,可谓满载而归。

史家考定吕雉生于公元前241年,假定刘、吕结婚在前212年,则彼时刘邦为四十五岁,吕雉近三十岁,这个岁数在当时肯定算是老姑娘,体现为吕公惜嫁的结果。而当时刘肥已满八岁,其母亲曹氏即使年长吕雉,恐亦有限。但是她的家世和才情,乃至眼下所拥有的经济实力,都无法与吕雉相比。刘邦的感情天平会往哪一边倾斜,也是不言而喻的,更何况喜新厌旧本是"好色"之徒的天性。

一边是已生儿子、早有名分的原配,而曹家在沛县也不是细族;一边是才貌俱全、刚刚出阁的新妇,另有沛令倚为靠山。这种事情让寻常人处理,准是陷入两难的尴尬,但是对全无传统道德观念束缚的刘邦而言,根本算不上什么麻烦。他在丰邑为吕雉安排了一个新家,不与曹氏母子共处,用这样的安置方式,让老妻新妇保持"两头大"的局面。两个老婆的名分呢? 司马迁笔法老到,《吕太后本纪》记述其出生:"高祖微时妃也",妃的含义很模糊,就不用解说了;而《齐悼惠王世家》记曹氏身份,亦妙:"外妇也",用现代读者熟悉的语言直译,就是家外有家,也是主妇。

如此井水不犯河水的处置,对曹家对吕家都有交代,可见刘邦这把斩乱麻的快刀,既锋利,也不失圆滑。但据《史记·外戚世家》的介绍,吕雉在丈夫与别的女人关系相处上,吃醋心理很强。当其"色衰爱弛",刘邦又移情别恋时,各种手段都用得出来,这就可以设想在她还挺漂亮时,是怎样利用才貌优势约束刘邦同曹氏的旧情了。

轻而易举闯过两妇名分一关后的刘邦,自认为各方面都交代得过去,甜甜蜜蜜地做起了老新郎。后来吕雉的妹妹又嫁给樊哙为妻,大概也是吕公看相的选择。这个妹妹吕须,也是一个厉害角色,诸位将在往后的细说中有所见识。

那位先后在沛县相中两个女婿的吕公,照睢景臣《高祖还乡》的讲法,定居沛县后以"教村学"为业,他是方士,完全不在秦朝文化政策的排斥之列,在继续操持本业的同时,再教农民子弟认几个字,估计也是有可能的。此人活到高帝四年去世,在此之前已由刘邦封为临泗侯,其实一直住在沛县没离开过,在楚汉相争的紧张局势笼罩下,提心吊胆地走完了人生旅程,非但没分享过一天女婿的福祉,反而为吕氏家族招来灭门大祸。这种结局,对于他擅长看相的自吹,真是一个莫大的讽刺。

一八　这个女人
不寻常

　　吕公看相择婿，最终害了自家儿女子孙，这都是后话，而在当时，吕雉对老爸的预测深信不疑，尽管嫁个丈夫的年龄比自己年岁要长一半，情感上倒也投契，婚后次年就生了女儿鲁元，接着又有了儿子刘盈。顺便说一下，"鲁元"两字，并非刘邦女儿在娘家时的本名，而是其日后成为"鲁元公主"的封号，原先该怎样称呼，现在已经失考了。

　　然而夫妻和睦、子女双全，并未改变刘、吕两家在沛县的状况。刘邦依旧是泗水亭长，并无升迁迹象，而且按规定必须住在公务住所里，惟有休假日才能回丰邑同妻子团聚，这也是吕雉对素有"好色"名声的丈夫难以放心的地方。吕雉本人，因吕公为其建房置地作为陪嫁，或许也有能力在农忙时请一两个帮工，但自耕农的地位业已确定，尽管有才有貌，还得亲自下田务农，分不开身时，两个小孩都要带到田头上。这种辛勤劳苦，都不是她跟着父兄做姑娘时所能体会的。但是，有的刘邦或吕雉的传记，把成为刘邦妻子后的吕雉，描述成一个上要侍奉公婆、下要抚育子女、内要操持家务、外要独扛农活的贤妇孝媳，这又未免过于美化了。

　　最关键的一条，说婚后的刘邦与太公、刘媪还在一起过日子,用此彰显吕雉侍候公婆、内外料理的贤惠形象,不但在史书中找不出任何依据,也不符合战国以来血缘关系日趋松弛、独立的个体小家庭走向普遍化的历史事实,而秦朝的法律和风俗,更加速了这一倾向。对此,贾谊的《治安策》中,有十分形象的描述:秦的法令,富庶人家的儿子成年娶妻了,必须分家另过;贫寒人家的儿子成年而讨不起老婆,就得出赘,给富家做上门女婿。于是家人间再无亲情可言:儿子借给父亲农具,就流露出恩赐的脸色;母亲来取用畚箕、扫帚,立即受到责骂。媳妇抱着儿子喂奶,大模大样地坐着与公公讲话,全无礼貌;婆媳之间一不高兴,板起面孔就争嘴吵架……

　　贾谊笔下是秦时的一般状况,未必就是吕雉与公婆关系的实况,但婚后的刘邦肯定与父母分家,不但是秦朝的法制规定,也有刘伯、刘仲的榜样在前,这是不用怀疑的,所以无论曹氏或吕雉,都不存在与公婆同耕一块田地的可能。说到平时来往,或许不至于为借用畚箕扫帚争嘴吵架,但以吕雉"为人刚毅"的个性,也绝无亲奉汤药、嘘寒问暖的可能,取间接史料反观,刘媪宁可跟着儿子死在他乡,太公数年不封,封后又凄怆不乐,始终没听见吕雉为他说情通融,又哪能捕捉到一点孝顺媳妇的影子呢?

　　不过,即使不用为太公刘媪那一摊子烦神,光是自己小家庭的农活家务,也就够吕雉操劳了,接着就有了下面这一段有名的故事,大意是:刘邦做亭长,常告假回乡料理农事。正逢吕雉带着一对小儿女在田里锄草,有个老人经过,向吕雉讨水喝,吕雉给他喝水,还请他吃食。老人给吕雉看相,说:"夫人是天下贵人。"吕雉请他给两个孩子看看相,老人先看刘盈,说:"夫人所以是贵人,就恃赖这个男孩。"再看鲁元,也是贵相。老人刚离开,刘邦正好过来,吕雉忙对他讲刚才有个老人看相,说我们母子都是大贵之相。刘邦问:"人呢?"吕雉说:"才走不远。"刘邦便追上

那个老人，要他给自己看看相，老人说："适才夫人和婴儿都像
您，您的面相贵不可言。"刘邦连连称谢说："假如真像您老人家
所说的，我决不敢忘记您的恩德。"等刘邦富贵后，却找不到这个
指点他的老人了。

　　这个故事，是司马迁取自汉家藏档还是采访得来，已经弄不
清楚了。但他将之记述在紧随吕公看相择婿的故事之后，看来
是故意让我们在前后对比中发现破绽：试想，吕公是魏国时便已
成名的相术家，早就认定女儿有奇相，要替她找个贵人匹配，为
此不惜将闺女熬成老姑娘，还拒绝了沛令的求婚，最终一眼相中
刘邦，女儿女婿的贵人之相，还需要什么过路老人来指点迷津，
给正在田里锄草的吕雉制造惊喜吗？吕雉有才，又从小看父亲
执业看相，多少也懂一点门道，既笃信父亲眼力，本人也以充满
自信为性格特征，哪有放着父亲的结论和自己的判断疑惑不定，
倒把一个素不相识的过路人胡诌几句奉作真理的逻辑？假如她
没有对父亲对自己的坚信不疑，又何来不嫁县长嫁亭长的道理？
再退一步设问：刘邦刚来，老人方走，间距又是刘邦能追得上，往
后又是刘邦再也不能找到，偏偏就有如此巧合？再则，活了四十
多年的刘邦走南闯北，还从未有人赞美他天生一个大富大贵的
脸盘儿，何以吕公出现在沛县后，随后又有人跟着深入乡下田
头，来报贵不可言的喜讯……

　　总之，在吕公看相择婿已成事实后，马上又来这么一段，怎
么看都像是多余的话。然而，如果我们将它看成是吕雉的精心
设计，那就完全别具一番意味了。

　　站在吕雉的立场上设身处地地看，一心想嫁贵人的她哪能
甘心在这种干农活、生孩子、做家务的蹉跎中，听任已成晚霞的
青春流逝，而打破这种状态的最佳途径，又莫如促成丈夫及早觉
悟发奋。在楚文化滋养下成长，又接受秦文化熏陶的刘邦，对于

卜占星相这一类东西,向来怀有浓郁的兴趣,这一点,已同他做了几年夫妻的吕雉,十分了解。但是以她一个青年妇女的社交条件,要想就此再来深一层的激励,不免困难,这就很自然地转到了她最熟悉的专业上——看相。看似叠床架屋的田头看相故事,大体就是这样导演出来的。

借助上述剖析,我们可以看出,假如刘邦在亭长生涯里没有出差途中的突发事变,假如没有狂飙直落激扬四海的大泽乡风云,那么这位生有"贵相"的刘老四,很可能一直安于多吃多占、韵事不断的现状,知足常乐地度过他的余生,少年时代对信陵君的偶像崇拜,想干一番英雄事业的无限憧憬,最终都在醉眼矇眬中消磨殆尽,化为含饴弄孙、颐养天年时的往事并不如烟。这一种估计的直接依据,就出在《高祖本纪》里,你看,年轻时"不事家人生产作业"的刘邦,现在竟是"为亭长时,常告归之田",时时请假回家料理农活了。岁月流逝对人的改造力量,就是如此厉害。

有的传记称萧何慧眼识人,早就认定刘邦是伟人材料,所以多加庇护提携云云,这又是于史无征的想当然。前面已分析过,萧何、曹参这些"豪吏"对刘邦的庇护笼络,只不过是出于他们在沛丰的利益需要,要讲对他有什么政治前途上的期望,真正是不知从何说起。即使在以往群雄纷争的战国乱世,曾经有过类似的念头,到了天下一统、和平建设的大秦帝国体制下,也早就化为云烟了。试看刘邦空麻袋闯席时,萧何的一句话:"刘季固多大言,少成事。"这才是当时萧何对刘亭长的真实评估。

真正独具慧眼的是吕雉,正是她,更加急于冲破庸碌的生活现状,急切地谋求一个小吏家属的社会地位的改变。父亲的看相,甚至还不及她对丈夫身上蕴藏的为领袖人物所必备的许多潜在素质的观察与把握:爱冒险,有豪情,广交际,讲义气,果决断,多机变,会妥协……眼下需要由她来做的,就是想方设法把"刘季"推上叱咤风云的战马。以她的家世背景和文化素养,她选择了最简便的形式:看相说相。这个女人确实非比寻常。

一九　送徒骊山

人谋不如天意。

吕雉在刘邦创业进程中的促进作用,是主观努力,若无代表客观形势的"天意"造化,终究是一厢情愿的"人谋"。

"天意",很快就向已被两次看相煽惑起来的刘邦露出了笑脸。

秦始皇三十七年(前210年),刘邦奉沛令的命令,解送一批农民,以及部分囚徒,去咸阳骊山建筑工地服役。作为亭长,在他的秦吏生涯中,这种性质的出差已经习以为常了。

腾飞于关东列强之上,是秦孝公(前361~前338年在位)以来一百多年间,前后好几代秦人的奋斗目标。历史上的秦国,有过护驾周室东迁的荣耀,有过穆公称霸西戎的极盛,然后便是盛极转衰,到了诸侯争战、以力称雄的战国时代拉开帷幕后,更是在内外交困中饱尝了落后就要挨打的滋味。"秦僻在雍州,不与中国诸侯之会盟,夷狄遇之。"司马迁以简练的语言,勾勒出当时秦国被排斥在中原诸国之外,视作未开化民族的情景;"诸侯卑秦,丑莫大焉!"则是秦孝公在吹响改革进军号时,代表无数忧患之士所喊出的共同心声。于是便有了奖励耕战的商鞅变法,从那时起,以经济和国防建设拉动社会发展,一直是秦人经国方略的重中之重。

　　统一中国的大功告成,在秦始皇看来正是"六世余烈"、路线正确的结果,同时又为勾画和实现更加宏伟的蓝图,提供了前所未有的历史机遇。在其执政的最后十几年中,"夙兴夜寐,建设长利";"兴利致福,诸产繁殖",基建工程几乎是接踵铺开,仅据《史记·秦始皇本纪》所载,规模浩大的项目就有:筑建长城的国防工程,"决通川防"的水利工程,修驰道直道的国道工程,"堕坏城郭"的城市改造工程,"夷去险阻"的交运工程,这还没把他听信徐福等人建议、不断追加投资的航海工程,以及随兴而起的琅邪台重建等项目包括在内。尤其引人瞩目的,是对"关中之固,金城千里"的集约化经营,且不说气势磅礴的骊山皇陵,且不说把六国景观融为一体的朝宫上林,光是一个同时"可以坐万人"的阿房正殿,不要说在秦以前,即使秦以后两千年间,未见能有与之匹敌的! 其间显然可见梦寐以求一举洗雪"诸侯卑秦"百年国耻的心境。

　　所有这些工程的建设,以及为之配套的原材料运输等,都需要大量的青壮劳动力的投入,所以大秦帝国对人民徭役的征调,用董仲舒的话来讲,达到了古时的三十倍! 对此,郭志坤先生曾在《秦始皇大传》中算了一笔账:古民一生服役的役龄期为三十年,每年三天,合计为九十天;而秦代,从十五岁开始服役,六十岁才老免,一生的役龄为四十五年。其中,每年一个月的更卒,一生共为一千三百五十天;正卒七百二十天;屯卒三百六十天。三者相加,合计为二千四百三十天,再加上一些"法外之徭",确实要"三十倍于古"。当然,指标的提升也有一个时间过程,是随着建筑工地愈益趋向遍地开花而递增的。

　　所有这些徭役,都通过郡县乡里的行政管理体制,直接从基层征调,确保按照上级指令的各项具体要求,把服役人员按时送到工地,是地方政府的法定责任。刘邦常有远离沛县的公差出行,大多是履行这种代表沛县政府押送服役(有时是囚徒服刑)者去指定目的地报到的使命。早些年,刚从帝国中央重农政策中获得不少好处的农民,大多能依法执行服役任务。逐渐地,随着赋税和役期的不断加码,农民的态度由不满变为愤慨,由被迫变为抵制,"送徒"的性质也随之变化,先是遣送,继而是解送,最终成了押送:自觉服役效力国家建设的人,再也找不到了。存录在《秦始皇本纪》中的诸多刻石文献上,再三强调"皇帝哀众"、"振救黔首"、"兴利致福",全是对农民的关怀,"不用兵革"、"终无寇贼,欢欣奉教"的和平环境中,"男乐其畴,女修其业"、"久并来田,莫不安所"的盛世图景,已经在郡县的"上计"和廷臣的歌颂中,提前降临到了人间。但是处在泗水亭长位置上的刘邦,要比还奔波在巡游途中的秦始皇清楚:现在的广大农民,已经站到了大秦帝国的对立面。

曾经对秦始皇满怀崇拜之情,以为"大丈夫当如此也"的刘邦,如今也不免陷入迷惘。这也是秦始皇晚年时,众多秦朝官吏共同的心态变化。人们知道秦皇帝身在之时,天下已坏矣,然而人人只能"侧目而视,侧耳而听",给他上书说几句真话实话的胆量是没有的。赋税还得收,徭役还得送。对刘邦而言,最切肤的感受是,这"送徒"的差使是越来越艰巨了,哪比得上开国前期,到了咸阳,交接手续办过,还能看看京师气象,凑凑观瞻皇帝威仪的热闹,回乡后向朋友父老吹吹外面的见闻,何等逍遥自在?现在,费尽九牛二虎之力,总算凑足了"徒"数,还要大家自备食物后一起上路。若待之宽厚,则磨磨蹭蹭误了报到期限;若督之苛严,则卧病、逃亡,乃至抗拒,什么事情都有可能发生。何况此时的刘邦已奔五旬,开始注重个人在乡里的舆评,都是沛丰父老托付给你的子弟,犯得着为这些坏了自己"仁而爱人"的形象吗?

早先视作可以趁机游山玩水开开眼界的公差,如今成了小吏们的一种负担。中国自秦朝首创中央集权制度以来,各级地方财政的收支都受中央严格控制,留存地方用于行政支出部分的财政预算,主要就是按官吏人数编制支付的俸禄,可以用为办公经费的数额微乎其微,像“送徒”服役这种吏胥一级人员的出差,所需费用照例都是摊派到服役人员和在乡农民的头上。至于由此给出差人员带来的额外开销,以及现代人都习以为常的差旅津贴之类,基层政府的财政预算上是没有这些项目的。

　　因为徭役征调越来越频繁,问题的严重性也就越来越突出。大家都视出差为畏途,互相推诿,多不肯去,于是吏员中就形成了一个凑份子给出差者补贴的规矩。刘邦这个人勇于任事,又“常有大度”,因此出差的使命比同事要多,但他好酒“喜施”,现在又有两个家庭的老婆儿女要抚养,这个“份子”是不能大度免去的。据《史记·萧相国世家》介绍,当时沛县吏员奉命出差到咸阳的,同事们出份子(称“送奉钱”)的标准,是每人三百钱,但轮到刘邦充任使命时,萧何要给他五百钱,以示格外照顾。江苏东海尹湾汉墓出土的一批简牍中,有两片用草体书写的记有赠钱者姓名和钱数的木牍,考古学者命名为《赠钱名籍》,上书“永始二年十一月十六日”、“之长安”,以及“涂长史”、“许长史”、“萧主簿”等字样,和这些简牍同时出土的尚有沛郡太守遣吏员向同僚问候起居的名片(谒)。因知汉承秦制,这个尹湾墓主要去长安出差,涂长史、萧主簿等同事照约定俗成给他“送奉”,经办人一面收钱一面把出钱人的姓氏职务登录在简牍上,然后连钱带牍一起交给出差的吏员。

　　为什么拉拉杂杂地扯上这么一段? 意义很多:一方面通过文献与文物的对照,使读者明白这种送钱,并非像有的传记所写,是同事交往间的“赆仪”,而是基层吏员分担出差津贴的一种规矩;一方面是借助对有关古代吏胥出差制度知识的了解,对刘邦"以吏繇咸阳"、"以亭长为县送徒骊山"这类行为,获得更加具体的认识;又一方面,所谓"送奉钱"之"奉",其实就是"俸"这个字的古代写法,《史记索隐》解释为"资俸之",意思是这笔钱是从各人的俸钱中拿出来的。当真如此? 据陈梦家先生《汉简所见奉(俸)例》一文论列,西汉时令史、啬夫、亭长、书佐这些级别上的小吏,也就是萧何、曹参、刘邦、夏侯婴这种秩别,每月俸钱为六百到一百不等,简牍上有六百、五百七、五百、四百八、四百、三百六、三百、二百、一百等例证,秦朝的标准,大体相同。像萧何这种"主吏",大约是六百钱一月;曹参次之,五百到五百七之间;刘邦则充其量也就是三百。若照《史记》上介绍的每人送俸钱三百凑份子,那么有的人就拿不出来,有的人拿出来后一家大小就要喝西北风。于是秦朝基层政府一般官吏的灰色收入问题,也就从这份"送奉钱"的标准上暴露出来了。我们用不着再引用任何数字统计和文献记述,就可以想见各种社会矛盾的尖锐对立,已经到了何等剑拔弩张的程度!

　　刘邦正是在这样的历史背景下,走上了他最后一次为秦朝当差的旅程。

二〇　斩蛇的真相

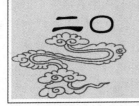

《史记》中没有刘邦带领多少役夫前往骊山的数字记录,但走出县门,开局即告不利是肯定的:行道迟迟,歇了两宿还未走出县境,每天早晨起来点数,都会发现有人趁夜黑逃走了。刘邦自忖:照这样下去,即使到达骊山,日期也误了,人也跑光了,拿什么交差? 交不了差,别说亭长做不成,再想做布衣也不可能。秦朝法律苛严,仅误期一项就可以治罪,遑论送徒亡失!

当晚,队伍在丰邑以西的湖沼地区歇宿,心烦意乱的刘邦以酒浇愁,饮到夜半。然后痛下决心,让人把被捆缚起来的囚犯通通解开绳索,连同那些从各乡里征调来的农民,一起召到面前,说:"各位都自奔前程吧,我也将就此离开了!"当时就有十个壮士自愿跟随这位宽宏大度的长官一起流亡。"壮士"这个称谓,大概是特指那些囚犯,他们不比田家子弟,放走了也没有活路,还不如跟着刘邦亡命。

据《西京杂记》记述,刘邦是在一种生离死别的悲壮气氛中与沛丰乡党分手的,众人离开前,送给刘邦两壶酒,以及鹿肚、牛肝各一份,作为"与故人诀去"的礼物。于是已经喝得有七八分酒意的刘邦,又同那些追随自己的壮士们再痛饮一场,然后才离开释放大家的地点。等他当上皇帝,早晚两餐,掌管皇帝膳食的官吏常准备好这两样菜,还有两壶酒。据此记载,设想那一夜大泽广野中的心情滋味,刘邦是一辈子难以忘怀的。

刘邦为酒所醉,和壮士们一起在湖沼深处的小径中夜行,为求安全,派一个人在前面探路。队伍疾行间,探路者慌慌忙忙地奔转来报告:"前面有一条大蛇挡道,我们赶快退回去吧!"刘邦圆睁惺忪的醉眼,大喝道:"壮士行路,有什么可怕的!"说着冲在队列最前,拔出随身佩带的三尺古剑,对准那条盘亘在小径上的大白蛇斩去,将蛇斩成两截,为众人开辟了通道。再行走数里,一阵阵醉意涌袭而来,刘邦倒头便卧睡路边,其他人也相继就地休息,等候落队的人追上来。

据张守节《史记正义》引述《括地志》,刘邦斩蛇的所在就在唐时徐州丰县西面约十五里处,一个通向泡水的地方。

但是随后的传闻颇为离奇:据说落在队伍最后面的人,经过这个白蛇分尸两截的地方,看见有个老婆婆在夜色中哭泣。此人问她为何夜哭?老婆婆道:"有人杀了我的儿子,所以哭它。"此人又问:"您的儿子为什么被人杀害?"老婆婆道:"我的儿子,本是白帝之子,化为一条白蛇,躺在这条道上,现在被赤帝之子斩杀了,所以我要哭泣。"此人认为老婆婆说谎,要拖她去官府控告,那老婆婆忽然不见了。待后来人赶到大家休息的地方时,刘邦正好醒来。此人便把刚才的奇遇告诉他,刘邦听了,心里乐滋滋的,以此自负。旁边那些壮士们听了,从此益加敬畏刘邦。

后来刘邦病危时,曾以"吾以布衣,提三尺剑取天下"自豪,说的就是这段拔剑斩蛇的故事,可见此事在他创业过程中的极端重要性。所谓壮士们从此益加敬畏刘邦,就是指他们在听说赤帝白帝的奇闻之前,就已经因刘邦斩蛇而敬畏他了。不就是一条蛇吗,由何产生这样重要的意义呢?

这就要从刘邦和那些壮士们深受熏陶的楚文化中寻找根由了。原来把鬼神当亲友的楚人,胆气虽壮,却出奇地畏蛇。若是行道遇蛇,便当凶事,心里害怕得不得了。有一个从春秋传至秦汉的故事,很能说明楚人惟恐见蛇的迷信:楚国名相(令尹)孙叔敖,小时候出行,看见有两条蛇交缠在一起,就把蛇杀了,埋在地里。回家后,对着母亲哭泣。母亲问他为何哭泣?他说:我听人讲看见怪蛇会死,今天我看见了,恐怕要同母亲分别死去了。母亲又问:现在蛇在哪儿?孙叔敖说:我怕再让别人看见了,又害别人死去,所以杀了它埋掉了。母亲忙安慰他:你有这么好的心肠,上天会给你赐福,死不了。等他长大后出任楚相,还未到职,楚人都传颂好人上台了——他从小就知道别让大家受祸害。知道楚文化中有这么一个行路怕见蛇虫的禁忌,我们就不难理解那位在前面探路的壮士,为何慌慌张张地跑来报告有蛇当道,让大家赶快掉头了。但是有酒壮胆的刘邦厉害,居然勇往直前,拔剑斩蛇,这既是见死不怕的胆气彰显,更是神勇过人的形象展示:这个人竟敢斩蛇!

斩蛇还不够,又引出一段暗示刘邦乃赤帝之子的传奇。现场除后来人与老婆婆外,有没有第三者?说不准。可能刘邦领壮士逃亡,还保持着做亭长时押盗贼上路一样的做派,派一个人在前面探道,留一个人在后面押尾,所以先假定是一个人。

这个人是谁?司马迁在此故意不写姓名,让读者去找,在《樊郦滕灌列传》中这个人出现了:就是他的连襟樊哙。司马迁明明白白地写道:樊哙是随刘邦一起隐藏的。《汉书》的《樊哙传》还怕别人弄不清是哪一次隐藏,又补充说是"后与高祖俱隐于芒砀山泽间"。这个"芒砀",正是这一次刘邦逃亡后最终的隐藏地点。

也许有人会发生疑问:屠狗的樊哙怎么会加入刘邦押送服役者去骊山的队伍?很简单,只要稍许交代一下古代的力役知识就行了:古代的各级政府机关,属于正式编制的人员,相比较而言是有限的,许多劳务性质的差使,如内务勤杂、匠作丁壮之类,都由农民以服役形式充当。刘邦这个泗水亭长,光靠两个助手是做不成迎来送往和治安捕盗工作的,而遣送服役人员去这么远的地方,中间还夹着一群囚犯,没几个听他使唤调遣的丁壮怎么行?这就有了樊哙以服役形式充当跟班的可能。再递深一层看,本分的农民子弟,大多以使劲干农活为正经,往往以出钱出物的方式请官府另觅替身,这叫"充身";特别是跟着亭长弹压捕盗、解送人犯这类带有危险性质的差役,更是力求避免。所以在中国这种以农为本的国情环境里,经常干此行当的正是樊哙这类人物,借用《续文献通考》卷十五《职役一·历代役法》的表述,就是:"皆无赖恶少代为执役,执役之亲身虽屡易,而代役之充身者,数十年不易也。"从这一回樊哙跟随刘邦一同去骊山出差来看,平时跟着刘邦执勤走差的,大多还是这一帮打不散的伙党。

或许又有人提问:何以"后人"就一定是樊哙呢?这就是情理了:试想:刘邦放走的是那些留恋故乡土地的沛丰子弟,自愿留下来的则是那班无路可投的"壮士"。以具有多年捉盗经验的刘邦,岂有傻到毫无防范的地步?安排樊哙这样的亲信,乃至几个亲信,保持一段距离以防意外,完全合情合理。

为了揭露这段传奇的伪造性质,聪明的司马迁还特地在记述中留下一个破绽:"人乃以妪为不诚,欲告之。"译成白话就是"此人认为老婆婆说谎,要拖她去官府控告。"这个"告"字,颇让后人费神,有说应是个"苦"字,解释为要用"困苦"的办法羞辱这位老婆婆;也有说应是个"笞"字,解释为要动手殴打这个老婆婆。大约都是在"告"的字形上着眼,以为是抄写中的笔误,因为"告"、"苦"、"笞"三个字很相像。为什么要怀疑"告"字呢?因为这个情节违背了历史常识:秦朝注重社会治安,不许老百姓夜间出来活动的法律相当严格,规定的时辰一到,所有的居民都要回到"里坊"的围墙里,闭上里门,严禁出入。前文说过张耳、陈余跑到陈县替人看守里门,就负这个对外保安对内警戒的职责。关闭里门的时间一过,带着丁壮巡逻的亭长再发现有人夜行,马上就可逮捕,这种禁夜制度,汉代是全盘继承的,司马迁十分熟悉。既然如此,一个深更半夜在沼泽小径上行走的人,本身就是官司要捕拿的对象,岂有拖住老婆婆一起自投罗网的道理?后人欲改为"苦"或"笞",也嫌不合逻辑,即使老婆婆信口胡诌,又没伤害到你,哪有为此就羞辱乃至殴打人家的逻辑?

司马迁就是这样,以种种办法揭示了樊哙编造"赤帝之子"传奇的真相。

受到《鸿门宴》等传统戏曲中角色脸谱的影响,一般人多以为樊哙是个刚猛凶恶的莽汉。其实刚猛不假,也许长相真是怕人,但并不鲁莽,甚至很有政治头脑,辩才也远远超过周勃这些人,否则自称"相人多矣"的吕公,不会选他做小女婿。这些话,我们留在后面慢慢地说。这里先分析他利用断后编造传奇的动机何在,以及这个传奇有什么意义。

前面已说过吕雉借老人看相之类敲打刘邦心扉,以樊哙既是刘邦多年伙党又是她妹夫的双重身份,以及此人在刘邦党属中政治见识最高、口才最好等素质,首先把他拉进自己的可与密谋的小圈子,当是吕雉的合乎情理的选择。所以,编造"赤帝之子"传奇的动机,虽然不排除刘邦和樊哙在丰西泽中一起饮酒时悄悄策划的可能,就像后来陈胜、吴广合谋搞出的篝火狐鸣一样,但更有可能出自樊哙本人的见机行事,而平时曾与吕雉商讨过要尽力促成刘邦站出来干一番事业,便是这次灵机的铺垫。可想而知,既然樊哙也在这次"送徒骊山"的队列中,则刘邦释放所有役人的痛下决心,当有樊哙的赞同在内,而再来一段"赤帝之子"的传奇,其意义就更不止是踵事增华了。

楚人尚赤，日神是远祖，火神是近祖。樊哙借老妪嘴巴说出斩蛇人是赤帝之子，马上就使刘邦在那批"壮士"心目中的形象，无限地崇高起来。但是这还不够，还有进一步鼓舞刘邦自信心的更重要的意义。这个意义，《史记集解》引录了汉代学者应劭的分析：秦始皇的祖先秦襄公和秦献公，都以位居西戎，主西方之神少昊，以及天上下金雨的祥瑞等缘故，建筑了祭祀白帝的祠庙，因此秦朝君主就是白帝之子。刘邦斩杀了白帝之子，正是将消灭秦朝而代之的预兆。赤帝呢，与西方之神少昊相对，是托祀南方，也就是楚人所居地方的火德之帝，亦称炎帝。楚人信奉为近祖的火神祝融，传说中便是炎帝的儿子。更关键的是：刘邦是枌榆乡社神祭祀活动的最热心的参加者，而据《史记·封禅书》介绍，枌榆民众祠祭的神灵，也正是传为赤帝之后的蚩尤。如此牵丝攀藤，直接的间接的线索，目的是要为刘邦是"赤帝之子"坐实，你说他能不上钩？

或许又有人疑问：不是说"刘项从来不读书"吗，这些弯弯绕绕，放在今天也只有神话学专家才理得清楚，刘邦能懂？

这你就低估他了。他是在楚文化中泡大的不说，十几年秦朝吏员做下来，虽然对法令政策的贯通运用，比不上"文无害"的萧何，可对法家思想原则的领会，乃至秦朝的祭祀理论掌握，决不比萧何等人差。《封禅书》说他于高帝二年第二次进咸阳时，询问过去为秦朝办理祭祀事务的人："以前秦朝祠祭上帝，都有哪些帝？"别人回答："四帝，有白、青、黄、赤四帝之祠。"他说："我听说天有五帝，为什么只立四帝之祠？"大家都回答不出。他说："我知道了，就等我来补全五帝之祠。"便命令新立黑帝祠，取名"北畤"。祠庙落成首祭的那天，他自己不去，让人把过去为秦朝服务的祭祝官员全召来，按秦的一套礼仪祭祀黑帝。这个安排，说明刘邦对秦始皇笃信的五德终始理论也很熟悉。原来秦人一方面敬奉白帝,同时按照战国时盛行的"五德终始"论,又认为大秦帝国是靠水德兴旺,水德尚黑,所以秦朝的礼服和旌旗都以黑为正色。现在刘邦补立黑帝之祠,并让秦的原套班子继续祭祀,以此与秦的水德尚黑挂钩,既表示了刘邦的宽容大度,借此笼络关中秦民人心,又彰显了刘汉以火德尚赤取代水德尚黑的历史循环的合理性。你看他如此精通此道,就不难想像"赤帝之子"的传奇,是让他怎样舒服受用了。司马迁写他在丰西泽中听了樊哙有声有色的叙述后,"乃心独喜,自负",正提供了让我们从这个角度来揣摩他心态的素材。

这样一分析,更证明故事全由樊哙独自编造,刘邦是在毫不知情的状态下被他捧到云端里的。顺便说一句,同样精通此道的樊哙,其实并不相信这一套"理论"。《西京杂记》里,有一段对话:已当上将军的樊哙,向归顺刘邦的著名学者陆贾提出一个问题:"自古以来,君主都说受命于天,说有瑞应,真有这回事吗?"陆贾说"有的",举了眼皮跳、灯花闪、喜鹊叫等一些民间俗信后,又一本正经地说:"君主的宝座,若无天命怎么能得到呢?瑞应,就是有天命的凭据。没有天命,没有瑞应做凭据,光靠人力是得不到君主宝座的。"樊哙听了,一声不吭。

过去曾有人对这么一段对话感到疑惑不解。以陆贾的素养,当然不会相信天命之类的政治神话,但又不能不附会刘邦称王称帝是受命于天的舆论,所以故意举些琐细的例子来说明瑞应,可称勉为其难。奇怪的是,刘邦受命于天,而且有老妪哭蛇,"赤帝之子"等种种瑞应为凭据,已经成了大众深信不疑的共识,樊哙是他的亲信,怎么会,又怎么敢提出这样的疑问呢?假使细读《史记》,弄明白了在这些"瑞应"中樊哙是个什么角色,便可恍然觉悟:这个与刘邦一样瞧不起读书人的樊哙,是明知故问,一声不吭的同时,也许正在心里偷着乐哩。

二一　东南有
天子气

　　拔剑斩蛇,赤帝之子,使刘邦在壮士们心中树起了神勇兼备的崇高形象。现在他们以无比敬畏的心情,死心塌地紧跟领袖,刘邦再也不用担心变生肘腋了。接踵而来的问题是:夜色终将散去,敢问路在何方?

　　刘邦从青少年时起便有躲官司避风头的经验,又做了这么多年的泗水亭长,还增加了反侦察的能力。所以这会儿虽有人多显眼的困难,也不知他用了什么办法,居然把众人平平安安地带出了沛县,最后的藏身处,是"芒、砀山泽岩石之间"。从情理上分析,十几个人的食宿和行路,在关禁严密的秦代,十分艰难且具有一定的危险性,不过刘邦见多识广,熟悉地理,沛楚又向有啸聚山林的传统风气,以刘邦曾与王陵打伙、曾为张耳宾客的资历,从江湖上得到一些帮助是完全可能的;更何况还有樊哙始终在外面做探讯联络的地下交通工作,这一点我们马上就要说到。

　　芒、砀的具体位置,历来说法不一,一般多认为是指位于今河南永城的芒山和位于今安徽砀山的砀山。这样一来,两山当中的"山泽岩石之间",该落实在哪一块地方,确实有点费劲。还好,位于今安徽萧县东南的那一段山谷,有个叫"皇藏峪"的古名流传至今,父老相传,当年刘邦就是在这片崇山峻岭、古木参天的所在,和他的难友们一起藏身的,如今已开辟成培养思古幽情的旅游资源。但是照《史记·高祖本纪》的讲法,当时秦始皇常说"东南有天子气",于是往东巡游,企图用皇帝的威武尊严,镇压这股邪气。已经获知自己是"赤帝之子"的刘邦听说后,马上怀疑到这正是冲着自己而来,这才"亡匿,隐于芒、砀山泽岩石之间"。据此推断,他和壮士们原先还另有藏身的地方。选择"皇藏峪"做窠,还折射出刘邦熟谙"吏道"的心机:这个地方离沛县不远,方便他与故乡的信息联络,可其行政归属却是砀郡!等到沛县逃吏刘邦隐身于此成为公开的秘密后,泗水郡会以不在境内而置身事外,砀郡又会以搜寻这伙人的责任应归泗水而装聋作哑,于是便有了在夹缝中求生存的条件。

刘邦正疑心自己便是"东南有天子气"的具体目标,马上就有了验证。《高祖本纪》说,彼时吕雉常带着人去山泽岩石间探望他,总能找到。刘邦觉得奇怪,问老婆是怎么寻来的? 吕雉告诉他:"你住的地方,上面常有云气笼罩,所以我向着云气寻觅,总能找到你。"刘邦听了,心里愈加欢喜。

这又是值得细说的奇事。

按照秦朝法律,政府征调徭役,对报到时间有严格限定,误期就是重罪。刘邦敢私自把役人全部放走,那就是株连三族的滔天大罪了,何以还有吕雉带人来寻找丈夫的可能。正是这件事,为人们窥探秦朝政法体制的真相,提供了一扇窗口。前面讲过,秦朝对各级官吏的政绩考察,是通过"上计"即各类数字的量化统计来实施的。违法犯罪率的升降,直接关系到官吏的仕途前程乃至身家性命,因此报喜不报忧便成了官场上编制"计簿"的约定俗成。具体到沛县县令,得知刘邦送徒释徒这桩大案后,首先得摸摸脖子上的头颅:这用人错误的罪名可千万不能担待!接下来的事,自有萧何这类"文无害"的吏员会想办法搪塞,想来不外乎先以"失踪"上报,"失踪"的地点也必然是沛县境外,然后就是报请泗水郡守移文邻郡和行文本郡各县,协助调查。把释徒案降为失踪案,这就是大事化小、小事化无的第一步。

正在调查之中的突然失踪的案件名义确定了,但拘拿当事人家属刑讯并扣为人质的法定程序,不能不办。这时候的沛令还是不是吕公的那位故交,《史记》中没有交待,但吕雉随即便被政府拘拿到案,倒是明白记录在《张丞相列传》里的,还带出轶闻一件:主办审讯的某吏员垂涎吕雉貌美,又忖度刘邦在劫,便想趁人之危。因为是汉朝开国皇后,司马迁下笔时不曾绘声绘色地描述经过,只用了"遇之不谨"四个字,估计可以把握在"性骚扰"这个水平上来理解。因为现场就在沛县监狱,正巧被一个叫任敖的狱吏撞上了,此人与刘邦素有交情,顿时怒火燃烧,冲上去飨以老拳,后果是"击伤"。法吏侵害失踪亭长的夫人,狱吏又打伤了法吏,这一连串折腾,大概正好给萧何、曹参等人营救吕雉提供了契机,结果是吕雉很快便恢复了自由。不仅如此,慢慢地连"与高祖俱隐"的樊哙也悄悄地在沛县露面了。至少,萧何和曹参都同他见了面,知道可以怎样同他联系,也知道经过他便可得知刘邦的下落,甚至连一些沛丰子弟都晓得到什么地方可以找到刘邦。这些,都写在《高祖本纪》中。

以现代人对秦朝立法细密、执法严苛的印象,这种事听起来不可思议,但的确是史实。不要说刘邦是为秦朝服务多年的亭长,突然失踪的原因还在调查之中,案件性质未定,就是朝廷指名通缉的"钦犯",抓到了牢里,一个像曹参这等级别的"狱掾"便可以作主放走。这个例子,就记在《史记·项羽本纪》里:有一次,项梁在栎阳犯案,被抓进监狱。栎阳就在秦始皇卧榻之侧,他居然敢冒险混到那里,肯定怀有极重要的图谋。亡秦的大业尚未成功,他当然不甘束手待毙,便设法让人向蕲县的狱掾曹咎求救。大概是项梁与曹咎有旧交,或者是项梁拜托的人与曹咎有交情,而曹咎又同栎阳的狱掾司马欣有交情。于是曹咎写了一封信给司马欣,就这么简单,项梁马上被释放了。明末清初的思想家王夫之先生,曾就此事发过感慨,语见《读通鉴论》卷二:项梁,是楚国大将项燕的儿子,是秦朝最忌恨的人。司马欣只不过是一个小小狱掾,凭一封信便替他化解了灾祸。若是其他位尊权重的人想干营私舞弊的事,还能指望靠法律来抑制? 由此可见,"其他请托公行、货贿相属,而不见于史者,不知凡几也!"王夫之又进一步指出,谁说秦朝靠法网编织严密就能统治天下? 法令愈密,吏权就愈重;死刑愈繁,贿赂就愈多;下面的人,都用粉饰来歌颂太平,借此逃避上面的责怪,实际上天子的大权,已经倒持在掾吏的手中了。

看似健全繁密的法制构建,反而给具有解释和执行法制权力的官吏,开辟了更加广阔的权力寻租市场;光凭"上计"即工作汇报、成果统计等形式主义的办法考核下级与地方政绩,势必又造成欺上瞒下的官场游戏规则。王夫之的这一番感慨,可以说是把秦朝法密吏严的真相揭示透了。就以秦始皇这一次目的在镇压东南的天子气的巡游来说,其路线是从咸阳出发,先抵云梦,再沿长江而下,历经现在的江西、安徽、江苏、浙江等地区,再乘船浮海北至山东。也正是这些地区,日后都在反秦风暴中崭露头角的彭越、英布等人,这时已经是公然拥有众多徒属的"群盗"之魁了,但又有哪一个郡守县令在应召拜谒皇帝叩首述职时,向他说过半句真话? 于是他洋洋得意地命陪同东巡的左丞相李斯撰文刻碑,勒石会稽山上,宣布"殄熄暴悖,乱贼灭亡","后敬奉法,常治无极"、"黔首修絜,嘉保太平",就此放心北返。所谓"东南有天子气",倒正好给吕雉以新的启示。试想,有樊哙指点,吕雉又何须借助什么云气萦绕来找到丈夫呢?

不过话说回来，上述事例，并不说明秦朝没有法治，恰恰相反，对于广大善良朴实的农民而言，其苛严残酷是史无前例的。据专家估计，当时全国总人口约二千万左右，而《史记》中写明的"刑徒"数字就至少在百万以上。像陈胜、吴广这种躬耕田垄的地道农民，既无钱财行贿官吏，也不像项梁、刘邦有社会关系可资利用，平时要承担极其繁重的赋税徭役，一旦"犯法"，那就如陈胜所说：横竖都是死了。

上述分析，是借刘邦"逍遥法外"的前因后果，对大秦帝国已经坐在火山口上而懵然不觉的真实情况，略作速写。自然，虽然只比刘邦早生三年，但此时已经走向人生黄昏的秦始皇，是永远不会省悟的。这时候，他的脑子正被东南诸郡的郡守县令们，用一片歌功颂德灌成浆糊一团，欣然北上。因为天下太平，实在找不到什么破坏分子了，却又拗不过好斗的天性，只得在睡梦里与神怪战斗，这就是记载在《秦始皇本纪》里的"始皇梦与海神战"的故事。此等类似攥紧拳头打空气的较量，既费劲又伤神，终于导致他在銮驾抵达平原津时一病不起，不久便死在沙丘（今河北广宗西北）。然后便是中车府令赵高伙同左丞相李斯伪造遗诏，逼死秦始皇选定的继承人公子扶苏，立胡亥为二世皇帝。等到车驾回归咸阳，把老皇帝发丧、新皇帝登基的大事一件一件办过，刘邦和壮士们东躲西藏的生涯，已过去大半年了。

公元前210年11月17日，秦历十月初一。因为秦朝以十月为岁首，所以这一天便算是秦二世元年的元旦了。由于接下去的细说，往往要使用更加具体的时间单位，但是按《史记》中的秦汉历法表述，势必与现代人的历法常识错位，经常会出现公历年份中，古历的腊月在前而正月在后的现象。所以从现在起，凡表述时间，一律用古历的纪年纪月纪日，另用括弧注明公历的纪年纪月纪日。

二二 "我主爷起义在芒砀"

令人敬仰而又畏惧的秦始皇驾崩了,查访镇压"天子气"终究是虚惊一场。刘邦的心里,也许曾有一种宽松的感觉吧?

然而天下人的痛苦,胜于始皇在世十倍:二世皇帝为父亲举办了骇人听闻的残暴的葬礼,"多杀宫人,生埋工匠,计以万数"!紧接着,学他父亲模样,也来了一次"东行郡县"的巡游,南至会稽,勒石刻碑。包括沛丰在内的东南各郡,不到一年时间迎接"圣驾"两度,鸡飞狗跳,怨声载道。等他于秦二世元年四月(公元前 209 年 5 月)返回洛阳后,又下了一道诏令:浩大的阿房宫建设重新开工。此外,再从天下征调五万勇武之士屯卫咸阳,其任务是教习射击。一下子来了五万武士,还要豢养无数供皇帝观赏玩弄的狗马禽兽,关中的粮食供应马上陷入恐慌。于是又"下调郡县转输"粮食和狗马的饲料,承担运输的役人,一律自带饮食,规定在咸阳三百里范围内,严禁就地取食。

这些诏令都记在《史记》里,司马迁还以第三人称补上一句:"用法益深刻!"就是以法制名义实行的强权镇压,比秦始皇时代更加残酷。本来,秦始皇的后期统治,特别是二十倍于古时的赋税、三十倍于古时的徭役,已经为彭越、英布之类逃入山泽制造了社会由稳定趋向动乱的态势,现在胡亥在赵高这种人的"辅佐"下,更以凶恶残暴的手段激化矛盾,不正是自己在呼唤民众揭竿而起吗?

沛县人民开始缅怀从他们生活中消失已久的刘邦,"少年"时期违法犯禁的行为,"亭长"时期耀武扬威的做派,如今在他们的印象中都变得可爱起来了。很多人都动了背叛皇上改投刘邦的念头,年轻气盛的则已经付之行动,反正有吕雉和随她去过芒砀山间的人,为大家指引方向。也许还有由樊哙与刘邦置留在沛丰的伙党们接应,将之一批一批地送上山去的。

芒砀的队伍不断壮大,不可能始终依靠吕雉带人送粮,或樊哙等人开辟的地下交通线解决后勤保障。《汉书·地理志》说:"沛楚之失,急疾颛己,地薄民贫,而山阳好为奸盗。"看来铤而走险的传统也是可以发扬的。不过,无论司马迁还是班家父子兄妹,都是在刘汉体制下编写史书,芒砀山区的历史真相,终因年代久远而模糊了。

从"无赖"到亭长,再从亭长到山大王,年近五十的刘邦走到了人生的一个新的转折点上。动乱尚武的战国时代为此人的反叛天性提供了发育的温床,大秦帝国的恢宏气度又把他融入常态社会,甚至纳入了统一政权的体制之内。随后便是"靡不有初,鲜克有终"的规律使然,腐败恶化的体制又把他和千百万善良本分的农民一起推向了自己的对立面,从而为他重新释放天性,充当时代的反叛英雄创造了半世不遇的条件! 四百多年后的大名士阮籍,曾对刘邦这样一个人居然能闯出如此一番惊天动地的事业,大为困惑,长叹道:"世无英雄,遂使竖子成名!"

不过,向来听从父老管束的"沛中子弟"之所以"多欲附"刘邦,除了无法忍受的剥削压迫逼迫出铤而走险的举动之外,据司马迁记载,实在也和一个传闻大有关系:那一团令老皇帝寝食难安的天子云气,原来就在俺们的老乡刘季的头顶上! 这无疑又是吕雉、樊哙等人制造舆论的效果。司马迁说："吕后为人刚毅，佐高祖定天下。"不是凭空而言。有些现代人写的吕雉传记，都把司马迁的陈述力点放到"所诛大臣多吕后力"一句上，恰恰把吕雉鼓动和帮助丈夫创业的"佐"字作用遗漏了。正因为刘邦自己最清楚这个作用的意义，所以才在后来封吕雉为汉王后，立刘盈为王太子，就此结束了数年来吕雉与曹氏两妻并立的状态；也因为目睹了吕雉的这种作用和才干，所以曹参才甘拜下风，并与萧何、周勃、夏侯婴等刘邦的沛丰故交一样，终吕雉在世，没敢转过一点儿与她抗衡的念头！

这都是呼应吕雉确实可以分享刘邦一半功勋的后话。然而就眼前来说，刘邦在芒砀山间的声势虽然日长夜大，可是究竟能坚持多久，最终的出路何在？倘若没有大泽乡平地卷起历史的狂飙，恐怕也是一个未知数。以其从"少年"时起便对信陵君五体投地的崇拜，这个占山为王的局面可能也堪自慰了吧？而从他以往经历中搜寻丰西泽中释放役徒时，对将来如何了局的最初考虑，大概也不乏等到风头过后再回去当亭长的设想吧？

历史没有假设，但刘邦在芒砀山间蛰伏经年，始终未将啸聚山泽的绿林行径提升为公然向大秦帝国叫板的政治行为，这是明摆着的事实。不光过去自信"君相贵不可言"、现在又"自疑"正是"天子气"的刘邦没敢出头，就是十六年来一直在积蓄力量图谋反秦复楚的项梁、项羽也没敢出头，更别说张耳、魏咎、田儋、张良这班所谓"六国余孽"了。甚至在陈胜揭竿天下响应之后，"东阳少年"杀了县令，推举陈婴为王；他老娘仍告诫儿子："还不如让别人出头称王，你当部下，事业成功了，可以封侯；事业失败了，可以逃亡，不比让人指名追捕那般危险。"这个故事记载在《史记·项羽本纪》里，可以反映当时各流人物的心态，蛰伏在芒砀山间"皇藏峪"里的刘邦，也未见例外。可是为人佣耕的雇农陈胜就敢为天下先,振臂一呼,各方响应,"风起云蒸,卒亡秦族"。对此,刘邦不仅打心眼里佩服,而且感激不尽。这一点,我们放在后面细说。

有一出麒派剧目《追韩信》,爱好京剧的读者都知道。戏里头,萧何有段长篇唱词,开篇第一句便是:"我主爷起义在芒砀。"虽然我们现在已弄清楚,芒砀时期的刘邦没敢竖起反秦的旗号,至多只能算是一个逃犯团伙,但徒党与声势的聚集,的确为日后的起义奠定了基础,姑且就用这句唱词做本节的标题吧。

二三　内部的叛逆

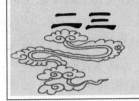

秦二世元年七月（前209年8月），陈胜、吴广在蕲县大泽乡（今安徽宿州东南刘村集）发动了中国历史上第一次农民起义。这两个人与刘邦一样，都是楚国故民，首义前夕的舆论宣传是"大楚兴，陈胜王"，首义后打出的旗号是"大楚"，甚至把早已死去的楚国名将项燕抬出来做号召。"楚虽三户，亡秦必楚"的毒誓，似乎有了应验。

大泽乡所在的蕲县离刘邦故乡沛县不远，距他藏身的芒砀一带更近。当初项梁在栎阳被捕，就是托蕲县狱掾曹咎写一封信便得轻易脱身的，站在大秦帝国的立场上看，这里的官吏的能力和作风，可想而知。果然，就这么九百个本该去渔阳（今北京密云）屯戍的农民，用木棍、农具当武器，在竹竿上挂块布片做旗帜，马上便占领了大泽乡。还没等当地官吏们反应过来，在绵绵秋雨中沾着两腿泥巴的农民，又攻下了蕲县县城。然后派葛婴分兵东向，主力则往西挺进，仅十天时间左右，便连续攻克了铚（今安徽宿州西南）、酂（今河南永城西）、谯（今安徽亳州）、苦（今河南鹿邑）、柘（今河南柘城）五个县城。义军所过之处，贫苦农民踊跃参加，迄兵临中心城市陈县（今河南淮阳），已经拥有六七百乘兵车、千余骑兵和数万步卒。义军攻打陈县时，县令、县尉都不知跑哪去了，只有县丞在建有瞭望楼的城门下指挥守军抗拒,混战中县丞阵亡,义军趁胜而入,占领了陈县。

　　刘邦的老前辈张耳和张的小兄弟陈余,就潜伏在陈县替里坊社区当看门人,眼看反秦义军攻上城头,忙跑上城墙求见陈胜。陈胜亦久闻张耳大名,没想到在这儿遇上,高兴得很。当时陈县的"豪桀"与"父老"黑白两道势力,都对陈胜说:"将军披坚执锐,伐无道,诛暴秦,光复了楚国的故土。这么大的功绩,应该称王!"可是张耳和前来投奔义军的孔子后裔孔鲋,都劝告陈胜应抓紧西进,同时派人分立六国后代,恢复战国时代合纵攻秦的联盟,不宜抢先争王,"示天下私"。陈胜不听,遂自立为王,号"张楚",意为张大楚国。旋即调兵遣将,让吴广以"假王"(代理楚王)名义统帅部队西攻荥阳;派武臣率邵骚及张耳、陈余等人北渡黄河,向赵国故地进军;派邓宗带人南攻九江郡;派召平率部征讨广陵;派周市领军东略魏国故地;又拜楚国的旧军人周文为将,西征咸阳。当时各郡县备受"秦吏"欺压的人民,都自发行动起来,杀了地方长官,响应陈胜。数千人一伙打出张楚旗号的义军,"不可胜数"。

　　短短一个月时间,由两个庄稼汉在穷乡僻壤发起的暴动,竟能搞出这等天下大乱的局面。秦朝之后,被农民推翻的政权有的是,但像大秦帝国这样如此短命,局面糜烂的速度如此之快,倒还少见。仅仅用统治腐败矛盾激化的一般道理不足于解释,还得从秦朝的制度,以及同这种制度运作密切相关的"秦吏"构成上作点分析。

　　秦的治理模式,远从它还是西北地区的一个诸侯国起,就有一个以文吏为施政骨干的特点。文吏,也叫文法之吏。从社会学角度看,他们与从事文化创造实践,并且有特定心理素质的知识分子层次有明显区别,属于技能层次。知识分子层次不惟具有较强的思辨能力,和与思想倾向联系在一起的政治理念、人格理想、批判精神、道德规范等,而且在将知识作用于实践的活动中,体现出较强的能动性。但技能性层次的文法吏一般则以纯功利性的目的为价值取向,同时以比较被动性的应用大致定型的专业化规范知识为行为特征。从社会分工和管理上讲,这两类角色都不可或缺,也不能相互取代的。

秦朝一方面以法家学说为理论指导,强调君主独裁和文化专制,绝对排斥独立人格理想的知识分子;另一方面,吏道几乎是仕宦的必由之路,不仅像萧何之类"文无害"的技能性层次的文法吏是施政的骨干,而且各级行政首脑亦多从他们中提拔选任。除了"以法为教、以吏为师"外,还有专门传授这种技能的学校。官吏都以掌握专业性技能为不断提升的"正途",以适应分层分工和规范化的管理模式,诸如解释繁细的法令条文,计算工程土方用料、财赋收支,编制各类报表计簿,或换算度量衡统一前后六国的旧制之类,对他们来讲都是必备的知识,至于哲学、文学,乃至各国政治、历史等,甚至有常识也不具备的,"史官非秦记皆烧之","敢有藏诗、书、百家语者"都是犯法。讲白一些,政治上不需要他们有人格化,只要照上级的要求,按既定的规范,分层分工操作执行就是了。

这样一分析,我们就可以看出秦朝制度和运作主体的若干利弊了。在大局相对稳定的状态下,短短十几年中,这么多浩大工程如此高效优质地相继建设,简直令后人不可思议,其后还有哪朝哪代拿得出都江堰、万里长城、秦皇陵?而在局势一旦不稳的状态下,大批看似训练有素的官僚文吏,既无及早觉察动向的敏感,更无应对突发事变的能力。所以像大泽乡义旗一举,便能滚雪球般一路扫荡过去的效应,也就不难理解了。

然而,假使秦始皇死而有灵,更沉痛的教训还在后面,那就是按照法家的理论,人与人之间的关系,包括君臣关系在内,就是赤裸裸的利害关系,完全没有儒家所谓君君臣臣父父子子之道,如他最欣赏的韩非在《难一》中说的:"臣尽死力以与君市,君重爵禄以与臣市,君臣之际非父子之亲也,计数所出也。"用白话讲,我替你干活是因为你给我利益,我给你利益是因为你替我干活,这是等价交换的市场原则,别无感情伦理可言,也不存在政治理念合拍一致的要求。比如那位统率六十万大军征服楚国的秦大将王翦,每次出征前都要向秦始皇提出完成任务后的酬报,分给我多少土地房产,多少园林池塘。秦始皇说你只管上路,还怕贫困?他说多弄一点可以传给子孙。秦始皇大笑,很高兴,更放心。对王翦这样要托付六十万大军给他的高级将帅都是如此,对郡守县令、丞尉掾吏等地方官吏,当然更不会要求他们首先具有忠君爱国的思想,或甘为君国赴汤蹈火的气节了。

秦二世元年(前209年),天下已经大乱,原属六国地区的郡县"皆杀其守、尉、令、丞反,以应陈涉,相立为侯王",可是位居咸阳的中央竟没有收到过一份来自地方的急报。当时有礼宾司官员出使归来,经过这些动乱地区,回咸阳后马上向秦二世胡亥汇报。胡亥却说他造谣惑众,立即送交司法部门。随后回朝复命的人就学乖了,当胡亥询问外面的局势时,回答说:"就是土匪滋扰罢了,郡守都尉正追捕哩,现在全抓到了,不足为虑。"二世听了很高兴。

当时咸阳还剩下三十多个儒生,以待诏博士的名义备皇帝顾问。秦二世就先后两位使者的报告,让他们谈谈看法。儒生不比文吏,信奉忠君爱国,而且通晓大秦帝国兼并天下的近代史,知道这些地区即使是发生动乱,发展趋向也将是与六国余孽的复国运动结合,相当危险,于是又忘却了老皇帝焚书坑儒的惨剧,居然纷纷引用"人臣无将,将而必诛"的《春秋公羊传》大义,建议皇上赶快发兵,扑灭叛乱。胡亥的面孔顿时板了下来。有位来自鲁国薛县的叔孙通挺机灵,一看陛下不爱听真话,忙上前发言:"他们讲得全不对! 现在天下合为一家,过去诸侯割据的军事要塞都拆除了,兵器都销毁了,表示和平时代已经到来,再也不用打仗了。况且有英明的君主在上,有法令制度在下,人人都恪尽职守,四方和睦安定,怎么会有胆敢造反的人? 这些都是鼠窃狗盗的刑事犯罪分子,不足以放在嘴上讨论。既然郡守都尉都在依法缉捕了,有啥好担忧的?"胡亥大喜,马上赏他一件衣袍,二十匹帛,待诏博士转正为博士。其余那些儒生,凡说是戍卒造反的,全部移送司法机关审讯;凡说是强盗结伙的,全部罢职。

秦二世寄希望于下面那班技能性官吏照章办事,恪尽职守,但这班按照等价交换原则与君主建立"市道"关系的官吏,眼看烈火即将烧到自己管理的地盘上,纷纷打起了自己的小算盘。此类事例不胜枚举,挑两个靠本书主人公距离最近的来说。

先说会稽郡守殷通,曾两次迎接"圣驾"东巡,先后陪同秦始皇和二世皇帝登上会稽山巅,眺望大海,刻石颂德。听说陈胜倡义,江西一带全都反了,认定这是老天要使大秦灭亡,与其拼命为大秦守地盘,莫如抢先起义响应陈胜。那个一直在为反秦复楚策划奔走、阴结力量的项梁,就在会稽境内活动,他是知道的。这会儿便托人把项梁找来,共商叛秦方略,并提出要任命项梁和另一个"豪桀"桓楚为将军,帮他带兵。项梁说:"桓楚逃到太湖上去了,只有我侄子项羽能找到他。"回去教唆好项羽,再一起来见殷通。殷通正向项羽交待去太湖寻找桓楚的使命,项梁在旁边一声令下,项羽马上拔剑砍下了殷通的脑袋。项梁手提殷通的首级,解下他的郡守印绶佩在自己身上。目睹这幕恐怖场景,会稽郡守府中大乱,项羽马上又连杀数十个欲为殷通报仇的卫士。眼看此人如此神勇,阖府大小跪倒在地,表示降服。项梁便把他平素结交的一班"豪吏"全召来,告诉他们自己将取代殷通举兵反秦的计划,大家都赞成。于是在他们协同下,把会稽郡所属的各县政权都一一接收过来,募得精兵八千人。项梁自封会稽郡守,任命项羽为裨将。不久,桓楚也跑来投顺。一心想自发起义的殷通,就这样糊里糊涂做了刀下之鬼。

再说刘邦的父母官沛令。他也是得知各郡县都在击杀官长响应陈胜后,心里害怕,便把萧何、曹参这班人找来,向他们端出欲争取主动响应陈胜的打算。萧何、曹参等说:"您是秦朝任命的长官,现在想要率领沛中子弟背叛秦朝,恐怕大家不肯听从。我们给您提个建议:把沛中流亡在外的那些人都召回来,可得数百之众。赦免他们的逃亡罪后为您所用,再依靠这支力量来威慑沛中子弟,大家就不敢不服从您了。"

这段话,透露了一条信息:这几年中,仅沛县一地,因逃避徭役重赋和刑罚而逃亡出去的,就有几百人之多。以此估算,天下都是大秦政府自己撒满的干柴,就等着陈胜、吴广来点火了。

萧何、曹参的这个主意,其实与会稽郡守殷通要找项梁和桓楚来搭伙的思路一样,原先是正式的秦朝官吏,现在有意反秦,名义不顺,便要从秦朝的躯壳外寻求支持的力量。沛令觉得这主意不错,便要依言实行。几百个流亡者分散各地,自然先找大山头。萧何、曹参说刘邦是大山头,接着又像项梁向殷通推荐项羽一样,道是刘邦的连襟樊哙能找到刘邦。于是原先还在砀、沛间昼伏夜行、飘忽不定的樊哙,如今便堂堂正正地奉了县令的号令,大模大样去召回刘邦了。

看似严格规范实则僵化刻板的制度,像煞训练有素其实庸禄无能的官吏;上有天下太平的坚信,下有报喜瞒忧的作风;四通八达的国道网络,迅达便捷的亭邮体系,居然无法将一点真实的信息传递到咸阳;等到信息通过别的渠道上达天听后,除了几十个束发受书稍知大义的儒生外,满朝文武各谋私利,没有几个敢为社稷利益站出来说几句真话的……在两代秦皇的心目中,像沛丰这种可以监管末代魏王的地方,像会稽这种可以东巡驻跸的"行在",以及受命管理这些地区的郡守县令,其"王化"程度和勤能水平,无疑都应是信得过的。然而恰恰就是这些地区的这一些人,还没等到动乱的波涛冲击上门,竟一个个抢先反秦,乃至主动邀请不久就要会师咸阳埋葬大秦的刘、项二位入股搭伙。翻翻此前此后的史书,似这种官家把叛逆请上门来共商造反大计的奇闻,能举出几例?

这等数千载难得一逢的历史机遇,恰恰被刘邦和项羽撞上了。这一节细说,就是要证明阮籍之论大谬:陈胜、吴广、葛婴、武臣、邓宗、周市……遍地英雄,这两个"竖子",却是大秦帝国政府官员请出来的,"名"正言顺,能不成"名"!

二四 沛 公

据《汉纪》编年,沛令有请刘邦时,日历已经翻到了秦二世元年九月(公元前209年10月)。

平心而论,大泽乡九百戍卒揭竿而起,本来就是在"亡亦死,举大计亦死"的绝境中逼出来的。虽说上有素怀"鸿鹄之志"的陈胜领导,但起事仓促,纲领简陋,组织松垮,思想混乱,都是无法克服的缺陷。眼看开拓地盘如此顺利,原先还能抱成一团死里求生的团队精神,马上就丧失了。

这时候大秦帝国的政治版图的颜色,又有了新的变化。

先是张耳教唆武臣自封赵王,自己当右丞相。

接着,奉赵王命令去开拓燕国故地的韩广学武臣的样,自封燕王。

有个旧齐国王族的后裔田儋,和堂兄弟田荣、田横皆以豪健知名,下面有一批打手,趁着陈胜派周市攻打狄城时,抢先杀了秦朝的狄令,自封齐王,然后再去抢占齐国故地。

周市不敌田儋凶狠,便转往魏国故地,另立山头。他比武臣、韩广聪明,把魏国旧贵族魏咎推到前台当魏王,自己和张耳一样,当个魏相,操纵实权。

张楚政权,就此演绎出楚、赵、齐、燕、魏五大山头,以楚王陈胜为盟主,共同抗秦。秦始皇十年征战结束掉的"战国时代",竟像是一夜之间,又复活了。

　　令人奇怪的是,已经有了一个芒砀小山头的刘邦,居然按兵不动。按说陈胜首义的大泽乡就在他蛰伏的萧县稍南,属于信息最先到达的小范围内,何以守住近百个徒属的本钱而无"投资"动作,就同那位早在吴中阴结死士的项梁一样,一直等到郡守、县令前来邀请"入股",这才姗姗来迟?

　　这就是"竖子"比英雄高明的地方。我们先看史实,再予细说。

　　刘邦自放徒以后,便隐入芒砀山泽,我们又据地方志乘,为他落实了"皇藏峪"的具体地点。但是《汉纪》卷一上说,沛令听从萧何、曹参两人献策,要召回流亡在外的刘邦时,这时候刘邦人在外黄(今河南民权西北),也就是他年轻时避祸外出,投奔张耳的那个地方。《汉纪》的作者荀悦也是东汉史家,想来亦有依据。比较合理的解释是:以刘邦这等经验丰富的老江湖,又做过十多年的亭长,反侦察的意识应该十分强烈,不会老窝在许多沛丰人士都知道的"皇藏峪"里不动,况且枕石漱流的山居条件,也不太适应刘亭长向来讲究"小乐惠"的生活方式。谚云"狡兔三窟",刘邦就属于这种随时会安排好三窟的狡兔。萧何、曹参说只有樊哙知道他藏在哪里,确是实话。再仔细回忆,他曾在外黄充当张耳食客数月,其后出差亦常从这儿经过,有几个可供落脚的秘密关系,亦在情理之中。连带在第六节中讲过的,后来刘老太太就死在这一带的黄乡,也有了彼此呼应的解释:征战沙场的刘邦,把刘媪托付给了这里的老熟人。

　　且说刘邦将伙党召齐,随同樊哙返回沛县。岂知人马尚在途中,沛令又后悔了,大概是怕刘邦回来要夺他的权力,于是赶紧关闭城门,实行戒严,同时下令搜捕萧何、曹参,要先把他俩当作刘邦的内应处死。萧、曹自有人通风报信,翻城墙跑了出来,在城外与刘邦会合。当时为刘邦驾车的，就是他的老朋友夏侯婴，看来跑出沛县投靠刘邦的吏员，还不止曹参与萧何两人。这时沛令已动员各里社父老统领子弟跑上城头备战。刘邦不下达攻城令，而是写了一篇致父老的布告，用羽箭射上城头。布告称：

> 天下人苦于秦朝很久了！现在父老们为沛令守城，等群雄并起而攻，势必屠戮全城生灵。假如今天沛人一起杀了沛令，从子弟中选择一个可做首领的人，立为首领，响应群雄，那么大家都可以保全家园。不然，父老子弟都遭屠戮，没有必要。

父老们传阅了刘邦的布告，都认为他说得在理，便率领子弟们一起将沛令杀死，打开城门，迎接刘邦进城。可以设想，卢绾的父亲，吕雉的父亲，以及卢绾、周勃、奚涓、纪信等一批刘邦的同伙和好友，都在这起政变中发挥了鼓动和带头作用。

接着，父老们要推选刘邦继任沛令。刘邦推让说："天下形势纷扰，群雄并起，假如现在没有安排妥善，一朝破败，肝脑涂地。我不是珍惜自己，惟想才能薄劣，不能保全父兄子弟。拥立首领是大事，希望大家再推举选择可以胜任的人。"

这时沛县名望最高的是萧何、曹参等人，但他们都是"文吏"，特别珍惜自己，惟恐眼下风起云蒸的反秦运动最终归于失败，日后秦朝秋后算账，依法律，领头的人要全族砍头，所以他们也都推让刘邦当头。父老们都说"我们一向听说刘季身上有很多神异，是贵人的征兆。而且我们卜筮过了，天神的意旨，也是任何人都比不上刘季当首领吉利！"刘邦依然数次推辞，但其他人皆不敢做这个向大秦皇帝叫板的沛令，最终还是刘邦接受了众人的推选。当时陈胜自称楚王，职官设置都沿用秦统一前楚国的旧制，县宰都称"公"，于是刘邦便称沛公。

　　完成推选沛公的大事后,刘邦率领众人在县衙大院里设下祭坛,公祀黄帝和蚩尤。黄帝是中华民族的共祖,蚩尤是楚人的祖先,也是传说中的赤帝之后。而据应劭解释:当年黄帝在阪泉打仗获胜,平定天下;蚩尤勇猛好战,擅长军事。所以祭祀这两位,还带有祷求福祉的意思。祭过黄帝、蚩尤,刘邦又命令把牺牲的血涂抹在战鼓和军旗上,所有用为标识的帛帜,全用赤色,这是因为他曾以赤帝之子身份斩杀白帝之子的缘故。此外,楚人自认为是日神与火神的后裔,一向崇尚赤色。

　　接着,萧何、曹参、樊哙等奉沛公号令,分往各乡里招募义军,募得子弟二三千人,旋由刘邦亲自率领,先去攻打还没有响应陈王的胡陵(今山东金乡东南)和方与(今山东金乡北)。曹参、樊哙、周勃等沛丰乡党,都随刘邦参加了围攻胡、方的战役,然后退守沛丰。此役究竟是否攻下胡、方,《史记》《汉书》都无明确记载。这是刘邦及其党属头一回从事较具正规性质的攻城之战,假若没能得手也是可能的。

　　趁着刘邦还兵丰邑整饬根基的间隙,我们来分析一下刘、项两个集团何以自陈胜首义后,拖了近两月时间,才在郡守县令邀请下迟迟出山的原因。

　　项氏世代仕楚,与秦朝有国仇家恨;刘邦与大秦无仇,但是在丈人、妻子、连襟等人一次又一次的鼓励下,蕴埋已久的叛逆天性又被煽惑起来,已经隐然以王者自负了,何况已落致流亡者的境地,似乎除了奋然一搏以外,果真看不出还有什么出路了。陈胜首义,天下骚然,无论对项对刘,都是趁时而起的大好时机。

　　然而项梁和刘邦都是年近"五十而知天命"的人,少了少年血勇,多了经验阅历,过去不敢贸然出头,现在仍想静观局势,要把握一下反秦运动的发展趋向。刘邦从"皇藏峪"溜到外黄潜伏,大抵也含有就近观察的动机。后来在反秦战争及楚汉相争

中也称得上是一路英雄的彭越,当时的选择与刘、项十分相似,可以用来印证:

彭越,字仲(就是老二),昌邑(今山东巨野东南)人,早年在巨野湖中捕鱼为生,后来成为渔匪首领。陈胜、吴广起义后,巨野"少年"对他说:现在各方豪桀相继反秦,您也可以站出来,领着我们一起干! 彭越说:"两龙方斗,再看看吧。"稍后,亡入巨野湖沼的"少年"越来越多,一定要请彭越做他们的首领。彭越几次推辞不掉,便和大家约定某日太阳初升时聚会,迟到者斩首。届时迟到者不少,最晚的要到正午时才来。彭越说:"我年纪大了,是各位非要我带领大家一起去闯天下。现在有约在先,而违约者这么多,我不可能全都斩首。就杀最后一个到的吧。"众人嘻笑:"何至如此? 往后改正就是了。"彭越不理他们,拖出那个最后到的人,一刀便砍下了首级,然后便用人头设坛祭祀,发布号令。众"少年"大惊,就此敬畏彭越,莫敢仰视。彭越便领着这伙人出去打天下,收容群雄的散兵,拥有了千余人马,下一步就是同刘邦联手作战了。

彭越的"两龙方斗,且待之",也正是刘邦、项梁最初的心机表露。彭越对"少年"辈自称年长,看来岁数也接近刘、项,这就叫"老谋深算"。

可是刘邦做过多年亭长,项梁世代将门贵族,更要比彭越多一层"深算"。我们从彭越这个团伙的开张仪式便可以看出,像这种"少年"、"豪桀"、"壮士"、"侠任"乃至囚徒、匪盗一类的结伙,其实是一种气味相投的产物,要想提升为纪律严密的军事组织,争取政治上的前途,是非常困难的。而且这类团体的成员,平等意识很强,你看彭越说一声要执行纪律,众人都笑着说二叔何必这么认真? 若非彭二叔拿出斩头血祭的恐怖手段强压众人,这个首领是当不成的。项梁在吴中结交的多为"少年"、"豪桀",刘邦在芒砀收容的亦多"壮士",对此都有体会。

比较起来,刘邦的感触更深。严格点说,"皇藏峪"里这班兄弟,甚至连"伐无道,诛暴秦"这样的口号也不曾提出过,大家追求的只是再无法制管束的自由自在,光吃饭,不干活。前面就讲过,刘邦要在芒砀之间坚持下去,大概没法不放任徒党采用种种不法手段解决经济供给。但是,当真要看准时机创建大业,这种流寇式的作风,短期行为的取给方式,是不可能承担远大目标的。"大楚"招牌挂出未久,马上分裂成四五家门面,正是组织松垮的痼疾在发生溃疡作用。对此,我们又可以举出另一个比彭越更加骁勇的人物英布来印证:

英布,六县(今安徽六安)人,平民出身。他因犯法而被处黥刑,就是在脸上刺字,以墨染之,所以人们又叫他"黥布"。

英布被处黥刑后,被罚往骊山皇陵工地做苦役。此人极富做首领的天分,边做苦工,边与在骊山服役的徒长、豪桀结交,最后带了一批囚徒逃到鄱阳湖地区,成为强盗团伙。折腾到陈胜首义,天下大乱,他也想寻求新的出路了。毕竟天资聪明,英布直接去见了父母官、秦朝的鄱阳(今江西波阳)令吴芮。两个人一拍即合,吴芮的女儿嫁给了英布,英布的团伙归属了吴芮,官盗合流,揭帜反秦,很快就在九江地区撑起了市面。后来吴芮的势力又伸展到"百越"范围,号称"番君",俨然也是一路诸侯了。

吴芮的想法与会稽郡守、沛县县令如出一辙:向传统秩序外谋求援助;英布的算计则与刘邦、项梁不谋而合:从传统秩序内寻求保障。会稽郡守太狡诈,想用桓楚与项梁相互制约的权术,保证自己操纵自如的地位;结果反被项梁算计,但是我们看项梁要紧佩上郡守印绶,并动员"豪吏"都同他合作,就不难体会他此前一直没有轻举妄动的原因了。

沛令出尔反尔的心机与郡守一样,咎由自取。但他能命令父老率子弟上城抵御刘邦,便知道在大多数种田生产、交税服役的农民心里,健全的秩序和以文吏为骨干的操作,就是"正规"和"王法"。对于这些问题,刘邦一定思考了很久,所以在得知沛令变卦后,尽管他在城内有的是内应,却不肯蛮干,而是直接诉求于在古代社会基层结构中居主导地位的里社父老,依靠他们掌握舆论和规制子弟的力量,除掉了沛令,却一点没造成沛县社会的震荡和分裂。这种效果,与项梁夺印发令后通过吏员顺利接收会稽所属各县,实有异曲同工之妙。

因为旧沛令是父老率领子弟除掉的,所以新沛令还得按照这个方式产生。于是往后的局势发展,不仅顺乎刘邦的思路,简直可以说达到了理想的境界。《史记》上虽然只写二三千子弟入伍当兵,但表现出他已经在获得父老承认的基础上,具有了同政府形态一样的征发权;这些工作既然是通过萧何、曹参等旧政权吏员,以及被他利用沛公权力新编入官吏系列的樊哙等来进行的,那么,利用现成体制征收赋税军实以保障后勤,应该是不言而喻了。当然,汲取教训,其额度肯定比秦二世下达的,又经层层加码的旧指标要低得多。就这样,他给父老子弟提供"家室完"、"完父兄子弟"的保障,沛中父老子弟给他以兵员资源上的支持,遂使刘邦集团从一个江湖性的草莽组合,实现了向扎根于里社联结之坚实基础上的飞跃。

比陈胜、吴广、武臣、周文、周市等人出山远远落后的吴芮、英布、项梁、刘邦等,一经亮相,反而有后来居上之势,一个十分重要的原因就在于此:对现存制度的改造利用。毕竟,这些人多为旧官旧吏旧贵族出身,政治经验比农民丰富得多。其中,直接来自乡里基层的刘邦始终对此保持高度重视,又有萧何、曹参、夏侯婴、任敖等许多熟练于这种机制运转的吏员从中操作,所以这个团体在政治上的前途,起初被军事角逐所掩盖,越往后越得到充分展示。再推而广之,中国历史上的改朝换代不胜数计,除朱元璋反元成功,另有特殊的民族矛盾背景可叙之外,凡是利用农民冲打头阵而窃居果实的成功者,几乎都是来自旧政权内部又能运用旧制度的人。统治者视绿林瓦岗、黄巢李闯如洪水猛兽,却从来没想到存在于其集团内部的大大小小的投机家野心家,比较起最终不免失败的“流寇”来,才是自己豢养培植的敌人。为此,我们对刘邦集团的最后成功,仍将从这个角度在后面的细说中给予一定关注。

二五　沛丰系

　　刘邦以号召父老子弟奋起反秦,从一个"芒砀乌合"的"盗贼"头子,摇身一变,做了"沛公"。这个"沛公"所供奉的上司,自然就是陈胜的张楚政权。尽管没有任何史料能够证明刘邦与这个政权发生过什么联系,但是张楚国号为刘邦变换身份提供了"合法性",则是不争的事实。为此,刘邦不仅佩服陈胜,还打心眼里感激他。称帝后的刘邦,特地为没有子嗣的陈胜安排三十户人家世代看坟祭祀,终刘汉一代,始终享受血食。过去有些学人赞颂司马迁,说他敢为"盗跖"类的人物作《陈涉世家》,了不起!岂知没有"陈王",何来"沛公",太史公的依据便在这里。

　　但是就目前而论,为刘邦提供实实在在支持的,还是他的沛丰乡党。最初跟着刘邦亡入芒砀的那些壮士,多是从沛县监狱里提出来的囚犯,后来又陆续前去依附的,也多是"沛中子弟",因知刘邦起家的本钱,就是沛丰人士。等到他成了名正言顺的沛公,又有二三千人成为属下,同"芒砀乌合"的老乡会师,可以统称为"沛丰系",这个群体既是刘邦在创业历程中最基本的依靠力量,在日渐壮大的刘邦集团中起到核心作用,而且对西汉建国后的政治布局及反复,都发生过重要影响。所以,有必要在此先做一个大体介绍。这样,往后细说时的人脉关系,就不需再多费口舌了。

　　二三千人的名单是无从考察的。但刘邦称帝后论功行赏,封彻侯者有一百四十多人,到了吕雉当国时,又陆续补充了一些,其中均有刘邦起家时便追随的乡党,哪一些人在芒砀时便已经加入,哪一些人是到"沛公时期"才归属,现在已难区分,但都可看作是沛丰群体的骨干成员,应无疑义。可惜《史记》《汉书》提供的开国功臣表,只限于彻侯一级,而在刘邦眼里,至少应该扩大到公乘范围。比如他曾专门发过诏令,对"刘氏冠"的戴冠资格作出规定:"爵非公乘以上不得戴刘氏冠。"公乘与彻侯之间,还有公大夫、官大夫、左右庶长、左中右更等许多等级,这些爵级中的沛丰乡党,人数又当在封侯者数倍甚至更多。

下面就依据《史记》《汉书》,将沛县人封侯者的姓名和爵号列表摘录如下,如果表中明确是丰邑小同乡的,再加个 * 号,突出一下:

曹　参	平阳侯	夏侯婴	汝阴侯
*王　吸	清河侯	召　欧	广陵侯
薛　欧	广平侯	萧　何	酂侯
周　勃	绛侯	朱　轸	都昌侯
雍　齿	汁防侯	周　止	魏其侯
奚　涓	鲁侯	*唐　厉	斥丘侯
审食其	辟阳侯	周　缲	蒯成侯
*陈　遬	猗氏侯	孙　赤	堂阳侯
任　敖	广阿侯	祕彭祖	戴侯
*周　聚	博阳侯	单父圣	中牟侯
陈　仓	纪信侯	*毛释之	张侯
*朱　濞	侯陵侯	严不职	武强侯
冷　耳	下相侯	冯无择	博成侯
卫毋择	乐平侯	徐　厉	祝兹侯

这份名单,尚未包括下列数人:

樊　哙　　舞阳侯

他有史料明确记载,建功履历可以从芒砀时期就算起。

卢　绾　　长安侯

他是沛丰群体中,除刘氏之外,惟一封王的人,未编入封侯榜。

曹无伤

此人在刘邦初起时是个很重要的角色,可惜后来卖主求荣,被处决。

高　起　　都武侯

一个元老级角色,据《史记集解》补入。

刘　交　楚　王　刘　贾　燕　王

两人均在刘邦揭帜反秦时就加入。

刘　仲　　合阳侯

此人即刘邦的二哥,并未随刘邦从戎,大封功臣时,萧何等人给他编了一个侍养刘太公的功勋。

周　苛　高京侯　周　昌　汾阴侯

两人原在泗水郡做办事员,下一节将介绍他们投顺刘邦的经过。

王　陵　　安国侯

此人原先是刘邦的"大哥",起初也跟着沛公造反,但小兄弟一旦得势,便把"慢而侮人"的作风施加到他身上,他受不了,便"自聚党数千人"去南阳打天下。刘邦西征破秦时,他率部投顺,也许这时才体会出应对刘邦刮目相看,不能再摆老资格的道理。

纪　信

他和奚涓一样,还未等到封侯就牺牲了。

吕　泽　周吕侯　吕释之　建成侯

　　　　吕　婴　　俞　侯　　周　信　　成阴侯

　　这四个人原籍单父。吕泽、吕释之是吕雉的兄长，吕婴可能是随吕公迁居来沛的从兄弟，他们都随刘邦离开沛县进军关中。刘邦封汉王将入汉中时，吕释之跑回了沛县。当时不愿意跟去汉中的人有不少，许多人进了汉中还陆续逃走，吕释之很可能也属于"开小差"性质。刘邦称帝后，他以"奉卫"吕公和刘太公的功劳封侯。吕婴是随刘邦入汉中的，后来又参加了楚汉战争，官至都尉。周信在吕雉被敌人追杀时，有驾船帮助渡河脱险的功劳，具体经过不详。这两人都是吕雉当国时晋封列侯的，彼时吕婴已阵亡，由其儿子吕它袭爵。同时晋封彻侯的冯无择、卫毋择、徐厉等人，虽然原籍都是沛丰，但或为吕泽、吕释之兄弟的部属，或为吕雉本人的亲信。这些人，加上吕雉的情夫审食其，以及曾经在吕雉遭遇性骚扰时出手援助而后又奉命留守丰邑的任敖，都是吕雉在沛丰集团里的吕氏人脉。

　　此外，后面还将陆续出现的东武侯郭蒙、阳武侯丁复，以及河陵侯郭亭等人，都是吕泽任将时的部属。郭亭原籍单父，与吕雉同乡。吕泽随刘邦反秦后，他来投奔。刘邦进汉中时，他因主持封锁要隘防备楚军突袭建功，又参加过反攻关中克定三秦的战役，算是吕泽麾下最出名的战将。这几个人，都在刘邦生前凭战功封侯，但叙功授户时，裙带关系也起到作用，曾引起其他功臣将吏的不满，具体情况下文还要细说，这里只是先描述一下沛丰班底内部还有个吕氏小集团的大致构成。

　　刘邦的第四子刘恒（即汉文帝）登基后，曾发过一道诏令：凡六十八个当初跟随他父亲进入汉中的彻侯，每人增加封邑三百户。我们由此可知，刘邦、吕后封赏的一百四十多个彻侯中，有此光荣履历者共六十八人，还不到封侯数字之半。但上述四十余人中，绝大多数都有资格领取这份"益封"的赏赐，因知沛丰系在整个刘邦集团不断发展壮大历程中的重要作用。其中一度变节后又来投效的极个别,替死、阵亡及被俘不屈而牺牲的倒有不少,这就体现出向"父老子弟"寻求支持的深远意义了。项羽兵败垓下不忍渡江时,感伤当年"与江东子弟八千人渡江而西,今无一人还,纵江东父兄怜而王我,我何面目见之?"也是这个道理。古人对地缘乡情的极端重视,远远超出现代人的想象。

　　不过,沛丰父老对刘邦的支持,也并非一开始就如此倾心全力的,我们把这个折腾留待下一节细说。

二六　雍齿反水

　　刚登上历史舞台的刘邦,马上发现形势正急转直下。

　　数十万义军兵抵渭河的浩大声势,终于惊醒了秦二世的迷梦。有个主管山林池泽征赋的官员——少府章邯自告奋勇,把正在骊山工地服役的刑徒编成军队,向驻扎在戏亭的农民军发起进攻。这批刑徒一向接受严格的军事化管理,而完全由庄稼汉组成的周文兵团根本不是章邯的对手,一战而溃,节节败逃,最后在今河南渑池一带被彻底战败,周文自刎。

　　正在围攻荥阳的吴广兵团发生内讧,吴广被部下田臧杀害。章邯乘胜直扑荥阳,田臧阵亡,原属吴广麾下的邓说、李归、伍逢等各支义军全被打垮。

　　自封赵王的武臣兵团也出现了裂痕。武臣被杀,张耳、陈余先得到风声逃走,后来找到一个赵国旧贵族赵歇,立为赵王。邯郸回不去了,以信都(今河北邢台西南)为国都。原属武臣的李良向章邯投降。武臣兵团散了。

　　原先听从陈胜号令的秦嘉等人也开始搞窝里反,章邯趁势大举进攻陈县,胡亥又加派了司马欣、董翳来做他助手。受张耳、周市等人控制的赵王、魏王都按兵不救,陈胜迎战失利,弃城南撤,在下城父(今安徽蒙城西北)被他视为亲信的车夫庄贾杀害,庄贾以此向章邯邀功。当时已奉陈胜号令占领南阳的宋留,听说陈胜已经牺牲,斗志丧失,向秦朝投降。

至此,率先掀起第一波反秦浪潮的风云人物,大多成为先烈。

那班还没来得及改换门庭的秦朝地方官吏,似乎受了点鼓舞:连骊山工地上拼凑起来的军队也能扫荡西北,逐鹿中原,看来农民军并无三头六臂,颇有一些胆子大的,便想转为主动,泗水郡监御史平(人名)就是其中一个。

从官制结构上讲,这位平御史是秦朝中央监察部门(御史台)派驻泗水郡的代表,主要任务是纠察检举郡县两级官吏违法犯纪问题,并通过考察举拔人才,带兵打仗并非他的明分职责。现在大概是看见管理特税的章邯也建树军功了,颇想效法,便主动引兵来攻打胆敢杀了沛令的刘邦。平御史围攻丰邑的立足基础,正是胡陵和方与两地。

刘邦在丰邑被困两日后才转为出城迎战,隐约可窥第一次攻打胡、方受挫后的保守心态,同时也能看出丰邑的易守难攻;一个人事关系在咸阳的中央监察大员,带领正规军打了两天,也没能打下来。

丰邑反击战在野外展开,曹参"攻秦监公军,大破之"。御史大人往胡陵逃窜,刘邦挥师追歼,樊哙、夏侯婴等猛攻胡陵,平御史吃不消,献城投降,受降者是萧何。以前萧何以沛县主吏去泗水郡任用时,曾在平御史属下工作,因为业务能力强,很受赏识,年终考核,萧何被评为全郡第一名。有举拔人才职权的御史大人,准备向中央推荐萧何,萧何不肯离开沛丰故乡去外地当官,反复恳请,平御史才作罢。刘邦称沛公后,任命萧何为沛丞,主管民政财税等,照理不会随军作战,所以《樊郦滕灌列传》中,关于夏侯婴"与萧何降泗水监平,平以胡陵降"的记载,其详细经过大概是刘邦攻打胡陵不克,想起此人与萧何有旧交,忙令夏侯婴用自己的专车把留守沛县的萧何接来,由他说服平御史。按秦朝法律,这位御史大人在丰邑野外被曹参"大破之",秦朝也要拿他问罪。眼下胡陵被围,破城即在眉睫,又有萧何来说降,也就顺着梯子下楼了。

跟着平御史投顺刘邦的,有周苛、周昌两个堂兄弟,他俩本来就是沛县人。因为长期做监郡御史的随员,故在加入刘邦集团不久,就看出这个由"少年"、"壮士"和农民子弟混合组成的团体,存在不少问题,如不加以整顿,难以成就大事。所以后来刘邦用他们所长:周苛当主管政纪监察的御史大夫,周昌当主管秩序治安的中尉,这是刘邦善于使用旧政权培养出来的文法吏之又一例证。

监郡御史献出胡陵投降刘邦,与胡陵倚为唇齿的方与军心动摇,刘邦趁势攻下了方与。周勃在夺取方与之役中,与曹参、樊哙等共建功勋。

丰邑反击战和攻取胡、方之役,使刘邦集团获得了实战经验,但无从改变第一波反秦浪潮严重受挫的大局。没等他们在胡、方站稳脚跟,秦朝的泗水郡守壮(人名)便率领郡属部队赶来,夺回了胡、方。综观全局,当时许多地方的秦吏,都取反攻倒算之势,幸亏昏庸的秦二世一得意,便铸下大错:他竟下令把交出南阳、率领数万义军向秦朝投降的宋留处以车裂酷刑。这一来,后起一波的反秦义军只有咬紧牙关,拼死向前。

陈胜的部下吕臣逃脱秦军追击后,跑到新阳(今安徽界首北),收容各路反秦义军的散卒,组织起一支头裹青布的"苍头军",攻进陈县,处死杀害陈胜的庄贾,但不久又被秦左右校率领的军队逐出。正好,英布带着鄱阳军团来到,两部联手反攻,再克陈县。

陈胜的另一支余部由召平率领,正在广陵(今江苏扬州)一带处于进退两难的困境。听说章邯就要打过来了,忙渡江东撤,假托陈胜名义给已经占领会稽的项梁封官。项梁趁势接过"大楚"旗号,率领江东八千子弟渡江北上,进入河淮地区。此时,东阳的陈婴,赣榆的吴芮,以及刚打败秦军的吕臣、英布、蒲将军等,都表示拥戴世为楚将的项梁,归到这个大山头下。于是项梁屯兵下邳(今江苏睢宁西北),就此成为新一波反秦浪潮的中坚力量。

再度退保沛丰的刘邦,也采取了挺进姿态,命萧何留守沛县,雍齿留守丰邑,自己带主力去攻打驻军薛县(今山东滕县东南)一带的泗水郡守。

薛县以制帽手工业发达出名,刘邦的竹皮冠就是在这里定做的。其实这里还有一项人文特产:薛县是战国时四大公子之一、齐国孟尝君田文的封地。司马迁到此采访,发现这里"暴桀子弟"特别多。向当地父老打听,原来当初"孟尝君招致天下任侠,奸人入薛中盖六万余家",可见庙小妖风大,池浅龙蛇多。壮郡守把军队带到这儿驻扎,可说是自寻绝路。刘邦在外面一攻,城里的"暴桀子弟"便反了,不得安内的壮郡守忙率领部队开城门逃跑,正好被曹参、樊哙等人在薛县西郭打了个伏击,秦军突围后往戚县(今山东滕县南)方向奔窜。刘邦趁势进入薛县,同时命曹参带周勃等人再去夺取胡陵和方与,追击壮郡守和泗水守军的任务,则托付给了左司马曹无伤。

这一次颇有收获,曹参、周勃先取胡陵,再夺方与,曹无伤活捉壮郡守,也没有请示刘邦,就把他处决了。薛县"暴桀"加入刘邦集团的人也有不少,后来成为侯爵一级的开国功臣有七个:

丁 复	阳武侯	陈 武	棘蒲侯
戎 赐	柳丘侯	郭 蒙	东武侯
陈 胥	复阳侯	秦 同	彭 侯

华　寄　　　朝阳侯

其中郭蒙是吕雉兄长吕泽麾下的一员干将。

曹无伤处死秦泗水郡守，这件事应"节外生枝"说一下。

其一，说明曹无伤当时在刘邦集团中身份显要。刘邦和他的团伙，是以响应"楚王"陈胜为名宣布反秦的，所以在杀了沛令后封官任职，都沿用旧楚国的官职名称。他自称"沛公"，手下官吏分别冠以"司马"、"连敖"、"中涓"等名。司马是权位显要的军职，曹无伤能担任这个职务，能单独率领一支部队追击壮郡守，看来此人有独当一面的"将才"。此外，《史记》记事，直到刘邦后来挺进关中，始终未见"右司马"官职出现，估计当时分工时，这个权分授给了向有"沛豪"之名的雍齿。当时卢绾、曹参、樊哙、周勃等人，都以"中涓"、"舍人"、"客从"名义随刘邦出征，分别是参谋、副官、秘书、顾问的意思，这也是因为初起时仅二三千人，不可能编制多支部队的缘故，由此又凸显出曹无伤和雍齿两人的显要身份。《史记》因曹无伤日后叛变刘邦被处死的原因，没有写过此人的早期活动以及他和刘邦的关系。可以推测，曹无伤或许与王陵、雍齿一样，都是"豪桀"这个档次上的角色，或许就是刘邦的旧交。

其二，曹无伤敢擅自作主，处死秦朝官阶很高的郡守，由此可见刘邦集团刚形成时，不仅流寇习气严重，全无纪律可言，而且一些重要成员与首领的平等意识还很浓郁，这与彭越结伙时的情况是相似的。

再把话题扯回来。刘邦打败郡守后，信心大增，又引兵去打亢父（今山东济宁南），没想到半路上杀出一个程咬金——扶立魏王、自任魏相的周市，也领着人马来争抢这块地盘，双方形成对峙。

从周市背叛陈胜自立山头，又不自称魏王而躲在幕后操纵的行径,就可知道此人颇为狡诈。现在他目睹刘邦接连战败平御史和壮郡守,锐气正盛,知道遇上了劲旅,便暂且不作正面进攻,动脑筋抄刘邦的后路。其办法是,派一个能说会道的人直接去丰邑,找到雍齿,对他说:"丰邑是当年魏王假被秦军迁徙软禁的地方,可以说是魏国的陪都。现在魏已复国,占有几十座城市,你如果归顺魏王,魏王就封你为侯,仍旧派你守卫丰邑。你如果拒绝降魏,魏王大军攻下丰邑后,父老子弟都遭屠戮!"

这个雍齿早年就与刘邦有仇怨,后来因王陵的关系,彼此算是和解了。刘邦当上沛公后,因其是"沛豪"资格,在丰邑党徒众多,拥有势力,便委以保卫根据地的重任,孰料雍齿内心并不服帖当初还不能够同他平起平坐的刘邦,现在听周市的使者这么一说,欣然接受,马上就改换门庭,做了魏王咎的列侯,再把如不降魏,日后将要屠邑的威胁向大家一传达,其效果也就同当初刘邦威胁沛县父老的反应一样,丰邑的居民大多拥护。好在雍齿还讲江湖上的规矩,没把住在丰邑的刘邦家属交出去。

刘邦得知雍齿反水,根据地被周市连锅端走,急忙引兵赶回沛县。周市趁机从正面出击,夺得方与、胡陵,连薛县也连带反水,把刘邦的留守部队撵了出来。

说到刘邦攻打丰邑,情势颇为不利:那一边雍齿蓄意叛刘降魏,丰邑子弟更怕日后魏王屠城,个个抖擞精神,全力守城;这一边虽然听从沛公号令,但对手都是极其熟悉的乡党,怎么可能下狠劲去打?于是,好歹也算打败过秦朝正规军的沛公部队,攻不下一个丰邑。

刘邦无可奈何,下令罢战。司马迁写道:"沛公病……怨雍齿与丰[邑]子弟叛之。"站在他的立场上着想,自己的事业才刚刚开始,倚为凭靠的故乡子弟,既有跟着王陵跑掉另立山头的,又有跟着雍齿反水同自己作对的,乃至被人端掉老窝,这实在是一个很深的刺激,哪能不气出病来?

　　但是,站在丰邑父老的立场上设想,也情有可原。刘邦不比第一个喊出"王侯将相宁有种乎"的英雄陈胜,也不比恃有贵族血统可作庇荫的魏咎和项梁,按"王法"观念看,可以说既无德又无才,他凭什么得到沛丰父老的拥戴,一下子成了民众反秦运动的领袖人物? 请特别注意,这个概念与"少年"、"刑徒"辈推举彭越、英布做盗贼团伙首领是大有区别的。

　　在刘邦身上许多潜在的领袖素质还没有得到充分展示之前,沛丰父老,以及思想行为多受他们引导规制的子弟们,大抵是因为以下几个原因拥戴刘邦的。

　　第一,刘邦富有他人所不具备的反叛和献身精神,这一条首先已被他断然放走所有役人的勇敢行为证明过了。紧接着,风起云涌的全民反秦运动,实际上搅乱了法律控制下的社会常态,但保守的观念仍旧存在大多数人的头脑里难以消除,而如萧何、曹参等在沛丰民众眼里更具备才智的这些人,都是注重实务的文法吏员,绝无刘邦那种历史使命感一般的理想主义色彩,动员大家杀了沛令的这种白帛黑字,他们绝对写不出来;闯下大祸后还要充当"叛乱首领",在他们更是想也不敢想的事。

　　第二,保全家园是农民,也是绝大多数人的本能。在完全不是信息社会的当时,沛丰父老是在刘邦"将要屠城"的恫吓下,激于恐惧而率领子弟杀了沛令的,其间刘邦那些党属的鼓动起了相当重要的作用。但是紧随木已成舟而来的,必然是更大的恐惧。自我意识的严重丧失,只能从集体行动中找回,这就是社会学所说的集体的无意识性。当大家都失去方向感和安全感时,那种在常态情况下绝不会受到崇拜的人物,像刘邦这种敢想敢干敢于出头的角色,最容易成为新的权威,使众人把身家性命托付到他的身上。

　　第三，也是最重要的，就是古代民众对神秘性的崇拜敬畏。刘邦虽无项梁、魏咎的贵族出身，又无萧何、曹参在沛丰民众间的威望，甚至也不具备王陵、雍齿、曹无伤一流的勇猛有力，但是他有一笔"无形资产"：刘媪"梦与神遇"的怀孕，太公目睹"蛟龙于其上"的现场作证，武负、王媪"见其上常有龙"的惊诧，吕公和过路老人"贵不可言"的看相，樊哙的"赤帝之子斩白帝之子"的神话创作，吕雉的"[刘]季所居上常有云气"的谣言……直到父老们"且卜筮之，莫如刘季最吉"。正是这笔"无形资产"，极大地强化了先是沛县民众、以后是全国百姓对"真命天子"的崇敬。当初陈胜能唤起九百戍卒，靠的就是篝火狐鸣所创造出来的神秘性，刘邦的"品牌"魅力，也是如此。

　　然而，萦绕在刘邦身上的种种神秘，能诱使从沛县到全国这么多人趋之若鹜，但是到了看他从小长大的丰邑这个小环境里，这笔"资产"真正是要化为"无形"的。在这些知根知底的乡党那儿，即使没有萧何、曹参、王陵、雍齿那等认识，起码不会像城里人和外乡人那样，把昨天的刘老四当作今天的救世主来顶礼膜拜，更何况"魏王"的尊贵，屠戮的恐怖，雍齿在丰邑的势力和威望，都是近在眼前的条件，哪怕因为卢绾父亲、吕雉等人的鼓动，还有一些人仍处于疑惑不定之中，但大局既定，"品牌"终究不敌实力。而刚刚杀向历史舞台的沛公，先要在家门口跌上这么一跤，看来也就不可避免了。

二七　张　良

　　刘邦自担任沛公以来，已出兵多次，不仅在野战中把泗水郡的正规部队打得落花流水，还夺取过胡陵、方与、薛县等多个城池，在这一地区打出了名声。但最后的结果却是攻城略地，得而复失，还丢掉了故乡丰邑。折算地盘上的得失，开局仍旧不能说是顺利的。分析原因，包括领袖刘邦自身在内，整个集团的领导层次，都有待成熟和提高。

　　首先是知识性人才的缺乏，刘交是没有毕业的半截儒生，卢绾的学历与刘邦相当，都不可能为刘邦进行战略性方面的策划。萧何、二周、夏侯婴、曹参等吏员，目前还处在技能性层次，没有政治上的创造性，即使是他们固有的专业化知识，现在也没能得到及时运用，比如夺取过几座城市，最后都站不住脚，被迫退出，说明还未能积累经验，形成一整套行之有效的接管城市的办法，使之成为沛县以外的能提供人、物资源的可靠基地。这些问题，萧何已经开始在思考了。

　　樊哙、周勃、纪信、奚涓、曹无伤等沛丰原产的豪桀少年，加上芒砀时期的"壮士"、薛县收编的"暴桀"等武将，虽然冲锋陷阵时勇猛向前，但还缺乏经营正规化军队的素养，更谈不上什么兵法运用。流寇习气一时难改，风向不对掉头就逃，胡陵、方与等地夺而复失，就是例证。

　　好在刘邦意志坚定，也会拐弯，经此挫折后，马上就把"赤帝之子"的想入非非先收拢来，去依靠外援。这时，从陈胜旗号下独立出来的秦嘉，听说陈胜已死，便找出一个楚国旧贵族景驹立为新的楚王，以留县(今江苏沛县东南)为王都。刘邦与卢绾、萧何等人商量后，决定先去投靠景驹。就因为有此一行，得到了一个智囊——张良。

　　张良，字子房，祖父和父亲相继当过五任韩王的丞相。秦始皇兼并六国，韩国是第一个被消灭的。当时张良年纪还小，背了个"五世相韩"的家世，从此便以报仇复国为己任。三晋之地向有"任侠为奸"的风气，丧失了贵族门荫后的张良沉沦到这种社会环境里，很快就形成了任侠气质，散尽家财，结交豪桀。但是此人也注重提高自身的文化素养，曾在淮阳(今属河南)学礼，据说还"东见仓海君"。研究《史记》的学者多方考索，没弄清这个仓海君是何方高人。看来他学的东西很杂。在浪迹天涯的漫游中，终于寻访到了一个能使一百二十斤铁椎的大力士，愿意当他的刺客。秦始皇二十九年(公元前218年)，张良和这个大力士在阳武博浪沙伏击秦始皇巡游全国的车队，"误中副车"，功败垂成。这在大秦帝国已进入和平建设阶段的当时，实在是一起骇人听闻的重大事件。秦始皇当即命令卫队搜捕刺客不得后，"大索天下，求贼甚急"。全国各地被闹得鸡犬不宁时，这个癸未年第一号大案的主犯，已从容不迫地变换了身份姓名，躲到下邳(今江苏睢宁)。

　　"子房一椎，宇宙生色！"明人陈仁锡拍案叫绝。更让人惊叹的是他在这起事件中的神出鬼没，宋人刘乃翁说：在旷野中用一百二十斤铁椎一举击中秦皇副车，就是驾炮瞄准，也不见得有如此准确的命中率，这已经是不可思议的事情，何况秦皇立即下令卫队捉拿，行动也一定非常敏捷，旋又将搜捕凶手的范围扩大到全国,可张良不仅自身逃脱,还能让这个大力士也就此销声匿迹,真正是奇迹!

接下来发生的事,更有一种鬼气飘忽的色彩。司马迁在《史记·留侯世家》里写道:

博浪沙事件后的某日,张良从容悠闲地走在下邳的一座桥上,有个穿褐色衣服的老头正坐在桥上,见张良过来,故意把脚上的一只鞋蹬落到桥下,对张良说:"后生(孺子),给我把鞋子捡上来!"张良一怔,本想揍他,转念对方是个老人,便忍住火气,到桥下捡起了鞋子。老头又把脚伸出来说:"给我把鞋穿上!"张良想,鞋也替你捡了,索性便跪下来,帮老头穿好鞋子。老头大笑而走,张良大惊,便站住盯着他看。只见老头走远后,突然又返回桥上说:"后生可以教诲了。五天后的早晨,到这里与我会面。"张良觉得奇怪,便跪而答应了。届时,张良应约来到桥上,老头已坐在那儿了,发怒道:"与老人约会还迟到,怎么可以?"要他再过五天早些来。五天后,鸡刚啼晓,张良就来到桥上,只见老头又先到了,见他就骂:"又迟到了,怎么可以?"要他过五天再来。这一次,还未到半夜,张良便来到桥上等着,过一会儿,老头也来了,笑着说:"应该这样。"随之拿出一部书授予张良,说:"熟读这部书,可以做王者的老师。十年以后即可兴起。十三年后,后生可来济北见我,穀城山下的黄石就是我。"说罢转身便走,此后张良再也没见过这个被后人称为"黄石公"的老头。等天色放明后,张良才看清黄石公送给他的,原来是一部《太公兵法》,才读几行,就知道是奇书,从此"常习诵读之"。不过这个有罪案在身的头号通缉犯,尽管隐于下邳,还专攻《太公兵法》,依然不脱任侠本色。比如和项梁同为楚国旧族的项伯,闯下杀人大祸后,就是张良把他藏起来的。

秦二世元年(前209年),桥上老人所谓"十年以后即可兴起"的预言,有了验证:陈胜、吴广在大泽乡揭竿而起,天下响应。张良隐蔽了十年,早已思动,听说景驹在留县当了"楚王",于是也纠集了一百多个"少年",带着众人前去投顺,目的是想借此机会,实现其恢复韩国的计划。因为老头说熟读《太公兵法》后,就可以做"王者"的老师,在张良的心目中,此"王者"就是未来的韩王。因为有此一行,正巧与也来投靠秦嘉、景驹的刘邦碰上了。大、小两支队伍一照面,由于两个人都具有"任侠"气质,彼此相得,便合为一股同行。一直在物色"王者学生"的张良,不免趁行军、宿营机会,同刘邦谈谈《太公兵法》里学来的东西,令其大为惊奇的是,他过去也和别人聊过几次,别人都不开窍,可是同刘邦说,刘邦一听便懂,于是感叹:"沛公殆天授!"索性就带着这一百多人归属了刘邦。刘邦给了他一个"厩将"职称,可以解释为军马科科长。除张良外,在留县,也有不少人投靠刘邦,后来以西汉开国功臣封侯的有:

丁 义　　宣曲侯　　华毋害　　终陵侯
爰 颣　　厌次侯

　　一般人听到《太公兵法》这个书名,多以为这是一部假托姜子牙名义编述的军事学著作。其实不是这么一回事。在《汉书·艺文志》里,就有该书的登录,共八十五篇,是归在"道家者流"而非"兵家"一类。据《汉书》介绍,这类书籍,大多是通过检讨古往今来成败存亡的历史事实,从中总结避祸求福的教训,进而梳理出一整套靠"清虚"、"卑弱"取胜的政术。在运用这些"兵法"时,要把礼让仁义一类儒家的道德规范全都抛弃,然后便可以靠"独任清虚"夺取和治理天下,所以又统称为"君人南面之术"。以此印证黄石公所说熟读这部书后便可做王者之师,可知《汉书》的概括是相当精辟的。

　　张良不嫌羞辱,不惮麻烦,给老头拾鞋,又跪下来替老头穿上,足见内心的磨练已达到相当程度的沉着与冷静,所以老头才说他后生可教。以这等修养来修习这部《太公兵法》,其阴谋权诈的运用圆熟,自不待言。因此也有人认为连这段并无旁证的"圯上授书"的传奇,也是他对刘邦编造出来的,借此在自己身上裹上一层神秘的烟雾。清代吴见思也说"此节夜半来去,悄悄默默,写有鬼神气"。好在刘邦早年已经跟张耳学过一点"忍术",此后这么多年来也在实践中长进不少,因此一点就通,领悟之敏,张良亦叹为"沛公殆天授"!三年后,也就是那位也许根本不存在的"圯上老人"所说的十三年后,刘邦经过济北穀城山(在今山东东阿)下,果然在那里看见有黄石,马上像发现珍宝似地带了回来,伏腊祭祀。书上没说是一片黄石还是一块黄石,如果是一片黄石,以张良曾浪迹天涯的阅历,早就知道;如果是一块黄石,自然也可以预先放在那儿。刘邦呢,正好借助祭祀黄石,以张良为"王者师"的神话身份,证明自己就是真命天子。

张良和刘邦的意气相投,也从"任侠"深入到了"兵法"的层次,随后一起去见景驹和秦嘉。

刘邦主动归顺景驹这个"楚王",除了含有请他帮助攻克丰邑的用意外,主要的动机,还是因陈胜下落不明,"张楚"已垮,有必要替自己这个沛公寻找新的归属,以对抗魏王。这时章邯已派司马尼(人名)带领军队来平定楚国故地,打下反秦的相城(今安徽濉溪西北)后,大肆屠戮,又逼近砀郡。眼看形势危急,秦嘉让刘邦率领本部人马,带着他委派的魏遫一起去迎战司马尼,双方在萧县以西交战,刘邦、魏遫的联军落了下风,只得退还留县、萧县。司马尼趁势夺得砀郡。

秦二世二年二月(公元前208年3月),刘邦与魏遫再次联手进攻砀郡,曹参、樊哙、夏侯婴等在砀郡以东与秦军血战。樊哙一个人便斩首十五级,在冷兵器时代,这种斩获可谓神勇。司马尼顽抗三天，不支而溃，联军趁势夺砀。曹参等连取狐父、善置、下邑，一直到达虞城，攻取下邑时，周勃第一个登上城墙。砀郡之役的最大收获，不止是得到了锻炼，打出了军威，而且还吸收了大批人马，考虑到刘邦当初隐于芒砀，就在这一片地区，影响久著，就不难理解了。这批砀人中后来以功臣封侯的有：

虫 达	曲成侯	陈 濞	博阳侯
陈 涓	河阳侯	孔 聚	蓼 侯
陈 贺	费 侯	戴 野	台 侯
周 灶	隆虑侯	刘 到	东茅侯
丁 礼	东成侯	魏 遬	甯 侯
祢 跖	芒 侯	襄	棘丘侯

在此之前归顺刘邦的丁义、华毋害、爰颣等留县人士，也属于砀郡辖区，加上其后陆续来投的郦食其、郦商兄弟、灌婴，以及傅宽、陈平、许盎等，都是砀人，遂使刘邦集团中的砀郡成分迅速增加，其地位仅次于沛丰系。

但是丰邑未克，总是刘邦的一块心病，所以攻取砀郡不久，他就带着部队返回沛县了。从往后的封侯名单看，原属景驹、秦嘉的魏遬一部，当时也随他去了沛县，从此成为他的部属。以刘邦集团这时候的实力，打丰邑不成问题，可能是不忍心痛下杀手的缘故，居然又没有攻克。

刘邦进攻丰邑不克的时候，秦嘉、景驹这个"楚王"山头，又同项梁统率的"楚军"干上了，在彭城以东摆下了拦截项梁北上的阵势。项梁说，这种背叛陈王（陈胜）的货色，真是大逆不道！遂命令英布闯阵。以英布的骁勇，项梁的韬略，秦嘉根本不是对手，战无不败，最后本人阵亡，景驹逃走，死在魏国故地。兼并了秦嘉余部后的项梁，声势更壮，挺进到薛县。趁着两个"大楚"山头内讧的机会，章邯亲率大军，破竹而进，前锋到达栗县。

现在的刘邦,背后失去了秦嘉、景驹的支持,根据地又被魏王插进一把刀子,面对雍齿的近忧,背有章邯步步逼近的远虑,处境十分不妙。好在身边多了个"绝去礼学,兼弃仁义"的智囊张良,劝他大可不必为失去秦嘉这种不识时务的靠山懊丧,不妨趁势去投靠项梁。刘邦原有随机应变的天赋,经此"太公兵法"一点,豁然开通,马上带着张良前往薛县。急于奠定项氏在南方反秦阵营中领导地位的项梁,很爽快地接受了刘邦的输诚,马上拨给他五千人马,加上"五大夫"爵级的将领十员,先帮他解决丰邑这个心腹之患。

五千援军,加上刘邦的不断壮大的本部人马,光凭声势就足以震慑对方。眼看形势不妙,雍齿忙带上自己的徒属亲信去投奔周市和魏王咎。夺回丰邑的刘邦改派哪一些人替他看守老家,《高祖本纪》没有正面记载。《汉书·任敖传》说任敖"以客从为御史,守丰二岁",可知他是其中之一。刘邦受封汉王后,不断有人开小差逃回关东,吕雉的哥哥吕释之也跑回了丰邑。此外,在《史记》、《汉书》功臣表中,尚可见到审食其、祕彭祖等人,都是留守丰邑的。刘邦在夺取关中,再出关东进时,又委派已经归顺他的王陵带着部队来沛丰,迎取太公、吕雉等眷属。有关沛丰留守班底的史料,大致就是这些。

丰邑失而复得,时为秦二世二年三月(公元前 208 年 4 月)。不久,项羽也带人攻下了襄城(今河南睢县)。因为襄城曾抗拒楚军,项羽拔城后,下令将所有战俘坑杀。所谓"坑杀",就是用武力胁迫战俘挖掘大坑,然后逼令挖坑者跳下坑去,用箭射刀砍将之杀死,再铲土掩埋。这种残暴的手法,目的是从心理上威慑敌人,使敌军往后见到楚军来攻便束手就擒或望风而遁,不敢稍作抵抗。项羽第一次受项梁派遣单独行动,就犯下如此凶狠的大罪,不知他返回薛县后是否受到叔父的训斥,但此人终将丧失民心的端倪,已经可见了。

　　这时,陈胜被杀害的消息已经确认是实,项梁便在薛县召集大家开会,刘邦和张良也前往参加。年已七十的居鄛(今安徽桐城南)人范增在会上发言,说是秦灭六国,楚国最冤枉,所以才有"楚虽三户,亡秦必楚"这句话。陈胜首义,打楚王品牌,这是对的,可他不立正宗的楚王,自封楚王,犯了冒牌错误,因此失败。现在我们应该吸取教训,把楚王的后代立为楚王。项梁认为这个建议很好,便下令寻找战国时楚国末代君主怀王的后裔,最后在民间找到了怀王的孙子心(人名),已经沦为受雇于人的牧羊人,生活困苦,突然被项梁的使者发现,然后便像珍宝般捧去了薛县。

二八　砀郡长

　　秦二世二年六月(公元前 208 年 7 月),项梁在盱眙(今属江苏)举办仪式,立熊心为楚王(楚国王族为熊姓),以他祖父的谥号为王号,称怀王,借此唤起民众对故国的怀念。项梁让自动归顺的陈婴任上柱国,又自封"武信君",掌握实权。引人注目的是英布也被封为"当阳君",此人骁勇善战,已成为项梁军队的主力,所以有此特殊安排,而吕臣却不被重视。张良因为曾经帮助过项伯逃脱秦吏追捕,颇得项梁信任,趁机进言,请他帮助韩国复国,并说韩国旧贵族中,横阳君韩成最贤,可立为王,成为楚的盟友。项梁便让张良把韩成找来,立为韩王。韩王又拜张良为司徒,带着项梁拨给的一千多人去攻占韩的地盘,得到数城,但不久又被秦朝夺回。从此,张良便随韩王成在颍川一带打游击战。这是张良与刘邦订交后的第一次分手,此时的他,还念念不忘韩国的复辟大业。

　　韩王登台,标示着先秦时代的"关东六国"已完全恢复,反秦联盟的盟主依然是楚国,但六国君主,则已经从陈胜、武臣等庄稼汉出身的平民,换成了近乎清一色的旧王族。按范增在薛县大会上的理论,打正宗"王牌"是理所当然的事,作为怀王的拥立者之一,刘邦也无异议。短短的九个月中,他已经在楚国的旗号下,经历了三次更换楚王,也许这一回最具有踏实感。

然而整个六国阵营的局势依旧不妙,第一波反秦浪潮中冒出来的人物,正被章邯逐个收拾殆尽:

魏相周市被俘遇害,魏王咎点火自焚。其兄弟魏豹来投项梁,项梁给他千余人马,让他再去奋斗。

齐王田儋也被章邯打败,本人遇难,余部由田荣率领,亡走东阿。本来就对田儋兄弟不满的齐人,趁此机会,另立齐国末代君主的弟弟田假为齐王。

至此,在后一波反秦浪潮中崛起的刘邦、英布、彭越,以及项梁、项羽叔侄,都站在楚怀王的旗号下,与大举南下的章邯处于短兵相接的状态。

项梁首先率主力部队向亢父进攻,刘邦的部队也参加了此役。曹参、周勃、夏侯婴等分率步、骑、车军,连取蒙、虞、爰戚、亢父,曹参第一个登上亢父城头。彼时章邯本人正率部追歼田荣,围攻东阿。田荣向项梁呼救,项梁又调转马头,带上刘邦的部队一起援救东阿,这是刘邦第一次参加与章邯的主力交战,但担当总指挥的仍是项梁。周勃自爰戚、东缗一路进取,捷足先登齧桑,旋与各部在东阿投入会战。由夏侯婴率领的战车部队,在会战中表现突出。刘邦在薛县收编的陈武一部,格外勇猛,从此也进入战将的核心层。

章邯自戏亭获胜打出关外,一帆风顺,还从未遇到项梁这种出自世代将门的对手,东阿会战,一败涂地,狼狈逃窜。项梁挥师追杀,刘邦这一路连取陈县、濮阳、甄城,樊哙在濮阳攻城战中第一个登上城头,斩首二十三级。章邯连输两役,忙又引军西窜。

解困后的田荣对项梁感激不尽,表示从此听命于楚怀王。然后便赶回齐国夺位,齐王田假被他攻击,反过来投奔项梁。田荣另立田儋的儿子田市为齐王,自任齐相,田横为将军。本来项梁与田荣约定,要他回齐后便率齐军与楚军合击章邯,孰料他先闹了这一场内讧,又因项梁没接受他要求先杀田假的条件,他不肯履约出兵,从而给章邯提供了喘息的时机,整饬余部,收编散卒,又夺回濮阳,并作了防守性的部署。

项梁决心乘胜挺进,自己率主力担当正面,让项羽分兵,和刘邦联手,担任偏师,先攻取城阳(今山东鄄城)。

这是刘邦第一次与项羽联手作战,两人约定各率所部分头进攻,结果刘邦一路率先得手,又是樊哙第一个登上城墙。战役结束后,项羽因刘邦先拔头筹,觉得江东子弟有失体面,便把一肚皮怨气出在已经投降的秦军身上,不顾刘邦劝阻,又一次下令坑杀战俘。随后,项、刘联军又往攻定陶。定陶守军已闻项羽的屠夫恶名,拼死抵抗,联军只得改变计划,向西绕行,刘邦一路又进展顺利,连取宛朐、临济,最后在雍丘(今河南杞县)与项羽一路对秦军李由部形成合围。

这个李由,就是大秦帝国左丞相李斯的儿子。此时李斯已被赵高陷害下狱,只因他儿子拥兵在外,赵高还不敢杀他。李由不谙此刻尤需"挟寇自重",反而急于表现,主动出城与项、刘决战,结果进入联军设下的埋伏圈,全军覆灭,其本人在阵上被曹参斩首。消息传到咸阳,正中赵高下怀,马上将李斯三族牵到刑场斩尽杀绝。接着,胡亥以赵高为丞相,从此事无大小,都由赵高决策发令。

亢父、东阿、城阳、雍丘数役,有布阵战,有攻城战,有伏击战,还有多兵种合成的会战,表现出刘邦手下的队伍正在多样化的战役实践中,成长为一支经验丰富的正规军队。在这些战役前后,又有不少人投顺刘邦,后来以功臣封侯的有:

靳　歙　　信武侯　　陈　豨　　阳夏侯
林　挚　　平棘侯　　高　色　　祝阿侯

这时刘邦拥有的人马已近三万。

雍丘战役结束，项、刘联军转向外黄，项梁督率英布、蒲将军等人的部队，继续攻打定陶。项梁比项羽聪明，接受老谋士范增的献策，先向定陶军民实施政策攻心，讲明若肯归顺，不杀一人。果然，已经苦撑数月的定陶守军，斗志大懈，项梁趁势攻进城内，进城后，约束全军不许杀降，不准扰民，赢得定陶居民的称赞。

反秦义军战绩辉煌，所向披靡，项梁却因此滋长了轻敌思想，不再把缩在濮阳城内的章邯当一回事。奉楚怀王之命前来定陶表示慰问的宋义，觉察到隐藏在接连取胜后的危险，便提醒项梁，章邯加紧整军备战，二世皇帝正在不断地给他输送兵源物资。项梁不以为然。秦二世二年九月（公元前 208 年 10 月），章邯突然发兵，奔袭定陶，项梁兵败身亡。

这时项羽和刘邦联军正在攻打陈留，项梁殁于定陶的消息传来，全军惶恐，几个主要将领商量后，决定变攻势为守势，合兵东撤，楚怀王自盱眙退到彭城，吕臣的苍头军驻彭城东，项羽军驻彭城西，"诸将英布亦保聚彭城"，刘邦的部队驻砀郡，结成犄角之势，做好了迎拒章邯的准备。

楚怀王移都彭城后的第一件事，是将吕臣与项羽的部队合并，自任统帅。别看此人是替人家牧羊的履历，但出身王室，自幼攻书，并非全无心机，登上王位后，也自有各种谋士来替他策划。他虽然是项梁一手扶立，但项梁遇事独断专行，项羽更是飞扬跋扈，何曾把他放在眼里？现在项梁战死，有人便教唆他借此机会夺回大权。他将吕、项两军合并，使之相互牵制，又把过去不受项梁重视的吕臣升为司徒（民政部长），其父吕青为令尹（首相），职位均在项羽之上。而屡建战功的项羽则封为长安侯，号"鲁公"，不给实际职务。刘邦有自己的武装，战功也不小，对怀王的态度远不像项羽那般凶狠，怀王还想用他牵制项羽，所以除了封武安侯以酬其功,又委以砀郡长的实际职务,明确规定布防在砀郡的军队全归他统领。这样算下来,通过这一次大调整,实际获利最大的,还是刘邦,从依傍项梁算起,前后半年时间,就从一个县级地方武装,跃升为楚国的台柱。

怀王独厚沛公,扬刘抑项的心机非常明显,但阅历丰富的刘邦却不愿因此得罪潜在势力依然雄厚的项羽,这一点,他的估计要比怀王充分得多,于是便在台下做小动作,主动提出和项羽"约为兄弟",就是江湖上所谓"拜把子"。这种建议对于"无赖"出身的刘邦而言,开口不难,我们已知道他年轻时至少拜过王陵和张耳两个"大哥",但世代簪缨的项羽不惜以贵族家世,尊称比自己大二十四岁的乡亭小吏为"兄",确有其当时的特殊处境:八千子弟的江东基干部队以内,桓楚、龙且这些人都是老将,而老将中已被楚怀王拉过去的人不少;江东班底以外,像英布、蒲将军等,尽管都是项梁的老部下,但与刘邦一样,各有自己的本钱和战功,会不会继续拥戴自己,暂时还是个未知数。值此明显受到怀王排挤,且隐约有一种被孤立感受的时刻,风华少年项羽接过了刘邦伸出来的橄榄枝,从而为后来在楚汉战争中上演的一幕讽刺喜剧预写了序幕。

在对内调整人事的同时,楚怀王也没忘记争取外援。过去田荣撵走田假,另立田市为齐王,又背约不肯出兵与楚军夹击章邯,项梁十分不满,现在楚怀王与他使者报聘,承认田市的齐王身份,后来更达成了让宋义儿子宋襄出任齐相的政治交易。此外,又立魏咎的弟弟魏豹为魏王,从而补全了六国并立的格局。

二九　怀王之约

项梁因为轻敌，以为章邯已成强弩之末，结果吃了大亏。

接下来，章邯又犯了同样的错误：眼看项羽、刘邦、吕臣、英布等同时东撤，以为楚军已经不足为忧，便调转马头，要紧先去收拾北方的韩、赵、魏、齐、燕等各个反秦山头。兵锋所向，赵国首当其冲，两军交战，赵军惨败。秦军攻进邯郸后，将当地民众强制迁徙到河内（今河南黄河以北、京汉铁路以西地区），然后将整个邯郸全部烧毁。这种暴行，同项羽的坑杀一样，用意是想摧毁赵国军民的抗秦斗志，但效果适得其反，赵王歇和张耳带着大家退保巨鹿，矢志坚守，同时向其他反秦诸侯紧急呼救。

吸取既往的教训，这一次，各诸侯不敢再蹈让秦军各个击破的覆辙了，纷纷出兵援赵。与此同时，由楚怀王主盟，六国反秦联盟还就解脱巨鹿围困后会攻咸阳，以及战后的政治地图等，达成共识，这就是日后刘邦在楚汉之争中打出的王牌——怀王之约。

怀王之约的原文已佚，但透过零星记述，可知其至少包括以下几条内容：一、秦国的国号将继续保留，其疆土西以散关为界，东以武关为界，就是传统意义上的关中地区；二、"先入定关中者王之"，就是谁先推翻秦朝，平定关中，就由谁当未来的秦王；三、"入秦无暴掠"。

当时关外六国的君主,已在彼此相互承认中确立,惟一留下这个"秦王"的席位,显然是起激励义士奋勇争先、打进关中的作用。可是楚怀王在给自己属下分派任务时,却故意把优先的机会留给了刘邦。具体部署是,兵分两路:一路以宋义为上将军,项羽为次将,范增为末将,北上援救赵国,侯救赵脱险后,再会同诸侯援赵之军,反击关中。同时给宋义加"卿子冠军"封号,凡项羽、英布、蒲将军等各部,都由宋义统帅指挥;另一路由刘邦统帅,向西略地,沿途收容陈胜、项梁相继失败后散落在中原的散卒,挺进关中,作为对章邯所率秦军主力的牵制,令其在首尾不能相顾中减缓对赵国的攻势。

当时秦军先后战胜魏、齐、项梁,又毁灭了赵都邯郸,锐气正盛,不仅诸侯,连楚怀王属下敢拍胸脯去打关中的人,也找不出几个,惟有项羽立志要报项梁遇害的深仇,自告奋勇要随刘邦这一路西进武关。那些在项梁死后投靠怀王的老将说:"项羽为人剽悍残忍,上次攻占襄城,把降服的秦军全部坑杀,凡他率军经过的地方,无不烧杀残灭。而且楚军几度进取,陈王、项梁都失败了,皆因光恃武力,不足以服人。不如派忠厚长者,仗义西行,告谕秦国父兄。秦国的父兄,受他们的君主迫害,已经很久了。若有忠厚长者前往,约束军队,不施暴行,抚以仁义,自然可以成功。项羽千万不能派去。沛公是宽厚长者,可以担当此任。"其实怀王最初的安排,本来就含有不使项羽独当一面,防止他掌兵权的动机,现在经这些老将一说,更加坚定了让刘邦独往的决心。

刘邦对于"先入定关中者王之"的公约,显然十分向往。他比宋义、项羽这一路的出发时间更要早一些。后来成为刘邦集团主要骨干之一的灌婴,也是在刘邦率部自砀郡出兵时投军的。此人原籍睢阳(今河南商丘西南),是个布贩,娴于骑术。由其组建的骑兵部队,很快在征战中发展成一支可与夏侯婴战车部队相媲美的劲旅,屡建战功,后来封颖阴侯。

先看刘邦西征关中的情形。

秦二世二年闰九月(公元前 208 年 11 月),刘邦率部出发后,先后在成阳、杠里(今山东范县西)击败两支秦军。迄十月下旬,进入东郡,又在成武(今属山东)打败秦东郡尉统率的军队,灌婴在此役立下显赫的战功。其后一路顺当,于秦二世二年十二月(前 207 年 2 月)逼近栗县,遇上魏国刚武侯统率的一支军队,有四千多人。魏国曾策反雍齿,端掉过刘邦的故乡丰邑,与刘邦集团有宿怨在,此时刘邦兵力雄厚,马上将这支四千多人的武装兼并过来,交给刚武侯的部将皇欣、武满指挥,一起攻打栗县,再胜秦军。秦二世三年二月,部队进抵昌邑(今山东巨野东南)。由于沿途不断分兵留守一路所克城池的缘故,此时刘邦的军队已不足万人,遂邀请在这一带聚伙反秦的彭越帮助他一起攻打昌邑。但彭越也仅有千余之众,打了半天,未能攻克。刘邦急于打进关中,便绕道西往陈留(今河南开封东南),彭越没跟他走,留在当地,继续吞并或收容魏军的小股散卒,壮大自己的力量。

刘邦大军兵临陈留,在高阳(今河南杞县西)郊外扎营。当地有个落魄的读书人郦食其,和当初的张耳、陈余一样,已经六十多岁了,还靠做社区看门人混口饭吃。其兄弟郦商在陈胜首义后,趁乱而起,聚集"少年",拉起了数千人众的武装。其后,陈胜或项梁的"楚国"政权,陆续派出过数十个将领来高阳招人。因这些将领多性情急躁且过分注重小节,郦食其瞧不起他们,所以到现在还是一介平民。这一次刘邦来高阳驻扎,也竖旗招人。郦食其看门的这个里坊内也有人应募,当上了刘邦的骑从。有一天回到里中,对管门的郦老头讲起,刘邦向他打听邑中有什么豪俊一流的人物。郦食其说:"我听说沛公放纵无礼,待人轻侮,但多有大略,正是我想追随的人,可惜没人替我引见。你再见到沛公,就对他说:'臣里中有个郦生,年六十余,身长八尺,别人都说他是狂生,他自称我不是狂生'。"骑从说:"沛公不喜欢儒生。有人戴着儒生的帽子来拜访他,他把人家的帽子解下来,往里面撒尿。跟儒生谈话,常破口大骂。不可以对沛公说你是儒生。"郦食其说:"你就照我说的跟他讲。"

其实刘邦并没受过儒生迫害,对儒生讨厌到这种程度,毫无来由,说明秦始皇提倡的尊法贬儒思想,对其浸淫之深。果然,郦食其请那位骑从引荐他去见刘邦时,这位砀郡长"方倨床使两女子洗足"。原来古时中国人传统的坐相,乃是双膝屈而接地,臀股贴坐于双足跟上,有点接近"跪"的姿态,语曰"正襟危坐",这就是对人表示尊敬的坐相。似刘邦这种倚靠在床,还把双足伸出来,让两个女人为之洗涤,明摆着是向儒生出身的郦食其示威。好在郦食其受秦朝压迫多年,对于这种侮辱知识分子的言行见惯了,于是也不同刘邦讲什么礼节,开口便问:"足下是要相帮秦攻诸侯,还是要率领诸侯破秦?"刘邦一听,开口便骂:"贱儒生!因为天下同苦于秦的迫害,所以诸侯才联合起来攻秦,哪有相帮秦攻诸侯的道理?"

"那好,"郦食其板起面孔教训刘邦:"既然您召集徒属组成义军,讨伐没有道义的暴秦,就不应该用这种腔势对待比您年长的人!"刘邦屈理,马上停止"足浴",起身肃正衣裳,请郦食其上坐,向他道歉。郦食其畅言当年六国合纵抗秦的历史故事,听得刘邦眉飞色舞,传令酒食款待,向他讨教如今该怎样破秦。郦食其说:"足下现在兵马不足万人,又多是乌合之众,缺乏培训,要攻进关中,如探虎口。陈留位居天下冲要,四通五达而无险阻,城里积粟极多,可资军用。敝人与陈留县令向有交情,可以替您跑一趟,劝服他自动投降。假使他不听,您再发兵攻打,我做内应。"

刘邦大喜,便请郦食其先去说降,自己率军队随后助威,果然很顺利地占据了陈留。随后,郦食其又让兄弟郦商带着他那支数千人的武装,投顺刘邦。

郦食其是刘邦自起兵以来,在张良之后接纳的第二个知识分子,又是第一个儒生。六十多岁的老先生,无曹参、樊哙阵上斩首之勇,光靠三寸不烂之舌,替他拿下了"城守甚坚"的陈留,取得大量兵器和足可供应三个月的粮草,凭此募军,"从兵以万数",相当于现有实力扩充一倍,乐得刘邦马上封郦食其为广野君,拜郦商为将,把投顺过来的陈留正规军都交给他统率,成为一支劲旅;郦食其则常被派出使诸侯充当说客。后来封功臣时,郦食其已死,其儿子郦疥虽然也是带兵的将领,但军功未到封侯,刘邦便把父亲的功劳加到儿子身上,封他为高梁侯,封郦商为曲周侯。

前面曾引录过《追韩信》里萧何回忆刘邦自斩蛇起义到入关破秦过程的长篇唱词,唱词中又有一句:"也是我主洪福广,一路上得遇郦生、陆贾和张良。"似乎萧何对于知识分子入伙的作用,比刘邦更敏感一些,其实这也是后来编剧本的自作多情。郦生即郦食其,陆贾则又是一个儒生。陆与郦不仅同为"楚人",而且也是陈留人,估计他投效刘邦,也是在这段时间,很可能就是郦食其引荐给刘邦的。因为以刘邦对儒生根深蒂固的偏见,还不至于得了一个郦食其便就此改变对儒家的态度。

有关陆贾的故事,后面还要说到。

三〇　西征咸阳

刘邦依靠郦食其获取陈留，实力倍增，为继续西进打下了基础。

秦二世三年三月（前207年4月），以陈留为基地，刘邦大军继续推进，先攻开封未克，旋在白马（今河南滑县东）、曲遇（今河南中牟东）和秦将杨熊部两度会战，杨熊大败，逃到荥阳，被秦二世派来督战的特使处死。这一下，激出了秦军的拼死抵抗，急于进关的刘邦便引兵南攻颍川（今河南许昌西南），大概也打得十分艰苦，破城后发生了屠杀战俘以泄忿怒的恶性事件。在《史记》的《高祖本纪》里，此事只有"屠之"两字，其实应该负责任的是已封虎贲令的周勃。或许这种坏样都是当初与项羽联手作战时学来的，但违背了怀王之约，也说明刘邦集团中那班充当军事骨干的豪桀少年一流，还难以摆脱野蛮的草莽作风。

颍川、南阳诸郡，过去多为韩国的领地，因为张良已经帮韩王成恢复了韩国，所以刘邦又打起协同张良复国的旗号，在这一带攻城略地，其实所占城池中，有不少已属韩王的地盘，不过是假此名义扩充兵员和粮草的资源。这种六国阵营内部的倾轧，甚至还蔓延到合纵反秦的战略协调上。当时赵国的司马卬一部，也准备南渡黄河，进军关中，刘邦得知后，怕他率先得手，抢掉了自己的秦王宝座，忙挥师北上进攻平阴（今河南孟津东），先分兵把黄河渡口控制住,不让赵军渡河,然后再南出辕辕(今河南偃师东南)。由于同时要对付"盟军"和敌军,战略上受两头牵制,结果在洛阳以东与秦军的会战中,又落了下风,只好先还军阳城,准备取道武关(今陕西丹凤东南)进入关中。

刘邦在河南这么一搅,又把张良搅了出来,说服韩王成先配合反秦大局,支持刘邦西征,至于势力范围问题,既然韩国已为诸侯公认,不妨等秦朝推翻后再协商解决。于是刘邦让韩王成留守阳翟(今河南禹县),张良随自己去打南阳郡(今河南西南部至湖北北部)。这是张良第二次进入刘邦集团,面对刘邦北控赵军,南略韩地,张良不禁又要感叹"沛公亦天授"。

秦二世三年六月(公元前 207 年 7 月),刘邦在犨(今河南鲁山东)东与秦南阳郡守吕齮交战,吕齮兵败,退守南阳郡治宛城(今河南南阳)。

宛城城防坚固,易守难攻,新近兵败的吕齮又学了乖,坚守不战。刘邦与居中策划的刘交、卢绾商量后,传令绕过宛城西进。张良先不吭声,跟着部队一起行军,走到半道,才去见刘邦,说:"沛公虽然急于打进关中,但秦军尚众,据险顽抗,如果不先克宛,绕西而行,一旦宛城从背后出击,前面又有强秦当道,岂不陷入腹背受敌的危境!"刘邦大悟,忙问现在该怎么办?张良教他不妨将计就计,趁大军绕道西进的假象已经造成,赶紧掉头,乘黑夜掩护,偃旗息鼓,急速返回。刘邦依计行事。到了天色微明,那位正庆幸躲过一劫的郡守吕齮,突然闻报刘邦大军如同自天而降,在宛城外围了三圈,吓得要拔剑自刎。其私人秘书陈恢忙劝住说:"让我先去找刘季谈判,再死不迟。"

陈恢翻过城墙,来见刘邦,开门见山:"我已听说诸侯有约,先入咸阳者称王。现在足下要先打宛城。宛城是南阳郡治,可以号令所属几十个县城协力防守。无论官吏军民,都认为投降必死，所以众志成城。足下若是拼命攻打，死伤必众，又拖延了去咸阳争王的时间；若是放弃宛城，直接西行，宛城必从足下背后追击。真是进止两难。为足下赶赴咸阳之约的前程计，不如先同南阳郡守做笔交易，以让他继续担任郡守为条件，允许他归降，从此为足下防守宛城。足下则带着宛城的军队一起西进。南阳属下各县的秦吏得知有此先例，都会大开城门，等着足下去接收，足下便可一路通行无阻了。"

　　这一番高论，不仅与张良的分析相合，从此益发增加了张良在刘邦心目中的分量，而且也点出了刘邦军队在颍川屠城的恶果。此时秦吏及其领导下的军民们面临的处境，也很艰难：战败，则有杨熊伏法的榜样在；投降，则有颍川屠杀的下场在；所以只有死守一条路可走。陈恢对"怀王之约"中先入关中为王这一条，以及由此导致的刘邦急于入关的心态把握得如此准确，那么他对该公约的其他内容，包括"入秦无暴掠"这一条，也应该是很清楚的，或许是他顾及刘邦的面子，或许是司马迁顾及"高祖"的声誉，没有点出来而已。

　　刘邦很聪明，听罢陈恢的高论后，马上叫"好!"当场签订协议。于是吕齮献降宛城，继续受命担任郡守，还被加封殷侯；陈恢也得到加封千户的实惠。这以后，刘邦带兵西进，果然一路顺风，昨天还是大秦皇朝的官吏，今天都争着做刘邦的部下。到丹水(今河南淅川西)时，鰓(姓氏失考)和王陵率部投顺。王陵即刘邦早年的"大哥"，本来已属韩王成的属下，封襄侯，鰓封高武侯，现在主动来降，颇有"归队"的意味。在夺取胡阳(今河南唐河南)时，刘邦军队与吴芮的别将梅销相遇。吴芮就是伙同英布反秦的原鄱阳县令，其部队在这里出现，大概也是想去关中履行怀王之约，不期刘邦进展神速，狭路相逢，梅销乖巧，马上与刘邦合作，一起去打析县(今河南内乡西北)和郦县(今河南内乡东北），两县守吏望风迎降，刘邦也吸取了教训，重申"所过毋得掳掠"的军纪，于是"秦民皆喜"。

亲眼看见政策运用比军事进攻更见优势，急于进关称王的刘邦又派甯昌为特使，快马飞奔咸阳，指望通过赵高说服秦二世胡亥自动投降，可以大大缩短他往关中的日程，但是没等来赵高的使者，秦军主力章邯兵团向项羽投降的消息倒是先传来了。

原来项羽、范增等随同宋义北上援救赵国，到达安阳（今河南信阳西南）后，宋义便下令全军宿营，四十多日，每天饮酒作乐。彼时秦朝名将王翦的儿子王离和涉间等将率兵急攻巨鹿，主帅章邯屯兵巨鹿之南，为前线输送兵员粮草。赵国陈余的援军，以及齐、燕等各诸侯派来援赵的军队，虽然都已经先后赶到巨鹿，却慑于王离的威名和章邯为之后援，没有一个胆敢出头，都纷纷结寨自保，想等楚国的援军来到，一起行动。然而，催促楚军火速北上的诸侯使者络绎不绝，宋义却笃定得很，其理由是先让秦军与死守巨鹿的赵军在战争中消耗实力，然后再承其敝捡便宜。项羽本来就对怀王夺彼兵权不满，一肚皮怨愤强捺至今，便在安阳发动兵变，假托怀王有令，一剑砍下了宋义的首级。北上部队中，八千子弟兵都是项梁从江东带出来的，英布、蒲将军等又是项梁的老部下，全站在项羽一边，都说楚国就是将军家创立的，现在将军为楚诛乱，大快人心。于是一起拥戴项羽为代理上将军，由桓楚回彭城向怀王报告。怀王这才明白自己低估了项羽的能量，只好派特使赶赴安阳，正式授命项羽为上将军，所有北伐部队都交他统帅。

项羽以兵变手段，名正言顺地当上了北伐总司令，立刻派英布、蒲将军率领二万人为先遣部队，抢渡漳河，援救巨鹿，自己欲率江东子弟兵去关中抢王。孰知英、蒲不敌秦军，驻扎在巨鹿之北的陈余又派人来求项羽增兵。项羽大怒，立即下令全军渡河，渡河后又命将全部船只凿沉，烧饭的釜锅通通砸光，沿途的房屋一律烧毁，每人只携带单程走向巨鹿所必需的三天的干粮，表示有进无退的必死决心。这就是"破釜沉舟"典故的由来。

　　破釜沉舟之后，项羽大军全速急进，抵达巨鹿，与秦军激战九役，阵上斩杀秦将苏角，活捉王离，涉间不肯投降，自焚身亡。当项羽率领楚军在巨鹿城下与秦军打得天地变色、鬼神心惊时，旁边十几个营垒中，诸侯援军皆作壁上观，目睹楚军战士无不以一当十，狂野的喊杀声如山呼海啸，莫不耸然变色，战栗发抖。待秦军或死或降，彻底崩溃，项羽邀各诸侯军将领前来相见时，这些将领个个膝行而前，跪伏在项羽面前，连面孔也不敢抬起来。项羽比刘邦晚生二十四年，两人都属蛇，其创下巨鹿大战以少击众的光辉战例时，年仅二十六岁。

　　巨鹿城外诸侯军齐颂项羽神勇，城里面张耳和陈余这一对老少结拜兄弟当面闹翻了。张耳责怪陈余见死不救，陈余赌气，把军权交还张耳，带着数百个亲信不辞而别。随后，大家共推项羽为诸侯上将军（相当于诸侯联军总司令），乘胜追击，与固守棘原的章邯在漳河以南相持。章邯派长史司马欣赶回咸阳向秦二世汇报军情，请求增援，被一手遮天的赵高派人挡驾在门外，三天不得入见。司马欣返回棘原，对章邯说："现在是赵丞相说了算，仗打胜了，嫉妒你的功劳；打败了，必死无疑！你早拿主意。"

　　这个司马欣，就是当初项梁被关在栎阳监狱，因蕲县狱掾曹咎来信请托，而擅自将项梁释放的那个栎阳狱掾。这样一个人，大概因为精通各种律法条令的缘故，居然从刀笔小吏逐级升到章邯兵团的长史，位居第二，现在又鼓动主帅叛秦跳槽，秦朝重用文法吏的政策，到此关键时刻，酿出了严重后果。

　　章邯犹疑不决,暗派密使去找项羽谈判。此时项羽刚打了大胜仗,傲慢得很,坚持要章邯无条件投降,章邯当然不肯。于是项羽命蒲将军从三户津渡过漳河,再破秦军,项羽自引大军随后,在今河北临漳附近的汙水(漳河支流)上又大破秦军。章邯已丧失斗志,再派使者找项羽媾和。这一回,大概是范增给出了主意,项羽变聪明了,一来粮草不济久战,二来有必要抓紧时间赶赴关中,便在诸侯联席会议上提出接受章邯求和,大家都说"善!"于是章邯带着司马欣、董翳一同去洹水之南的殷墟上与项羽见面,当场签署停战协议。根据协议,项羽代表诸侯封立章邯为雍王,随楚军一起行动。提拔其副手司马欣为上将军,转过马头,作为引带诸侯联军进攻秦朝的先头部队。

　　"雍王"是个什么概念,史书没有详细记述。"禹贡九州"中的雍,涉及今甘肃、青海、陕西一带,学者指认不一。到东汉三国时的雍州,治所就在长安,辖境相当于今陕西中部、甘肃东南部、宁夏南部及青海黄河以南的一部。项羽不可能给投降将军章邯那么大一块地盘,但该地盘属于武关以西则是没有疑问的。这样看,"殷墟之约"不仅有违怀王之约关于破秦后仍维持先秦时七国分立的构想,在七王以外又多出一个雍王,而且雍王的地盘配置,直接侵入了战后新立秦王的势力范围。又由于这种分羹不损害关东六国的实际利益,所以在诸侯代表联席会议上,大家对此都无异议。但项羽先以发动兵变的既成事实迫使楚怀王认可他的联军统帅身份,现在又挟战胜之威,操纵联席会议对怀王与诸侯订立的公约有所修正,可见此时的怀王和彭城,几成项羽在政治上的摆设,从安阳兵变起,楚国的政治重心已随军权的失落,转移到了项羽的军中。

　　就眼前而论:棘原屯积的大量武器粮草,转为楚军支配的资源;二十万历经征战的秦军,反过来成了倒戈一击的先锋部队,又有项羽这等军事奇才统帅指挥,诸侯联军向关中转进的速度大大加快了。

河北的消息传到河南,急煞刘邦。

三一 竖子成名

两路大军分头向关中挺进,面临覆灭命运的秦朝统治集团内部,矛盾激化。赵高自杀害李斯后,惟恐人心不服,先玩了一手"指鹿为马"的闹剧,借此把还敢说几句真话的廷臣全都逮捕下狱。接下来,眼看关东秦吏纷纷背叛,响应诸侯,反戈西向,即使大家都随他瞒忧报喜,恐怕也骗不过胡亥了。于是先下手为强,赵高便与担任咸阳令的女婿阎乐合谋,利用阎乐控制首都驻军的便利,发动政变,逼迫胡亥自杀,同时派使者报聘刘邦,建议和刘邦约订,"分王关中"。

赵高提出"分王关中"的条件,说明"怀王之约"的内容在咸阳已经传开了。为了做成这笔交易,赵高在发动政变前,就设计了国体变更的过渡步骤。胡亥一死,他便向满朝大臣和秦皇室宣布:"过去,秦是王国之一,始皇君临天下,才改称为帝,现在六国都已恢复,秦的地盘越来越小,再称皇帝不适合了,宜退回到过去,称王。"然后便提出拥立胡亥的侄子公子婴为秦王,时为秦二世三年八月(公元前207年9月)。赵高说,子婴即秦王位,应先循古礼斋戒,登基的日期宜安排在下个月。按他的计划,是要在子婴结束斋戒后去秦国祖庙行庙见礼时,由阎乐先布兵庙中,杀掉子婴,随后将参加庙见大礼的嬴秦宗室一网打尽,全都处死。这个计划,他也在派密使同刘邦接洽时作了披露,却没想到已在斋宫沐浴戒荤的子婴也获悉了他正与楚军谈判,并密谋再搞一次政变的情报。

劝赵高、胡亥投降,是刘邦一方的主动,但是赵高开出的"分王关中"的条件,刘邦是不肯接受的。何况附带的行动计划,听起来周密无懈,更使刘邦怀疑有诈,便回绝赵高,以数万人的优势兵力,强行攻进了武关。

从谁先打进咸阳就封谁为王这个角度看,刘邦与项羽都在争抢时间,形势确实非常紧急,以至刘邦部队在强攻武关时,因付出伤亡太大,忍不住又来了一次"屠之"的血腥报复。查《史记》各传,曹参以下,周勃、樊哙、灌婴、夏侯婴等人,都参加了强攻武关之役,看来要负连带责任,也可见当时大家都急红了眼。

事有凑巧,原本有二十万秦军带路的项羽,犯下了更严重的罪行:殷墟之约后,诸侯联军与秦军反正部队之间一直在闹矛盾。联军中许多官兵,在秦始皇统治时期,都去咸阳或关中服过徭役,都受过秦军吏卒的虐待,现在秦军反正,有如二等国民,这些人便以凌辱秦军吏卒发泄旧怨。秦军受尽鸟气,普遍不满,抱怨章邯这些将领把他们出卖了,万一攻不进关中,诸侯联军会把他们当战俘带回各国奴役,秦朝又要以反叛的罪名,株杀他们留在关中的家属。人心浮动,谣言飞传,联军诸侯风闻,加油添酱,向项羽密告。项羽马上把英布和蒲将军找来密谋,说:"二十万秦军人心不服,等回到关中,借故土优势闹起事来,我们就危险了,不如及早了结,光带章邯、司马欣和董翳三个人进关。"这两个人都是杀人不眨眼的枭雄,一致赞成,于是共同制定了行动方案。待部队到达新安(今河南渑池东)后,趁夜里秦军熟睡之际,发起突然袭击,二十万秦军没留一个活口,全部杀光,事后光掩埋尸体,就费时多日。这就是当时震惊全国的"新安事变"。消息传出,无人不骂项羽歹毒残暴。秦人怕降项羽,项羽所到之处,军民拼命抵抗,宁死不降,这一来,又为刘邦争取了时间。

关外形势兔起鹘落,咸阳的内部矛盾也闹到了白热化。到了子婴该行庙见大礼的那天,赵高在庙内设下伏兵等他前来,子婴也在斋宫设下伏兵,托辞不行。赵高派人催了几遍,没有效果,便亲自去斋宫接驾,结果反被子婴的亲信韩谈和两个儿子带兵砍杀。当初赵高诛李斯三族,这回赵高三族也被子婴杀光。

解决了赵高,子婴马上派将领带兵增援峣关(今陕西蓝田东南),阻击刘邦。峣关前据峣岭,后凭蒉山,形势十分险峻。刘邦夺王心切,准备仍用强攻办法,打开这最后一道进入咸阳的门户。张良认为秦军还有实力,况且峣关有险可依,强行攻打,必然和上次攻打武关一样,会付出很大的伤亡。刘邦急着问:那你说该怎么办? 张良说:可以先派人在山上多树旗帜,以为疑兵,同时让郦食其和陆贾这两张利嘴带着金银财宝去当说客,收买那些守关的秦军将领。刘邦照他的指教行事。果然,这些秦军将领因为咸阳连踵政变,各自原有派系所属,多怀疑虑,眼望关前到处都是楚军旗号,不知来了多少人马,内心更觉恐慌。现在郦食其和陆贾跑来,晓以利害,又展开银弹攻势,心思都活了。最要命的是,这两个人是分头活动,在张三前说李四,在李四前议张三,诸将本来各存戒心,惟恐被人在后面捅刀子,于是纷纷通过陆、郦向刘邦表示愿意献关,联合进攻咸阳。

刘邦大喜,正欲同守关诸将签约,张良拦阻说:"这仅仅是将领们想叛秦,士兵们恐怕未必听从。现在正好趁他们放松警惕的机会,发起突然袭击。"刘邦一想,这主意妙极,才省悟张良当初派郦、陆进关当说客的用意,不过是借此让对方高枕无忧而已。于是马上带兵绕过峣关,翻越蒉山,突然向守关秦军发起攻击。那些将领都各打算盘,正等着刘邦派人来商谈联合行动的细节,做梦也料不到他会有这一手,仓促间不知所措,被刘邦轻易夺得关隘。全军络绎入关,追击秦军到蓝田(今属陕西),一场决战,秦军被打得一败涂地。到此地步,咸阳已成囊中之物。

当时子婴还想一搏,但是"群臣百官皆叛",没人"勤王",无路可走的他只好接受刘邦使者的劝告,俯首投降。

"盗跖庄跷流誉后,更陈王奋起挥黄钺。"波澜壮阔的人民反秦运动,在一举打破体制因循和生存常态的同时,也为那些最富有反叛情感的人物,提供了重新选择人生的机缘。敢于挑战,也善于创造的刘邦,抓住了这个稍纵即逝的历史机遇,激流勇进,从一个名不见经传的逃吏盗首,以跳跃式的速度,冲刺到了历史的前沿,终于使陈胜、吴广未竟的灭秦大业,至少从两个时代分野的形式上讲,是在他手上得到了实现。

对此,在《史记·秦楚之际月表》的序言里,司马迁有言简意赅而不失客观的概述:"初作难,发于陈涉;虐戾灭秦,自项氏;拨乱诛暴,平定海内,卒践帝祚,成于汉家。"就是说,陈胜敢为天下先,掀起了惊天动地的反秦波涛,那会儿刘邦、项氏仍在伺机观变,不敢下注。但是陈胜、吴广、武臣、周市这些仓卒起义的民众,囿于种种历史条件的限制,无法与秦朝强大的国家机器对垒,未到半年时间,便被各个击败,而呼应陈胜趁时而起的项氏,却成了新一波反秦浪潮的中坚。以刘邦、英布、吴芮等为代表的这些后起人物,实际上都是集合在项氏周围,发展壮大的。从史实上看,秦二世赖以对付反秦义军的长城——以章邯为统帅的秦军主力兵团,主要是被项羽在几次大会战中摧毁的,直至将其最后的精锐——二十万关中部队,在一夜之间全部坑杀,手段相当残酷,所以司马迁说是"虐戾灭秦"。但刘邦得在河南比较顺利地向关中挺进,主要赖有项羽在河北将秦军主力牵制住,乃至彻底消灭,这也是毋庸讳言的事实,所以司马迁才敢实话实说,同时很准确地把刘邦最重要的历史贡献,归结为在灭秦以后,重建国家统一的大业。

但是,依眼见耳闻,也就是从表象观察社会变迁的大多数人,不会具备太史公这等锐利的史识,所以,在秦王子婴向刘邦献玺投降的那一时刻,"沛公"才是天下共仰的大英雄,这种共识,随后又成为他"平定海内,卒践帝祚"的舆论先导。从这种历史造化机缘的角度看,可以说刘邦的一生业绩,自始至终都颇有喜剧性。项羽则恰恰相反,到今天还被当作是悲剧性的英雄,或许还是阮籍说对了,其实两个人都是"竖子",惟风云际会,竖子亦能成名!

有必要指出,刘邦从砀郡誓师西征到进入咸阳,不过一年时间,其进展之速,除上述原因外,一是得益于大秦帝国驰道的运用:驰道系统本是秦始皇为自己巡游全国而修筑的,严禁别人使用,没想到后来变成了义军推翻秦朝的捷径;二是得益于大秦帝国的建国方略:秦始皇统一天下后,认为天下从此太平,今后以经济建设为重点,战国时期的关隘要塞等全部拆毁,各地储藏的兵器大量销毁,以致刘邦进军途中,敢于顽抗的秦吏大多无险可守。像唐末黄巢为转进浙东,因避唐军凭险阻击而"刊山开道七百里"这种事,刘邦、项羽都用不着干;三是得益于秦朝的用人政策,后人云"秦用刀笔小吏,二世而亡",这一点,前面已经讲过。总之,在西汉以后两千年中,像刘邦这种出兵时不过数万人马,攻进咸阳也只有十万之众,而能作如此快速战略推进的农民起义,确实少见。

最后,反秦势力彼伏此起,最终汇聚为滔滔洪流,恰与秦朝穷于应付、兵匮将乏形成鲜明的对照,以至掌管特税的官员章邯,以及由其临时拼凑起来的军队,居然成为东征西讨的平叛主力。这就引带出一个更重要的问题:秦始皇赖以兼并六国的强大的军队,都到哪儿去了?诸位设想,仅王翦率领攻打楚国的秦军,便有六十万之多,楚国以名将项燕之威,百万兵卒之众,尚不能敌,假如项梁叔侄和刘邦所遭逢的是这样的对手,有可能成功吗? 而事实是,此时距离秦始皇去世不过数年,这些军队不会随着他都变成皇陵坑道里的兵马俑吧?

总之,秦朝的覆灭,并非像后世的历代政权,多是在积重难返的下坡路上"寿终正寝",而是在正处志得意满之上升阶段时,因多种政策策略的失误,突然间被人掐死的。但是,历史上昏君奸臣当国,政策策略失误的现象有的是,只要"气数未尽",都不会突然断气,端赖相对强大的暴力竭力维持,从而为调整政策缓解矛盾提供转机与条件。因知秦的二世而亡,正规军的临时缺席实在是一个十分重要的原因。

其实,这些军队并未消失,只不过没有介入秦朝在内地对反秦武装的镇压而已,此乃刘邦当上灭秦功臣的又一个关键性原因,但往后又成为他重续秦始皇统一大业的一个隐患。这个话题,我们留在后面细说。

三二　约法三章

公元前207年11月,刘邦率领十万大军开抵咸阳东郊霸上(今陕西西安东),子婴坐着白马素车,把皇帝的印、玺等物都挂在脖子上,来到咸阳城外东北轵道亭前,迎候刘邦,表示投降。史家把子婴投降、刘邦进入咸阳这一天,作为秦朝纪年结束的标志,这以后,各诸侯王都有自己的纪年,最后是刘邦的汉国赢得了统一天下的"正朔",所以我们从现在起,依《资治通鉴》的体例,使用汉纪。

子婴献玺投降后,刘邦手下的将领建议将他处死,《楚汉春秋》说樊哙就是提此建议的人。刘邦说:"当初怀王派我进军关中,就因为我能宽容待人。况且人家已经投降了,再杀就不吉利了。"吩咐先监管起来,随后便领着部队进入了咸阳。

刘邦指挥部队同秦军在蓝田进行最后一战时,曾经重申过不得掳掠的军纪,为此受到咸阳郊外农民的称赞。但是几万来自穷乡僻壤,又历经鞍马辛劳的庄稼汉,一旦进入宫室辉煌、金珠充盈的咸阳,无法抑制对财富的向往,"争走金帛财物之府分之"的抢劫事件到处发生,而且多是将领们带头。素有好色贪财名声的刘邦,自进入秦宫,但见雕梁玉砌,帷帐华美,宫女绝色,风情万种,顿时目眩神夺,意乱情迷,一头栽进温柔乡里,竟不想动了,外面的一片混乱,全不知晓。

　　萧何也卷入了"抢劫",带着手下的属员冲进丞相、御史、太尉等"三公"官署,把所有的图籍簿册律令文档全部接收过来。这一独特的表现,后来倍受史家赞颂,明人李贽甚至认为此乃天生宰相材料的标志。平心而论,其实这正是文法吏的本能体现,他在刘邦集团内的分工,是掌理民政财赋,根据怀王之约,已经做好了全盘接收秦国故地人民的准备,日后无论办什么事,发什么文,都要参考存档旧典,既定规章,法令制度,样样不可忽视,现有多少户口,可以收多少税赋,正是他最关心的事务。动态中保持常态眼光,这就是萧何与那班"任侠"的区别所在。仓促间无暇细细分辨,惟恐在混抢中被毁,所以且不管什么内容,只要是图簿册书,先一车一车都运向霸上的军营里,保存起来。事后在清点中发现,其中有一批来自太尉府的军事地理档案,凡天下山川形势、关隘险要、强弱之处等,都能按图检索,记载详实,在日后的楚汉战争中派了大用场。

　　保持头脑清醒的不止萧何一个,但刘邦正在偎翠倚红、莺莺燕燕的兴头上,像陆贾这些人是不敢去自讨没趣的。而已经被刘邦当作上宾的张良,也把樊哙推在前头,一起去"闯宫"进谏。樊哙还是伙党加连襟的说话口吻,只不过称谓改了,开口便道:"沛公是想拥有天下呢,还是做个富家翁就满足了?似这种繁华奢侈的享受,正是秦之所以灭亡的原因,对沛公有何用!希望您马上还军霸上,不要再留在宫里!"清初王夫之作《读通鉴论》,曾特地把这一节提出来大发议论,道是"英达之君而见[识]不及[樊]哙者多矣",因知这位"屠贩少年",不愧为动员刘邦叛离秦朝的元老。从其"拥有天下"的劝告,又可知他为刘邦的打算,远不止怀王之约的限定,而是与"东南有天子气"相呼应的。

　　刘邦经此猛喝,有所觉悟,但贪图享乐的本能,又使他难以割舍眼前的温柔风光。犹豫之际,张良发言了:"秦为无道,所以沛公能进占咸阳,入居秦宫。但您是为天下诛除暴虐而来,现在应该首先换上丧服,抚慰受秦迫害的民众。如果刚进咸阳,就像二世那样安于逸乐,这就是所谓'助桀所虐',发扬秦的罪恶了。忠言逆耳利于行,猛药苦口利于病,希望沛公听取樊哙的劝谏!"

刘邦毕竟是具备领袖素质的,听了张良的发言,立即起身出宫,下令封闭府库宫室,不准任何人擅自进入。旋率部队撤出咸阳,返回霸上,城内只留少数部队维持治安,由周昌负责。咸阳的秩序,很快归于平静。按他的主观想法,依怀王之约,这些库藏珠宝,宫室美女,迟早都是属于自己的,不必争此朝夕,还是张良说得对,眼下最要抓紧办的,是塑造为民伐罪的光辉形象,取得秦民的拥护。

具体操作的办法,"豪桀"出身而又有仕吏经历的刘邦,显然比张良更熟于此道。汉高帝元年十月初(公元前207年11月),咸阳所属各县的父老和豪桀,都来到霸上,参加刘邦召开的会议。前面曾介绍过,父老是里坊一级的社区领袖,豪桀则是脱离于这种体制外的大亨。刘邦能够把开会通知层层下达到如此基层,正见得萧何接收的那些簿籍,马上发挥了利用体制进行运作的作用,而体制外的豪桀也被召来,说明刘邦对这些"任侠"势力在民间的影响,有清醒的认识。因此,这个霸上集会,真可以说是咸阳城乡形形色色人物的代表大会。

刘邦在会上发表了演说。他曾多次来关中出差,或许会说一点半生不熟的关中方言,当然也可能请一个人,为他的沛县话作同声传译。这篇讲话,后来被整理成题为《约法三章》的文告,大意是:

父老们,你们苦于秦朝苛刻的法律已经很久了!批评朝政就要灭族,聚在一起谈论经书就要当众处决。我与诸侯有约定,先入关中者为王,所以关中就要归我治理了。今天与父老订约,只保留三章法令原则:杀人者偿命,处以死刑;致伤他人者,处肉刑;偷盗者则受与罪行相应的处罚。其余苛刻繁琐的秦法,一概废除。政府吏员像过去一样做好本职工作,人民像过去一样作业安居。我到这里来,是为父老除害,不是来使用暴力侵害大家,大家不要害怕! 我所以把军队撤还到霸上驻扎,就是为了等待诸侯们到来,和他们共同商定进一步的安排。

根据这篇演讲,咸阳地区的各级基层政权马上恢复了正常运转。刘邦又派出大批人员,由旧政权的秦吏陪同,周行各县,深入乡邑,宣传这篇《约法三章》文告,务使家喻户晓。秦人大喜,争相抬出牛羊酒食,慰劳刘邦的军队。刘邦一概辞谢,说:"仓库里存粮很多,军食不缺,不要再让人民破费了。"大家更加高兴,惟恐刘邦不做新的秦王。

上述文告中最后一句的原文是:"待诸侯至而定约束耳",这里的白话译文,还未必能准确地传达出它的深层含义,就是刘邦打算等项羽和诸侯联军抵达后,由大家代表楚怀王和其他五国君主,根据怀王之约,再商订一个共立刘邦为秦王的公约,他就可以顺理成章地即位了。从《史记》《汉书》各传的记载可以看出,在霸上驻军期间,他又陆续封了一些爵号,其核心圈子已具雏形,如卢绾封长安君,刘交封文信君,樊哙封贤成君,曹参封建成君,灌婴封昌文君,郦食其封广野君,郦商封信成君,靳歙封临平君,等等。执事班子也有了,萧何"监督庶事",是秘书长;刘交和卢绾"传言语诸内事隐谋",兼负机要主任和参谋长的职责;夏侯婴是"太仆",以刘邦侍从长身份而兼掌战车部队的指挥权;樊哙是"参乘",实际上就是"御林军"的司令。

不过,防人之心不可无。有位解生——很可能是旧秦的某一个博士之类,告诉刘邦说:"秦国故土,比关东富庶十倍,地形也强得多。现在我听说章邯投降项羽，项羽给他雍王封号，要把关中给他治理。如今章邯将随项羽来到，沛公恐怕得不到关中地区了。应该赶快派兵守住函谷关，不让诸侯的军队进来。同时征发关中子弟，增强我军的实力，可以抵御关外来军。"刘邦听他这么一分析，觉得很有道理，立即照此安排。

听说项羽在篡改怀王之约，因而要保持警惕，并在战略上有所部署，还要调动军队，征发兵役，这些都是非同寻常的动作，落实起来要有不少文官武将分工执行。但张良却没有参预，事后可能知道，但也佯装不知——这些情节，既说明刘邦善于听取各种人的意见，也说明他的决策班底，大抵还是以刘交和卢绾为核心层，范围不会超过上述那些人物，满腹韬略的张良虽然很得刘邦赏识，但他有韩国司徒身份，对于刘邦集团而言，仍是韩王派来的宾客；相对于他的沛丰班底，更是"外人"。

但是刘邦不曾料到，这些瞒住张良的策划与部署，险乎给自己惹出覆巢大祸，而帮他化险为夷的，正是张良。

三三　霸上惊变

　　研究秦楚汉际历史的学者,一般多认为"鸿门宴"是那一段历史的一个转折点。《史记》中,描述这个故事的笔墨,互见于刘邦、项羽、张良和樊哙四篇传记中,详略不一,特别是细节上留下不少空白,从而使仅从字面上理解的读者,产生出种种疑问。对此,吴汝煜先生在《论〈史记〉散文的艺术美》一文中提出了一个极有价值的见解:鸿门宴是司马迁运用虚实相生手法最为成功的典范,因紧紧扣住基本线索和主要人物的刻画,而未将许多枝节及次要人物形诸笔端,其中最关键的一条,就是对觥筹交错的盛大宴会场面作了淡化处理,而始终将聚光灯打在刘邦、项羽和范增数席上。我以为这的确是个一揽子破解各种疑问的高见,接下来的细说,也将从这个底色上展开。

　　鸿门宴的序幕,从刘邦背着张良而作出"距关,毋内诸侯"的决策揭开。这项决策落实不久,项羽统率的诸侯联军来到了函谷关前,时为秦二世三年十一月中旬(公元前207年岁末)。

　　这是一支由四十万人马合成的庞大的军团,除项羽从彭城誓师后带出来的楚国北伐军本部之外,尚有魏、赵、齐、燕各国军队,以及奉楚国为"正朔"的若干独立兵团,其中位居"诸侯"的有魏王豹和番君吴芮,位居将相的有赵相张耳、燕将臧荼、齐将田都,还有与齐王田市分庭抗礼的"影子齐王"田安,他如瑕丘申阳、司马卬等,过去都在赵王歇的旗号下,现在都成了追随项羽的独立大队。

大家都希望赢得先定关中的历史荣誉,却没料到在关前遭到"盟军"的阻拦。得知刘邦已破咸阳,还阻拦自己的部队进关,项羽大怒,马上令英布武力夺关,随后带大军驻扎在距霸上四十里的鸿门(今陕西临潼东项王营)。刘邦派守函谷关的军队,属于左司马曹无伤属下。此人过去同王陵、雍齿一样,并不怎么服帖刘邦。自跟随沛公出征反秦以来,眼看许多"后辈"升职进爵,自己的愿望却未能得到充分满足,内心极度不满。为此,当其在第一时间得到项羽率领"号称百万"的诸侯联军破关而入后,没有向刘邦报告,而是据此判断项、刘势将破脸,审时度势,决定将此作为另攀高枝以求封赏的绝好机遇。于是马上派出密使去鸿门求见项羽,告诉他:"沛公打算在关中称王,要用子婴为相,珍珠宝贝全占为己有。"同时向项羽表述了自己的输诚之意。

曹无伤的"密报"内容可分三条,第一条即"沛公欲王关中",乃怀王之约的内容,刘邦本人已在关中大肆宣传,无密可言;第三条即"珍宝尽有之",马上也为范增所搜集的信息,就是刘邦进咸阳后"财物无所取"所证明不实;因此,最关键的是第二条,即"令子婴为相"。这一条可能事出有因。子婴这个人,关中秦人对他印象不错。刘邦欲称王关中,《约法三章》先以安抚人心为重点,让子婴参与新政权,哪怕只是做一块招牌,未尝不是高明的"统战"策略。作为一种考虑,在小范围内议论过,完全有可能。但是对自小接受国仇家恨教育的项羽而言,刺激之深,不难想象。结合刘邦派兵守关阻挡诸侯入关的行为,项羽认为此人已经背叛反秦事业。当即火冒三丈,下令:"明天一早让士兵吃饱,给我去消灭沛公的军队。"

项羽是激于一时意气,他的老谋士范增倒是早就有了这个打算。以他的眼力,看准了诸侯中只有刘邦能发展成项羽的劲敌,若依怀王之约让他称王秦国,后患无穷!只是项羽过于自信,很难听得进别人的意见,平白无故地要他对"约为兄弟"的刘邦下手,肯定不会接受。现在有曹无伤送上门来的借口,项羽自己又决策在先,范增趁机进言:"沛公居山东时,贪财好色。这次进入关中,不取财物,不近女色,足见此人志向不小。我派人望过他头上的云气,皆成龙虎形状,结为五采,这是天子之气呀!应该立即出兵,不要失去机会。"

仔细想想,这老头虽有深算,却远不及张良"巨猾",一激动便口不择言:一是漏出了刘邦进咸阳后"财物无所取"的动向,正好暴露出曹无伤的密报有假;二是把所谓"天子气"拉出来做凭据,这种谣传,在"楚国"早已流传,连怀王也没当一回事,要自信"力拔山兮气盖世"的项羽把亭长出身的刘邦当"天子"警惕,岂有可能?

但是眼下项羽正在火头上,范增的进言恰能起到火上浇油的作用。鸿门距霸上仅四十里路,出于保密,明天一早突袭刘邦的决定,仅在楚军上层内作了通报。就同当初制造新安惨案一样,这样才能确保出其不意的效果。项羽是军事家,这种伎俩是有的。

楚国左尹项伯,前面曾介绍过,是项羽的叔父,又是张良的侠任之交。这种人的处世原则,是侠义第一,想到又一个新安血案即将发生,对自己有救命之恩的张良也难逃无妄之灾,忙快马加鞭赶到霸上找到张良,全盘托出项羽的计划,要张良随自己逃生。张良很冷静,对他说:"我是奉韩王命令随沛公出征的,现在沛公有危险,我先逃走,这是不义,不能不告诉他。"这个"义"字很灵,马上把项伯罩住了,便坐在张良的营帐里,等他向刘邦告别后一起走。

　　因为没得到曹无伤的报告,刘邦对函谷关发生的事一无所知,等张良来见,把项伯所告一五一十讲给他听,吓得他大惊失色,忙问张良:"这可怎么办?"这时刘邦部下,都已经称他为"王"了,所以张良说:"谁为大王做这些策划的?"这是不先答复刘邦,反作诘问,流露出对刘邦的不满——如此关系全局的大事,居然把我瞒了!刘邦面红耳赤地说:"鲰生教我说:'派兵守关,别放诸侯的军队进来,这样就可以尽占秦地为王。'我就听从了。"

　　明明是解生献计,何以又成了鲰生?原来"鲰生"是古代南方的方言,意为浅薄愚陋之人。刘邦口不择言,以此替代解生,非常形象地表明了此人善于透过他人的急智。张良继续问道:"大王估计自己的士卒能挡住项王的进攻吗?"刘邦沉默不语,叹口气说:"肯定抵挡不住。"又苦起脸讨教:"您快教我该怎么办吧!"

　　看到刘邦已经认错,张良不再给他难堪,马上传授早已想定的主意:"请当面求项伯帮忙,向他解释沛公决不敢背叛项王。"这一句,又将刘邦的称谓从"大王"降格到"沛公",指点他赶快收起"秦王"的派头,先从服软做小开始。

　　沛公不愧"天授",就这么一点,马上醒悟。先问清项伯何以会徇私来告张良的缘故,又问明项伯的年龄大于张良,马上说:"您替我请他来,我拜他为大哥!"

　　各位记得,当初刘邦往薛县投靠项梁,张良是跟着一起去的。然而他在项氏家族里有这么一条性命交关的人脉在,刘邦居然毫无所知,直到今晚才恍然大悟,足见张良此人深藏不露,神鬼莫测。当然刘邦亦不逊色,大祸将临,不知所措,一经高人指点,不仅立即恢复镇定,而且马上进入角色。这种如鱼得水的融洽配合,在项羽和范增之间是看不到的。

　　据《留侯世家》记载,项伯最初是拒绝同刘邦会面的,可见其最初的态度与项羽、范增并无二致。禁不住"张良固要〔邀〕",这才应允见面。刘邦恭敬地以弟事兄长礼节拜见,又亲自敬酒祝寿,很快消解了对方的敌意。既然结为兄弟,少不了寒暄一番,互通家庭情况,得知各有儿女,刘邦又马上建议"约为婚姻",于是又多了一层亲家的裙带关系。当时刘邦有女儿鲁元及儿子刘肥、刘盈,目前无档可查婚姻关系的只有刘肥,或许就是为肥儿聘定了项伯的女儿?

感情铺垫稳当,刘邦开始向"大哥"兼"亲家"鸣冤叫屈,"籍吏民"、"封府库"这些本来是为称王关中而做的准备工作,现在都成了为项羽打前站,叫"秋毫不敢有所近","而待将军"前来处理;严防诸侯进关的"遣将守关",现在解释为本意是防备强盗出入与其他意外发生,守关士卒不让项羽进来,完全是一场误会。至于子婴为相之类,口说无凭,当然赖个一干二净。之所以留着他不杀,也是不敢擅自作主,要等将军前来处分。惟予不信,还要赌咒发誓,剖明心迹:"我日夜盼望着将军到来,怎么敢背叛将军?请大哥回去后,一定替我向将军洗清冤屈,我是决不会忘怀武信君(项梁)恩德的!"眼看沛公神情恳切,言之凿凿,项伯认定项羽确实是冤枉了好人,马上表示一切都包在大哥身上,又叮嘱他:"你明天一早就来鸿门,亲自向项王赔罪解释。"刘邦一口许诺。

项伯连夜赶回军中来见项羽,把适才去霸上的经过一五一十,详细转告。项羽与刘邦原本无怨无仇,而且曹无伤所谓"珍宝尽有之",已被范增的"财物无所取"戳穿,说明此人所言未必可以相信。不过刘邦派人守住函谷关不让他的军队通过,总是赖不掉的事实,所以他认为刘邦的辩解也未必可以相信。对此,项伯看似站在完全客观的立场上开导侄子:"假使沛公不先占领关中,你又怎么能就此入关呢?现在人家立了大功,你倒要去袭击消灭他,岂非不义?"

项羽这个人禀性残暴,但遇事又有犹豫多疑的一面,并且很看重名声。项伯的开导,不仅听起来有合理性,而且"不义"的指责,正击中他的担心。过去田荣回齐国搞政变,齐王田假奔投项梁,项梁要田荣履行约定,发兵配合他北上伐秦,田荣要求项梁先杀了田假。项梁说:"田假本是我盟国君王,被你搞下台来了,只好来投靠我。我杀了他,岂非不义?"项梁宁肯不要田荣发兵,也不甘担当不义之名,现在项羽面临的问题性质和急缓程度,远远不能同此相比,项羽不免大为踌躇,反过来问项伯该怎么办?项伯说:"他已说了,明天一早就来向你谢罪解释,你不妨善意相待,正好让这些随同进关的诸侯看到你的大度!"

项羽觉得这办法挺好,便传令停止明天的军事行动,改为举办诸侯和各军将领共庆占领咸阳推翻暴秦的庆功宴会。范增得知变卦,马上表示反对,少不了要同项伯辩论一通。现在曹无伤所控告的沛公的种种罪名,都被项伯转达的刘邦的辩解抵销了。但是范增能打出一张王牌:就是这个刘邦,日后必定成为你项羽称霸天下的劲敌,所以不管他有无该杀之罪,趁他自己送上门来,先杀掉总是不错的。

恢复先秦时代诸侯并立的局面,这是反秦战争开始后大家对战后中国体制勾画的共识,所以这时的项羽并未做秦始皇第二的打算。但春秋时代就有"挟天子以令诸侯"的霸主,战国时代又有合纵诸侯的盟主,这个遥居诸侯之上而君临天下的地位,项羽在巨鹿大战以后,就已经看好了,现在听范增这么一讲,倒也击中了他的心思。

一边是本家叔父,一边是尊为"亚父"的老臣,项伯与范增各执一词,项羽夹处其间,举棋难定,最后决定明天宴会上见机行事,即使要杀,也要给在座诸侯一个堂堂正正的理由,刘邦死亦瞑目,项羽也不担待"不义"的坏名声。为此,范增对庆功宴会布置了外松内紧的严密的警戒措施,并与项羽约定,届时由自己举起所佩玉玦为动手信号,"玦",就是下决心的意思。项羽根据这个信号,下令当场捉拿刘邦。

当鸿门这一边彻夜策划布置时,霸上那一边也在出演同样的场景,项伯因为要营救张良而泄露军机,可以说已经把刘邦集团从万劫不复的绝境中挽救了出来:一旦丧失了突然袭击的战术优势,项羽要想再制造一次新安惨案是绝无可能的。接下来该怎么办,从刘邦及其集团的利益出发,至少存在三种选择:

其一,先发制人,以十万之众的军事实力,有怀王之约的法律依据,又有关中父老、豪桀惟恐沛公不当秦王的民众支持,去与虽然拥有四十万兵力优势,但诸侯并非都站在项羽一边的楚军决一死战,鹿死谁手,未必可知。不过这种做法,不仅已犯军事冒险的大忌,而且在大家都不明白真相的情况下,势必要担待挑起内战的责任,丧失了政治上的主动性。

其二,后发制人,全军严阵以待,刘邦也不去鸿门犯险,看项羽接下来的动作相机行事。这样做,军事上已摆脱了被动挨打的劣势,但政治上暧昧不清,诸侯会以为你沛公心里确实有鬼,仍给项羽动员大家一起行动提供了借口。

其三,履行与项伯的约定,深入虎穴,在诸侯与公众舆论面前,塑造沛公坦荡无私、恪守公约、热爱和平、不打内战的高大形象,在政治上争取主动。相反,项羽在已经丧失攻我无备之先机的情况下,以他沽名钓誉的禀赋,又面对霸上十万之众的后盾,恐怕也只有先与之周旋这一对策。

现在以"事后诸葛亮"的眼光看,这三种选择,正好是下、中、上三策。险乎掉了脑袋还不知缘何枉死的刘邦,在认真听取了张良对各种选择后的趋势及可能出现之结果的详细分析后,最终接受了张良一开始就提出的上策。但是为防项羽甘冒天下之大不韪,张良也为刘邦作了周密的布置,策划好了一旦出现万一便要拼死逃命的后路。应该特别指出的是:在明知项羽欲图加害自己的情况下,刘邦最终听从张良劝告,敢于冒险前往鸿门,力争化被动为主动,正是其人大智大勇之政治家天赋的充分体现!

三四 鸿门宴

第二天一早，刘邦由张良陪同，带着一百多个骑从前往鸿门。这是一支千里挑一选拔出来的精锐部队，由樊哙、夏侯婴、纪信、靳强四人统领，以防不测。蓄意要置刘邦于死地的范增，也早有布置：凡携带兵器者，一律被挡驾在举办宴会的中军营帐门外。

诸侯们已经在座，看见沛公到来，纷纷行礼，惟有项羽宿怨未除，还虎着面孔。刘邦堆起一副委屈相，娓娓诉说："卑职与将军齐心协力攻伐暴秦，将军战河南，卑职战河北，根本想不到居然能够先入关破秦，更想不到还能活着在这儿迎接将军的到来。现在又想不到竟有小人居间挑拨，使将军对卑职产生嫌隙……"

诸侯对刘邦原无恶感，更不知项羽、范增有除去刘邦的阴谋，现在目睹刘邦卑躬屈膝地为函谷关前的"误会"前来谢罪，反过来都替他向项羽求情。项羽有了这么大的面子，态度马上软化，更不愿让刘邦的落落大方映衬出自己的小肚鸡肠，忙抢着说："这都是沛公的左司马曹无伤派人来讲的，否则，我怎么会发这么大的脾气？"

项羽实在是有勇无谋，显然急于要在诸侯、诸将面前辩解，表示并非自己嫉功，平白无故冤枉刘邦，以至不得不把曹无伤当众抛出来做替罪羊。这时，刘邦才明白他是被谁出卖了。

开门见山的第一个回合，能屈能伸的刘邦赢了。大家纷纷入座，宴会开始。依楚人尚东的礼仪，项羽坐在坐西向东的主位，项伯是他的叔父，项羽又重亲情，所以项伯的席位也是坐西向东。范增被项羽尊为"亚父"，其身份又是"参谋总长"，所以坐北朝南；为故意贬低刘邦，估计魏王、番君等"诸侯"，也被安排在这一边。刘邦与张耳等人是同一级别的客人，全在坐南朝北这一边入席。再次一级别的客人，安排在距离门口最近的坐东向西一边，张良就是在这一边"西向侍"的。其实他虽然是随刘邦而来，但本人有韩国司徒的身份，照理会请他与刘邦同坐一边，因此可以推测他是故作谦虚，主动要求在此陪席，目的是占有这个有利地位，可及时与被拦在门外的樊哙等人取得联络。

果然，宴会开席不久，范增就几次向项羽传递眼色，暗示他发出动手的命令，见他没有反应，急得三次发出"举玦"信号。岂知项羽"默然不应"。不是他没有看见，而是他发现，以眼前这种宾主同欢、觥筹交错的气氛，照原先的计划行动太不合时宜了。

陷入被动的项羽正犹豫不决，范增也意识到了这一点，灵机一动，又想出一个办法，忙起身离席，把项庄召到跟前。此人是项羽的堂弟，也是一员猛将，按照范增预先布置，带着一批将士在帐外待命，只等项羽发出信号，就一起冲进去解决刘邦，这会儿范增悄声对他说："君王为人不忍。这样：现在你进去，假称敬酒。敬毕，请以舞剑助兴，趁机把沛公刺死在座席上。不然，日后你们这些人都会成为他的俘虏。"项庄遵命，提剑进入营帐，先向项羽敬酒祝贺，然后道："君王与沛公饮酒，军中没有娱乐，请允许末将舞剑助兴。"项羽是意兴甚豪的人，随口便说"行"。

项庄舞剑，意在沛公，别人没理会，各怀鬼胎的几个人都看出了杀机。项羽未加制止，看来他觉得"亚父"此计大妙，既可除掉刘邦，又可让项庄承担鲁莽误杀的责任，比较起由自己发出命令的杀戮,实在要高明得多。项伯见项羽不加制止,知道他又改变了主意,情急中离座出席说:"独舞不如对舞。"边说边已拔剑出鞘,和项庄对起阵来。项庄想找机会刺死刘邦,项伯却时时以身体遮蔽刘邦,使他无法下手——这个情景,又是鸿门宴规模盛大的一个侧面写照,倘若仅仅是主宾数人,宴席之间是放不开舞剑场地的。

项伯毕竟年纪大了,周旋之际,渐有力不从心之态,张良忙离开营帐,走到军门口来找樊哙。樊哙正在着急,一见张良过来,忙问:"现在情况怎么样了?"张良说:"非常急迫!现在项庄正拔剑起舞,其意是想借机刺杀沛公。"樊哙说:"太危险了!让我冲进去,准备和他们同归于尽!"说罢,一手执盾,一手持剑,冲入军门。

范增为防备意外,早有周密布置,从军门直到营帐外,都安排了手执长戟的武士,看见樊哙冲过来,武士们急忙上前阻挡,樊哙一面用铁盾挡住长戟,一面用身体猛力冲撞,武士们纷纷仆倒在地,眼睁睁看着他冲了进去。

项羽和众人正在饮酒观舞,忽闻营帐外传来阵阵铁器撞击的声音,紧接着,只见一个相貌威猛的大汉闯了进来,营帐的门帘还披在肩上,一手执剑,一手持盾,面对坐在主人席位上的项羽,头发根根向上竖起,作极端愤怒状,连眼眶也像是要裂开了。见此情景,项庄和项伯都停止了舞剑,项羽则立即将坐姿改为半跪,一面按剑在手,一面挺起腰来,大声喝问:"来者何人?"随樊哙跟进的张良忙介绍说:"这是沛公的侍从副官(参乘)樊哙。"

项羽对樊哙威风凛凛的"酷"相倒是很欣赏,开口赞道:"好一个壮士!赐他饮酒!"那些在席上端菜调羹的侍从,都是按原定计划安排进场的,此时见樊哙硬闯进来搅局,又恨又怨,听项羽下令赐酒,便故意捧出满满一斗酒递给樊哙,想刁难他。樊哙

先向项羽行礼谢过,然后直身,竟站着把一斗酒一口气喝光。项
羽见他有豪气,忙说:"赐他吃肉!"侍从又故意拿来一大块生猪
腿,屠户出身的樊哙全不在乎,将盾牌覆在地上,生猪腿放在盾
牌上,拔剑在手,如操屠刀,技艺熟练地边切猪肉边往嘴里送,连
嚼带吞,一会儿便把一大块生猪腿吃得干干净净。目睹如此吃
相,满座宾客无不骇然。

　　项羽内心赞叹,问:"壮士还能饮酒吗?"樊哙大声道:"卑职
死都不怕,还怕饮酒!暴秦有虎狼之心,杀人多得无法计数,加
刑于人惟恐不重,所以天下人都起来造反。怀王与诸将相约:
'谁能先入咸阳破秦,封谁称王。'如今沛公先入咸阳,府库财物
秋毫不敢有犯,封闭宫室,还军霸上,一切等待大王前来处分。
之所以遣将守关,为的是防备强盗出入及其他意外发生。劳苦
而功高如此,大王不仅没有封侯之赏,反而听信小人挑拨,要杀
有功之人。这不是在发扬亡秦的罪恶吗?卑职替大王考虑,实
在是不可取啊!"

　　各位只要把樊哙的演说与刘邦对项伯、项羽的解释比照一
下,不难发现措词一模一样;而张良与樊哙在军门前急迫短促的
对话,更显出彼此灵犀相通。显然,这是张良在昨晚精心策划好
的又一套应变方案:由樊哙出面,当着满座诸侯和诸侯代表的
面,将项羽"误信"小人挑唆,欲置刘邦于死地的阴谋抖落出来。
阴谋一旦公开,其危害性也就随之丧失,原先处在被动状态的刘
邦,经此一着,又恢复了主动。

　　项羽和范增做梦也不会料到对方有此绝招,而且张良安排
樊哙这个粗中有细之人出演这个角色,真是人尽其才,换上其他
人,不可能把一席演说讲得如此得体,既揭穿了阴谋,又把责任
归到"小人"头上,给足项羽面子的同时,再次凸显刘邦并无擅自
称王的野心,一句"未有封侯之赏",尤可玩味。可以说,原先还

徘徊在杀与不杀之间的项羽，听他这么一席慷慨陈词，基本上已打消了除掉"大哥"的念头，当时想不出什么答词，只得挥手道："坐。"樊哙趁势在张良一边坐下。意在沛公的项庄舞剑，到此已无必要，也只得悻悻告停。

一场灾祸逃过，心有余悸的刘邦惟恐一脸怒气的范增执意蛮干，在诸侯告辞宴席散后，又生变化，便接过张良暗示，开始行使预先商定的又一套方案——三十六计最后一计。再坐饮一会儿，托辞上厕所，走了出来，随口招呼樊哙贴身保护。由于宴会时间长，进进出出上厕所的人多，所以并未引起项羽特别注意。倒是密布在营帐周围的卫士，在没有接到"亚父"更改计划的通知前，丝毫不敢放松警惕，看见刘邦出来，便不远不近地盯上，见他们进了厕所，又把厕所暗暗地围了起来。过一会儿，张良也走了进去，劝刘邦速回霸上。刘邦迟疑道："我未曾向项羽告辞，就这么走了，问起来怎么回答呢？"樊哙发急道："干大事就不计较细枝末节，行大礼就不讲究繁琐谦让。现在人家是刀和砧板，我们是等着被宰的鱼肉，还讲什么告辞？"听他这么一说，刘邦决意立即开溜，留下张良代替自己向项羽辞谢。张良问他随身带了什么礼品？刘邦说："有白璧一双，准备献给项王；玉斗一双，献给亚父。正逢他们发怒，不敢献。请您代我献给他们吧。"张良连声说："行、行。"鸿门离霸上四十里路，刘邦告诉张良，他的车骑和卫队都留在军门外，自己只带樊哙、夏侯婴、靳强、纪信四个人，从骊山下抄道芷阳走小路，四个人的马也都留在军门外，走小路不过二十里，你估计我已回到军中时，再进去代我辞行。

这一段对话，后来曾引起疑惑：有人提出，二十里路，即使快步疾行，也得一个时辰（相当于现代两小时），项羽在宴会中空等客人两个钟点，实在很难想像，因而怀疑《史记》的记载有误。实际上，这正好为鸿门宴场面的宏大再提供了一个旁证——因为客人众多，所以不存在项羽空等的问题。

刘邦从项羽、范增布下的包围中脱险，这是鸿门宴事件中最精彩的片断之一。刘邦究竟是怎样摆脱楚军监视的，百人卫队及刘邦的车子，乃至樊哙等人的坐骑为什么要留在军门之外，等等，这都要归功于张良事先的周密安排。

原来自春秋以至秦汉时代的厕所结构，照例都是用一块块跳板，将杆栏似的一幢建筑隔开为上下两层，用厕的人蹲在上层的跳板上方便，整个下层就是一个大粪坑。为方便清除粪便的役夫出入，厕所的下层，也开有门栅，它通常都开在宅院的外边，面对偏僻隐蔽的河道荒地等环境，也是方便冲洗的需要。鸿门军营内的厕所，供人进出的上层之门开在营内，另有下层之门开在营外，而且非常隐蔽。根据张良他们事先设计的方案，夏侯婴、靳强和纪信三个人，已经从下层门栅中进来接应。当时被挡驾在军门外的刘邦卫队，有一百多人，虽然受到楚军严密监视，但少了三人却不会引起注意，而刘邦正是在这几个人帮助下，从厕所上层来到下层，再和樊哙一起从下层门栅中溜出营外的。盯住刘邦的楚军，只见他进了厕所，又哪会想到堂堂沛公会从这里逃遁呢？

刘邦"如厕"时间过长，也曾引起项羽注意，并吩咐侍从陈平去关心一下，陈平来到厕所前，向楚军卫士询问，得到的回答是沛公进了厕所，尚未出来，但张良正在门外等候。与此同时，仍不死心的范增，也在随时听取项庄等人的汇报，得知沛公的车驾和骑从，都还在军门外呆着，所以也未起疑心。营帐内还有这么多宾客饮酒，热闹的气氛对个把人的缺席，更是最好的掩护。就在这段时间里，樊哙等四人健步如飞，保护着刘邦走小道回到了霸上。

"沛公至军，立诛杀曹无伤。"想出卖刘邦的曹无伤，可没想到项羽又脱口把他出卖了。

　　暗忖刘邦快到霸上了,张良从容不迫地进入营帐,向项羽和范增献上刘邦的礼物,说:"沛公因为不胜酒力,不能向大王面辞。谨使卑职奉白璧一双,再拜献大王足下;玉斗一双,再拜奉大将军(即范增)足下。"项羽忙问:"沛公在哪?"张良回答:"沛公醉酒失态,怕大王要责罚,所以脱身独去,现在已经回到霸上军中了。"

　　杀机环伺的鸿门宴,最终以刘邦安然返回军中的喜剧性情节谢幕。项羽同刘邦本无冤仇,函谷关遣将挡驾是头一回,但刘邦一再卑躬屈膝,解释谢罪,当着诸侯和将领的面,给足了自己的面子,实在没有理由再加害对方了。何况在他高傲自赏的心目里,素有无赖名声的刘邦,又哪有范增估计的那么了不起? 于是一笑了之,收下张良代献的一双白璧。相反,处心积虑要除掉刘邦的范增,不检讨自己的算计毕竟还输张良几筹,一味把责任全推在项羽的优柔寡断上,埋头大喝闷酒。事后,将一双玉斗扔在地上,气咻咻地拔剑砍破,长叹一声:"唉! 竖子不足与谋。夺项王天下者,必沛公也。我们这些人,将来都会做他的俘虏。"

　　提醒各位,这是第一次有文字记载的项羽被人骂为"竖子"。料想范增不敢当着项羽骂,也不至于在宾客面前骂,但听其"我们这些人"的语气,大概是散席之后,在英布、龙且、季布、桓楚这些"自家人"面前发的牢骚。但是项羽最相信的,还是项伯、项庄这些真正的自家人。

三五　戏亭分封

　　鸿门宴后数日,项羽率领诸侯联军开进咸阳,出于复仇狂热,进城后便大开杀戒,自秦王子婴以下,宗室王族,贵戚重臣,均遭屠戮。秦宫室府库里的珍宝货物和美人,全被他掳掠一空,然后放火焚烧秦宫,"火三月不灭"。听过刘邦《约法三章》传达的秦民,大失所望,从此恨透项羽,都说沛公是好人。

　　当时有位蔡生(一说韩生),大概是秦朝的博士,去求见项羽,建议他留居关中,极言关中形势险要,土地肥沃,用此作为都城,可以称霸天下。这个建议在战略上的指导思想,就是劝项羽抓住历史机遇,像秦始皇那样,再做一番统一天下的事业。以项羽当时的威望和实力言,应该说完全有可能。孰知项羽军事上堪称奇才,政治上却是个文盲,这会儿脑子里转的念头,一是想当一个天下无敌的霸主,二是快点儿回江东去向父老炫耀,何况咸阳已被自己糟蹋成焦土一片,有啥可留恋的? 于是便对蔡生说:"富贵不归故乡,如穿锦衣夜行,有谁知道?"蔡生没想到这个威震诸侯的项王,居然如此浅薄,退出后摇头叹气:"人言楚人沐猴而冠,果然如此。"这话传到项羽耳朵里,马上下令把蔡生抓回来,活活烹死。

　　一心想当霸主的项羽,最初还指望仍由怀王出头,联合诸侯一起上劝进表,便派人去彭城请示,说是秦朝已被消灭,接下来该怎么办？怀王回话说:照公约办。项羽气坏了,便把随他进关的文臣武将都召来开会,气呼呼道:"怀王算老几,全靠我们项家立他称王,没有丝毫战功,哪来主约资格？天下初发难时,为伐秦需要,只好暂立诸侯,但披坚执锐,平定天下,全靠大家和我项羽一起出力。怀王没有战功,应该把他的地盘分给有功的人称王!"

最后一句话的原文,出自《汉书·陈胜项籍列传》,叫:"怀王亡功,固当分其地王之。"这句话很重要,实际上是项羽欲取代怀王主盟天下,重绘战后政治地图的基本纲领,借此机会先提出来,试探反应。当初陈胜攻占陈县后,在构建反秦体制的问题上,就有过争论:父老、豪桀的意见是披坚执锐的陈胜"功宜为王",张耳等人的意见则是"诸侯亡而待立",就是重立六国诸侯为王。这可以看作是"战功论"和"血统论"的对立。怀王和诸侯订立的公约,基调也是"血统论",只不过留下秦王这个位置以酬战功,而项羽提出分配纲领,正是"战功论"的重新表述,甚至连用词也同当初父老豪桀们的语气一样,结果满座叫"好!"眼看大家都拥护自己重新主盟,项羽志得意满,马上在范增等人的协助下,另拟瓜分胜利果实的方案。

汉高帝元年正月(公元前206年2月),会师咸阳的各路诸侯和将领在戏亭开会,听取项羽对分配方案的宣布,史称"戏亭分封"。

主盟的项羽自封西楚霸王,以彭城为都。历史上对楚国故土的称谓,以江陵为南楚,吴为东楚,彭城为西楚,所以项羽实得的地盘,大抵是秦时三十六郡中泗水、东海、会稽、南阳、东、砀、薛、陈、郯等九个郡,也就是说,刘邦故乡所在的泗水郡,被划进了项羽的封地。

最使项羽觉得难办的,也是这个刘邦。照范增的意见,决不

能把形势险要、土地肥沃的关中分给刘邦。但项羽认为刘邦在
鸿门宴上已经服软,自己也当着诸侯的面,与之和解,再不让他
留在关中,会招来负约的恶名,项羽很看重名声,不肯这样干。
于是范增又想出一个变通的办法,把巴、蜀两郡分给刘邦,依据
是:巴、蜀在传统观念上,也是关中地区的一部分,封给刘邦,可
以对先入关中为王的旧约有个交代。但此地偏僻,交通险阻,风
俗习惯陈旧,秦朝曾以不断向该地区移民的办法来输入中原地
区的经济文化,可见其落后状态。分给刘邦,让他得关中之名,
受穷僻之实,正好。项羽觉得此计大妙,便照此议定。不过范增
仍不放心,又让项羽把关中一分为三,封给秦朝的三个降将,锁
住刘邦东进中原的道口。其办法是:

　　章邯封雍王,得内史郡西半,建都废丘(今陕西兴平东南)。

　　司马欣封塞王,得内史郡东半,建都栎阳(今陕西临潼东
北)。

　　董翳封翟王,得上郡,建都高奴(今陕西延安东)。

　　关中三王的封地,大体包括今陕西大部和甘肃东部地区,因
为这一带皆为战国时的秦国故地,现在又分封给三个秦的降将,
所以时人便以"三秦"作为统称,又一直沿袭下来。

　　解决了对刘邦的安置和封锁,项羽再操刀分割其他部分:

　　原属楚国的封地,项羽拿走西楚一块后,再一分为三:

　　英布封九江王,得九江、庐江二郡,建都六(今安徽六安北)。

　　吴芮封衡山王,得衡山郡,建都邾(今湖北黄冈西北)。

　　共敖封临江王,得南、长沙二郡,建都江陵(今属湖北)。

　　原属魏国的封地,分为两半:

　　原魏王豹封西魏王,得河东、上党二郡,建都平阳(今山西临
汾南)。

　　司马卬封殷王,得河内郡,建都朝歌(今河南淇县东北)。

原属赵国的封地,一分为二:

张耳封常山王,得邯郸、巨鹿、常山三郡,建都襄国(今河北邢台西南)。

原赵王歇封代王,得云中、雁门、代、太原四郡,建都代(今河北蔚县)。

原属韩国的封地,一分为二:

瑕丘申阳封河南王,得三川郡,建都洛阳(今属河南)。

故韩王成封韩王,得颍川郡,建都阳翟(今河南禹县)。

原属燕国的封地,也是分为两半:

臧荼封燕王,得广阳、上谷、渔阳三郡,建都蓟县(今北京西南)。

故燕王韩广封辽东王,得辽东、辽西、右北平三郡,建都无终(今属天津)。

原属齐国的封地,一分为三:

田都封齐王,得临淄、琅邪二郡,建都临淄(今属山东)。

原齐王田市封胶东王,得胶东郡,建都即墨(今山东平度东南)。

田安封济北王,得济北郡,建都博阳(今山东泰安东南)。

连项羽本人在内,怀王之约设想的七国分立之局,现在变成十九个王国。王国以下,又有侯国,如吴芮部下战将梅𫗧,和张耳闹翻后走掉的陈余等,通通封侯,具体名单失考。这种侯国,有别于王国内部的封侯,是与诸王并立的一级政权。

如前所述,这个分封方案,最鲜明的原则体现是优待"披坚执锐"的将领,如九江王英布、临江王共敖,原先都是楚怀王手下的将相;衡山王吴芮,原先是秦朝的叛臣;殷王司马卬、常山王张耳,原先都是赵王歇手下的将相;河南王瑕丘申阳更是赵相张耳的部属;齐王田都,原先是齐王田市的部下;燕王臧荼,原先是燕王韩广的战将;济北王田安,虽有旧贵族血统,但带兵追随项羽,又可算是项羽的直属。连同项羽和刘邦,这十一个封王,全部凭战功受封。章邯等三王,则以反戈一击受封,也属于此范围。

原先的六个"故王",除楚怀王另作安排外,其余五王一概程度不同地损失了原想通过怀王之约的获益,更多的连既得利益也遭剥夺。如原魏王豹被徙封为西魏王,原赵王歇被徙封为代王,原燕王韩广被徙封为辽东王,原齐王田市被徙封为胶东王,全部丢掉了原先的封号和王都。韩王成可能是原先由项梁扶立的缘故,暂时保持封号未动,但也被割去了一大片土地,让司马卬就封殷王。

有些人把陈胜拒绝扶立六国贵族赞为历史进步,把项羽的戏亭分封斥为复辟倒退,通过这番分析便可看出,这个观点在逻辑上是矛盾的:企图坐享农民反秦起义胜利果实的是"怀王之约",戏亭分封不仅是对它的否定,而且其理论依据,正是对当初陈胜自立为王的指导思想的继承,所以不能给项羽戴"复辟"的帽子。说到倒退,也要具体分析:对秦始皇创建中央高度集权的大统一事业的赞扬,是后人在历史发展进程中得出的认识,但在亲历"暴秦"统治的当时,具有这等远见卓识的人很少。毕竟"封建制"搞了两千多年,"集权制"只搞了十几年便垮掉了,于是多数人顺理成章地认为这是一个完全失败的,因而应该彻底否定的政治实验,正如清代史学家赵翼在谈到这个问题时所指出的:"盖人情习前世封建,故事不得遽易之也"(《廿二史劄记》)。这正是项羽刚抛出"固当分其地王之"的纲领,马上赢得一片称"善"声的缘故。

此乃当时"人情",连看似满腹韬略的范增也没超越这个水平,否则不会听任项羽把贡献长远建国方略的蔡生给烹了。至于政治上短见的项羽,既被胜利冲昏了头脑,又为面前的齐声拥戴所迷惑,仅以"自王"和"东归"为满足。你看他这个分封方案,自己只拿故楚土地中"西楚"这一块包括他故乡在内的地盘,并未执意站在旧楚国贵族的立场上,至少把整个楚国全部恢复到原样。称西楚王而加个"霸"字,其实是一种主观上的体制创新:有别于高度专制集权的秦帝国,但也不是六国复辟,退回到没有"共主"、相互攻伐的战国时代。就其愿望,是想凭"霸王"的盟主地位,让天下在这种新体制内恢复太平,所以也不能简单化地认为是"倒退"。至于这种体制本身就埋藏了相互攻伐、扰乱太平的破坏性因素,以项羽目光短浅的政治资质,当然是看不出来的。

还是同项羽的个人素质有关,这个戏亭分封的方案,在看似体现出按反秦战功分享胜利果实的原则的同时,也暴露出项羽这个人习惯以亲亲疏疏划线的狭隘局量。后来韩信说他做人小器,一是人家立功应予封爵时,爵印都做好,老攥在手里摆弄,舍不得给人家;二是封王时"以亲爱"划线,"诸侯不平"。前者大约指行封侯爵以下的功臣,因为戏亭分封史料只提供了陈余、梅鋗两个人的名单,其他情况不详,但可以想见在他那个西楚国范围里的封爵,肯定得罪了不少人,未能做到公正无私。

首先,一样是反秦立功,但归属项羽联军系列里的人,都明显得到优待。反之,如梅鋗,和英布一样,同为吴芮旧属,只因归入刘邦联军系列,虽然战功卓著,却不及臧荼、田安、司马卬这些人,只给侯爵。又如张良,是作为韩国将领加入征战关中部队的,只因归为刘邦联军系列,连侯爵也没得到。还有陈余,仅差没有随项羽进关这一步,却也不得封王。

其次,个人恩怨分明。吕臣是在第一波反秦浪潮归于失败时,即率领苍头军奋然崛起,复夺陈县,处死出卖陈胜的叛徒庄贾,在反秦斗争生死存亡的关键时刻,起到鼓舞斗志的历史作用,可谓功绩彪炳。只因受到楚怀王的信用,便遭排斥。相反,听从项氏的共敖就能得到封王待遇。田荣也是如此,因为不听项梁的话,没能得封。与这些反秦老战士形成鲜明对照的是几个秦朝降将,如果说章邯是诸侯联席会议已答应封他雍王,如今是依约兑现的话,司马欣封塞王,纯因"尝有德于项梁",现在是项羽趁机假公济私,给予回报。

再次,在三年反秦战争中,各地自发冒出来的反秦武装,大大小小,不知其数,不少人至今还无归属,最典型的如彭越,这时已在巨野一带拥有数万之众的势力,论军功,他也曾配合刘邦攻打过昌邑,但项羽对这些势力都未加封,结果这些也以反秦功臣自居的人,都对他深怀怨望。

最后,对六国旧主的处置,也失于操之过急,比如原燕王韩广是陈胜时代的老战士,并非王族出身,现在也和六国贵族的待遇一样,强迫他迁徙辽东,他自然心中不满。

不过,在刘邦看来,否定怀王之约的最大的受害者,还是他沛公。

三六　汉国的创建

　　《史记》中有关戏亭分封的描写，同鸿门宴一样，也是散见各传，虚实相生，后来《汉书》里又补充了一些史料，但整个过程，并无具体排叙。如《史记》记戏亭会议的时间，是汉高帝元年正月（公元前206年2月），《汉书》则记为汉高帝元年二月，《资治通鉴》依编年编月记事，又取《汉书》之说。因知这种事关战后权力财产重新分配的大事，不可能是项羽主持开会，让亚父朗读一遍方案，然后大家就举手通过那么顺利的。"诸侯不平"，会上争吵，会下协商，波澜丛生，势不可免。此外，这次会议不仅要就战后国体问题及具体落实做出决定，还讨论了与之相关的其他一系列问题。比如，史载刘邦进入关中，驻军霸上，有十万之众，但是到"汉王之国"时，"项王使卒三万人从"。就是说，等刘邦去做他那个汉王时，项羽只让他带走三万人，因知战后的军队裁减，如何复员，复员者的去向等等，也是戏亭开会的一项重要议程。

　　总之，兼备善后会议、编造会议等多重性质的戏亭会议，自2月开幕，到3月结束，其间历经反复曲折，发生了许多事情，本书细说刘邦，仍集中在这个主题上讲。

　　且说项羽的分封方案出台之后，刘邦愤怒难抑，马上召集他的班底开会，决心与项羽拼个鱼死网破。虽然我们已经知道，鸿门宴前夜，张良曾以刘、项的实力对比，劝说刘邦服软忍耐，刘邦因此而在鸿门宴上有出色的表现。但他绝对没料到自己卑躬屈膝如此，居然仍被发配到这么一个闭塞的地方。在当时的中原人士心目中，巴蜀或许比辽东更荒远。刘邦有此一决雌雄的决心，说明他一直为鸿门宴上的做尽矮人，最后又从厕所里逃出的行为羞愤不已，现在决意不顾一切，洗雪耻辱，正是其人豪桀本色的显示。否则，他怎么能成为一班"少年""壮士"的首领？

刘邦一光火，手下那班人反倒冷静了，樊哙、周勃、灌婴等一批猛将，都劝他不要轻举妄动，可是他全听不进去。此时的刘邦，已经不把张良当宾客看待，而且樊哙这些人也会想到拖张良来开导他，但是也不见效。接着，萧何出场了，一番高论，不惟令刘邦回心转意，让樊哙这一班人喜出望外，恐怕连张良听了，也有目瞪口呆的效果。

原来，在项羽、范增和刘邦等多数人心目中，都当巴蜀是个地僻道险、落后闭塞的地区，殊不知这是个天大的误会。这块地方本来就具备气候适宜、物产丰饶的先天优势，经过秦国近百年不断移民、悉心经营，特别是李冰父子带领民众建成了造福万代的都江堰水利工程后，此地已经成为秦国最富庶的战略后方，就好比主人家建在墙背后的一个大仓库。当时信息闭塞，住在关外的中原人士都很少知道真相，遑论项羽、范增、刘邦这些南方居民。可是萧何把那么多档案图籍带回军营，仔细研究后，马上便通过历年来全国各郡的税赋上缴统计、物资输送记录等"簿计"比较，发现了这个秘密。这就是文法吏擅长数字化管理和分析的专业优势了，这一点，张良也不及他。看过档案后是知其一，还有那么多地图，可以让他知其二，于是肥沃的成都平原，丰沛的灌溉资源，宏伟的水利工程，天然的战略屏障……全都清晰地显露了出来。再想一想，秦并六国，经年征战；天下反秦，烽火连绵，到处都是兵燹灾祸，户口流散，反倒是这块窝在丛山峻岭中的大西南腹地,这么多年来从未遭受动乱,社会生产、人民生活,一切安定如常。范增凭其陈旧的知识,以为把刘邦放到这里,不啻是流放蛮荒之地,哪晓得送给他一个丰腴的鱼米之乡。萧何介绍到此,特地引用了一句古典:"《周书》曰:'天予不取,反受其咎'。"意思是上天送给您如此丰厚的礼物,您还不要,当心惹出灾祸!

帮刘邦弄明白巴蜀的真相后,萧何进一步为他策划:拒绝受封巴蜀,以现有的条件和项羽拼命,样样不如人家,肯定是百战百败,死路一条。还不如顺势接受,最好连汉中也一起讨过来,就把国都放在连接巴蜀与关中的汉中地区,蓄养民力,招揽人才,以巴蜀为根据地,先把三分关中的秦朝降将收拾掉,然后便可以争夺天下了。

可以说,刘邦在以后的行动中,就是循此战略方针,战胜项羽而重新统一全国的。这个战略纲领由萧何提出而非出自张良策划,充分体现出信息资源的充分占有和利用,在当时的高级军政活动中占有何等重要的地位。此外,《汉书》中有关樊哙、周勃、灌婴等一起劝阻刘邦的记载,尤其是萧何的这一番宏论,反映出历经三年的实践磨炼,刘邦的那个班底已经迅速成熟起来。而刘邦之善于集思广益,听取大家意见,也恰好同项羽的刚愎自用形成鲜明对照。

听罢萧何的分析,刘邦茅塞顿开,连声称"善"。接下来便委托张良走项伯门路,向项羽索讨汉中郡。鸿门宴后,为感谢张良挽救整个刘邦集团的大恩大德,刘邦特以黄金百溢、珠子二斗相赠。溢是秦时的黄金计量单位,每溢二十两,刘邦在封存秦朝宫室库藏后,尚能拿得出这么多东西,足见其部队初进咸阳时,"诸将皆争走金帛财物之府分之"的收获。任侠本色的张良不看重这些,收下来后,都转献给了项伯。此时刘邦再凑集了一笔丰厚的财礼,仍由张良出面,请求项伯向项羽说情,把汉中也分给刘邦。这里有个颇难澄清的情节,即项羽、范增商定的原案,是让刘邦"王巴蜀"二郡,那么汉中当划入章邯等人的封地内,而刘邦的最初封号,似乎也不该称"汉王"了。但《史记》《汉书》对整个戏亭分封过程的描述,如前面所说,并无具体展开,一开始就以"汉王"相称,则此前的封号,只好存疑。当然还有一种可能,就是第一个方案里,刘邦除得到巴、蜀之外,也拿到了汉中郡的一部分,"汉王"封号缘此而来,现在则是要求得到汉中郡的全部。

且说项伯受张良请托,既是朋友出面,又是替亲家帮忙,还有实惠可拿,何乐而不为?度其说服项羽的高论,不外是你违约在先,已经亏理,但沛公也接受了,何不应彼之请,加封汉中,可以让天下人看你主盟公正,没亏待人家。我们可以想像戏亭会议期间的捭阖纵横,像刘邦这种设法走项氏近亲路线讨价还价的也不止一例。在项羽本人,惟求及早摆平,赶快"富贵还乡",只要刘邦肯服从分配去巴蜀,土地多一块少一块又有何不可,反正也不是从他西楚国地盘里挖走。于是刘邦如愿以偿,巴、蜀之外,又得到了整个汉中郡。查《史记·高祖功臣侯者年表》中留侯张良的"功勋录",自从在留县追随刘邦后,共有四大功绩:一是在峣关用计破关,迫使秦王投降,二是鸿门宴,三是"为汉王请汉中地",四是"常计谋平天下"。由此看来,刘邦得到汉中的意义,实在不是多一块少一块土地的问题,在张良是莫大的贡献,在项羽则是一个无可挽回的大错——没有这一块跳板,刘邦要想"还定三秦",挺进关中,进而夺取天下,谈何容易!

公元前 206 年 5 月,在咸阳会师的各路反秦义军,按戏亭会议的决议实行整编后,纷纷下旗回国。刘邦是最让范增放心不下的一个,要项羽盯着他启程,而且只许率领三万军队上路。但是,另有在咸阳编遣中被各路义军裁减出来的复员士卒,包括一部分楚籍人，自愿跟刘邦"就国"，其中还有从项羽直属部队开小差的官兵，总数达数万之众。这一现象，说明刘邦已通过三年反秦战争，积累起了具有全国性意义的人望。

在这批自愿追随刘邦去蜀汉，后来以建功封侯的人有：

阎泽赤	敬市侯	尹　恢	城父侯
单　究	昌武侯	丙　猜	高宛侯
其　石	阳河侯	韩　信	淮阴侯
吕马童	中水侯	室中同	清　侯
留　盻	彊圉侯	张　说	安丘侯
陈　署	龙阳侯		

其中，至少已知韩信和吕马童原先都是项羽的部属，因为不满于项羽的封赏不公而跳槽。此外如高胡侯陈夫乞、棘阳侯杜得臣、北平侯张苍等，多为刘邦接近关中时才陆续投顺，张苍还因违律险乎被斩，靠王陵说情才获赦，这时都心甘情愿随汉王就国，可见刘邦在吸引人才方面，确有其独特魅力。

刘邦率大军离开霸上，经杜南（今陕西西安东南）入蚀中（今陕西长安），走褒斜栈道进入汉中。张良为刘邦送行，至褒水谷口才依依惜别，再去追随韩王。分手时，张良又教刘邦一计：部队全进入汉中后，即把走过的栈道全部烧毁，以防诸侯进攻，同时示意天下，汉王已无意东还，可以麻痹项羽。刘邦照办以后，继续前行，把都城设在靠近巴蜀的南郑（今属陕西）。同时以萧何为丞相，曹参、周勃等为将军，樊哙为郎中，郦商等分领都尉等，各司其职，开始实施"经营蜀汉、还定三秦"的战略方针。

灾荒紧随兵燹而至，在以农立国的古代，似乎是一个规律性的现象。秦朝末年的民生经济，已经接近崩溃，紧接着便是陈胜举义，天下大乱，社会生产受到严重冲击。自江南到中原，普遍歉收。关中虽称粮食高产地区，秦二世登基后已告不敷供给，反过来要各郡县转输粮食去关中，征调士卒五万屯卫咸阳时，还特别命令都要自带食物，"咸阳三百里内不得食其谷"。而后战火逼近关中，大批丁壮被从农田里征调入伍，还要不断向章邯等前线部队输送军粮。接下来，又是项羽、刘邦共五十万人马开进咸阳，就食当地达半年之久。迄戏亭散会，全国性的饥荒已呈蔓延之势。《汉书·食货志上》称："汉兴，接秦之敝，诸侯并起，民失作业，而大饥馑。凡米石五千，人相食，死者过半。"正是这种严峻形势及其原因的概括。所谓"汉兴"，就是指刘邦以汉王就国，并开始用汉王纪元的这一年。幸运的是，他得到了根本没受战祸影响的巴蜀。《汉书·萧何传》称："〔萧〕何以丞相留收巴蜀，填抚谕告，使给军食。"因知这位务实的丞相亲自去巴蜀领导了接收工作，并圆满解决了五六万人的吃饭问题。

在刘邦受封汉王以前，郦商已经率部平定了汉中，恐怕这也是项羽顺水推舟，认可既成事实的一个原因，随后他又主持了蜀郡的接收。值得一提的还有一个人，就是与郦商同属"砀系"、后来封棘丘侯的襄（姓氏失考），当时受命担任治粟内史，是主管赋税钱谷和财政收支的财政部长。巴蜀地区除拥有盛产水稻、蚕桑的优势外，井盐、织锦、冶炼、油桐、髹漆等各项手工业都很发达，由此又促成了商业贸易的繁荣。《汉书·食货志下》称："汉兴，以为秦钱重杂用，更令民铸荚钱。"因知富饶的工商财税收入，使得刘邦马上就有自办货币发行的经济实力。这位姓氏失考的襄部长，当是萧丞相抓经济管理的一个得力助手。

三七　风云突变

　　戏亭分封,是大秦帝国瓦解后的一次权力财产再分配,由此造成的各路诸侯拥兵并存的局面,本身就埋藏着隐患,加上项羽因分封不公而引起诸侯不平,当刘邦集团还在蜀汉地区经营根据地建设时,墨迹未干的戏亭公约已经被重新燃起的战火烧毁了。

　　第一个公开反叛的,是自诩反秦有功而未得封王的田荣。田荣首先以下犯上,挟制他名义上的主子原齐王田市,不许他去即墨做胶东王。田市怕得罪项羽,逃到胶东去"就国",被他追杀。杀了田市,田荣自立为齐王。按戏亭公约受封的新齐王田都带人来"就国",被他打得落花流水,逃回楚国。接着,田荣又招编彭越,授他将军,命其攻杀项羽封立的济北王田安。至此,被项羽一分为三的齐国故地,全为田荣所有。

　　陈余也不服气,向田荣借兵攻打新封的常山王张耳。张耳的军队都是陈余的老部下,阵前倒戈,他只好放弃王位,去投奔当年的"小兄弟"刘邦。按戏亭公约被徙为代王的原赵王歇由陈余接回襄国,仍称赵王。赵王再反过来封陈余为代王。陈余以夏说为代相,驻守代国,自己留在赵王歇身边。

　　原燕王韩广也想抵制戏亭公约,霸住燕地,不肯迁往辽东,新燕王臧荼将其击杀,趁机把辽东三郡也占为自己的地盘。

　　上述动乱，分别发生在今山东与河北、辽宁地区。相对稳定的今河南、湖北一带，项羽则以个人恩怨，制造了变故：按戏亭公约，韩王成本该继续保留他的王号和地盘，可是项羽以他没有军功为由，将其扣留在楚军中，一起带回彭城。其实韩王成当初在项梁资助下回韩国故土攻城略地，等刘邦大军西征时又配合作战，说他没有军功是没有根据的，其实质，还是由于张良为刘邦效力的缘故。

　　张良是聪明人，所以送刘邦到褒中后，便回头追赶楚军，随韩王成一起来到彭城，以示自己无意站在刘邦一边同霸王作对。当时信息传播很慢，田荣在山东酝酿叛乱，项羽尚不知道，而张良已先知悉。所以他到彭城后，首先告诉项羽："汉王烧绝栈道，无还心矣。"同时又递上田荣谋叛的情报，从而把项羽的注意力从刘邦引向了田荣。但是项羽也没因此同韩王、张良和解，先是公然废除韩王成的王位，降为侯爵，不久便干脆杀了他。这又是本末倒置，你要杀也该先杀张良呀。说到底，此人笃信武力，对知识分子的能量始终缺乏充分认识。结果韩王一死，张良即告神秘失踪。

　　项羽没看牢张良，而在杀害韩王成之后，又开始向楚怀王施行报复。

　　戏亭公约的第一条，就是项羽率诸侯共同拥戴旧盟主怀王为"义帝"，作为一种荣誉性的安排，对其在陈胜牺牲之后起过的历史作用给予报偿。没有这个"总纲"性质的第一条，从"张楚"到"楚"再到"西楚"的法统，便无法理顺。可是对楚怀王所作所为的长期怀恨，很快便搅混了项羽在此问题上原先曾有过的清楚认识。除掉韩王成不久，他又以"古之为帝者，地方千里，必居上游"为借口，将怀王迁徙到湘水上游的郴县。怀王动身后，项羽想想仍不解恨，再暗中给九江王英布、衡山王吴芮和临江王共敖等人下令,让他们将"义帝"击杀于江中,并制造了一个船只失事的现场。这起政治谋杀案的真相,直到第二年春天,才弯弯曲曲地传到中原,那时候的项羽,已经陷入了忙于维护"戏亭体制"的东征西讨之中。

三八 萧何月下追韩信

　　趁着关外一片混乱的机会,刘邦着手启动"还定三秦"的战略计划。具体主持实施的指挥官,是一个新冒出的军事天才——韩信。

　　韩信是淮阴(今属江苏)人,和刘邦同属"楚人",而且年轻时和刘邦一样,也有"无行"的名声,就是没有什么优良的品行可以称道:不肯作业生产,到处吃白食,违犯秦律禁止私藏兵器的规定,"好带刀剑"。综合其一生行事,此人的性格可用自负倨傲四个字概括,很难与人相处,但也有表现极端的例外:有一回,淮阴的一伙"屠中少年"当众向他挑衅,说是你若不怕杀人抵命,就用剑刺死他们中的一个;若贪生怕死,就从这个人的裤裆下爬过去。当时的情形,似乎是要么拔出剑来杀开一条血路,准备杀人偿命,要么就是强忍"胯下之辱"。结果韩信选择了后者。虽然往后的事实证明,这正是此人人生目标明确、意志特别坚韧的反常表现,然而"胯之下辱"的不佳名声,从此便如影随形般地跟定了他。

　　项梁率楚军渡过淮河后,韩信前往投奔,未受重视;项梁败亡后,又归属项羽,凭资历提升为郎中。他曾数次向项羽献策,都未受采纳,倒是其上司钟离眛识才,几度建议项羽重用此人。

项羽有自己的识才标准,听不进去,何况钻裤裆的故事老缠着韩信,在项羽看起来这就是胆小鬼,给个郎中就足够了。无缘脱颖而出,韩信感到灰心,而项羽的坑降卒、烧阿房等愚蠢行为,更令其感到绝望。当戏亭散会,各诸侯下旗就国时,韩信便离开楚军,改投刘邦,跟他进入蜀汉。因为原任楚军郎中,归汉后又提了一级,得任连敖。连敖是先秦时代楚国的行政官职,地位不高,而且韩信的爱好在军事方面,所以他的才干并未引起重视。其后不知什么缘故,韩信卷入一桩集体违法案中,按律都要处死,行刑时,一个个被绳子捆缚,跪在地上,已经斩首了十三个,第十四个就轮到韩信,想到当年忍受胯下之辱,为的就是有朝一日尽平生所学,建功立业,孰料壮志未酬,就这么糊里糊涂地送了命,韩信于心不甘,仰天长叹。就这么一抬脸,忽然看见刘邦的侍从长(太仆)夏侯婴从刑场走过,忙大喊起来:"汉王不是要夺取天下么,为什么要斩壮士?"

语出惊人,夏侯婴忙命刀下留下,为韩信松绑,再与之交谈一番,非常满意,便去向刘邦推荐人才。刘邦这个人与项羽不同,既按自己的眼光识别人才,同时也听取别人的意见,比如后来成为中央审计总署署长(计相)的张苍,也有过与韩信相同的奇遇:也是"坐法当斩",已经跪缚在刑场上了,被王陵解救出来,说服刘邦保护人才,往后展示才干,不断提升,直到刘邦儿子文帝当国时,位居丞相。刘邦这时听夏侯婴一说,便下令赦免韩信,"拜以为治粟都尉"。

治粟都尉的职掌,就是在治粟内史的领导下,专门负责军粮筹集和分配调运等工作,应该说是一个比较重要的高级职务,所以其授任要用"拜"的手续。韩信有曾为楚军郎中的经历,有老缠着他的"胯下之辱"的难堪往事,又有"坐法当斩"的记录在案,刘邦却全不在意,一下子将他提升到这个高级职位上。平心而论,这固然能显示出刘邦宽宏器量和求贤如渴的人才政策,但同时也反映出他虽然做了汉王,但依旧未脱团伙领袖的江湖气质,即使是处理高层人事任命,作风也粗放得令人惊奇。当韩信前来谒见接受任命时,刘邦并没有表现出特别的尊重。韩信自负才识超群,傲得很。这样的人,很看重别人对自己的礼数。偏偏刘邦待谁都是"侮慢无礼",何况韩信尚无突出表现,要想他摆出一副礼贤下士的姿态,岂有可能? 结果,韩信虽然死里逃生,还得到越级提拔,但汉王并没有把自己当奇才赏识的随随便便的态度,依然使他失望。而且这个治粟都尉的岗位,同他最擅长的调兵遣将、布阵用兵的全局性军事统帅指挥无关,当然也就很难做到胜任愉快了。

不过,这个主管全军粮草供给的高级职务,却给韩信提供了因工作需要而常与丞相萧何接触的机会,几次交谈,萧何便断定此人是军事上的全局之才。当时刘邦采纳张良献策,用烧毁栈道的假象迷惑项羽和关中三王,以示从此经营巴蜀无意东还,可是这个假象同时也给随他进入蜀汉的广大将士造成了错觉。部队往纵深挺进时,不少人唱起故乡的歌谣,"讴思东归"的情绪开始弥漫,一路上不断有人开小差,甚至连刘邦的妻兄吕释之亦跑回了沛县。这种风气也感染了急于建功扬名的韩信,在他想来,十分赏识自己的萧何肯定已数次向汉王推荐自己,但结果也像当初钟离眛向项王推荐自己一样,人家不听,奈何? 以他的才识,早就认定项羽在戏亭的分封,必然是"诸侯不平",新一轮的权力分配势必展开,群雄逐鹿,何不重返中原去寻求机会? 于是把治粟都尉的印信留下,韩信也加入了逃亡的人流。

当时仅将军(即部队长)一级的逃亡者就有数十人,然而萧何都没当回事,惟独听说韩信也跑了的消息后,赶紧策马去追,就连向刘邦打一声招呼的时间也没留出来,可以想像他当时心

如火燎的情态。丞相失踪，没人主持工作，马上有人向汉王汇
报："萧何逃亡了。"刘邦既怒而急，就像一下子失去了左右手，过
了一两天，萧何来见刘邦，刘邦又生气又高兴，开口便骂他：怎么
你也背叛我？萧何说，"我怎么敢逃亡？我是去追赶逃亡者的。"
刘邦忙问："你去追哪一个？"萧何说："追韩信。"刘邦马上又骂了
起来："将军都逃走了几十个，你不去追。说是去追韩信，你不是
在骗我吗？"萧何说："将军之类，很容易得到，韩信却是天下无双
的统帅之才！大王若是打算长期在汉中做王，自然无须重用韩
信；若欲争夺天下，再无他人抵得上韩信。用不用韩信，全看大
王怎样打算。"

　　刘邦说："我当然要争夺天下，谁愿意老窝在这里？"萧何说：
"那你就必须用韩信，用他，他就会留下，不用他，他还是要逃走
的。"刘邦说："行，我用他为将。"萧何摇头："即使用他为将，他还
是要跑的。"刘邦急了："我用他为大将！"萧何马上说："太好了！"
性急的刘邦便要派人召韩信来，拜为大将。萧何忙拦住说："大
王待人，一向侮慢无礼，现在召人来拜大将，就像传唤个小孩子
那样轻易，这正是韩信会离开的原因。大王如决心拜他为大将，
就该事先择定个好日子，斋戒沐浴，设立坛场，届时行登坛拜将
的大礼，这样才可以使韩信真正行使大将的职权。"刘邦听他这
么说，也接受了。

　　此时的韩信，毕竟毫无卓越表现。刘邦作风再粗放，到底是
登坛拜将，非同寻常，可见他对韩信认识虽浅，对萧何的眼力却
估计很足，真正叫从谏如流，远非项羽能及。

　　萧何慧眼识才，摸准刘邦的心态适时举荐，足见其人进步之
速。这一点，在他提出经营巴蜀，"还定三秦，天下可图"之战略
方针时，就表现出来了，不必再予细说。值得注意的是，他提出
的登坛拜将等礼仪方面的要求，应该是隐约表达了韩信对刘邦

待人接物的意见,进而又牵扯出在此之前,韩信同那一班"诸将"的关系。前面说过,韩信这个治粟都尉,是在那位名叫襄的治粟内史领导下,专掌军粮供给,应该常有机会同曹参、灌婴、周勃、樊哙等诸将打交道,"胯下之辱"的传闻大家都听说过,尽管有夏侯婴、萧何为之揄扬,大约自他的上司襄起,到那一班攻城略地、战功累累的将领们,很少有人真把韩信当一回事。所以拜将仪式的提出,又不仅仅是一个形式问题,更涉及韩信挂帅后对这批老将的驾驭指挥,因知萧何的考虑是很周全的。

命将礼仪,古已有之,一般在太庙举行,但在露天筑坛拜将,则是比较少见的大礼,因为高坛本是举行祭天大礼的地方,在高坛上拜将,是表示承天命而专行征伐。除筑坛之外,尚有占卜求吉、国君斋戒等一系列准备工作,其在刘邦集团内引起的震动,可想而知。大家都知道汉王要出师东征了,群情振奋。据《史记》称,彼时"诸将皆喜,人人各自以为得大将;至拜大将,乃韩信也,一军皆惊",恰能反证萧何对礼仪的强调,还是挺有远见的。

然而,把位居诸将之上的大将印信交付给一个与自己毫无历史渊源的人,毕竟是一件非同一般的大事,以"沛公殆天授"的禀赋,刘邦岂能不留一手?这一手,就写在《史记·曹相国世家》里:"曹相国参攻城野战之功,所以能多若此者,以与淮阴侯俱。"译成白话:曹参之所以能建树这么多攻城野战的军功,是因为他一直同韩信在一起。曹参作为第一副手,暗中又肩负着密切监视主将的使命,这是用不着解说的。可以设想,以曹参在"诸将"和部队中的威望,韩信若有异心,曹参马上可以搬出"汉王密诏"之类,号召官兵将其制服,这也是《史记》各传中,惟一写出只有曹参与韩信"俱"的缘故。

这个隐藏在《史记》深层的事实,还可以从另一个视角观照:秦朝的拜将礼仪,就是国君亲自把象征统军和斩杀权力的斧钺授予将军,同时宣布:非主将擅发命令的要处死,稽留延误或违背亡失命令的也要处死。因知拜将仪式的要害,就是以军法来保证主将对军令的大权独揽。以"汉承秦制"推度,大抵如此。为了让韩信充分发挥他的军事才干,刘邦也完全有必要照此行事,可是他在把军令大权授予韩信的同时,却把执行军法的大权交给了曹参。韩信自登坛拜将以后,在执掌兵权的这数年中,刘邦始终以曹参为盾,步步防范。更使人钦服的是,负有这一秘密使命的曹参,从未妨碍过韩信"连百万之军,战必胜,攻必取"的雄才大展,至少韩信的感觉是配合得很好,也未有过对曹参不恭不敬或不满的言行。

　　本节意在多角度地展示韩信拜将的台前幕后,既可见识刘邦控制军队的处心积虑,又能借此衡量韩信与曹参关系的亲疏厚薄。更重要的是,日后刘邦自我总结成功经验,在于知人善任,韩信也说他"不能将兵,而善将将"。看他对韩信和曹参的搭配使用,真是一个典型的范例。

三九 还定三秦

　　刘邦是聪明人。他要借拜将仪式宣示即将回师中原的决心，及时刹住部下的逃亡之风，遂把筑坛拜将的地点，从南郑移到军队的主要集结地汉中。这样，韩信拜将的典礼，同时也就成为汉军即将东进三秦的誓师大会。眼看打回老家去的愿望就要付诸行动，一时群情振奋。

　　刘邦又是急性子。拜将仪式结束后，他马上召见韩信，向他讨教在实施东进战略中应取的政策策略。韩信应刘邦要求而做的陈述，大体可分三个层次。

　　首先，明确东进的战略目标，就是同项羽"争权天下"，同时让刘邦自我认可楚强汉弱是不争的事实。

　　但是，在项楚看似强大的表象下，已暴露出许多自我削弱的倾向：政治上，放逐义帝，坑降屠城，"所过无不残灭"，已丧失民心；军事上，不能任属贤将，徒有匹夫之勇；战略上，不居关中而都彭城，自动放弃了控制诸侯的优势；策略上，不肯给有功者封赏，特别是在戏亭分封时，以个人"亲爱"为划地封王的标准，"诸侯不平"，纷纷学他背约动武，已经打成一片。凡此，都说明"其强易弱"，最终是可以打败的。

　　反之，在刘汉看似居弱的表象下，却有不少可资利用的优势：按怀王之约，是推翻暴秦的功臣，"当王关中"，现在"失职入

汉中",大家都很同情;汉军入关后,军纪严明,秋毫无犯,除秦苛
法,得到人民拥护;追随入汉的义兵都是山东人,日夜望归,士气
可用。以眼前首先要夺取的关中论,替项羽封锁刘汉的章邯、司
马欣、董翳三王,似乎已占有扼守要塞、犄角相倚的优势,其实此
三人都是亡秦旧将,过去率领秦国子弟数年,死伤无数,后来又
欺骗部众投降项羽,二十几万人全被项羽坑杀,只留下他们三人
封王,秦地父兄恨此三人,痛入骨髓! 一旦挥师而东,只要发布
一道声讨文告,并使之广泛流传,就可顺利夺得三秦。

　　此外,韩信又特别提醒刘邦,在策略上一定要与项羽"反其
道"而行之:一是"任天下武勇,何所不诛";二是"以天下城邑封
功臣,何所不服"。

　　这一番面面俱到的分析,无疑使刘邦在敌我双方的优劣对
比中,看到了转弱为强的希望和方法所在。不过,韩信对楚汉战
争结果的预期,也只是保持在诸侯并存的格局内,只是以刘汉取
代项楚的盟主地位,所谓"霸天下而臣诸侯"。在正确地分析过
项羽的种种失策后,他并未看到这种体制本身就存在引发新一
轮争夺的因素,以为只要"以天下城邑封功臣"的军功论分配原
则得到贯彻,就可换取新的盟主与"功臣"和平共处。这种理论,
不惟比那个被项羽烹掉的蔡生的识见落后甚远,也使得他一直
没有虑及:一旦胜利到来,刘邦又怎么可能甘心于在这种君权有
限的体制下,与"功臣"们长久相安呢? "还定三秦"的启动有一
个前奏,这就是韩信指挥的整军和练兵运动,通过重申军律号令
等方式,使刘邦的武装力量自建军以来,首次实行正规化编练。
刘邦和曹参、樊哙、周勃、灌婴这一班人,都算得上是屡经实战的
将帅了,但从未学过阵势变化、韬略运用这一套,现在由韩信亲
自督操,口讲指画,初聆虚实藏势、奇正相生的种种奥妙,茅塞顿
开。自此,刘邦"遂听〔韩〕信计,部署诸将所击",而诸将无人再

敢小看韩信。

汉中整军练兵的同时,韩信开始安排当初被刘邦烧毁的栈道修复工程。以废丘为都的雍王章邯,正当封锁刘邦东出的第一道关口,得到汉王已在修复栈道的消息后,马上在军事防范上作出相应部署,并对修复工程的进度给予密切关注。岂知这是韩信的"明修栈道,暗渡陈仓"之计。汉高帝元年八月(公元前206年9月),正当章邯将两只眼睛盯住汉中栈道上时,汉军已照韩信部署,由刘邦亲自统率,悄悄地走上了一条穿越在丛山水谷间的故道,日夜兼程,突然从陈仓(今陕西宝鸡市东)冒了出来,以迅雷不及掩耳之势,打开了进入三秦的门户。其后的形势发展,正如韩信所料,秦地父兄纷纷响应"沛公"归来。出兵东向仅一个多月时间,三秦地区已大部为汉军占领,塞王司马欣和翟王董翳举国投降,雍王章邯则在废丘作困兽之斗,最后一直坚持到汉高帝二年六月,终以等不来援兵,城破自刎。

"还定三秦"计划的初步实现,为刘邦将其夺取天下的大本营从巴蜀迁往"山河四塞,土地肥饶"的关中,举行了一个漂亮的奠基礼,其战略性意义,怎样估计都不会过高,但比起以后漫长而艰巨的楚汉相争,这一次的旗开得胜,似乎又来得太轻易了。仔细分析,韩信暗渡陈仓、突发奇兵的韬略运用是一个因素;萧何留守巴蜀、"给军粮食"的后勤保障也是一个因素。此外,还有张良玩弄的一手传谬诳敌、驱虎吞狼之计,大约更具有关键性意义:当刘邦突袭三秦、急攻雍都的消息传到中原时,张良正在潜往关中的途中,他给项羽写了一封急信,告诉他:"汉王只是依照怀王之约,欲得关中,如约即止,更无意东出中原。"同时又附上不知他从哪儿弄来的齐王田荣到处策反诸侯背楚的情报,证明刘邦还没有加入到这个由田荣当盟主的反楚大同盟中去。

此时的项羽,面临着先去山东清除田荣,还是先去陕西援助章邯的战略抉择。以范增的政治敏感,当然是大军西征,解决刘邦的问题重于田荣。假如项羽照此方略行事,外有大军扑关压境,内有章邯固守废丘的腹心之患,刘邦很难在内外交困的局势下站住脚跟。但是,项羽对刘邦的估量,始终同范增的高度重视合不到一块,"沛公"在鸿门宴上委曲求全的出色表演,更加深了他的错觉。相反,田荣过去不听项梁调遣,现在又到处兴风作浪,倒使他恨不能灭此朝食。于是,已经几度被张良玩弄于股掌之上的项羽,这一回又被他的"信息"所迷惑,决定全力收拾田荣,并要求英布等配合出兵。从全局上看,正是这一个难以挽回的决策失误,为刘邦在关内的艰苦经营,赢得了宝贵的时间。当项羽召集诸侯准备一起去齐国同田荣作战时,汉军开始依照韩信的指挥调度,分略陇西(今甘肃临洮一带)、北地(今甘肃宁县一带),往西北深入;由薛欧、王吸率领的先遣部队,则将兵锋伸出武关,营建准备东进的兵站。与此同时,王陵以前往沛丰迎取汉王家属的名义,带了一支部队挺进到南阳。时为汉高帝元年八至九月(公元前206年9至10月)间。

在张良向项羽作出"如约而止"的保证后,刘邦派人回沛县迎取家属,情理上是讲得通的,更可以当成是刘邦集团在关中安家而无意东向的一种姿态。至于为什么刘邦赴汉中就国时不做这件事,到反攻三秦后才突然有此安排,也可以这样解释:因为即将同项楚翻脸开战,惟恐住在"敌占区"内的太公、吕雉等人遭项羽迫害。但是综观刘邦一生,所谓父子或夫妻之情,在他心目中所占分量向来轻微,远远够不上对他人生目标造成障碍的程度,否则,当其发动反攻三秦战争时,项羽也完全有可能对太公、吕雉和曹氏母子实施家眷牵连政策,何以刘邦并没有这种顾忌呢?

这样来考虑问题,迎取家眷行动所蕴含的战略目的,就逐渐浮现了出来:南阳地区旧属韩国。韩王成已遭杀害,新韩王郑昌尚未就国。所以,王陵的膺受此令,其实是刘邦想趁这种权力暂时真空的局势,利用王陵与南阳的历史渊源,先在迎取汉王家属的名义下,向中原腹地作意欲东向的战略推进。从地图上看,武关同南阳的治所宛城,正好前后相续。实际上,迎取家眷在刘邦争权天下的全盘战略中,是一步寓意十分复杂的棋子,剥离掉其中多少也存在的人情成分看,以薛欧、王吸作武力后盾,由王陵带队向黄淮平原作战略推进的意图,是很明显的。

　　远从春秋时代起,各诸侯国就有把个人封邑穿插在地方行政建制中成为"飞地"的传统。戏亭会议以后,沛县已划入西楚版图,但是在《史记》《汉书》里,任敖、审食其等人都有"守丰〔邑〕二岁"的功绩记载,审食其同吕媭的私情亦在此期间内形成,说明项羽很可能依循历史惯例,把汉王故乡当作封邑看待。否则,任敖等人"守丰"自治,便不知从何说起。司马迁说他去沛丰采访时,看见萧何、曹参、樊哙、夏侯婴这些人微贱时的旧居,全都完好地保留着,由此亦可见即使在三秦战争开打以后,项楚的沛县政权也没有对丰邑有什么特别过不去。

　　但是刘邦集团挑出王陵这么一个重量级人物,带着军队前来沛丰迎取家眷,而且进展神速,锋芒毕露,不可能不引起项楚的警惕。正是在这种情况下,项羽马上作出了封立郑昌为新韩王的决策,让他去填补韩王成死后的空缺,同时发兵西进,在阳夏(今河南太康)将王陵的军队拦截住。从地图上可以看出,阳夏已接近睢西的萧县和外黄,此又见得王陵的动作是相当快的。

　　因为王陵曾有过叛离刘邦自立山头的经历,所以项楚在阳夏布兵阻截后,又想把这个豪桀类型的人物拉到自己这一边来。当王陵派出使者去阳夏交涉,要求和平借道去沛丰迎取汉王家眷时,发现王陵的母亲已被楚军迎取到此,并且享受"东向"首座的极尊贵的待遇,在一边侍候的楚军将吏,就此向使者开出招安王陵的条件。这个过程的具体细节,史料阙如,但想必王陵母亲在那个场合,有过顺应项楚要求的公开表态,所以当使者离开时,她被允许前去送别。孰料老太太利用这个机会对使者说:"你替我转告王陵,谨慎地侍奉汉王。汉王是好人,别因为我老太婆的缘故三心二意。现在我就以死告别。"言毕,抢过使者的佩剑,自刎而死。这段故事,前人曾编为京剧《陵母伏剑》,又名《黄金印》,戏中代表王陵去同楚军谈判的使者,就是前文曾经提到过的原秦朝博士叔孙通。其实叔孙通逃回故乡薛县后不久,便投靠了项梁,此时正在彭城做西楚的官,不可能是代表刘汉一方的使者。

王陵军队在阳夏受阻,使刘邦利用王陵取道黄淮的意图未能顺利实现,侥幸的是项羽依旧没有识破对方蓄意大举东进的战略意图,至少没有给予足够的重视。这一点,可以从他照旧按既定部署,亲率大军东征田荣的行动上看出来。

同一时间,关中的局势也出现了反复,先是被围困在废丘的章邯,让他的弟弟章平分兵突围,攻占好畤,与废丘形成犄角之势。这一步骤,好比围棋中的"做眼",一旦成功,就可能使章邯由死局变成活局。于是韩信忙又安排曹参、周勃等分头围击章平等部,由此又引发出如何安置好先已归降的三秦官兵的问题,既不能沿用项羽的坑杀政策,也要防备他们捣乱。凡此,都使刘邦意识到,夺取三秦,仅是"还"的实现,要把这个几经血火洗劫的烂摊子收拾好,使之成为夺权天下的安定的大本营,需要跟上去做的事情多着哩。这些难题,刘邦交给了应召从巴蜀赶来的萧何。

由于咸阳已被项羽烧毁,萧何建议把国都迁至渭水北岸的栎阳,先以原塞王司马欣在此营建的宫室将就使用,并将雍、塞两个封国改制为渭南、河上、上郡三个直属中央的行政建制,再借助这个郡、县、乡里的结构层层传达,饬令三秦民众陆续废除秦的社稷,改立汉的社稷,务使刘汉为正统的观念深入人心。

从春秋初期秦襄公开基岐西起,关中民众已经做了五百多年大秦的臣民,要让他们从思想深处转过这个弯子来,没有实惠是不行的。为此,萧何提出了不少取悦于民的政策,最让父老子弟拍手称快的,是把秦始皇父子耗费大量民脂民膏所建造的苑囿园池,通通改为农田,分给民众耕种。又赐民爵酒肉,安抚流亡,整饬吏治,恢复生产,目的当然是为了征收赋税,保障军用。为求扩充兵源,还推出多项优惠政策,比如凡能率卒一万人或一郡之地来投顺的,一律赐封万户侯;关中户籍的丁壮参加汉军,全家免除租税一年。汉高帝二年,关中发生大饥荒,"米斛万钱",形势严重到"人相食"的程度。幸好,还有巴蜀这么一个天府之国在刘汉的辖地,马上推出一项"令民就食蜀汉"的政策。这些应急措施究竟从死亡线上抢救回多少饿殍,文献上没有数字记载,但新生的刘汉政权因此获得关中民众的好感,大概没有疑义。为减轻大批灾民迁居蜀汉而给当地造成的负担,又有蜀汉民众免除租税二年的政策配套。

上述细说,都能表明乡亭小吏出身的刘邦,比较体会民生疾苦,这也是他在连年天灾人祸的艰苦条件下,居然还可以凭借巴蜀三秦支撑东进战事的重要原因。再拿项羽作一番对照,正好相反:

汉高帝二年十二月(前205年1月),项羽亲率大军奔赴齐国,扫荡田荣。田荣哪是楚军的对手,城阳(今山东鄄城)一战,几乎全军覆没。齐民本来就恨他,趁其败走平原时,将他击杀。接着,项羽把当年被田荣赶走而投靠项梁的旧齐王田假推出来,立为新的齐王。

　　从道理上讲，项楚在齐国的军事行动，到此告一段落。但是楚军的作风与项羽的脾性同样残暴，他们在齐地烧夷城郭房屋，坑杀田荣降卒，虏掠老弱妇女。一句话，过去在咸阳干过的所有坏事，现在又在齐国重新上演。这一来，齐国的人民都被激怒了，原先他们大多是拥戴田假，反对田荣的，现在则视田假为项楚的傀儡，反过来拥戴田荣的弟弟田横。借助民心向背的转化，田横立田荣的儿子为齐王，自任齐相，一举击败田假，又重新夺回了城阳。当时项羽已率部队到达北海(今山东昌乐一带)，听说城阳又被"叛军"占领，忙回师来扑。这一回，城阳军民早已领教了项楚屠城杀降的政策，众志成城，拼死抵抗。与此同时，三齐民众几乎是全民皆兵，到处集合成一股一股地方武装，袭击楚军的补给运输。于是，战无不胜的楚军，正面战场上攻不破一个小小的城阳，背后又要穷于应付老百姓的游击战，就此陷入了泥沼。

四〇　"抚关外父老"

　　刘邦后方渐趋稳定,章平兵败被俘,项羽又在齐国被绊住,刘邦抓住时机,挥师出关。

　　前人写史,一般多把刘邦暗渡陈仓作为楚汉战争的开始,其实,这只是对已成事实的历史走向的追加概括。就刘邦兵出汉中的本意看,当然是欲与项羽"争权天下",但当时的表现形式,并非楚汉之争,而是刘邦以"汉王失职"的委屈,夺回本该属于他的关中。虽然这是追溯怀王之约的法统,但是他也没有否定除了这一块有争议地区以外的戏亭公约的合法性,借此博取舆论的同情。反之,看似一味恃强蛮干的项羽,实际上很注重个人的公众形象,因此也多少受到一点情理上的约束,这就是他的矛盾性格。刘邦在攻打三秦时,始终没有公然亮出反对项楚的旗号;而项羽在得到张良所谓"如约即止,不敢东〔向〕"的保证后,便对章邯等人的求援置之不理,都可以从这个角度来分析原因。

　　然而刘邦决意东向是既定方针,即便他本人仍像第一次进咸阳时,以称王关中为满足,整个刘邦集团"皆歌思东归"的集体意志,也使他无法就此勒马。就眼前来讲,项羽对刘邦攻取三秦的绥靖政策,以及他在齐国被绊住,因此没法西顾的僵局,客观上也成为刘邦集团终于把战争推出关外的动因。

　　胜利者是不受谴责的,刘邦往关外争夺天下时的师出无名,很快就被打进"楚汉战争"的一笔糊涂账里,不再有人提出要做追究。但是处在历史现场来观察,关内关外的性质区别是很明显的:无论从怀王之约还是从戏亭公约中,刘邦都找不出一点占有关外半寸地皮的法统上的依据。再从情理上讲,"还定三秦"的对手,是曾替亡秦镇压义军的三个降将;出关东向的对手,则是昔日联手反秦的战友、因功封王的诸侯,可以说与刘项恩怨毫不相干,既没有必要、更没有理由打出向项楚挑战的旗号。所以认真"审计"起来,直到汉高帝二年十月,也就是刘邦统率数十万大军浩浩荡荡开出关外的时候,准确意义上的"楚汉战争"并不存在,充其量也就是刘邦进一步以武力向霸王的盟主权威叫板而已。

　　刘邦将以什么理由化解这种师出无名的尴尬,从而逃脱舆论对其背约无信破坏和平的谴责呢? 这时张良已进关中,第三次追随刘邦,或许是他出的点子:此行的名义,叫做"抚关外父老",用白话来讲,大抵就是慰问关外民众的意思。

　　当时在中原地区的列国,共有三个,即河南国、韩国和殷国。此外,河东的西魏国也在要"抚"的范围。刘邦要"抚"的首先是河南国。河南王瑕丘申阳本是张耳的嬖臣,即同性恋的搭档。因为张耳已投靠汉王,所以有曲线可走,得以和平归顺的方式解决问题。此人原籍在今山东兖州一带,在洛阳地区没有什么历史渊源和群众基础,于是刘邦趁势取消了他的河南王封号,将河南国改制为直属汉国的河南郡。

　　对付韩国,又是另一种方式。项羽调派楚军在阳夏拦截王陵的同时,另派郑昌来做韩王。郑昌原是秦始皇时代的吴县县令,项梁因杀人犯法,带着项羽等亲属逃到吴中避祸,全靠他一手遮天庇护,这才有了在吴中广泛结交、聚众反秦的基础,项羽一直想报答他，便让他顶替韩王成。郑昌在韩国并无群众基础，而刘邦麾下倒有一个与韩国有历史渊源的人物：此人也叫韩信，是战国时韩襄王的后裔，曾作为韩王成的部将，归张良统属，跟着刘邦进入关中。刘邦被项羽贬往蜀汉后，他自愿跟进南郑，并怂恿刘邦要趁关外民众还未习惯戏亭公约所立体制时，及早决策东向。此人兼资文武，比韩王成厉害得多，复以身份关系，在韩国民众中有一点号召力。这时刘邦便让他出头攻略韩地，许诺大功告成后，封他做韩王。这种安排，效果很好：在韩人眼里，郑昌是项羽强加在他们头上的"韩王"，有老韩王血缘的韩信才是"正宗"，于是纷纷反戈，帮着韩信打郑昌。孤立无援的郑昌最后只好投降，献出国都阳城。

刘邦说话算数，马上扶立韩信为韩王，为了与已拜为大将的韩信相区别，我们便称他为韩王信，时为汉高帝二年十一月（公元前206年12月）。不过刘邦没让韩王信留在阳城做安乐王，而是让他带着军队，继续随自己打仗。

对于河东的西魏王魏豹，刘邦套用相同的模式。魏豹本是战国时魏国的贵族，陈胜、吴广起义反秦后，他的哥哥魏咎在周市的支持下，恢复魏国称王，后遭秦军章邯围攻，兵败自杀。其后，魏豹又在楚怀王扶持下，继任魏王，史称魏王豹。戏亭分封时，项羽想占有原属魏国的地盘，便将其徙封为西魏王，对此，他是耿耿于怀的。汉高帝二年三月（公元前205年4月），刘邦率领大军，从临晋（今陕西大荔东）东渡黄河，迫使魏王豹举国归顺。如果要算历史旧账的话，过去魏军曾招降雍齿，抄掉了刘邦的老窝丰邑，害得他有家难回，现在正是实施报复的好机会。可是刘邦从大处着眼，还要利用魏王豹的特殊身份，缓和魏人对他的抵制，所以继续保留其魏王封号。不过，刘邦也命令他带着军队随自己出征，一起去"抚"建都朝歌的殷国。

　　殷王司马卬本是赵国将领,当初诸侯约定联合反秦,先入关中者为王时,他曾带着人马欲从孟津就近渡河闯关,去抢头功。刘邦怕他率先得手,忙北上平阴,锁住渡口,这是反秦战争中的一次内讧。从此,司马卬与刘邦结怨,投靠项羽的北伐联军。戏亭会议上,凭军功封为殷王。当汉军渡河来"抚关外父老"时,他的态度同郑昌一样,都曾竭力抗拒。刘邦不想在中原父老这里把影响搞得太坏,便开出条件:只要背楚顺汉,依旧保留殷王封号,他答应了。当时项羽在齐国听说殷王背楚,忙派陈平带着一支人马去收拾他,司马卬掂掂分量,还是项羽厉害,于是又与汉军抗衡。结果刘邦亲率大军来攻,将他活捉,就此废除殷国国号,改为直属汉国的河内郡。

　　司马卬的反复,一下子断送了自己的前程,却给另一个人启动了背楚投汉的契机,这就是对于刘邦一生事业影响极大,曾奉项楚之命胁迫司马卬反正的陈平。

　　陈平,阳武户牖乡(今山东东明境内)人。他"本好黄帝、老子之术",与张良一样,也是个黄老派。其人家贫可比韩信,"无行"类似刘邦,不治生产,游手好闲,依傍做农民的兄长陈伯过日子。为了混点酒食,常早出晚归,去帮人家料理丧事,这在乡里父老眼中,属于苟且无耻的行为,所以到了娶妻的年龄,殷实人家不肯把女儿嫁给他,贫寒人家的女儿他又不肯娶,拖成了一个王老五。户牖乡富翁张负有个孙女,结过五次婚,都以丈夫死亡告终,大家都说这个女人"克夫",没人再敢娶她。陈平看中她陪嫁丰饶,把她娶了过来,从此"游道日广"。有一次,里中举行社祀,祀毕,父老命陈平为大家宰分祭肉。大概是经常帮办丧事的缘故,他的刀功很好,大家都说分得公平,父老表扬他:"好!陈家小子主宰祭肉!"陈平长叹一声:"嗟乎,如果让我陈平主宰天下,也就像宰肉一样。"

陈胜、吴广发动的反秦大起义,为志向高远的陈平提供了历史机遇。刚开始,他和同乡"少年"们一起去投奔的对象是陈胜的部下周市,周市扶立魏王咎,陈平受命做魏王咎的太仆,相当于侍从官的角色。他多次为魏王咎谋画,都未被采纳,倒是不断有人向魏王咎揭发他过去的"丑闻",于是陈平"亡去",直到项羽北伐救赵时,往投楚军,随从入关,做一个没有职事的爵卿(散秩官)。迄殷国降汉,陈平受命去朝歌胁迫司马卬反正奏效,正在齐国指挥攻打城阳的项羽听说后,便命留守彭城的项悍拜陈平为都尉(地位低于将军的武官),赐金二十溢。没想到司马卬不争气,重新与刘汉抗衡后不久,便落到国破被俘的下场,项羽闻讯大怒,发脾气说要把此前派去平定殷国的将吏全部处死。读者已从张良的行迹中知道,保全性命乃是黄老派的起码本事,所以项羽的命令还未正式传达到彭城,陈平已经把都尉印信和二十溢黄金打成包裹,让人送还给项羽,自己偷偷地跑了。他溜出彭城搭舟渡河时,船家看他相貌漂亮,穿戴整齐,当他是身怀珍宝钱财的贵公子,欲图谋财害命。陈平从他们互相使眼色中,便轧出苗头,马上脱光衣裳,赤身裸体帮助摇橹,船家这才知道此人一无所有,从而打消了杀害他的念头。这段故事,可以说是为黄老派之善于自保,提供了一个非常生动的细节写照。

陈平此行的投奔对象是刘邦。他在汉军有个熟人魏无知,遂请魏无知把自己引荐给汉王。当时从各处来投刘邦的"豪桀"很多,只要有人介绍担保,刘邦一概成批召见,先收下再说。陈平这一批受召见者,共有七人,向刘邦行礼后,刘邦便让主持内务的石奋为他们安排酒食和宿舍,表示这个走过场的形式已经结束。七个人退出来后,陈平对石奋说:"我有事来见汉王,要说的话不能拖过今天。"石奋为他通报,于是刘邦再对他单独召见,谈话结束时,刘邦很高兴地问他:"你在楚国任什么官职?"陈平说:"任都尉。"刘邦马上任命他为都尉,兼掌高级军职的铨叙。这个任命发布后,诸将哗然,都说大王怎么搞的,陈平不过是楚国的一个逃兵,也不知水平高低,居然让他来掌理将领的选用!刘邦听到这些意见,反而益加宠信陈平,众人都弄不明白。

但是,细心的读者都明白,陈平一下子受到刘邦如此信用,肯定同他坚持要求刘邦马上单独召见有关。陈平把建议刘邦立即袭取彭城的献策,当作了投靠汉王的见面礼,其单独谈话的内容,则是将项羽大军北上齐国、后方空虚,以及留守部队兵力部署的强弱所在等内部机密,和盘托出。当时刘邦已定中原,正为接下来该怎么办而踌躇,陈平这一份礼物的意义和分量,自然不是那些被屏在门外的诸将所能体会的。

四一　讨楚盟主

陈平投汉，备陈项楚大军在外、后方空虚的实情，促成刘邦迅速作出了挥师东下，一举端掉项羽老窝的决策。这一次，是公然向项羽本人挑战了，该用什么名义包装挑起战争的责任，求胜心切的刘邦已无暇细顾。

这时，项羽密令英布、吴芮、共敖等人暗杀义帝的真相，已悄悄地流传到了中原，有个在新城(今河南伊川西南)执掌基层教化的三老(职名)，人称董公，听到了这个传言，便在汉军行进途中求见刘邦。

这位董公颇通说话的艺术，开口先谈"兵出无名，事故不成"、"明其为贼，敌乃可服"的古训，明确指出在暴秦已经推翻、民众祈求安定的情况下，你汉王还要兴师动众去打项羽，又讲不出过硬的理由，刚好犯了"兵出无名"的大忌，难免会因失去舆论同情而失败。

此一番大道理，正中刘邦的心虚之处。

眼看刘邦无辞可对，董公马上端出了义帝并非死于沉船事故的真相，旋即开导他说：义帝是当年诸侯在戏亭共同扶立的盟主，现在被项羽主谋，害于江中，就这一条，项羽就逃脱不了"天下之贼"的罪名。我听说，行仁者无须逞勇而天下宾服，行义者无须用力而天下自定，为大王设想，如今宜率三军之众为义帝发丧,并传檄诸侯,使天下人都知道项羽谋杀义帝之罪,然后师出有名,四海之内莫不仰望您讨伐国贼的仁义盛德。过去商汤周武所以能够成功的道理,全在这里。

刘邦听罢,拍着大腿叫好,道是"若非您老先生指教,我还不知道哩"。当即下令三军换上素服,为义帝发丧,自己脱卸衣袖,在义帝的灵位前伏地痛哭,流泪滔滔,比他当初听到母亲去世的消息时还要伤心十倍,以至三军将士义愤填膺,中原父老闻风感慨。其实自从戏亭散会以后,刘邦再也没有关心过这位"天下共主"的冷暖,义帝死于翻船事故的消息,去年初冬就已经传出,也没见他哀恸如此。对此,后人曾指出这是做戏,"率天下后世而趋于伪"(《读通鉴论》卷二)。但真也罢,伪也罢,刘邦为天下行义而讨伐项羽的公众形象,总算是树立起来了。这也又一次说明了信息掌握在当时的极端重要性,以至像张良、陈平这一类搞情报刺探的老手,这一回也要自叹弗如董公。

举丧以后,刘邦分遣使者传檄诸侯,檄文云:

> 天下共立义帝,北面事之。今项羽放杀义帝江南,大逆无道! 寡人悉发关中兵,收三河士,南浮江、汉以下,愿从诸侯王击楚之杀义帝者!

檄文中所谓"三河",指河南、河东、河内,可见为义帝报仇这个题目,不仅使刘邦"南浮江、汉"、奔袭彭城师出有名,连此前抢占中原地盘的行动,也变得名正言顺起来。可惜,这一篇做倒轧账的妙文,不知出自谁的手笔。

再来看看戏亭分封时列国一级的诸侯,如今还剩几个? 关中三王:除章邯还在废丘做困兽之斗外,都被刘邦消灭了。"三河"四王:魏王咎、韩王信成了刘汉附庸,河南王、殷王不复存在。北方诸王:常山王张耳丢了封国,投靠刘邦,辽东王韩广被燕王臧荼消灭,剩下的赵王歇和代王陈余都是项羽的对立面。齐国三王：全被田荣或逐或灭，现在是田横扶立的齐王田广与项羽对峙。盘点下来，最称相安无事的，就要数在故楚地盘上以西楚为首的南方四王了。项羽主谋杀害义帝，具体执行者是九江王英布、衡山王吴芮和临江王共敖三人，隐约可见项羽把这三个王当"直属部队"。然而今非昔比，当项羽要求英布同他一起去齐国打田荣时，英布托辞有病，只派了几个将军率数千人随项羽出征。刘邦传檄时讲究策略，火力猛攻项羽一人，这几个"帮凶"一概不提，结果这三个王在收到刘邦檄文后，都作暧昧状。其中衡山、临江二王的封地，远在今湘鄂粤北地区，于楚汉打仗关系不大，惟英布骁勇善战，九江王的封地就在今皖赣地区，与西楚毗连，他做置身局外的表态，对刘邦而言，不啻是吞服一粒定心丸。不难想像，项羽同英布间的关系已不比从前，这个底细也是陈平透露给刘邦的。

北方诸侯中，燕国封地较远，刘邦以赵、代为重点争取对象。执掌赵、代大权的陈余是小肚鸡肠，仍在记恨张耳，看了刘邦的檄文后对汉使说："只要汉王杀了张耳，我们就出兵追随他。"刘邦找了个形貌很像张耳的人，砍下脑袋，派使者将头颅送给陈余，陈余信以为真，便发兵助汉。至此，刘邦拼凑成一支号称五路诸侯的联军，人数多达五十六万。有关"五诸侯"的具体国号，《史记·项羽本纪》的索引、集解和正义中，提供了五种版本，一说为雍、翟、塞、殷、韩；一说为塞、翟、魏、殷、河南，一说为塞、翟、殷、韩、魏，一说为常山、河南、韩、魏、殷，一说为韩、赵、魏、齐、燕，征诸史料，度以情理，全部不对。翟、塞、殷、河南等国，已被刘邦改制为直属汉国的郡一级行政单位，不可能再允许出现国号；常山王是张耳的旧封，国已灭亡，何况他的"头颅"已交给陈余，刘邦哪会蠢到搬出这个旗号来凑数？燕王臧荼出兵于史无征；齐王田广在项楚围攻中自顾不暇，也无能力再抽调军队助汉击楚。所以，比较合理的解释只有两种：一为汉、韩、魏、赵、代；一为去掉汉，加上齐，因为齐国已同项楚处在交战状态，表态参加反楚同盟应该是不成问题的；而把汉王抬升一格，处于韩、魏、赵、代、齐"五诸侯"之上，完全符合刘邦在诸侯中地盘最广、势力最众的实际情况。

汉高帝二年四月（公元前205年5月），诸侯联军在刘邦统率下，从洛阳誓师东进。假如天下太平无事，此时正是列国共同纪念戏亭公约签署一周年的日子，真正意义上的楚汉战争，正是从这个时候开始的。大军进抵外黄，又有一股实力强于"五诸侯"的势力主动来投效汉王，就是彭越。彭越过去在田荣带头反楚时，曾接受田荣的号令，打过西楚，与刘邦也有过联手反秦的旧交。这时来投，刘邦着意笼络，拜为西魏相国，借其之手掌握魏王豹的军队。这个安排，说明他对魏王豹很不放心，而反楚大联盟的不甚牢靠，似乎也可就此略窥一斑。

四二　兵溃彭城

彭城，就是现在的江苏徐州，在历史上是四战之地。项羽以彭城为西楚国都，既有他和楚军将士留恋江东故土的缘故，还因为此地是控制中原和黄淮平原间的交通枢纽，无论北伐南下，西征东进，出兵都很方便。可是它的无险可守，容易被人攻取，恰恰是习惯于打进攻战的楚霸王不曾考虑的。这一次他亲率大军平定三齐，除了见诸《史记》的项悍以外，还留了哪些人看守彭城，似已失考，想必总是以他们项家人士为主。彭城无险可凭，"自家人"打仗不行，西楚的兵力部署等情报又被陈平送给了刘邦，更何况英布等人坐视不救，所有这些不利条件，都转化成了刘邦的优势，再加上韩信用兵，讲究神速，结果是联军兵分两路，左右包抄，以迅雷不及掩耳之势，一举攻下了西楚的国都。

得来轻松的胜利，更容易冲昏头脑。彭城内，楚宫中，尽是项羽从咸阳掠夺来的珍宝美女，看得刘邦目眩神迷。顿时，贪财好色的本性发挥无遗，太史公概括为十一个字："收其货宝美人，日置酒高会。"统帅如此，部下将士的表现可想而知，特别是那些从关中招募来的故秦士卒，无不满怀对项羽坑杀父兄火烧咸阳的报复心理，在彭城肆意掳掠烧杀，宣泄仇恨。独自成军的各诸侯部队，亦都趁火打劫。当时有无张良、樊哙等人随军入城，是否也像往年进咸阳后，给刘邦洗洗脑子，《史记》《汉书》中均无记载。不过，即使老调重弹，恐怕也难生效果。因为在刘邦醉眼朦胧的感觉中，统领近六十万讨楚大军的盟主，自出关以来，攻无不克、战无不胜，正所谓今非昔比，还有什么可顾忌呢？至于韩信、陈平，他们当时也在彭城，而且必有从不同角度着眼的忠告，应是毋庸置疑的。不过他们同刘邦的关系，远非樊哙和张良可比，劝谏只能点到为止，多言便是自讨没趣，大概能够维持一下汉军的军纪，就算不错了。

应了那句"乐极生悲"的老话，一场几称灭顶之灾的大祸，很快降临了。

正在齐国指挥攻打城阳的项羽，得到彭城被刘邦攻占的急报后，即命部将继续击齐，自己带领三万精兵，连夜经胡陵西下，从彭城北面绕过，先将位于彭城西南面的萧县占住。这个动作，极能显示项羽在组织战略进攻方面，确实是一把好手。从地图上看，城阳在彭城的东面，而处于彭城西面的外黄、阳夏、萧县诸地，这时都已经成了讨楚大军的后方，以常理推度，韩信为抵御楚军来袭，应该是把防守的重点放在彭城以东。没想到项羽成竹在胸，偏给他来个避实就虚，以萧县为据点，从刘邦的背后发起突然袭击。韩信仓促应战，加上各路诸侯的战斗力已在连日放纵中消耗殆尽，以及彭城易攻难守等因素，讨楚联军稍战即溃。楚军趁势追杀，联军士卒在仓惶逃窜中落入穀水、泗水淹死者，达十余万人。

西有楚军围击，东有泗水挡道，刘邦在慌乱中率汉军往南突围，又在灵璧(今安徽宿县西北)被楚军追上，狼狈应战不敌，又有十余万人淹死在睢水中，"睢水为之不流"。当时刘邦已陷入楚军包围，情形危急到千钧一发，忽然一阵狂风从西北方向卷地而来，霎时间天昏地暗，摧屋折树，飞沙走石，对面看不清人影。刘邦趁此机会，仅带着数十骑突出重围。逃出十多里路后，背后又有一支楚军轻骑快马追来,眼看就要陷于敌手,惶惶然中,刘邦掉头一看,发现就要冲到眼前的带队楚将,是他当年在薛县认识的熟人,姓丁,名固,人称丁公,忙说:"你我都是豪桀,何必互相残害呢?"言毕,策马狂奔。丁公一听,旋即勒紧缰绳,停住不追。等他的部属从后面陆续来到时,刘邦已经绝处逢生,跑得很远了。

这一段传奇,记载在《史记·季布栾布列传》及其《集解》中,听起来有点不可思议,要细说几句。薛县本是战国时孟尝君的封地,当年"孟尝君招致天下任侠,奸人入薛中盖六万余家",足见此地与刘邦气味相投者很多。迄刘邦初起反秦,在薛县打败秦朝的泗水郡守后,当地有不少人投奔他。其后,项梁亦曾驻兵薛县,又有不少人参加楚军,丁固也是其中之一。刘邦要求丁固手下留情那句话的原文,叫"两贤岂相厄哉",所谓"两贤"之"贤",不能像有些传记所译,作为品德才能来理解,而应参考他们这类人说话的语境。"两贤"的说法,将你我两人同时抬举到相提并论的层次,好比曹操对刘备说"天下英雄,唯使君与操耳",不仅足以唤起丁固的江湖意识,还满足了对方的自负心理。丁固宁肯放弃唾手可得的一场功名富贵,甚至甘冒被项羽察觉后依军法严处的风险,其缘故便在这里。

这段故事,能够说明从青少年起便出入于任侠社会的刘邦,曾经在即刻就要断送性命的紧急关头,靠江湖上的人际关系和处世原则,绝处逢生。而在当时各诸侯部队里承担骨干作用的,相当一部分都来自任侠社会,所以这段故事又在反映时代风气的同时,也为我们多侧面地考察刘邦的处世为人,提供了一个独特的视角。不过自彭城突围后的逃难途中,这类可供观察的视角还有好几个,因此我们又不得不把这段故事的结尾放在后面,先顺着史实本身的发展线索,往下叙述。

　　且说刘邦因丁固放他一马，得以脱险，带着数十骑向北奔窜，途中经过沛县，便想顺便回丰邑老家，把父亲和妻子儿女，带回关中。迎取太公、吕雉，早在半年之前，曾是刘邦派王陵经略南阳、东进萧砀的一个题目，王陵为此还失去了母亲，等到刘邦进入彭城，成日在美女簇拥下置酒高会时，这个题目早已被抛在脑后。倒是王陵戆直，联军讨楚的战争刚一打响，他便从阳夏突破，直驱泗水，一举占领了沛县，《史记·高祖功臣侯者年表》说王陵有"守丰"功绩，大抵就落实在此。等到刘邦兵败彭城，路过沛县，才想到老父妻儿时，渴望复仇的楚军已经比他抢先一步，攻破了丰邑。破邑时，王陵带着部下拼死杀开一条血路，保护太公、吕雉及刘邦的儿女们冲出楚军包围，但不久就被追击而来的楚军铁骑冲散。可能是一对小儿女便于随身携抱的原因，刘盈和鲁元终于被王陵带了出来；而由审食其等保护的太公、吕雉等人，因慌不择路，反而迎着楚军追来的方向走，结果自投罗网。《高祖本纪》说，楚军"乃取汉王父母妻子于沛，置之军中以为〔人〕质"，后人认为这里所说的"父母妻子"，是指太公和他续娶的妻子，吕雉，以及刘邦的长子刘肥，陪同吕雉的审食其也同时被俘。刘肥的生母曹氏，可能死在兵荒马乱中了。

　　鲁元和刘盈比他们侥幸，居然在途中遇上了刘邦。彼时刘邦已乘上了夏侯婴驾驭的王车，突然看见分别近两年的儿女，喜出望外，忙让他们和自己同乘一辆车上，还来不及叙说别情，远处尘土飞扬，又有一支楚军骑兵追来，领队将领就是此前放走刘邦的丁固的外甥，姓季，名布。《史记》上说季布"为气任侠，有名于楚"，项羽拜他为将，"数窘汉王"，这会儿率领人马穷追刘邦，就是"数窘"中最令刘邦难忘的一次。照夏侯婴传记上介绍，当时的车子都是立乘，但是车子一旦跑得太快，两个小孩子都站立不稳，接连跌下车去。刘邦怕被季布追上，命令夏侯婴别管仆倒在地的孩子,赶紧驾车逃命,夏侯婴不听他的,孩子一掉下车,他就把车子停下来,下车去把孩子抱上车,然后再跑。这样跑跑停停,速度大减,全靠王陵和他部下豁出性命阻击楚军靠近。惊怒交集间,刘邦十多次挥剑威胁夏侯婴,不许他停车营救孩子,夏侯婴道要是杀了我,没人替大王驾车。眼看浴血掩护的骑从越战越少,楚军的距离越来越近,急中生智的夏侯婴弄来两块盾牌,安插在车子的两边。这样一来,小孩跌不下去了。于是挥鞭疾驶,毕竟是驷马并驱,最后总算逃脱了季布的追击。

　　但是,此时只剩少数骑从护卫的刘邦,仍然处在万分危险的环境中:整个泗睢流域,到处可见正在搜寻追杀敌人的楚军;投降楚军的诸侯部队,也都想活捉汉王邀功请赏,以至刘邦即使远远看见"自己人"也不敢贸然呼应,要赶紧拐入岔道回避。眼看天色渐渐昏暗,状如丧家之犬疲于奔命的刘邦,突然作出一个令人意想不到的决定:让夏侯婴把他和女儿、儿子送回丰邑老家。在到处盘查汉王行踪的楚军将吏看来,这一带刚经过严密搜索,是刘邦最不可能返回藏身的地方,而以刘邦年轻时"尝辟吏事"的经验,看似最危险的地方,往往就是最安全的地方。可以推测,那两天刘邦在丰邑随时变换的藏身地点,很可能就是他当初去骊山道上释放役徒后,与樊哙等人一起亡命的"丰西泽中"。

　　关于刘邦父子摆脱楚军追捕后曾经返回丰邑的情节,不但反映出刘邦兵溃彭城后九死一生的险恶遭际,而且特别能体现熟悉故乡地形、富有逃亡经验的汉王,在藏身保命方面,确有鬼神莫测的大智大勇。细说刘邦,这一点绝不能忽视。

　　未几,外出游探的骑从打听到吕雉兄长吕泽的部队驻扎下邑(今安徽砀山),因为没同讨楚联军的主力在一起,仍得保持完整的建制。危难之中,大舅爷是可以相信的,于是刘邦带着儿女悄悄前往下邑,从吕泽手里收回这支部队的军权。下邑是砀郡的治所,过去项梁战死后,楚怀王曾任命刘邦为砀郡长,刘邦集团里有不少骨干,如灌婴、郦商、陈涓、虫达等,都是砀人,社会基础可称相当牢靠,待正式打出汉王旗号后,溃散的汉军纷纷向砀郡集结,连刘邦最想念的张良也跑了回来。自然,如我们所料,这个人肯定是死不了的。

四三　荥阳相持

彭城一役,项羽以三万楚军,一举击溃将近六十万人马的讨楚联军,这是他继巨鹿之战以后所取得的又一次辉煌的军事战绩,其效果不啻是向天下宣告:项羽是不可战胜的。

洛阳誓师时诸侯皆从汉王讨楚的形势,顿时发生逆转。原已投降刘邦的故塞王司马欣、翟王董翳重新降楚,掌握赵、代两国实权的陈余,此时已知道刘邦送来的张耳头颅是冒牌货,马上以此为借口,宣布同刘汉断交,其实是向项羽讨好。稍后,魏王豹以母亲患病要回家探视为借口,请假返向河东,然后便断绝黄河渡口,叛离汉王。与此同时,原属雍、塞、翟、殷、燕、河南等封国的大大小小的将吏,也纷纷据地背汉,一时大有众叛亲离的势头。幸好项羽率军回击彭城后,田横趁机从城阳发起反扑,很快便将三齐之地全部占领,项楚扶立的齐王田假丢兵弃甲,逃回彭城。项羽恨此人不争气,一怒之下竟把他杀了,想要再回齐国收拾田横以泄愤,但范增又劝他趁刘邦一败涂地,应该猛追穷寇,斩草除根。在项羽犹豫不定之际,刘邦获得了在砀郡喘息和收容士卒的机会,随后带部队经虞县撤到荥阳(今河南荥阳东北)、成皋(又名虎牢关,今河南荥阳汜水镇)一带。

经历了彭城得失前后大起大落的刘邦,心情很糟。在离开下邑去虞县的路上,他跳下马来,把张良叫到跟前,手抚着马鞍说:"关外的土地,我不想要了。只要有人能帮我打败项羽,就把这些土地送给他们。不知道有谁可以同我一起建树这等功业?"张良告诉他:"可以帮助您打败项羽的人,共有三个:九江王英布,曾是项楚最勇健的猛将,现在同项羽已生隔阂;彭越曾与齐王田荣结盟反楚,现在梁地已成气候。这两个人,都可以马上派使者去联络。汉王麾下诸将,只有韩信可托付大事,是独当一面的统帅之才。您如果有心把土地分封出去,就封给这三个人,一定可以消灭项羽!"

这一段君臣对话,记载于《史记》的张良传记里,十分重要,可以看成是刘邦当时内心真实想法的流露:五六十万大军居然不堪项羽三万楚军一击,差点儿连一条老命也赔上,看来此前把出关东向夺取天下看得太轻易了,倒不如保住关中更实在一些。但楚汉战争既然开局,前途必是你死我活,项羽不灭,连关中亦难保全,于是就有了在已被打散的所谓"五诸侯"乌合之外,另结同盟共打项楚的诉求。张良的筹划,虽然是应其咨询而作人选推荐,却使他低落的情绪因此而振作了许多:一是照这位"智囊"的分析,只要以分封土地为条件,取得这三个人的密切配合,项羽并非不可战胜;二是这三个人中,除英布之外,另两位已经在汉王麾下;换句话讲,自己仍旧是这个新同盟的盟主,并不意味着"争权天下"宏伟目标的降格以求,不过是策略运用的改变而已。为此,在离开虞县前往荥阳时,他派出一个由传令官(谒者)随何率领的使团,去六城争取英布。

来到荥阳,又有喜出望外,原来还有不少失散的汉军被韩信集结到此,而且已按阻截楚军乘胜追击的要求,抓紧筑好了坚固的防御工事。

荥阳依山傍水,城池坚固,既是关东通向关中的咽喉,又是关中控制关东的重镇。按韩信的见解,只要把这一带看住,退可防守关中大后方,进可挥师东向,再与项楚逐鹿。在其西北十五里,有一座北临汴水、南连广武的敖山,山底被凿空成一个个洞窟,可以储藏大量粮食,故有"敖仓"之名,这还是秦始皇时代的军工建筑。历经陈胜、吴广起义以来多年的战乱,这时的敖仓,已没有积粟,但它的储粮设备,仍旧有巨大的军事价值,只要利用起来,便可支撑荥阳、广武的长期坚守。在彭城一役兵溃如泄的情况下,韩信马上想到把这个扼止败势的枢纽之地占住,说明此人的确是一个可以独当一面的人才。

未出韩信所料,项羽在确认刘邦已经逃脱包围,正往西北方向撤退后,立刻意识到绝对不能让刘汉占有攻守两宜的荥阳,马上调整部署,一队接一队的骑卒,旋风似地卷土而来,企图抢占这一战略要地,因韩信抢先一步,以逸待劳,楚军旋在京(今河南荥阳东南)、索(今荥阳)一带惨遭迎头痛击。这一仗,由灌婴统率的汉军骑兵立了大功。从此,楚军主力长期被阻止在荥阳、成皋一带,无法打开这把锁钥而进入关中。假如结合地图来回顾这场楚汉战争的开局,也许看得更加清楚:先是讨楚联军以洛阳誓师为起点,有如狂飚直落,霎时间往东压到彭城;接着是项羽从彭城以东的城阳杀回,也像飓风似的,紧追着汉军溃卒往西刮去,最终在洛阳和彭城之间的荥阳被挡住。不到两个月时间,一来一回,然后便在这里进入了相持状态。时为汉高帝二年五月(公元前 205 年 6 月)。

京、索告捷,进一步提高了刘邦的信心:看来项羽也没厉害到无坚不摧的地步。至此,在张良献策基础上发展起来,准备与项楚持久作战的成套方略,基本形成。这套方略的要点,大体就是以关中为后方,全力支撑荥阳、成皋一线对项羽主力的抵抗,再利用英布、彭越在项楚后方配合作战,使之陷入首尾不能兼顾的被动。同时,命韩信独当一面,对付背汉媚楚的赵、代、燕、魏等国,消除他们对刘汉侧翼的威胁。

巩固关中是实施上述方略的根基。为此,刘邦先把荥阳防务托付给韩信,自己带着刘盈、鲁元一对儿女,返回汉都栎阳。此时,章邯仍在废丘坚守待援,刘邦亲自督战,由樊哙指挥,采用引水灌城的极残酷手段攻破废丘,章邯自杀。自此,关中始告完全平定。

随后,刘邦正式册立刘盈为王太子,彼时长子刘肥正随太公、吕雉等,被羁押在楚军当俘虏,对刘邦而言是生死不明。故对于刘盈来讲,顺利当上太子是拣了个便宜。

刘盈年幼,刘邦命丞相萧何侍太子留守关中,凡邦国重事来不及向汉王奏决者,特许萧何先行处理,"便宜行事"。当时萧何在后方计户征赋,摊派劳役,源源不断地将粮草军需运出潼关,以敖仓为兵站,北济燕赵,南输叶宛,保证对刘邦和韩信两大军团的供应。汉军在前方数次战败,损失惨重,也赖有萧何在后方不断征募兵员,补充前方伤亡,最困难时,曾经"发关中老弱未傅者悉诣荥阳"。前面说过,这一年夏季,关中大饥,连关中饥民也要去巴蜀就食,巴蜀便成为前线兵员粮草的主要供应基地。《华阳国志·蜀志》称,"汉祖自汉中出三秦伐楚,萧何发蜀、汉米万船而给助军粮,收其精锐以补伤疾。"《蜀鉴》上说,刘汉还曾大批征募巴蜀的少数民族——賨民:"賨民多居水左右,天性劲勇,初为汉前锋,陷阵,锐气喜舞",是汉军的劲旅。在西南地区流传至今的"巴渝舞",据传就是賨卒所创作,曾经常参加社祭,懂一点歌舞艺术的刘邦非常喜欢,还特命乐人学习演奏,用来鼓舞汉军的士气。

汉高帝二年八月(公元前 205 年 9 月),刘邦告别萧何,返回荥阳前线,主持与项羽作正面对垒的攻防战事。当时楚、汉双方在荥阳打仗,民众没法生产,田里收不到粮食,粟米价格暴涨到一石万钱。这场战争给中原人民带来的灾难之深重,由此可见。刘邦派周勃防守敖仓,在荥阳与敖仓之间,建筑起一条两边砌有围墙的甬道,专供运输粮食之用。因为补给正常,所以刘邦虽然不敌项羽,总体上处于守势,但军心稳定。相反,楚军虽勇,但无法就地取食,补给主要靠江南远道运输而来,在后勤保障方面落了下风。因为这个缘故,项羽经常分兵攻击甬道,企图以断绝汉军补给作为打开局面的突破口,刘邦也就不得不相应分兵到甬道的防护和修补上。所以楚汉在荥阳一带的战争,一直具有打后勤战的特点。

四四　一面鸾苞三根桩

　　刘邦接手荥阳，韩信提升为左丞相，奉命和曹参、灌婴等人征讨彭城失败后相继叛变的北方诸侯，以防他们从侧翼配合项羽，对刘邦形成夹攻之势。首当其冲者，是封绝河津的魏王豹。

　　当初刘邦出兵"抚关外父老"，河南王申阳、殷王司马卬等，都被他废掉王号，土地直接收为汉国所有，唯独对魏王豹实行怀柔政策，爵禄封土照旧。自忖待他不薄，所以当其宣称对汉绝交以后，刘邦曾派郦食其去平阳劝说他回归汉王。魏王豹不听，对郦食其发牢骚说："汉王待人，极尽侮辱，骂起诸侯、群臣就像骂奴仆一样，我不忍再同他相见！"但是据《汉书·外戚传》揭露，他的绝汉，另有隐情：有个叫许负的相士，应邀为他的姜姬们相面。相到一位薄姬，说这位美人"当生天子"。魏豹听了心怦怦然：薄姬生的儿子是天子，我就是天子的爸爸，自然也就是天子了，还跟着刘邦做附庸干吗？于是对汉绝交，暗中与项羽媾和，指望在鹬蚌相争中捞一把，有朝一日做天子。

　　郦生先礼不成，韩信随后用兵。魏王豹岂是韩信的对手？他料定汉军必从临津渡河，遂令将军柏直率魏军主力扼守蒲坂（今山西永济西），准备在此阻截。韩信将计就计，明里让灌婴在渡口调集船只，吸引住对方的注意力，暗里却用木料、瓦罂扎成一种简易的浮水器材,在距临晋上游百余里的夏阳(今陕西韩城南)偷渡成功,然后轻骑直捣魏国后方重镇安邑(今山西夏县西北)。中了韩信声东击西之计的魏王豹仓促应战,由灌婴指挥的汉军马上又从临津发起强渡。东西合击,魏军大溃。汉高帝二年九月(前 205 年 10 月),魏王豹被韩信活捉,献俘荥阳。

刘邦在荥阳见到魏王豹,破口大骂他忘恩负义,魏王豹磕头讨饶,表示要将功赎罪。刘邦将悉数投降的魏军收编己用,为安抚人心起见,赦他死罪,留在荥阳效力,连过去叛变自己现在又随魏军投降过来的雍齿,也不再追究既往,官任原职,继续带兵。又下令取消魏国,改制为直属汉国的河东、太原、上党三郡。魏王豹在平阳的珍宝姬妾,悉归刘邦所有,那位被许负相为"当生天子"的薄姬,后来给刘邦生了儿子,就是大名鼎鼎的汉文帝刘恒。

平定魏国后,韩信乘胜而进,沿汾河北上,又平定了代国,生擒代王陈余留在代都监国的代相夏说。韩信降伏魏、代的军队后,其精兵都被刘邦派人选取到荥阳,补充荥阳、成皋一带的汉军兵源。这些动作,一方面反映出刘邦在同楚军主力的相持中,兵员消耗严重,一方面也折射出他不愿意韩信的军事力量过于强盛。接着,他又加派原先做过赵国相国的张耳去韩信军中,协助韩信攻打赵国。从情理上讲,张耳对赵王歇和陈余比较熟悉,在赵国也有一定的人望,给韩信当高参,会有帮助,但张耳又是刘邦的老把兄,故这一人事安排,又隐含借以遏制韩信的意味在内。其实韩信身边已经有曹参在,麾下的将领也多是灌婴、傅宽等一班早年随从刘邦西征讨秦的老部下,如此人事结构,刘邦对韩信军团依然多方防范,往深处想,可见他是连曹参以及这些老部下,也不能绝对放心的,唯恐他们与韩信结成一气。这也难怪,当初陈胜在陈县称王,派出去攻城略地的亦多是一起在大泽乡浴血拼杀出来的老战友，一旦形成气候，一个个都据地称王，自立山头，这些教训，刘邦不会忘记。

刘邦肚子里的这些弯弯绕绕，韩信并非不知，不过其人自负，汉王一次又一次把他的精锐抽调走，他毫无怨尤，不仅能剖白忠君听命的心迹，而且更加显示出他能够以少击多、以弱胜强的军事雄才。平定代国未久，他又利用一部分从魏、代就地召募来的兵卒，拼凑成三万人数，东伐赵国。在赵王歇身边掌握实权的陈余得知韩信的动向后，出动二十万大军在井陉口布防。

井陉口就是今河北西部井陉山上的井陉关，邻接山西，是太行山"八陉"之一，具有重要的战略意义。韩信以三万长途跋涉的远劳之师，面对扼守关隘以逸待劳的二十万之众，在旁人眼里看来，不啻是以卵击石。但韩信胸有成竹，先在距井陉口三十里处宿营，到夜半时布置靳歙带领轻骑两千人，每人拿一面汉军的赤帜，抄小路绕到赵军要塞背后的山上隐蔽。及天色将明，全军拔营，渡过泜水，背水列阵，然后选调一批久经征战的老兵，跟着自己去闯关。赵军倚仗人多势众，出壁接战，打过一阵后，韩信佯装不敌，往后撤退。陈余因封土代国被克，亲信夏说被俘，恨不得将韩信一口生吞，见他败逃，忙挥师紧追，原先留守要塞的赵军将士都想立功，全争先恐后一哄而出，连赵王歇也乘着王车跑了出来。撤退到泜水边的汉军与原先在岸上布阵的汉军会合，个个奋勇，作背水死战。躲在山上的靳歙看见赵军营垒内人都跑空，马上依韩信先前授计，乘虚而入，夺得赵军空寨，把赵军旗帜拔光，插上汉军赤帜，然后擂响战鼓，高声呐喊。赵军回头远眺，遥见井陉口上尽是汉军赤帜，方寸大乱，忙听从陈余号令，掉转头来要去抢回关隘。韩信趁势指挥反击，靳歙又指挥两千轻骑从要塞里冲杀出来，处在两边夹击中的赵军已搞不清汉军有多少人，争相逃命，二十万人马溃散过半，余下的或战死或溺毙或投降，陈余本人被斩杀于泜水上，赵王歇糊里糊涂地做了俘虏，旋被斩杀。

井陉一役，韩信以三万人马战败二十万赵军，创造了中国军事史上又一个光辉范例，借用曾任陈余部下的李左车的评述，所谓"名闻海内，威震天下"。及汉军再向赵国腹地进军时，沿途的赵国将吏望风披靡，赵地很快便被全部平定。随后，韩信派出使者前往燕国，劝告燕王臧荼主动归顺。臧荼眼看韩信破魏、破代、破赵，无往而不胜，孰敢抗拒，便接受劝告，派使者前去荥阳拜谒刘邦，燕王从此听从汉王号令。

这是公元前205年11月下旬至12月的事，换算成刘汉历法，就是汉高帝三年十月岁首。韩信以北方战场大获全胜的捷报，向刘邦送了一份贺年的厚礼。刘邦应韩信所请，封张耳为赵王。

紧随军事战胜之后，随何在策反英布的"外交战线"上，也获得成功。

英布这个人，在贪财好色这一点上，与刘邦堪称气味相投。自受封九江王后，便抱定偏安淮南、坐享人生的主张，对于诸侯间的战争奉行作壁上观的政策。项羽要他一起去打田荣时，他称疾不往，仅派裨将带了四千人前往助战。刘邦统领几十万人攻打西楚时，他仍旧以生病为由，坐视不救。项羽为此对他有怨气，几次派使者去见他，言辞间不乏责备，只因论历史渊源，诸侯中只有英布是追随项氏叔侄时间最久的老部下，而且英勇善战，勇冠三军，如今北忧齐、赵，西患刘汉，正要倚重此人，所以也不便同他翻脸。但英布内心不安，就此不敢再见项羽。

这一次，随何率领的刘汉使团和西楚的使者后脚跟着前脚，几乎同时抵达九江国都。楚使仍把英布当项王的部将看待，一见面便是替项王传令，要英布赶快发兵配合楚军攻取荥阳。英布心里不愿,嘴上又不能一口回绝,便让对方住在招待所(传舍)里干等,对于汉王的使团,则干脆托故不见,唯恐更引起项羽不满。岂知随何这张嘴巴厉害,危言耸听,说服了替英布挡驾的交际处长(太宰)替他传话,一定要英布当面听听他的高见。等到英布召见时,随何首先警告他:您不肯跟项王伐齐,又坐视诸侯讨楚,早已得罪了项王,他迟早是要收拾您的! 接着,他又为英布分析楚汉相争的现状和趋势,断言项羽必败,因劝英布趁早归顺刘邦,不仅可保住九江封国,还可从刘邦那儿获得更多的土地封赏。

英布听随何说得天花乱坠,心思大活,当即答应背楚投汉,事后想想项羽的厉害,又犹豫不决。这时楚使又来催促英布赶快发兵,英布正虚与周旋,随何闻讯,故意闯了进来,开口便对楚使说:"九江王已投效汉王,你还有什么资格让他发兵?"英布没想到他会来这么一手,正惊愕间,楚使怒容满面,拂袖而去,随何趁机对一时间失去主张的英布说:"冤仇已经结定了,无可再解。不如赶快追杀楚使,别让他回去。您这里马上起兵攻楚,打他个措手不及。"英布本是性格粗放的一介武夫,仓促间听从了随何的教唆,立即派人追杀楚使,旋即起兵攻楚。至此,本来尚在楚、汉之间举棋不定的英布,被随何几把猛火,将生米煮成了熟饭。

项羽在荥阳前线得知英布反楚,暴跳如雷,忙抽调精锐让项声、龙且带领,夹击英布。龙且之勇,与英布本在轩轾之间,加上英布自封王以后,一直浸泡在醇酒美人中,戎马功夫未免生疏,所以在楚军强大的攻势下,英布接连败北,欲待领着余部直接去投刘邦,又恐目标太大,被正在下邑一带屯营的项羽邀击,便带着随何,轻装简从,间道归汉。

汉高帝三年十二月(公元前204年1月),英布来到荥阳谒见刘邦。刘邦斜倚床上,一边让两个女子侍候他洗脚,一边召见英布,傲慢中透着无赖相。英布羞愤不已,匆匆退出,懊悔此行,要拔剑自刎,被随何拼命劝住,说汉王待人一向就是这样,您别在意,遂拖他去客舍休息。到了客舍,看见铺陈华丽,饮食丰盛,侍从美人一呼百应,派头完全与适才在刘邦那儿看到的一样,于是英布又大喜过望,认为不虚此行了。

略施前倨后恭的小技,英布被刘邦"套牢",随即派人去淮南迎取家属。孰料在他往赴荥阳期间,淮南已全被楚军攻占,妻妾儿女杀得一个不剩,部队也让项伯给收编了。幸好还有不少将吏士卒恋旧,由使者带回来数千人。刘邦从汉军拨了一批士兵给他,命他在成皋屯营,因灭门大祸而恨透项羽的英布,从此横下心来帮着刘邦同项羽作战,势力渐盛。因为英布与衡山王吴芮有翁婿之亲,被杀妻妾中包括吴芮的女儿在内,所以楚军残杀英布全家的另一个后果,就是连带得罪了吴芮。

英布背楚归汉的同时,刘邦同彭越的接洽亦告成功。彭越本来就对项羽不满,所以当刘邦号召诸侯共讨项楚时,他主动参加,但刘邦让他以相国名义屈居魏王豹之下,非所甘心。这时刘邦又派人同他联络,许以日后封他魏王,彭越很高兴,便把大本营筑在滑县(今属河南)一带,专从项羽的背后游击骚扰。

四五　刘邦的替身

　　韩信在北方战线的胜利,解除了刘邦侧翼的威胁;英布归顺刘邦对抗项羽,改变了楚汉力量的对比;彭越在项羽后方不断骚扰,迫使他不断地分兵兼顾首尾。不过,这都是从楚汉相争的大局上着眼的判断,具体到中原战场上看,由于楚军主力都集中在前线,项羽则在范增的参谋下,抱定不攻破荥阳绝不离开的决心,所以刘汉在荥阳正面战线上仍感十分吃紧。就在英布归汉移屯成皋后不久,楚军因攻克淮南,士气高涨,加上在荥阳一线分兵督战的钟离昧因龙且建立战败英布的大功,也急于显示一下,遂请准项羽,发起分段截断汉军甬道的春季攻势。一时间,从敖仓向荥阳运送补给的交通几乎瘫痪,项羽乘势加紧对荥阳的猛攻,守城汉军不仅伤亡严重,而且陷入了断粮的恐慌。

　　眼看形势危急,善出奇谋的郦食其向刘邦献计:"从前商汤伐桀,封夏的后裔于杞。武王伐纣,封商的后裔于宋。暴秦吞并六国而不使六国存祀,使六国后裔没有立锥之地,这就是它迅速灭亡的缘故。陛下如果能封立六国的后裔,六国的君臣百姓都将感恩陛下,陛下得到天下拥护,孤立无援的项楚只有整饬衣襟,恭敬来朝。"

　　此时在反秦战争中复立的六国,正是被项羽和刘邦你废一个,我废一个,几乎要灭完了,但是窘急中的刘邦却忘了这些来龙去脉,所谓病急乱投医,一听郦食其说得花好稻好,前途光明,忙道:"好!赶快派人刻印,就请先生带着这些印替我辛苦一趟,封立六国后裔。"

要刻六国之印,无论铸铜琢玉,多少得费些时间。就在郦食其奉汉王之命找人镌刻六国诸侯之印的时候,张良从关中出差回来。刘邦正在用餐,看见张良前来谒见,忙说:"子房,你来得正好。"遂把准备封立六国后裔的打算讲给他讲。张良反问:"谁为陛下出这个主意,照此行事,陛下的大事休矣!"刘邦大惊:"为什么?"张良顺手拿起刘邦用餐的铜箸道:"臣请借箸为陛下筹算。"接着便一面比画一面滔滔不绝地说开了:

从前汤、武敢封立夏、商后裔,因为自忖有制其死生之命的能力。现在陛下您自己衡量一下,有制项羽死命的力量吗?这是此计切不可行之一。

从前武王进入商都,表彰殷商贤人,释放殷商忠臣,封立殷商烈士之墓。现在陛下您做得到吗?这是此计切不可行之二。

从前武王把巨桥粟仓的粮食和鹿台泉库的钱币都拿出来散发给穷人,济助贫困,现在陛下您有这个财力吗?这是此计切不可行之三。

从前武王平定殷商,将兵车改装为乘车,把武器倒挂起来,以示天下不复用兵。现在陛下您有这个胆量吗?这是此计切不可行之四。

从前武王克商之后,把战马散放到华山,以示无须再乘马征战。现在陛下您有这般悠闲吗?这是此计切不可行之五。

从前武王克商之后,把军牛散放进桃林,以示从此不用再运输军粮。现在陛下您有这份从容吗?这是此计切不可行之六。

　　如今天下游士,舍弃家园妻子,离开祖先坟茔,告别亲朋故旧,跟随陛下西征东进,无非为了日后成功,希冀得到尺土分封。大王封立六国后裔,天下游士各自归依诸侯,还可与亲人团聚,奉祀祖先。陛下您将依靠何人夺取天下?这是此计切不可行之七。

　　还有,现在只有项楚强大,是陛下您的对手。如果再复立六国,都去听从楚国,陛下您还能让他们俯首称臣吗?这是此计切不可行之八。

　　所以臣说,如果照这个主意去做,陛下的大事休矣!

　　张良的这篇"八不可行",比好连弩劲发,一箭跟着一箭射来,听得刘邦心惊肉颤,目瞪口呆,一口饭含在嘴里,忘了嚼咽。等张良说完,"噗"地一声,刘邦将嘴里的饭团吐在地上,大骂郦食其:"竖儒,几乎坏了我的大事!"下令赶快把刻好的印全部销毁。

　　有些史论和刘邦传记,多将这一段史料概括为刘邦在张良的启发下,认识到搞分封制的危险,甚至把郦生与张良的不同见解,提升到刘邦在实现统一大业过程中前进与倒退的两条路线的斗争,这就不得不还原史实以便辨识了。当时大多数人从秦朝的短暂的统治中,看见的都是中央集权的坏处;刘邦还定三秦,争权天下,亦非有志继承秦皇的统一大业,而是因为项羽背约,把本该封给他的关中分给了三个秦朝降将;天下豪杰跟着刘邦讨楚,亦非憎恶分裂,拥戴刘邦实现统一,而是反对项羽分封不公。即便是张良,韩王成是他扶立的,韩王信也是他带到关中的,以分封甚至益封(如对英布)为条件,利用韩信、英布和彭越三杰帮刘邦争权天下,还是他提出来的,可见他从来没反对过分封。再看这篇"八不可行"的演讲,铺张扬厉,条条杠杠,不过是声势夺人,归结起来,无非是两点:其一,楚汉相争还不知鹿死谁手,你刘邦根本没有效法汤、武先王的条件;其二,大家都因为希冀论功分封,才跟着你刘邦浴血奋战,倘若先分封六国后裔,还指望何人替你卖命? 由此可见,张良所反对的,只是郦食其扶立六国之后的具体的分封,完全不存在用实行统一大业的理念来否定一般的分封。

但是,这个应该由哪些人成为分封对象的策略之争,对刘邦而言,确实非常重要,扶立六国后裔的错误计划,就此取消。接着,张良建议刘邦再试试鸿门宴上用过的办法,服软求和,作为缓兵之计。刘邦照他指教,派使者去见项羽,建议楚汉休战,汉王承诺只占有荥阳以西的地盘,不再东进半步。对此,项羽麾下的范增、钟离眜等人都持反对态度,特别是范增,再三提醒项羽别忘了鸿门以来一次又一次的教训,总之,刘邦的保证是绝不可以相信的,唯有急攻荥阳,把他打趴下了,才是求得一劳永逸的万全之策。

郦生之计不可行,张良之计又行不通,刘邦再向陈平讨教。陈平说:"项羽麾下的骨鲠之臣,不过范增、钟离眜、龙且、周殷数人,假如舍得重金,行贿楚人,制造流言,进行反间,让项羽对这几个人起疑心,然后便有机可乘了。"刘邦认为有理,便拿出四万斤黄金给陈平做活动经费。陈平暗派属下怀金混入楚军,贿买项羽左右,遍传流言,说是钟离眜等高级将领为项王卖命,立了这么多战功,却始终未能分土封王,心怀怨望,打算联合汉王消灭项氏,分王其地;又说项王屡拒亚父忠言,所以才弄到诸侯皆反、天下纷扰的地步,害得大家背井离乡,疲于奔命,诸将欲推亚父取代项王,与汉王联合灭楚。

项羽为人多疑,又有最相信"自家人"的特点。这些谣言的炮制传播,自然是钱能通神的结果,但传到项伯、项声、项它、项庄之类项氏成员的耳朵里,就有七分像真了。回想起来,当年鸿门宴散席后,亚父剑劈玉斗,痛骂项王"竖子不足与谋",在场的人都听见了,因知无风不会起浪,于是纷纷告诉项羽。

三人成虎,众口铄金,"自家人"的小报告,不由项羽不起疑心。为测试真假,他便派出使者,以接受刘邦求和的名义,去荥阳交涉。陈平知道项羽咬饵了,便设下圈套:楚使刚到馆舍时,先让太宰进献牛、羊、豕三牲俱备的太牢盛馔,这是古代诸侯遣使交聘时规格最高的外交礼节。俟楚使拿出国书表明身份,太宰故作惊诧:"吾以为是亚父的使者,原来是项王的使者!"遂将太牢撤回,另换不带荤腥的蔬食招待。使者大怒,也不求见汉王了,马上打道返回,向项羽一五一十如实禀报,项羽由此确信范增已经在和刘邦暗中接洽,及范增再来催他急攻荥阳,便当范老头子是在演戏给自己看,不予理会。只要仔细分析一下范增在鸿门宴上的表现,便可知道此人虽然富有谋略,但脾气也急躁得很,眼看项羽给他钉子碰,这张老脸受不住了,当即发怒道:"天下事大定矣!君王好自为之,老朽请求留一把老骨头归葬故乡吧。"言毕,便令随身侍从打点行装回家,途中既恨且怒,背上发出个恶疮,还没抵达彭城,就死在路上。

陈平用金弹攻势加挑拨离间除掉了项羽的高参范增,随后便为急于离开荥阳回关中筹募增援的刘邦策划突围之计,搞了几套方案,都以并非万全,被他自己否定了。最后想出来一个李代桃僵加瞒天过海的办法,遂去找刘邦从沛丰带出来的穷兄弟纪信商量。原来纪信的相貌,与刘邦有几分相像,陈平的办法,就是让他假扮汉王,出城投降,趁着楚军注意力被吸引过来时,让刘邦悄悄逃脱。不过这个冒牌汉王落在发觉受骗的项羽手里,必死无疑。所以此计能否施行,关键要看纪信的态度。

纪信听陈平把计划说明,满口赞同,而且答应由他自己当众向刘邦提出,免得刘邦在老兄弟中间落下不义的名声。这个过程,《汉书·高帝纪》上的记载很简略,只说高帝三年五月(即前204年6月),将军纪信对汉王说:"事急矣! 臣请诳楚,〔王〕可以间出。"刘邦当众会有推托,纪信会再三恳求,最后才是汉王勉强依从。这些情节,想必应有尽有。至于刘邦是否事先知道陈平在居间策划,甚至如后人怀疑是他和陈平合伙出来串演的双簧戏,只能说天晓得了。

李代桃僵的办法既定,陈平旋即安排瞒天过海的实施。因为汉军在长期围困中减员严重,丁壮资源显得特别珍贵,于是城里的两千多妇女成为牺牲品,通通换上汉兵军服。当天夜半,长期紧闭的荥阳城东门突然开启,一队队女扮男装的汉军士卒鱼贯而出,径向楚军阵地行进。楚军发现后,忙列队进击。此时荥阳城头上的汉军齐声高喊:"食尽,汉王降。"旋即,一乘华丽的王车在卫士宫女们的簇拥下,缓缓驶出,羽幢高擎,旌旗导引,果然气势不凡。兴奋的楚军将士在夜色中难辨真假,都争先恐后地到东门前来看汉王衔璧求降的狼狈相。趁此机会,扮作普通军官的刘邦和张良、陈平等人,仅带数十骑从,从荥阳西门遁出,很快便消失在昏暗的夜色中。

冒充汉王的纪信端乘在黄屋车上,被楚军送到项羽面前。项羽曾与刘邦结拜,一眼便认出是假货,当即问他"汉王何在?"纪信神态安详,实话实说:"已出去矣。"眼看费尽九牛二虎之力,将荥阳围成铁桶一般,最终还是让刘邦做了漏网之鱼,项羽暴怒,马上命令左右架柴点火,将纪信活活烧死。

四六　成皋也丢了

　　刘邦一行从荥阳突围后,经英布驻守的成皋由函谷关返回关中。他离开荥阳时,把留守孤城的责任托付给韩王信、御史大夫周苛、魏王豹及枞公四人。周苛即周昌的哥哥,兄弟俩俱为刘邦的丰邑同乡;枞公的真名实姓失考,但从他已有枞公封号推度,很可能也是沛丰跟出来的老兄弟。刘邦离开后,这两个人便凑在一起密谋,认为魏王豹是"反国之王",又被汉王削去封号,必然心怀怨望,保不定会趁此机会,暗中勾结楚军,旋以共商守城计划的名义,把他骗来杀了。从名分上讲,韩王信算是一路诸侯,周苛虽然位居三公之职,排名也该在他之后,因知这个"韩王"在他俩眼里,不过是汉王提拔起来的后起之秀而已,谋杀魏王豹这等大事,亦无须同他商量。这件事,折射出沛丰老臣在刘汉的将吏系统中,具有很强的小团体意识,或许还可以加上砀郡成员;同时也说明当时荥阳的形势已万分危急,这班胆大妄为的将官,做好了与围城共存亡的思想准备。

　　但是刘邦为此次突围,已经折损了一个纪信,不想再负担一个让周苛等人成为牺牲的名声,所以返回关中后,马上命萧何征发兵役,加紧训练,由他带出函谷关去,援救荥阳。有位姓辕的儒生向他指出:楚汉双方长期在荥阳、成皋一线相持,使楚军主力一直集中在此,这就是汉军总是处于困守态势的缘故,应该换一种打开局面的思路。刘邦平素轻视儒生,但听他分析汉军老是被动的原因,挺有道理,便问他有何高见? 辕生说:君王这一次可以从武关出兵,向楚军兵力薄弱的宛、叶方向推进。这样一来,项羽必定要分兵南移,追击君王,君王则深沟坚壁,坚守勿战,而荥阳、成皋的汉军便可减轻压力、得到休息,韩信也有了安定赵地、连络燕齐的时间。等到楚军因处处敌情被迫分散兵力后,君王再北进荥阳、成皋一线,与之交战,就可以打败他们了。

刘邦认为这个方案很好,便带上一支由新老士卒混编的部队,出武关进入中原,径向宛、叶挺进。此前,刘邦经过成皋入函谷关后,楚军便追击而来,旋向成皋发起进攻。英布与刘邦的关系,远非周苛、枞公可比,不信刘邦很快会来增援,稍作抵抗后,便放弃了成皋。他也懂得把部队带往楚军兵力较弱的南边,结果正好同刘邦相遇,两军会合后,就地打出了汉王的旗号。

未出辕生所料,项羽一听到刘邦在宛、叶一带出现,马上亲率大军南下,企图一举将他扑杀。可是这一回刘邦得到了辕生的指教,与英布坚守壁垒,不肯出战,楚军几次发起冲击,都被硬弓流矢射退。项羽无计可施,正欲作长久围困计,后方传来了彭越兵渡睢水,在下邳大破楚军的急报。项羽忙引兵东击彭越。彭越是军事上的黄老派,善于保身,项羽大军刚抵下邳,他就渡过睢水溜了;而刘邦则趁着这个机会,移兵北上,由英布充当先锋,以迅雷不及掩耳之势,一举收复了成皋。

可以想像项羽在荥、成前线与江淮后方之间往返奔波的愤懑。这一次,他在得知刘邦、英布重新占领成皋的消息后,让自己头脑冷静了一下,决定改变一下猫捉老鼠的玩法,俟铁骑奔流,再挥戈北上时,先命钟离昧打出项王旗号,分兵向成皋方向推进,自己则统率精锐,突然向荥阳扑来。周苛和枞公方以汉王重占成皋,又将楚军吸引过去而感到庆幸,没想到一夜之间,西楚霸王的大军如同神兵，从天而降，被打了个措手不及。汉高帝三年六月（前204年7月），固守经年的荥阳终于被楚军攻破，周苛、枞公双双被俘。

项羽很欣赏周苛孤军血战的奋勇，亲自对他劝降，说是"公若为我效力，以公为上将军，封三万户"。周苛破口大骂："你若不赶快投降汉王，马上就要做俘虏。你哪是汉王的对手？"项羽大怒，当即下令将周苛烹杀。枞公也拒绝投降，被项羽喝令斩首。在守城诸将中排名第一的韩王信，亦被楚军活捉。目睹周苛惨死，枞公就义，吓得跪伏在地，向项羽讨饶。项羽这个人，吃软不吃硬，看他可怜巴巴，便吩咐松绑，留在楚营效力。

荥阳既克，项羽又挥师进击成皋。刘邦知道荥阳一丢，成皋难保，何况眼下倚作干城的英布与自己的关系，绝无纪信、周苛那份刻骨铭心的情感，说不定还会把自己献给项王将功赎罪。越想越怕，忙趁着楚军还未完成对成皋的包围，由夏侯婴驾车，两个人悄悄地从成皋的北门溜走了。护军中尉陈平等一批心腹将吏，亦遵其暗中布置，三三两两，陆续开溜，唯有英布还蒙在鼓里。

揣摩汉王已经走远，几个跟随他多年的骑从，才按其临行前的吩咐，去见英布，说是汉王已回关中去搬救兵，把留守成皋的责任都托付给了大王。消息传开，成皋城内乱成一团，汉军中从关中征发来的新兵多成群结伙，踏上还乡之路，老兵们都在军官带领下去追刘邦。英布自然没有周苛那一份替刘邦死守孤城的赤胆忠心，学习汉王，使用三十六计的最后一招，亦赶紧带着自己的部下，撤出成皋。不过他毕竟是久经征战的骁将，即使是弃城北走，走得也有章法，还在城头上遍插旌旗，作为疑兵。待楚军按照项羽调度，先完成对成皋包围然后发起进攻时，才察觉有异，再派探子去侦察，方知人去城空。就这样，成皋第二次被楚军占领。

设想一下，假如当初刘邦把扼守荥阳、成皋一线的责任交给韩信，自己去实施清除北翼诸侯的计划，或许两边的结果都不是这样吧？当然历史无法假设，而且刘邦虽然打仗不如韩信，但提高一个层面上的"用兵如神"，绝对让韩信五体投地：

且说他从成皋逃走后，并未西返关中，而是北渡黄河，径向张耳、韩信所在的修武（今河南获嘉）驰去。当晚，刘邦止宿传舍，由夏侯婴连夜同曹参、灌婴等取得联系，稍后，陈平等人陆续来到，漏夜商议。翌日一早，仍由夏侯婴驾车，刘邦带着那一班人来到辕门，自称是汉王使者，有要事谒见赵王张耳，顺利进入大营。这时张耳和韩信还都高卧未起，刘邦由曹参引路，直接去两人卧内，将他们用来调兵遣将的印玺符节全部收归己有。刘邦得印之后，在陈平等一班成皋跑出来的将吏们的配合下，对韩信军团及张耳重新建置起来的赵军，迅速地来了一次人事安排上的换血。待张耳、韩信在睡梦中被人唤醒，匆匆来到中军帐参见从天上掉下来的汉王时，军权易手的兔起鹘落，已经宣告完成了。

其实，以韩信拜将以来对刘邦的一贯态度，以刘邦已将女儿鲁元嫁给张耳之子张敖，两人已结为亲家的关系，再加上曹参、灌婴诸将在韩、赵两军中或位居机要、或掌握部队的人事基础，刘邦欲收回这两个军团的兵权，好像也没有非要做得如此不近情理的必要。不过，在整个荥、成战线几乎全盘输光的情况下，设使刘邦仅带着数十个随从来投，张耳、韩信将取何种态度，也很难说。事实则是刘邦仅用一个早晨的时间，便占有了如身使臂的主动，马上命张耳分兵循行赵地，安定后方；又拜韩信为相国，以留下来的部分赵军为基础，再编练新军，准备东击田齐。此时，从成皋和荥阳跑出来的汉军散卒也纷纷来到修武归队，占领成皋的楚军随后追击而来，刘邦依韩信献策，赶紧在位处洛水、四面有山势可凭的巩县（今属河南）筑成工事，拦截楚军西进。

至此，刘汉在正面战场上的溃败，算是得到了扼制，时为汉高帝三年七月（公元前204年8月）。遥想在此之前，甬道断绝，敖仓告急，荥阳、成皋相继失守，汉王本人下落不明，一连串不利讯息传回栎阳，关中人心浮动，也够萧何紧张几番吧？由此，再把话题扯开一下，刘邦对独当一面、屡建大功的韩信心存猜忌，对昔为兄弟、今为亲家的张耳亦要提防，甚至连曹参也不敢说绝对放心，而把整个关中、巴蜀完全托付给萧何，使自己能全身心扑在与项楚的逐鹿中原上，他就不怕萧何别存异志？《史记·萧相国世家》上，对刘邦的心理，有一段极生动的写照，用白话意译如下：

> 汉高帝三年，汉王与项羽在荥阳一带相持，汉王多次派遣使者回栎阳慰劳萧何。有位姓鲍的儒生对萧何说："君王在前方作战，处境艰难，而数次派遣使者慰问你，恐怕是对你不放心吧。我为你考虑，倒不如把你所有能作战的兄弟亲属都送到前方去，这样君王必然更信任你。"萧何照鲍生的指教行事，汉王大喜。

这个月，项羽在诸侯中最牢靠的同盟——临江王共敖病死，王位由儿子共尉继承。翌年，刘邦的亲家赵王张耳也因病故去，由其儿子，即鲁元公主的丈夫张敖继任赵王。

四七　郦生的悲剧

　　刘邦从成皋逃到修武时，身边仅夏侯婴一人相随，由于"夺军"奏效，散卒陆续来归，萧何又从后方征发了一批新兵送来，声势复振。照他其时的打算，是想把拱卫关中的防线再往后退缩，凡成皋以东之地，一律放弃，重点防御巩（今河南巩县）、洛（今河南洛阳）一带。

　　张良、陈平这些善于"审时度势"的谋士，对于刘邦的方案多持赞成，唯有郦食其取反对态度。其人原籍陈留，年过六旬，阅历丰富，对于东起淮泗、西至成皋这一段区域的粮储运输情况，十分熟悉，在他看来，"王者以民为天，而民以食为天"，有无粮食支撑，将是决定楚汉相持成败胜负的关键。楚军夺取荥阳后，不急占敖仓，而是忙着分兵攻取成皋，是最大的失策。为此，他建议刘邦放弃退保巩洛的原案，转取反攻姿态，无论如何，要把中原最大的粮储基地敖仓控制在手里，凭据成皋轻兵阻道即可令强敌却步的雄关之险，占有"以示诸侯形势之利"的主动。同时，郦食其又指出：如今燕、赵诸地虽定，但齐国还在田横手里，因为田齐的地理位置在西北与燕赵毗连，往南同项楚接壤，从刘还是从项，对于楚汉双方力量对比的变化具有重要影响。故郦生又毛遂自荐，愿以三寸不烂之舌，说服田齐站到刘汉一边，彻底孤立项楚。

　　刘邦听他讲得头头是道,当即决定采纳这位不久前还被自己骂为"竖儒"者的高见。

　　汉高帝三年八月(公元前204年9月),在樊哙、周勃等骁将相继来到后,刘邦一面自引大军进驻黄河北岸,作南进姿态,一面另派刘贾、卢绾率两万步骑从白马津(今河南滑县东北)渡河,深入楚军后方,首先配合彭越在铜瓦厢(今河南兰考西北黄河东岸)附近,攻毁了楚军在中原地区最大的一个囤积粮草辎重的基地。随后,彭越又引兵往西,在延津东面打了一个胜仗,旋乘胜直进,在不到一个月的时间内,连取睢阳、外黄等十七座城池。在此同时,在成皋退出的英布也一路南下,避实击虚,给项羽侧背增添了新的威胁。

　　彭越、英布和刘贾、卢绾几路人马在楚军后方兴风作浪,霎时搅乱了项羽正准备以荥阳、成皋为基地,向关中全线进攻的西进计划。汉高帝三年九月(公元前204年10月),项羽决定先回军东向,打击彭越,临行前把防守成皋的责任托付给大司马曹咎,关照他说:"小心守住成皋。如果汉王来挑战,切勿同他交战,只要挡住他东进就可以了。我十五天内,一定平定梁地,再回来同将军会合,攻打汉王。"

　　这个曹咎,就是秦始皇时代的蕲县狱掾,当初项梁被关在栎阳牢狱时,正是他写信给担任栎阳狱掾的好友司马欣,使项梁被司马欣开释。项羽自封西楚霸王后,立司马欣为塞王,拜曹咎为大司马(国防部长),名位都在龙且、周殷、钟离眛这些战将之上,陈平批评他任人唯亲,确实如此。可能是曹咎其人脾气比较急躁的缘故吧,所以火气同样不小的项羽才会对他有此告诫,还特地让他的老朋友司马欣也留在成皋辅佐他。

　　项羽离开成皋,急驰东下,彭越正在陈留置酒庆功,听说项羽亲自跑来收拾他,忙布阵迎战。其人一贯作风是打得赢就打,打不赢就走,此时一经交战,便知霸王神威不减当年,赶快弃城而走,楚军乘胜急追。就这样,彭越不到一个月时间夺取的陈留、外黄、睢阳等十七座城市,又被项羽在不到十五天的时间内,悉数夺回。然而,正是在这个短暂的时间内,中原战场上的形势,发生了具有关键性意义的变化——

项羽一离开成皋,刘邦马上抓住时机,从小修武挥师渡河,反攻成皋。起初,曹咎牢记项羽告诫,固守不出。大概又是张良、陈平这些人出的主意,让汉军在城下轮番辱骂,时间一长,曹咎不堪羞辱,遂不顾司马欣劝阻,传令出战。汉军见楚军出击,即按事先计划,争相溃逃,曹咎见汉军不堪一击,挥师追杀,一直追到汜水。孰料樊哙在此埋下伏兵,见楚军中计,忙擂起战鼓,拦腰截杀。楚军大败,死伤无数,曹咎和司马欣都自刎于汜水上,刘邦趁机夺回成皋。与此同时,具有重要战略价值的敖仓又被周勃所控制。

成皋失而复得,刘邦再带领部队向荥阳挺进,在荥阳东北面的广武山上,据险筑起广武西城,重新构建与敖仓接通的甬道。然后再以广武为基地,开始围攻荥阳。楚军留守荥阳的主将钟离眜经验丰富,樊哙数次进攻,都被他打退。接着,楚军主力在项羽的统率下,从后方返回。汉军一听楚霸王来了,纷纷从山间小道逃回广武西城,项羽挥师追击而来,也被汉军凭据高壁强弩打退。项羽目睹广武地险,亦下令在汉营的对面,就地筑起广武东城。东西两城,隔着一条南北走向、深达六十余丈的深涧——鸿沟,遥相对望,中间距离仅相去百余步。从地图上看,这条鸿沟就是汉高帝四年十月岁首(公元前 203 年 11 月)时的楚汉两军的分界线。据说中国象棋棋盘上的那条"界河",就是以这条鸿沟为原型的。

楚、汉双方在同一座广武山上各依鸿沟筑城对峙,看似势均

力敌,其实不大相同。在刘汉这一边,有号称"虎牢"的成皋天险
可恃,有中原最大的敖仓粮窖可用,背无后顾之忧,前无乏食之
虞,相对于上一年夏秋的全线溃败而言,不仅是打了一个翻身
仗,而且已占有了据险可守、伺机可攻的主动。相反,项楚的这
一边,在侧翼受到韩信的威胁,在背后有英布和刘贾、卢绾两根
芒刺,特别是中原地区战火连年,无法供给数十万大军就地取
食,粮草供应全要从江淮取道东西流向的黄河运输而来,偏偏这
一段河道正是彭越兴风作浪的游击区域,致令前方楚军经常因
为粮食被截而处于乏食状态;保持经年的进攻姿态,逐渐被掏空
了底气。所以从全局着眼,成皋的得而复失,实在是楚汉战争中
最具关键性意义的一段。

同上一年的情形相似,汉军复夺成皋不久,韩信军团又以奏
凯三齐的捷报,向刘邦送上一份高帝四年开门见红的贺年厚礼。
不过此事略有曲折,得岔开来细说几句:

解决田齐隐患,以防齐楚联手对刘汉构成左翼威胁,本是刘
邦早在上一年"夺军"修武以前就确定的战略计划。俟刘邦把
韩、赵两军大部分兵力都带走,用来渡河反攻后,韩信重新募练
军队,武力平定田齐的计划被迫推迟。就在这时,郦食其自告奋
勇,愿以口舌说服齐国从汉,能有这等好事,刘邦当然乐意,马上
替他办好国书和礼品,前往齐国。当时齐王田广和执掌实权的
田横听说刘邦派韩信引兵东下,已在全国进行战备动员,并派华
无伤、田解率重兵进屯历下(今山东济南西),修筑工事,做好防
御准备。郦食其及时赶到,开篇先来一通刘汉前景无限光明的
形势教育,然后宣传齐王若识时务从汉拒楚,便可永保王号封土
的优惠政策。田广、田横认为他说得很对,遂派遣使者去见汉
王,双方签署了联合攻楚的盟约,同时撤销齐军在历下的战备。
旋将郦生当贵宾敬待,日日纵酒为乐。郦食其向以"高阳酒徒"

自负,贪杯之好不难想象,如今大功告成,乐得尽欢,没想到就此一耽搁,竟会有乐极生悲的结局。

毛病出在刘邦和韩信两个人身上。

先说韩信。其人确实艺高胆大,刘邦夺走他的主力没有多时,他就又拼凑起一支新卒老兵混编的杂牌军队,稍加训练,便准备渡河,奏响了东进序曲。行进途中,传来了齐王已经归顺的信息,从情理上讲,自然是应当中止行动,同时向刘邦请示机宜,这也是韩信最初的打算。可是他麾下有个参议蒯通进言:"将军手上有汉王命你东进攻齐的诏令,没有命你停止行动的诏令,为何不继续前进?何况将军当初以数万之众,费时岁余,才平定赵国五十余城;现在郦生以一介寒士,凭三寸之舌,一席空谈,便收伏齐国七十余城。岂不是为将数年,反倒不如一个'竖儒'?"

其实韩信的本意,也不愿就此罢兵,其一,其人自视甚高,确实不甘让一个儒生盖过自己的功誉;其二,带兵的人都有经验,军队就是在战争实践中成长壮大的。自己辛辛苦苦带出的军队,突然被刘邦夺走大半,眼下正是重新拉起一支武装的机会,当真舍不得放弃;其三,也是最重要的:他在汉中拜将时,就向刘邦申明过"以天下城邑封功臣"的请求,而且以项羽舍不得分封功臣所以留不住人才的教训,作为比照。孰料刘邦口惠而实不至,迟迟不兑现政策。自己连定魏、赵、代、燕,主动为张耳求封赵王,正是提醒汉王,岂知汉王老猾,顺水推舟封立张耳,自己反而从大将军降为张耳的相国。这次出击齐国,应该说是重新开辟地盘的最佳时机,一旦得手,便是邀功求封、据地讨价的重量级砝码,又何以甘心丢掉?

韩信肚子里有这些说不出口的小九九,但是在既知汉齐已结同盟的情况下,强行毁约攻打齐国,这个罪名更大。现在蒯通点出汉王只有伐齐之诏而无罢战之令,果真令他豁然开朗,当即传令加快行军速度,并趁齐国取消对汉战备的机会,顺当地实现了东渡黄河。至于曹参、灌婴等人,其实也都想立功,这又是他们明知汉齐结盟而不劝韩信休战的私心所在。此时郦商远在陇西,担负安定后方的责任;假使把曹、灌换成是他,就凭兄长郦食其还在临淄充当人质,也要极力劝谏韩信先向刘邦请示吧?

再说刘邦。既然已同田齐结盟,但又不下诏让韩信停止行动,这个态度的确让人费解,以其人机变多虑,说他是一时疏忽,恐怕难以讲通。很可能一方面,他并不情愿让韩信再把战功做得更大;另一方面,又如郦食其所说,"诸田宗强","人多变诈",仅仅凭一份盟约,毕竟令人放心不下,这种两难间的犹豫,大概就是刘邦迟迟不向韩信追颁新诏的微妙所在。

综上所述,从刘邦这方面讲,韩信在未获新诏的情况下,无论打或不打,于全局影响都不太大。打赢了最好,打不赢还可以韩信违令为理由,赶快向齐王赔罪解释,修补同盟;从韩信这方面讲,也是打赢了最好,但一旦输了就要做替罪羊的后果,却是他不曾估计过的。这场即将发动的伐齐之战,多少带有一点两个各怀鬼胎的君臣在做博弈的意味。

结果是韩信的运气更好。由于历下边备全部撤销,又逢岁首,三齐军民都沉浸在庆贺新年的欢乐中,发起突然袭击的韩信竟得一举突破,长驱直入,迅即打到临淄城下,十多万齐军连仓促应战也来不及,霎时溃散,齐王田广逃往高密(今属山东),田横逃到博阳(今山东聊城一带),田光逃到城阳,田既逃往胶东,强盛的齐国在倏忽之间土崩瓦解。最倒楣的是郦食其,齐国君臣都骂他是古今第一号政治骗子,愤懑的齐王下令将其活活烹杀。

四八　平定三齐

　　韩信攻占临淄之后,立刻率军追击齐王田广。田广一面在高密布置防守,一面派使者急赴西楚,向项羽求救。项羽过去对田氏父子叔侄恨入骨髓,正是这份感情,使得他当初宁可坐视章邯挨打,也要先去齐国解决田氏,由此酿成刘邦还定三秦、逐鹿中原的后果。但现在刘邦已成为头号敌人,而韩信在北方战场上连连得手,步步南进,更是构成了对自己侧后的严重威胁。现实的严峻,迫使项羽先把往年的怨恨搁置一边,马上接受了齐使的求援,随即拜龙且为大将,统率号称二十万的楚军奔赴高密。

　　从齐楚世怨到齐楚结盟,此乃秦楚汉之际最具有戏剧性和讽刺性的历史变化,可见不共戴天的世仇或牢不可破的友谊之类,通通是靠不住的空话,一切以时间、地点、条件为转移,政治上既无永久的朋友,也无永久的敌人,连一向以刚愎固执著称的霸王,也不得不趋从这个道理。

　　二十万大军被龙且带走东救田齐,益加分散了楚军的兵力。此时的项羽,要兼顾刘邦、韩信、英布、彭越四大强敌,非但无望一举实现打进关中的初衷,还因军粮供应往往断档的缘故,连长期相持于鸿沟也有难为之虞。愁闷中,有人给项羽献了一条激怒刘邦、挑动他出城交战的绝招:广武山上,楚汉两城隔一条鸿沟对垒,彼此可以相望。在城上置一高俎,把汉王的父亲绑起来放在俎上,再通知他:再不投降,就把你父亲给烹了。他若见死不救,岂不要在全军面前承担不孝的罪名?项羽一听,觉得不错,便依言实施,岂知刘邦的答复是:"吾与你项羽当年一起侍奉怀王,约为兄弟。我的父亲,也就是你的父亲。如果你一定要把我们兄弟共同的父亲烹了,希望分一杯肉羹给我!"项羽大怒,马上下令就在城头上,当着汉军之面把刘太公给烹了,项伯急忙劝阻说:"天下事尚未可知。况且打天下的人不会顾及家室,虽然杀了也不起效果,反而招来坏名声!"自家人的劝告,项羽倒是听得进去,于是一边骂刘季无赖,一边命令把吓得昏死过去的老太公抬下城头。

鸿沟对峙的僵局无法打开,楚军经常断炊,士气急剧低落,开小差的人越来越多。项羽急了,便派人传话,向刘邦叫板:"几年来天下骚扰不安,全因为你我两人在较劲。我愿意同你单打独斗,一决雌雄,别让天下父老子弟再为此受苦了。"刘邦笑着托来人回答:"我宁斗智,不能斗力。"项羽又令楚军壮士去汉军壁前挑战,其办法就同当初刘邦向坚守成皋之曹咎的挑战一样,无非是当着汉军将士,一面揭发汉王的隐私,一面给予辱骂式的批判,总之是极尽刻薄恶毒,希望以此激怒对方,出城交战。刘邦涵养虽好,也受不了当众被人扒下面皮,便在汉军中物色了一个百步穿杨的神射手,对准骂阵的楚军壮士一箭射去,正中心口,当场毙命。其后,凡奉项羽之命前来挑战的,都被此人一箭一个射死。

项羽大怒,披甲执戟,亲自来到汉军壁垒前,指名道姓,破口大骂刘邦。那个神射手张弓搭箭,正欲发射,项羽对着他瞋目怒喝;相传项羽是"重瞳子",即目中有两个瞳仁,那人对此异相,吓得目不敢视,手不敢动,掉头便跑回了要塞,从此再也不敢出来了。

刘邦觉得老是这样躲着项羽,太有损自己的公众形象,便派人约项羽隔着鸿沟对话。届时,双方各自带着随从,夹涧相见。项羽还是嚷着要同刘邦对阵,刘邦从袖管里掏出一幅写有文字的白绫,大声说:"你先听我宣布你的十大罪状:其一,违背怀王之约,把我贬到蜀汉;其二,擅杀卿子冠军宋义;其三,奉命援救赵国后,不回楚还报,裹胁诸侯进关抢功;其四,烧毁秦宫室,发掘始皇帝陵,劫取财宝占为己有;其五,擅杀秦降王子婴;其六,在新安诈坑秦人子弟二十万;其七,把好地方都封给自己部属,驱逐诸侯故主;其八,赶走义帝,自都彭城,夺韩王之地和梁、楚之地,占为己有;其九,派人暗杀义帝于江南;其十,为政不平,主约无信,天下所不容,大逆无道!"读罢,刘邦手指项羽道:"我起义兵跟随诸侯共诛残贼。像你这种十恶不赦的坏人,只配我派刑余之徒来击杀,还有何资格向我挑战?"

项羽气得急火攻心,一声令下,躲在随从中的几个楚军射手开弦发箭,一箭射中刘邦胸口,痛得他险乎从马背上摔下来。当时楚汉双方官兵都在东西广武城上观看两大巨头对话,刘邦为了安定军心,顺势弯下腰来,不用手捂胸部伤口而去摸脚,大声说:"臭小子射中了我的脚趾!"

当众宣布项羽十大罪状,本是讲究个人体面的刘邦借此挽回面子的手段,万万想不到一向以明火执仗自负的项羽,也会来暗箭伤人这一手。返回汉城后,刘邦因胸部中箭,伤势不轻,痛得卧倒在床。张良说:"这不行!陛下在鸿沟前中箭,大家都看见了。如果就此躺倒,将士都当您伤势严重,军心必然浮动。楚军趁机来攻,大事休矣。"刘邦一听,忙强撑起床,裹好伤口,乘上王车,由夏侯婴驾驭,张良侍从,驰往各营巡视。彼时刘邦中箭的消息已传遍全军,后果究竟如何,官兵们正在猜疑,忽见汉王乘车前来巡视,于是人心安定,反过来痛骂项羽下作,说是单挑独斗,居然施放暗箭,比较起来,咱们大王才是真正的大英雄!

面子赢回来了,军心也稳定了,可是刘邦经此一折腾,伤情又加重了,俟各个营寨都巡视完毕,夏侯婴直接将他送往成皋养伤,在此期间,传来了二十万援齐楚军在齐国全军覆灭的捷报。

韩信以数万之众,一举歼灭二十万无往不胜的楚军,况且这支军队的统帅是久经沙场的骁将龙且,而非赵歇、陈余之辈。乍听起来,简直就像神话,也得岔开来介绍一番。

且说龙且引兵入齐,与齐王田广在高密会合后,部下就有人建议他先坚壁自守,避开韩信迎斗穷战的锋锐,同时让田广派亲信去已被汉军占领的各个城市策反。各地齐民听说齐王还在,又有楚军前来援助,都会起来造反。到那时,远离本土二千里的汉军,势必陷入处处挨打的境地,连吃饱肚子都成问题,楚军便可坐收不战而胜的成果。可是龙且说:"我知道韩信为人,寄食于漂母,无资身之策;受辱于胯下,无兼人之勇;这种东西有什么锋锐?况且我是奉命救齐,若是不战而胜,还有什么功劳可言!若是战而胜之,齐国的一半就归我所有了。"

这位龙且与韩信的念头一样,都是想凭借武力建树战功,好在齐地裂土称王,也正是这种"急吼吼"的心态,又给韩信制造了一次机会。

时为汉高帝四年十一月(公元前203年12月)仲冬,齐楚联军在急于寻求决战的龙且率领下,向着潍水东岸作大踏步挺进。此举正合在潍水西岸屯兵的韩信的心意,忙令部下连夜搜罗数万只麻袋,灌满沙土,抛入河中垒成一道截断上游水流的堤坝。冬天的河床水位,本来就不比春秋时节,经他这么连夜一堵,到翌日天亮时,潍水下游已可涉水而过。算定齐、楚联军正好赶到时,曹参受计,先引兵淌水来到东岸,主动邀战,先胜后败,唯恐落后地纷纷向西岸逃回去。龙且大喜:"我就知道韩信是个胆小鬼!"马上传令全军乘胜追击,自己一马当先,冲在最前。站在西岸督战的韩信看到自己的人马都跑过来后,立即指挥部下动手拆除堤坝,原先被沙土遏制住的河流,顿时奔腾而下,汹涌的浪涛将正在涉水过河的楚军大半卷走。趁着敌人一片混乱,汉军金鼓齐鸣,四面出击,龙且本人被斩杀,还留在潍水东岸的楚军和齐军心惊胆战,纷纷逃散。韩信挥师掩杀,一直追击到城阳,生擒齐王田广。

龙且被杀,楚军覆灭,剩下的齐军残部不足收拾。灌婴先引兵在博阳消灭了田光,继在嬴下(今山东莱芜西北)击溃田横,又在千乘(今山东高青一带)斩杀田吸。随后,曹参在胶东歼灭了田既。至此,齐国被彻底平定,只有田横带着残部亡走魏地,投奔彭越。读者已经知道,背公急义,匿藏亡命,是那个时代盛行于任侠社会的一种风尚,所以,正被韩信追杀的田横,却能得到彭越的庇护,这种事并不奇怪。

平定齐国的消息比金创药更有效验,刘邦的箭伤竟很快愈合了,遂在夏侯婴陪同下回了一次关中,在汉都栎阳设宴,慰问秦地父老,还把在反攻成皋时取得的司马欣的头颅悬在市中示众。栎阳,曾是司马欣做塞王时的都邑;刘邦既宴请父老,又搞枭首示众,因知恩威并用这一套权术,在他手上已经玩得很熟练了。

四九　韩信求封

　　韩信平定齐国,彻底解除了刘汉侧翼的威胁,但是项羽始终把主力押在正面战场上,所以成皋前线依旧承担着巨大压力。唯恐前方稍有闪失,因此刘邦仅在栎阳住了四天,便匆匆结束了"休假",带着一批新召募的士卒,重返广武。

　　刚回到广武,就有韩信的使者求见,当面呈上韩信的一封亲笔书简,大意是:"齐乃伪诈多变、反复无常之国,而南边与楚接壤,隐患不小。如果不给我一个假王(即代理齐王)的名义,恐怕权威太轻,无法安定这里的局势。"刘邦看罢,勃然大怒,开口便骂:"他娘的! 我被围困在这里,日夜盼你来帮我解围,原来你想自立为王……"这是"破题",正要"承题"发挥时,张良和陈平一左一右,同时踢了一下他的两只脚。有此两踢,刘邦的脑子马上便清醒了,先打个停顿,示意侍者送一杯水来作为过渡。张良趁机附耳低语:"汉军正处在不利,您能阻止韩信称王? 不如顺水推舟封他为王,好言相待,至少能让他自守,否则就会激出变乱!"

　　其实没有张良的耳语,刘邦也已经省悟到了,这会儿放下水杯,接着往下骂:"大丈夫平定诸侯,自当立为真王。当什么假王! ……"唠唠叨叨骂完,挥手让使者退下,随后便派张良为特使,代表自己前往临淄,向韩信颁赐王玺、册宝,正式封立他为齐王,同时要他赶快发兵击楚。

　　站在历史的"局外"来看韩信希翼受封"假王"的要求,似乎无可厚非。以树立战功为付出,以裂土受封为回报,此乃当时人普遍认同的价值取向,韩信在汉中时就坦率地提出过;张良在"八不可行"的高论中,也曾十分明确地指出过:上一节述及楚将龙且对部下所言,更是一个距离韩信诉求最近的例证。然而非要等到韩信自己提出,还需加上张良、陈平各踢一脚,才得"政策兑现",正所谓人同此心,义同此理:说到底,韩信虽系刘邦一手提拔,但终究不是他小圈子里的人物。陈平批评项羽舍不得行功爵邑,其所任爱非亲即故。但是我们从韩信求封假王一事中可以看出,刘邦与项羽的距离,不过五十步与一百步之差。历来的当权者,都以任用亲信作为稳定和扩大个人权势的有效手段,这一层有别于一般君臣关系的特殊联系,对于希望实行有效统治的君主而言,是最常用的策略。论者多以刘邦任人唯贤、舍得封赏作为项羽的对照,其实那时天下未定,刘邦正待多方用人之际,所以不大容易看出来,随着其权位越高,势力越大,照样也无从摆脱这条任人唯亲定理的自发作用。比如此前默默无闻的刘贾,忽然拜为和卢绾一起领着数万步骑出征的将军,不正是他已经在向项羽靠拢的一个标志性信号吗?但是他又不像项羽那样固执己见,而是识时见机,知错即改,这才是两人在个性上的鲜明反差,换成项羽,绝不具备这种真心已经暴露而又能巧妙掩饰的应变能力。

　　事实表明,正是这种随机应变的能力,使刘邦逃脱了一场功败垂成的祸难!

　　原来,当龙且大军在齐国覆灭的消息传到荥阳前线后,"项王恐"!豪气盖世的霸王亦知道害怕,是因为从全局上看,楚军已经陷入了被刘邦、韩信、彭越、英布四面包围的态势,其中又以

韩信占地最广,立足最稳,士气最盛,而且兵锋所向,直指项楚的
软肋,尤称最危险的对手。有人向他建议:韩信是您的老部下,
其故人武涉正做楚国的官,何不派他去说服韩信,背汉从楚? 于
是,向来迷信武力的项羽,也开始学习刘邦,做起了策反工作。

　　武涉劝说韩信的宏论,归结起来是三层意思:其一,楚汉相
持经年,你韩信已经成为举足重轻的第三种力量,站在哪一方,
哪方就可战胜;其二,刘邦这个人贪而无信,非尽吞天下不会甘
休,今天战败项羽,明天就要来打你;其三,你和项羽有故,与刘
邦无亲,宜抓住时机,背汉联楚,三分天下,独立为王,何必屈居
刘汉的附庸与项楚作对? 聪明人不该做这种傻事。韩信感谢老
朋友为他着想,但比照刘、项对自己的态度,无限感慨:"我在项
王那里,官不过郎中,职不过宿卫,所提建议,无一采纳,这才背
楚归汉。汉王授我上将军印,把数万大军交给我,解衣推食,言
听计从,这才使我有了今天。"由此得出结论:"汉王对我如此亲
信重用,背叛亲信重用自己的人,是不吉利的行为。我的心意是
不会改变的,您替我辞谢项王的好意吧!"

　　武涉策反韩信不成,怏怏而返,但是他劝韩信同刘、项三分
天下的主张,却在韩信的参议蒯通的心里,激发出热切的共鸣。
此人素有"辨士"之名,若以流派划分,属于苏秦、张仪一路,凭口
舌说动某个权势之士,借此实现自己的抱负。前不久,韩信不顾
田齐已同刘汉结盟,硬以武力攻占齐国,由此赢得向刘邦求封的
本钱,就是其人献策的结果,他也因此特受韩信信任,从此成为
入幕之宾,就是可以同韩信避开曹参等人,私下里说话的心腹。

　　武涉的宏论,蒯通都从韩信嘴里得知了,最令其感兴趣的,
乃是对方坦陈:韩信已成为"右投则汉王胜、左投则项王胜"的决
定性力量。正是借助这一句话,蒯通窥测到了曾几何时不可一
世的楚霸王,如今也落到了外强中干的底细,至于自彭城兵溃以

来战无不败的刘邦，当然更非韩信的对手。想到自己正同这个可以左右天下局势的人物处在零距离上，蒯通心底波澜大起，决意接过武涉的盘子，向韩信献一席撇开刘汉、自创大业的盛馔。

鉴于武涉碰壁而返，蒯通一上来先使用当初吕雉父女煽惑刘邦的故伎，说是给韩信看相，贵不可言！

前面说过，楚人的迷信观念特重，《淮阴侯列传》记，韩信曾参照风水理论葬母，因知这位军事奇才在这一点上也不例外。这会儿听说自己有这等贵相，果然来了兴趣，忙问蒯通此话怎讲？

看见韩信咬饵，蒯通开始发挥已经拟就的腹稿，一通洋洋洒洒的"战国策"，先从形势开篇，大抵是：秦亡以来，楚汉相争，给人民带来无穷灾难。项楚曾经转战逐北，威震天下，最终却在荥阳一线陷入窘境，停滞三年；刘汉更是屡战屡败，不能自救。无论楚汉，都已经走到内外交困的穷途，而终日惶惶的民众，都盼望有贤圣出世，把他们从祸乱中解救出来。

谁能承担这个平息天下祸乱的历史使命呢？蒯通点出主题：就是足下！现在楚汉二主之命，都悬于足下之手，结汉则汉胜，结楚则楚胜。依卑职之计，莫若先两利俱存，三分天下，取得鼎足而居的优势，使谁也不敢轻举妄动。以足下之贤圣，拥有强大的军队，占有强盛的齐地，燕、赵诸侯都听从你，便可挥师西向，顺应民众的愿望，迫使楚汉停战。这是为民请命，天下当望风响应，他们敢不听从？然后削强扶弱，分立诸侯，建成新的诸侯体系，而齐国的盟主地位也就自然取得了。只要足下继续顺应民心，垂拱而治，则列国诸侯都会臣服于齐，这就是古语所谓"上天要给你的，你不肯接受，反而要受祸害"。希望足下深思！

综观当时的实际情况，应该说蒯通的这一篇宏论，确实是一个很有见地的战略设想。当然，他可能忽视了韩信背后始终未脱刘邦的竭力钳制：每一次重大军事胜利后，或收其精兵，或夺其印符，更有曹参、灌婴两员猛将，分别掌握着步、骑精锐。或许蒯高参对于这些难题该如何克服，已有方案，只等韩信提出来便可从容应对。岂知韩信的表态，就同先前对武涉的回答一样，依然是不忍背叛刘邦对他破格提拔之恩，并举出种种汉王待他甚厚的事例。

蒯通哀其执迷不悟，举出两例：讲历史，春秋时越王勾践要兴国复仇时，如何重用范蠡、文种，等到成为霸主，马上就收拾这两大功臣；讲现实，秦朝时张耳、陈余相濡以沫，结为刎颈之交，等到事业有成，便互相残杀，为天下耻笑。这是为什么，就是人与人之间的交往，说到底还是利益关系，一旦利益发生冲突，人心就变得难测。足下自以为以忠信侍奉汉王，结为深交，所以汉王绝对不会加危于足下，实在是大错特错了。足下与汉王，以交友而言，不如张耳之于陈余；以忠信言之，又不如范蠡、文种之于勾践。他们的下场，难道不值得足下深思？何况古人有言："勇略震主者身危，功盖天下者不赏。"现在足下之威已经震主，足下之功已盖天下，从楚则项王不会信任你，归汉则汉王内心害怕你，除非自立为王，足下还能有什么安身立命之地？卑职真的在为足下您的性命担心啊！

撇开蒯通的个人动机不论，这一番分析，不仅情理恳切，而且辞锋犀利。虽说韩信的个人欲望，基本不脱建功扬名、裂土封王，即当时流行的社会思潮，从未考虑过自己当"老板"，可是现在蒯通给他指出的是身家性命尚且难保的危机，况有张耳、陈余、范蠡、文种的现实与历史的教训，不由他不为之心动。当即表示："先生不用再说了，容我考虑一下吧。"

过了几天，蒯通又晋见韩信，看他仍旧下不了决心，十分失望，只好加重言辞分量，向他发出最后的警告，但韩信终究不忍背叛对他有恩的汉王,而且认定自己建树了这么大的功绩,汉王不见得会夺走我这个齐王封爵吧。

他以这个结论明确谢绝了蒯通,接下来轮到蒯通害怕了。这位高参料定韩信不会有好结果,而自己曾如此劝过韩信,也会跟着倒霉,照《史记》记载,这位蒯通自这次谈话以后,就犯了精神病。

综上所述,韩信拒绝故人的策反,谢绝心腹的劝谏,其基础全在"汉王遇我甚厚"的坚定信念上,而且这两人的进言,都在刘邦特派张良前来临淄为韩信授封齐王之后。设想一下,假使刘邦在韩信遣使求封假王时开口便骂而无张良、陈平一人一脚给予提醒,或者刘邦没有随机应变的能力,没有及时以"复骂"作为转弯,从而在韩信的使者面前巧妙地掩饰过本意,那将会造出什么后果呢?明代文学家钟惺曾抓住这个细节,极赞"复骂得妙,转变无迹";清人何焯更言:"人见汉王转换之捷,不知太史公用笔入神也!"都是目光如炬的大见识。确实,一个活龙活现的刘邦形象,全靠"如厕"、"扪足"、"复骂"、"分一杯羹"这类细节的塑造,而这些细节对于其喜剧般的事业成功来讲,又无不发生极重要的影响。所以,由韩信、蒯通、张良等众人合成的多棱镜,折射出了刘邦其人处世行事艺术的无比丰富和精彩!

反过来看,要说蒯通如此言之有据、逻辑严密的分析,对韩信的思想毫无影响,也不可能。于是,蒯通为逃避灾祸,先把症状暴露在有目共睹的表象上,而韩信则在从此与刘邦相处时的心态深处,落下了患得患失的病根。

五〇 订立鸿沟
和约

由韩信求封受到启示,刘邦马上采取了一系列向各方面市恩的措施,以求彻底孤立项羽。

汉高帝四年七月(公元前203年8月),刘邦遣使封立英布为淮南王,并要求他向九江故地推进。

荥阳失陷后投降项羽的韩王信,此时又逃归汉营,刘邦出于壮大反楚同盟声势的考虑,重新封立他为韩王,并扶植他组建独立兵团攻取韩国故地,以求缓解汉军在广武前线所承受的巨大压力。

燕王臧荼自从遣使与刘汉修好之后,实际上依然置身于楚汉相争局外,保持中立姿态,由于刘邦多方争取,这时也派出骑兵加入汉营,虽然人数有限,却可以显示刘邦领导下的反楚同盟又增加了新的成员,政治影响不可低估。

比较令人费解的是当时刘邦没有给彭越封王,很可能项羽在派武涉策反韩信的同时,也对彭越作了政治争取的工作,所以当时彭越采取中立的态度。彭越在反秦风暴中崛起时,曾有一句名言:"两龙相斗,且待之。"因知其人从无鲜明的政治态度。在反秦战争中,他既配合刘邦打过秦朝将吏,也混水摸鱼兼并反秦义军,凡有利于扩大个人势力和地盘的事,都积极为之,但又以保存实力为限度,绝不肯轻易为哪一方拼耗血本。自楚汉开战以来,他利用项羽全力以赴对付刘邦的大好时机,把整个魏国故地搞成游击战区,拣捞了不少油水。现在,当项羽开始注重维持后方稳定,并向其恩威兼施的情况下,这个老江湖退而保持"且为汉,且为楚"的"中立"姿态,的确是他"两龙相斗,且待之"的一贯处世原则的写照。虽然这个微妙变化的来龙去脉,史载失详,但刘邦此时未封彭越的缘故,大概只能用此诠释。

彭越的暂时出局,使项楚的后方暂告安定;此外,继承共敖为临江王的共尉,气焰比他父亲嚣张,嗣王之后,便旗帜鲜明地站在项羽一面,由是形成对英布的南进有所抑制。凡此,都是项羽能够留在前方咬住刘邦的条件。但是楚军的粮食供给问题,已恶性发展到了连充饥亦难保障的地步,军营里怨恚沸腾,势难再作坚持。但反观刘邦这一边,尽管军粮供应的情况占有优势,其他方面亦是困难重重。当时刘邦下令为数年来己方的阵亡病殁的士卒做衣衾棺椁,转送其家属,以供祭祀,大抵也反映出荥阳以西的人心士气,已经普遍不满,亟需安抚。说到底,关中巴蜀虽称饶富,毕竟经不起这样成年累月无休无止的征调。从汉高帝四年八月(公元前203年9月)起,栎阳的刘汉政府开始向年十五岁到六十五岁的男女征收每人一百二十钱的人头税(算赋),商贾、奴婢加倍。因知萧何掌理下对前线有求必应的汉国财政,也即将陷进入不敷出的窘境。

广武山上,看似剑拔弩张的东西两城,底牌都是强弩之末。比较起来,楚军的情况更糟,但刘邦急于结束这种状态的心情,反而比项羽迫切。刘邦在这些年的楚汉相持攻守战中,身负大伤达十二次,其中被矢石洞穿的重伤,就有四次,对比起贪财好色、追求享受的原初动机,如此沉重的代价付出,不啻是一种特具讽刺意味的折磨。他再也忍受不住了,决定主动打开僵局,与项羽实现停战。询问部属有谁愿意充当使者,陆贾自告奋勇。

　　陆贾以能言善辩知名,常代表刘邦出使诸侯,但是像随何策反英布、郦生说服田广这等大功,尚未建树过,因而很想借此机会,表现一番。他的办法是,一开口便为项羽剖析汉军兵盛粮足、楚军兵疲食尽的优劣,使项羽认清形势对己不利,然后便可利用对方底气不足,尽可能为汉王在谈判中获取体面与实惠的双赢。岂知这一套伎俩,恰与项羽从来不肯示弱的刚愎性格互相冲突。"既然汉王胜券在握,何不及早与我一决雌雄呢?"一个问号,截断了他的滔滔不绝。

　　陆贾铩羽而归,刘邦心里暗骂腐儒徒托空谈,成事不足。以他对项羽为人的深切了解,随之又想到了一个可以担当此任的人,遂遣使请当初刘、项共事怀王时,两人都尊为前辈的侯公。侯公的身世履历及其很快促成楚汉休战的经过,史书均无具体记述,可以推测,此人大概是个世事通明、人情练达的老江湖,被刘邦卑辞厚币请出山后,一上来就以第三者的身份出现,使得项羽乐意接待。随后针对项羽的脾性,大掭顺毛,批评刘邦种种不堪,褒扬项羽处处神勇,最后为民请命,恳求项王哀怜天下苍生的痛苦,就此停战,与民休息。所有这些内容,对于不久以后便成为汉朝开国皇帝的刘邦而言,无疑特损光辉形象,是以刘邦因侯公促和有功,要封他为"平国君"时,这位老先生已突然从人间蒸发,而其说服项羽和刘邦签订"鸿沟和约"的经过,也就成了后人永远不知其详的历史机密。

　　汉高帝四年九月岁末,即公元前203年10月,经侯公斡旋,楚汉罢战的"鸿沟和约"正式签署。该约的大体内容,是以刘、项"中分天下"为原则,双方在现实的军事分界线上实现就地停战。和约规定以南北走向的鸿沟划界,以西为汉,以东为楚。为汉为楚的内涵,应作势力范围解释,就是楚汉两家瓜分天下。和约订立后，项羽马上应刘邦的要求，将太公、吕雉等汉王的家属送还，《史记》上说，当时两军"皆呼万岁"，双方将士都沉浸在和平终于来到的欢欣中。

根据鸿沟和约，位居鸿沟以西的荥阳划归刘汉。急于带领楚军东归彭城就食的项羽，在送还刘邦家属之后，马上依和约规定，令钟离眜率楚军撤出荥阳，同自己合为一路，班师东还。对于刘邦来说，鸿沟和约不仅使他得以从长期据守广武的磨难中解脱出来，而且赢得了从此与项羽平起平坐、共为天下盟主的地位，确有相当满足的感受。惟一担心的，倒是一向目无余子的项羽，是否会善罢甘休？现在眼见对方毫无留难地将太公、吕雉和刘肥送还，又爽爽快快地交出了荥阳，真有如释重负甚至是大喜过望的感受，故在吩咐樊哙分兵接管荥阳之际，也做好依照和约，将大军带回关中的准备。

就在这个楚汉双方都认为"光荣和平"即将实现的关键时刻，自刘邦遣使请和时起便一直作冷眼旁观的张良和陈平两人，突然双双站出来对刘邦说："君王已拥有天下大半，诸侯也都听从君王的号令，而楚军兵疲粮尽，这正是上天要使他们灭亡的时机。如果我们不抓住这个时机追击他们，岂不是俗语所谓'养虎遗患'吗？"刘邦一怔，继而迟疑道："可是我们已经达成了约定……""管他什么约定不约定"，张良对刘邦说："创大业者不拘于小节，只要把项羽消灭掉，天下还有何人敢说您君王违约！"

对此，宋代的杨时曾发表评论："老子之学最忍，他闲时似个虚无单弱底人，到紧要处发出来令人支吾不住，如张子房是也。子房如峣关之战，与秦将连和了，忽乘其懈击之；鸿沟之约，与项羽讲解了，忽回军杀之，这便是柔弱之发处，可畏！可畏！"而刘邦于张良、陈平所学的"黄老"一路，本来就如张良所言，"沛公殆天授"，这会儿经两人一点拨，顿时觉悟，立即传令全军越过鸿沟,尾随楚军背后发起偷袭性追击,同时遣使分赴韩信、彭越、英布等诸侯处,要求他们配合行动。

风云突变,依约退兵而自弃荥阳险阻的项羽,就此迎来了刘邦在其后背给他的致命一击。

五一　西楚霸王的末路

　　汉高帝五年十月岁首，就是公元前 203 年 11 月，在刘邦亲自率领下杀出回马枪的汉军铁骑，把中原民众刚想过一个和平新年的热切希望，冲得烟消云散。相持经年的楚汉战争，进入了汉军由防御转向进攻的新阶段。不过，慑于霸王的神威，汉军不敢过分接近，只是在楚军后面押队似地跟着，伺机动手。

　　从地图上看，楚军东归的捷径，应该是经外黄直达彭城，但是这一带已经成为彭越的势力范围，为求班师顺当，项羽选择了一条借道南阳地区经陈县返归的曲线，所谓"虎落平阳被犬欺"，项羽也会弄到力求避免与彭越发生冲突的地步，可见霸气已收敛不少。但是，当其在固陵获知刘邦竟撕毁刚刚订立的鸿沟和约，尾随追击而来时，再也按抑不住狂怒，立即下令全军调转马头，挥戈痛剿。两军交战，汉军依旧不敌楚军，马上便像退潮似地四散奔溃，幸亏樊哙率领的增援部队及时赶到，才勉强压住阵脚，掩护刘邦退入固陵。后来有人分析，假使这时项羽见好就收，立即引兵速回彭城，那么天下事尚未可知。但是刘邦的背信弃义，实在令其恨入骨髓，发誓非要将这老无赖碎尸万段不可，遂不顾士卒疲劳饥饿，下令全力攻打固陵。由此一念，铸定了他彻底失败的结局。

　　这是项羽那一边的后话。刘邦这一边,眼前的被攻挨打,也把他逼入了困境。固陵无险可依,全指望韩信、彭越兴师来援,然而任凭他羽檄飞书,俱无动静,要不是楚军人困马乏,枵腹作战,战斗力远非昔日可比,只恐怕成皋溃败的历史,又将重演了。

　　刘邦向张良问计:"诸侯都不听我号令,怎么办?"

　　张良说:"楚军的败局,其实已经铸定了。但君王从未明确和诸侯划分疆土,这就是他们不肯提兵前来会师的缘故。如果君王肯与他们共分天下,他们立刻便会率军来援。"

　　"依子房之见,应该怎么共分天下?"刘邦焦急地问。

　　张良说:"齐王韩信的封立,并非出自君王本意,所以韩信并不认为自己的权益已经牢靠了;彭越早就控制了梁地(即魏国地区),当初君王以魏豹已封魏王的缘故,拜他为魏国相国。如今魏豹已死,彭越企盼继任王位,可君王不肯及早确定,他自然内心不平。为今之计,宜将睢阳以北直至穀城这片土地,全部封给彭越;将陈县以东直至海滨的土地,全部封给韩信。韩信是楚人,他心里还想得到故土。君王若能捐弃这些地方,许给他们,使他们各自率军对楚作战,楚军马上便可击溃了。"

　　早在兵败彭城之后,刘邦就对张良表示过,愿意舍弃关东土地,与张良荐举的韩信、英布、彭越三杰共建战败项楚的大业。故张良在此时提出的方案,其实是提示刘邦及时兑现当初的许诺。惯于"大言"而又好赖账的刘邦,这时才意识到事到临头,光开空头支票是不行了,便立即派人带上画定疆界的地图,分赴齐、梁,谕告韩、彭。果然不出张良所料,韩信马上亲自率领二十万大军开赴淮北,彭越也拿出了向来不肯拼耗的老本,向着楚军的后路包抄而来。

　　消息传到固陵,项羽大惊,赶紧放弃了对固陵的围攻,全军东撤。这一次,刘邦学乖了,把尾随追击的距离拉得更开,同时命令已进入楚地的刘贾部队南渡淮水,进逼寿春,期与重新在这一带打开局面的淮南王英布会师。

　　因为刘邦不敢紧追的缘故,项羽的再次东撤,一路顺利,但是通过陈县未久,便有更惊人的消息传来:屯兵寿春的西楚大司马周殷在昔日同袍英布的诱降下,关键时刻,叛楚从汉,以九江之兵同英布、刘贾两军在城父会师,挥戈北上,切断了项羽往南方的退路。周殷在项楚阵营里的资历和威望,与钟离眛、龙且等人并列,他的背叛,对于撤退途中的楚军心理打击之沉重,不必细说。

　　汉高帝五年十二月(公元前202年1月)初,退至垓下(今安徽灵璧南)的项羽,被刘邦、韩信、彭越、英布共三十万大军团团围住。此时的楚军,号称十万,项羽还想凭此本钱作猛虎出洞式的反攻。但是,受命全权指挥垓下会战的韩信,用兵谋略远在项羽的老对手刘邦之上。在这一次两大军事奇才首次相逢的战役中,项羽凭血勇指挥,韩信靠智略围攻,项羽几度组织出击,从战术上讲,都可谓迅疾如电,势不可挡,但每次都在韩信战前挠后、十面埋伏的周密部署下,功败垂成,最后不得不退入大营,坚壁自守。入夜,鏖战了一天而没有进食的楚军官兵,忽然在昏昏沉沉的睡梦中被此起彼伏的歌声惊醒,侧耳细听,要塞四面,到处都在传唱他们所熟悉的楚地歌谣。项羽大惊道:"难道汉军已全部占领了楚国,为什么汉军中有那么多楚人呢?"看来他是连续苦战杀昏了头,竟忘了整个刘邦集团的基干力量,连同从自己这一方背叛而去的韩信、陈平、周殷等在内,本来就是楚人。

　　这就是历史上有名的"四面楚歌",一般多认为出自张良的设计,其效用是以此调动楚军的思乡情结。果然,陷入内无粮草、外无援兵绝境中的楚军,听着凄楚的乡音,想起故园和亲人,连最后一点困兽犹斗的心志亦告瓦解,开壁出降的现象似瘟疫一般迅速地蔓延开来。这种结果,避免了成千上万的楚汉官兵在殊死博杀中的牺牲,应该记为张良的功绩。

面对士气的崩塌,项羽决意只带八百同自己生死相随的壮士突围,以便仍在各营死守的将吏和士卒向汉王投降,至少可保一条活路。此时他已醒悟到刘邦和自己同为楚人,地缘乡情,血浓于水,想必刘邦不会再同放下武器的楚人子弟为难吧。临行前,项羽吩咐部下把他的乘骑乌骓马牵来,再同其爱姬虞美人把盏共饮,作生死离别。霸王起身,慷慨悲歌:"力拔山兮气盖世,时不利兮骓不逝。骓不逝兮可奈何,虞兮虞兮奈若何!"揣其辞意,是把一生功业的由成到毁,归之于时运不利,而赴死前最难割舍的则是宝马美人。

虞美人深受感动,起身和歌:"汉兵已略地,四方楚歌声。大王意气尽,贱妾何聊生。"这又反过来令项羽心酸不已。《史记·项羽本纪》称,当时项羽"泣数行下,左右皆泣,莫能仰视。"这就是历史剧《霸王别姬》的故事原型。

项羽即刻上马,带着八百骑从杀开一条血路,向南突围而去。刘邦得知,即令灌婴亲率五千骑卒追击。及项羽渡过淮水来到阴陵(今安徽定远)时,身边只剩下一百多人,又迷失了道路。项羽向一个农夫问道,农夫骗他往左边走,使他与部下陷入一片大沼泽中,结果被汉军追上,一阵拼杀后,再逃到东城(今安徽定远东南),又被灌婴赶上,围之数重。这时项羽身边仅剩二十八骑,而汉军有数千骑。一生自负的项羽到此地步,依然未能反省出英雄末路之原因所在,他对部下说:"我自追随叔父起兵,迄今已有八年,身经七十余战,无坚不摧,无往不胜,故称霸天下。现在居然同诸位被困在这里,这是上天要使我灭亡,并非我不会打仗的缘故吧。"遂鼓动部下再作死战,以突围、斩将、夺旗的战术性目标实现,向天下人证明"上天亡我,非战之罪"。

　　使人惊佩的是,在其一马当先的激励下,二十余骑对数千骑而能"三胜"的目标,居然完全实现。再次突围的项羽,带着这二十余骑来到长江西岸的乌江亭(今安徽和县境内),如能渡江而东,便可回到他起家的会稽郡去。此时灌婴又挥师追来,江边的芦苇丛里,则摇出一条渡船,掌橹的艄公是楚国的乌江亭长,与当初刘邦在秦朝统治下服务的级别,正好一样。

　　乌江亭长对项羽说:"江东虽小,地方尚有千里,人口也有数十万,依然可供大王据地称王,请大王赶快乘船渡江。眼下唯独卑职有船,汉军追来,无船可渡。"项羽苦笑道:"上天有意使我灭亡,即使渡江而东,还能有何作为呢? 当年我项籍率领江东子弟八千人渡江而西,如今没有一人生还。就算江东父老怜惜我,再度拥戴我据地称王,我有脸同他们相见吗? 即使他们嘴上不说,我项籍的心里能不感到惭愧吗?"

　　抒发过无限感慨后,项羽把骑乘多年的名驹乌骓送给乌江亭长,以表谢意,然后令所有骑从一律下马,换上短兵器与汉军步战;其用意同送掉乌骓一样,就是不忍心让这些伴随主人多年的乘骑在激战中无辜死去。过去韩信曾批评项羽徒有匹夫之勇、妇人之仁,观其屠城杀降时的血腥残暴,连眼皮也不眨一下,此刻死到临头,却对一群战马大发慈悲之心,因知韩信的观察根据确凿,而项羽的多重性人格构成,获得其生前最后一次展示。

　　以步战和骑战对阵,楚军即刻处于下风,二十余人纷纷战死,独项羽行动倏忽,出手疾速,还能一气"杀汉军数百人",自己负伤十余处,回首看见汉军中有个将领吕马童,是背楚归汉的老部下,便问他:"你我不是旧交吗?"吕马童惭愧得背过脸去,悄声告诉其他汉将:"这就是项王。"项羽大声道:"我听说汉王购我头颅,悬赏千金,封邑万户,我帮你老朋友得到这个大功劳吧!"言毕,拔剑自刎而死。原先多不敢近其身前的汉军诸将,目击这悲壮的一幕，无不为之震慑。半晌，有人突然反应过来，千金万户的封赏已经送到面前，忙跳下马来割取项羽的首级，于是众人一拥而上，乃至自相残杀。最后，项羽的尸首分别为王翳、杨喜、吕马童、吕胜、杨武等五个军官割取，后来这五人各封为侯。

历时经年的楚汉相争，终以西楚霸王的身首异处、惨遭五分宣告结束。再仔细计算，从鸿沟订约到乌江自刎，倏忽幻变的时间历程，也只不过两个多月。在太史公笔下，这两个多月中项羽由叱咤风云走向英雄末路的经过，绘声绘影，情文并茂，宜称一部《史记》中最令人荡气回肠的光彩篇章。在楚汉相争中每战必败的刘邦，所以能取得最后的胜利，其表现往往在其战无不胜的宿敌项羽那里得到鲜明的反衬。所以，排列一下项羽在最后日子里的行迹关揆，并与刘邦在同样情形下的表现略加对照，也是刘邦其人的一个立体形凸显：

鸿沟订约，项羽马上"引兵解而东归"，刘邦就敢"大行不顾细谨"，不顾信义尾随追击，这等翻云覆雨的狡黠奸诈，项羽不及。

中分天下，项羽送还可以充当人质的太公、吕雉，交出可作东撤掩护的荥阳，由此自亡"后背"，被刘邦轻易杀出回马枪；反观刘邦，兵溃彭城后状如丧家之犬，但并不惶然到随意投靠"盟军"，甚至远远看见"自己人"也不敢贸然呼应，直到进入大舅爷的营盘，接过兵权，才敢重新亮出旗号。这等丰富的社会阅历和本能的防人之心，项羽不及。

反击汉军获胜，项羽竟会在固陵缠住不放，非要出一口恶气，从而给诸侯包抄切断退路提供了时间；相反，被困在固陵的刘邦面对韩信、彭越的按兵不动，就会隐忍相让，因此而抓住了反败为胜的时机。这等小不忍则乱大谋的见识，项羽不及。

垓下被围，以项羽在东城时犹能以寡击众三战三胜的威风，其个人突围成功应该说绝无问题,但他不忍抛离士卒,明知全体突围已不可能,仍强为之,最终拖到韩信的十面埋伏部署停当;反观刘邦,在荥阳甘让纪信冒名替死,掩护出溜;在成皋自度形势不妙,开门先走,甚至对英布也不打一声招呼。这等自顾为先的心计,项羽不及。

夜闻楚歌,项羽的斗志已告消退。此时再行单兵突围,只是想借此为那些誓同生死的江东子弟兵留一条缴械投降的活路而已。在此决意放弃半壁江山的最后时刻,还孜孜在念乌骓不逝,美人奈何,所谓举轻若重;反观刘邦,亡命睢水舍得抛弃亲生儿女,面对要烹太公的威胁,笑请分一杯羹,争权天下的大局高于一切。这等举重若轻的气魄,项羽不及。

两军混战中认出故人吕马童,这个情景同刘邦兵溃彭城后遭逢故人丁固的情况惊人的相似。自阴陵到东城再到乌江,尾追而来的汉军将士一直没能确认谁是项羽,最终是项羽自己将头颅相赠故人;回顾刘邦以任侠切口与丁固扳谈情义,换来纵放逃生,这等希冀侥幸的心态、因人应对的急智,项羽不及。

败走乌江,项羽有船可渡,只因葬送八千子弟的负咎,无颜再见江东父老。姑且不说史家争论不休的"卷土重来未可知",只要项羽不亡,韩信、彭越、英布的继续存在应当是无可置疑的;而只要这三个人依然存在,则天下事正未可知。对比刘邦,休说有船可渡,即使是无穴可钻,也能从厕所里开启逃生之门。兵溃彭城后危机四伏、无路可走的绝望,实在不逊于十面埋伏、四方楚歌,然而终以包羞忍耻,赢来最后成功。这等能屈能伸的心志和坚忍,项羽不及。

从鸿门乞怜到广武求和,项羽一再上当受骗,却始终不识刘邦的利害所在;相反,从刘邦敢去鸿门赴宴这一点看,便可知他对项羽的种种弱点,以及应该如何利用,洞若观火。试看在整个楚汉战争过程中,刘邦始终位居同项羽相持的第一线,虽负伤带病亦不自惜,这其中除了怕被别人揽去军权的担心外,还由于他深知项羽勇猛,唯有自己这种屡败不馁、用智较量的痞气和韧劲,才可以持久应对。但是当其得知项羽带领一支人马南逃后,居然一反常规,没有亲自追击,仅派灌婴率骑五千去执行这一使命。难道他不怕项羽杀回江东、卷土重来? 因为他知道无往不胜的项羽受不了这回平生第一的惨败而走,算定他绝无忍辱苟活的念头。这等知彼知己的洞察,项羽不及。

　　最后,兵败垓下后的项羽和兵败彭城后的刘邦,还各有一个关捩可资对照:渡过淮水摆脱危险后的项羽,居然会在阴陵因迷路而被一个不相干的农夫骗进沼泽,因此让汉军再度追上;相反,渡过睢水后又陷入重围的刘邦,眼看已成瓮中之鳖,突然会有一阵狂风吹来,令天地晦冥,楚军大乱,从而使他乘机逃生。可见,即使论运气,项羽也不及刘邦。

　　说到刘邦最终战胜项羽的真正原因,历来史家各有见解,提倡唯物史观的学者,更是着力于从历史条件的交会中归结出必然性来。其实必然性的化整为零,就是枝枝节节的各种偶然性,其中人的性格尤称重要因素,即人们常说的"性格就是命运"。通过上述对比,我们实际所见的,分明是一个性急无备、好强争胜的勇少年,正在和一个老谋深算、奸诈狡黠的老江湖角逐,最后的胜负决出,应该是顺理成章的。

五二　当上了大汉皇帝

项羽抱恨终天时,年仅三十一岁。

困守在垓下的楚军主力因失去统帅,各行其事,除部分战死或逃走外,大多向汉军缴械投降。俟霸王自刎乌江的消息传开,楚国将吏纷纷降汉,态度最爽快的,正是以项伯为首的"诸项氏枝属",也就是项羽生前最亲爱的"自家人",反倒是他曾经疑忌过的钟离眜等人,忽告失踪。

项羽早年曾被楚怀王封为鲁公,所以鲁(今山东曲阜)算是他的第一个封地,曾派项冠留守。项羽死后,鲁地父老不肯降汉,动员子弟武装起来,抗拒汉军,汉军将领多主张全力攻克后,以屠城相报复。但刘邦不赞成,认为这种讲究情义、为主守节的精神值得尊崇。这件事多半勾起了他埋在心底多年的一个隐痛:即当初丰邑父老对其的背叛,比照之下,对鲁人的钦佩之情自然而生。于是他派出特使去鲁邑招抚,表示将对项王葬之以礼,并亲自吊祭,鲁人遂献城投降。而后,项羽得以鲁公之礼落葬榖城(今山东东阿),刘邦亲临葬礼发哀,还流了眼泪。

为项羽办完葬事后,刘邦马上在夏侯婴等人的侍从下,直驰韩信总司令部的所在地定陶(今属山东),以亲自指挥渡江战役的名义,向他索还兵权。此时韩信的直属部队多半由曹参统率,留在齐国肃清田氏残余，而带出来配合刘邦攻打项羽的人马，则多由灌婴、傅宽、靳歙等刘邦的旧属掌握，所以绝无抗命可能。好在齐王名分已定，他也以此为满足，因而很坦然地把大将印符悉数交出。但是没想到刘邦收回兵权之后，跟着又发了一道诏令，说义帝没有后嗣，齐王韩信熟悉楚地风俗，故将齐王徙为楚王。上一节述及，张良在固陵向刘邦献策时，曾说过韩信是楚人，心里想得到故土。以张良的聪明，大概确实是看出了韩信期盼衣锦还乡的心思。但我们仔细推敲张良的语气，所谓"〔韩〕信家在楚，其意欲复得故邑"，应该是指韩信想在领有齐国之外，再得到淮阴。孰知聪明的刘邦因此摸准了韩信的心理，借用这一点给他来了个徙封，而不久以前刚派人带着地图指画给他的封疆界线，就此便算作废了。

这一手魔术般的变幻，完全出乎韩信意料，但军权已经交出，齐国又为曹参当家，欲进欲退，都无可能。惟退一步想，楚国曾是项羽划给自己的封地，幅员亦很可观，而且富贵还乡也的确是他多年来的心愿，于是韩信还是很顺从地接受了这样的安排。与此同时，经过其多年调教的"韩信军团"，由灌婴、傅宽、靳歙等人分别统率，接受刘邦的直接指挥，越江而东，先后平定吴和豫章、会稽等地。在此之前，同英布有翁婿之亲的衡山王吴芮已主动归顺汉王，惟有临江王共尉誓为项羽守节，坚持抗汉，最后被靳歙和刘贾、卢绾左右夹攻，兵败被俘。

至此，除了在五岭以南，尚有一个多年不与中原来往的"南越武王"赵陀外，天下已告平定。在刘邦而言，当年所定"争权天下"战略的最初诠释，仅仅是以刘汉取代项楚的号令诸侯的盟主地位，但目前达到的地步，已远过于此；无论其本人，还是在此成就取得进程中的新立诸侯，都希冀通过一种新的体制的建立，来保障各自已经获得的权益；而直属刘汉集团的众多功臣将吏，亦都盼望这种新体制的建立,能为他们获取大小不等的权益,开辟出更多的空间。正是在这种利益相关各方迅速形成共识的基础上,各诸侯王相继来到刘邦驻跸之地——定陶,共贺汉王消灭项楚,同时一致拥戴刘邦称帝。

这是一个值得细说的话题。

先是楚王韩信、韩王信、淮南王英布、梁王彭越、衡山王吴芮、赵王张敖、燕王臧荼共七位诸侯,一起拜见刘邦:"过去秦朝暴逆无道,天下人一起诛讨。大王平定关中,生俘秦王,于天下功劳最大。而后存亡定危,使失位的诸侯恢复王位,断绝的国祚得到承续,流离的民众因此安定,亦称功劳最大,恩德最厚。接着,又加惠于诸侯王有功者,使之也能各立社稷。现在,各自的封疆都已经划定了,可是位号却同大王一样,皆是以'王'相称,不仅混淆了上下有别的名分,也埋没了大王功劳最大、恩德最厚的业绩。臣等冒死请求,给大王加皇帝尊号。"

揣摩语意,这篇文字可能是综合几个人的口吻而成,如张敖之父张耳本为常山王,英布原为九江王,符合诸侯失位又得恢复的身份,韩王信则属于承续被项羽继绝的国祚,而韩信与彭越俱为有功而得封王。此外,韩、赵、梁(魏)、楚、燕,都是先秦时就有的国号,如今俱得恢复,所以总起来讲,都是刘邦"存亡定危,救败继绝"的恩德。

但是刘邦表示:"我听说只有贤能的人才得拥有帝号,否则便是有名无实,还不如不要。现在各位全要把寡人抬到那么高的地位,寡人如何担当得起?"

诸侯以及卢绾等直属刘邦的将吏们都劝他说:"大王起自民间,推翻暴秦,威动海内;又从偏僻闭塞的蜀汉奋起,行威施德,诛讨不义,扶植有功。平定海内后,让功臣都有封地食邑享受,而并非以天下为私有。大王普施四海的功德,我们歌颂不尽,高居帝位实在是太适宜了。愿大王接受帝号，使天下百姓都感到安心！"

刘邦道："既然诸侯王都这样认为，为了天下百姓的安心，我也只能顺从你们了。"

于是，汉高帝五年二月初三，即公元前203年2月28日这天，就在汜水北岸的定陶大营内，由楚王韩信等七个诸侯王以及太尉、长安侯卢绾等三百个汉国将吏共同推举，刘邦接受了大汉皇帝的尊号；原称王后的吕雉随之改称皇后，王太子刘盈改称皇太子；又追尊皇帝的母亲刘媪为"昭灵夫人"。

当时流行的政治观点，多认为秦王政兼并六国，更号皇帝，是一个历史性的错误，不能想像时隔戏亭分封未满五年，众人的觉悟遽然都提高到了应该效法秦皇的水平。所以，从表面上看，韩信、彭越等诸侯王与众功臣一致拥戴刘邦称帝，似乎与他们前不久还在同汉王就封疆划分等问题讨价还价，构成一个悖论。其实，这个悖论只存在于后人认为帝制便是皇帝集权专制的思维定式中，而在定陶推戴的历史现场，包括刘邦本人在内，几乎都不曾有这样的观念。在他们看来，今天的汉王，就是昨天的项王，"皇帝"与"霸王"一样，只不过是一个代表"天下共主"的称号而已。

这是一个应该略加论证的看法。

先看秦皇称帝与刘邦称帝在形式上的区别：秦皇称帝，是在他用武力兼并六国之后，即以俯瞰天下的绝对权威的口吻，命令丞相、御史等共议尊号；简单点说，是一种自上而下的强迫行为。刘邦则不同，出于诸侯群臣自下而上的共同推举。推举者和受举者都要打出"便于天下之民"的旗号，这一条，对秦始皇而言根本不存在。

次看诸侯推举刘邦称帝的理论根据，依旧和四年多以前戏亭议封的理念一致，也就是按功劳分利益的原则。其逻辑与戏亭分封时唯独项羽称霸王如出一辙。

总之，刘邦的定陶称帝，本质上是讨楚大同盟按照"共天下"理念进行权力与财产再分配的一项标志性程序。按这个理念所产生的皇帝，其与天下的关系，是"功臣皆受地食邑，非私之也"，因而由他所代表的皇权也必然受到多方限制，这就是大秦帝制与始创时期之大汉帝制的区别所在：前者是绝对专制的君主，后者是相对集中的"共主"。

但是，再把定陶称帝这一幕放在中国皇权逶迤发展的历史连续剧中来考察，它比戏亭分封又前进了一大步，其基础便是今日之刘邦的实力，又胜于昔日之项羽：戏亭分封后的项羽，在天下四十余郡中只占有九郡，而定陶称帝时的刘邦，已占有二十四郡，所以这个由汉王国抬升而来的汉帝国，又确实具有超越诸侯之上的中央政权的性质，不比戏亭分封后十九诸侯各自为政，项羽虽称天下共主的霸王，但西楚国在本质上依然是和十八诸侯并立的一个地方性政权。尽管刘邦称帝后，诸侯依然各立社稷、年号，在政治、经济和军事上都保持高度自治，远不能同高度集权专制的大秦帝制相比，但同时又共奉刘汉为正朔，因而使分裂多年的国家得在一个大帝国的国号下重归统一。

刘邦的本事，就是凭借自己占有天下之半的优势和中央统率诸侯的体制平台，继续导演了一系列将"共天下"逐步转变成"家天下"的历史活剧，从而为高度集权的大一统的封建帝国到汉武帝时代的最终实现和巩固，奠定了坚实的基础。所以，就其一生事业而言，定陶称帝又是一个新的起点，尽管他本人并未料及。

五三　立天子之威

　　称帝前后的刘邦，面对着不少难题。首先令人忐忑的是，除了自己与赵王张敖有翁婿之亲、与韩王信有君臣之旧外，衡山王和燕王皆是过去与他平起平坐的"老资格"，韩信、彭越、英布三人更是连项羽也为之挠头的枭雄，如今表面遵从，其实依然故我。能与他们和平相处、共坐天下吗？

　　为求稳妥，刘邦先从封疆划分上做文章：尽可能先从地缘上让这几个厉害角色离自己远一些，将韩信徙封为楚王，除了借此机会收回自己对北方军团的指挥权外，地缘政治的调整也是一个相当重要的因素：这样一来，刘汉的疆域，就从其原有的巴、蜀、汉中、陇西、北地、云中、雁门、代郡、上党等，通过赵国的邯郸、巨鹿诸郡，同齐国连成一片，除了燕王臧荼更在其北之外，可以说整个北方和西南、中原的大部都在皇帝的直辖势力范围，而彭越、韩信、英布及吴芮四王，正好被划分在这条漫长的界线以东，全集中在东南地区——隐埋在这种调整背后的更深一层的考虑，是让所谓"兴汉三杰"在疆域毗连中互相制约，这也是中央在获得自身安全的前提下，又能对诸侯有所控制的一项条件。

　　化解了"卧榻之侧他人酣睡"的危险，刘邦对于固陵围困中诸侯的借机要挟讨价还价，无法释怀：此前是彼此为了利益而相互利用结盟，如今项羽已灭，要想继续凌驾于这班人之上，没有一点权威怎么行?

　　无缘无故,当然不便玩弄借人头的把戏,但迁徙黜退亦足以显示皇帝的权威。已从徙封韩信之举中尝到甜味的刘邦,以皇帝名义发布了一道诏令:将衡山王吴芮徙封为长沙王,王都从邾移到临湘(今湖南长沙)。

　　吴芮被选中作为借以立威的角色,有其特殊的原因:此人和燕王臧荼一样,在历史上与项羽有旧,但此时已是老病缠身,而且还有一根参与谋杀义帝的小辫子攥在刘邦手里,未经宣布追究。这一道诏令,除足以体现皇帝不做空头"共主"而欲真正当家的意向外,还有附带效用,其中之一就是在吴芮与英布的翁婿之间打一根桩子:从表面上看,指定给长沙国的封疆,包括南海、桂林、象郡、长沙四郡,比原先衡山国仅有衡山一郡要大得多,但实际上南海三郡全在"南越武王"控制下,是一块闻得着香味吃不到肉的诱饵,吴芮反要时时警惕"南越国"的侵扰,等于为大汉看守门户;另一方面,刘邦并不是要衡山郡这块嵌在南方诸侯中的地盘,而是看准了英布见利忘义的为人,顺手便将它划给了九江国,从而切断了吴芮依仗女婿支持抗旨不徙的可能——这种事,戏亭分封后到处发生,项羽的霸王威望因此直落,今天的大汉皇帝,怎能再蹈复辙?

　　果然,诏令一颁,英布便急着要老丈人办移交,吴芮被迫就范之际,还上表叩谢皇恩,但心里的那番滋味,肯定不好受。所以迁徙不久,即告一命呜呼。好在配合皇帝立威有功,换取了他儿子吴臣的顺利袭爵。

　　俗话说"敲山震虎",因吴芮徙封而最受震撼的,是封土王号已成戏亭会议硕果仅存的燕王臧荼。但刘邦方为吴芮的乖乖听话而欣喜,没有顾忌这点。接下来,又在另一个诸侯头上显示了一次皇帝的生杀予夺大权——汉高帝五年五月(公元前202年6

月)初,刚将都城从定陶迁到洛阳的刘邦,下令将原临江王共尉斩首,对于曾经属于项楚阵营而胆敢继续与刘汉作对者,这是当真见血的杀鸡骇猴。

原先为原齐王田横提供庇护的彭越悚然心惊,既怕皇帝问他容留叛汉要犯之罪,又不愿自污在江湖上的任侠之名,遂网开一面,让田横带着五百余徒属避居于东海的岛山上。刘邦知道田氏在齐国故地的社会基础,当然不容留此后患,便派人向田横传话:只要来洛阳自首,就赦免你从楚背汉的罪行。田横辞谢说:"臣曾经烹杀陛下的使者郦食其,听说他的兄弟郦商在朝为将而贤,臣怕他报复,不敢奉诏。请陛下将臣废为庶人,守海岛中。"刘邦听了来人汇报后,便将担任卫尉(相当于皇宫警备司令)的郦商召来,说:"齐王田横马上要来京都了,你的部下有敢趁机报复的,我就治他灭族之罪。"然后再派出手持旌节的特使去海岛,向田横传达他给郦商的诏令,同时传话:"田横来京归服,大则封王,小则封侯;不来,就要发兵诛讨。"

田横再无托辞,只得带着两个门客乘驿传的马车,随皇帝特使前往洛阳;在到达距洛阳尚有三十里路的驿舍后,田横对使者说:"人臣朝见天子,应先洗沐,以示尊崇。"遂留宿。当夜,他向两个门客表示:"过去我和汉王都是南面称孤的诸侯,现在汉王做了皇帝,我却成了逃犯,北面称臣,这已经够耻辱了。何况烹杀了郦商的兄长,再同郦商并肩事奉一个主子,即便他害怕天子诏令不敢把我怎么样,我能不有愧于心吗? 其实陛下之所以要见我,不过欲看我的容貌罢了。现在把我的头斩下来,由此急驰入京,才三十里路,容貌不会有变,还是可以辨识的。"说罢,拔剑自刎而死。

两个门客奉其遗命,捧着他的首级随使者急驰洛阳。刘邦看到田横的首级后,感叹说:"唉! 兄弟三人起自民间,轮替称王,能不说是英雄吗!"便下令为田横举办葬礼,并拜两个门客为都尉;岂知葬礼刚结束,两个门客就在田横墓旁自杀了。刘邦闻讯大惊,暗忖两人如此效忠主子,还有五百余人尚留海岛,确实可虑,便又派使者去召他们进京。五百部属听说田横为了保全他们,不惜自刎,无不大恸,亦皆自杀。

现在轮到刘邦悚然心惊了。在此之前,他曾向全国发过一道诏令:"战乱不休已经八年,民众痛苦到极点。现在天下太平,除死刑以外,其余犯罪者一概赦免。"在其本意,是切实认识到自秦朝官逼民反以来,八年中啸聚而起的豪桀少年不计其数,因为在楚汉战争中站错队而害怕自己报复者,大有人在,所以急于借此有条件的大赦,缓解社会矛盾,彰显皇恩浩荡。就这一道赦令的及时发布而言,刘邦比秦始皇高明,但是田横及其五百部属宁可自杀也不甘俯首称臣的事件,却使他感觉到对立情绪之强烈,远远超过了估计。

说到底,刘邦及其倚为股肱的萧何等人,多是娴熟于大秦制度运作的文法小吏,此时的检讨,便是《汉书·刑法志》上所记述的:"三章之法不足以御奸"而"网漏吞舟之鱼","于是相国萧何捃摭秦法,取其宜于时者,作律九章"。换句话讲,约法三章的美谈,大赦天下的德音,都成昙花一现,除了根据汉初的实际情况有所修改以外,整个刘汉的法治体系,完全从暴秦的"苛法"脱胎而来。

什么级别以上的人物够得上"吞舟之鱼",从垓下一役后即告失踪的项羽麾下的两员猛将——钟离昧和季布即属此例,他们都是刘邦难以释怀的人物,故悬重赏通缉,同时下令,敢有藏匿他们的,罪及三族——据《汉书·刑法志》称,这个"夷三族"的法令,便是秦法的照搬,而且刘邦在发布此令时,还不厌其"苛"地表述了它的执法过程:"凡触犯此令者,先毁容貌,次割鼻子,复斩去双足,然后笞杀,再割下首级示众,并将骨肉在市场上剁成肉酱;倘若在收捕前后有出言不逊的,还要先断了舌头。"也就是说,有犯此令的,要遭受"五刑"齐全的折磨。

有些人听熟了"约法三章"和"萧规曹随"的典故,误以为刘邦称帝,萧何当国,为政宽简,法制疏阔,那是读史不细的缘故,历史的真相正好完全相反;甚至直到汉文帝提出要废除掉这些株连无辜而且惨绝人寰的法令刑罚时,时任丞相、太尉的陈平、周勃等人仍竭力反对,道是正因为株连亲属、刑罚严酷,才可以使人胆战心寒,不敢犯法——这正是秦始皇据为指导思想的法家理论。

使人心惊胆寒的效果倒是当真的。

史书记载,当时季布正藏匿在江湖上一个故人——濮阳周氏的家里。刘邦宣布将以夷三族令报复胆敢藏匿季布者后,周氏害怕了,对季布说:"汉皇索你正急,眼看要上我这儿来搜捕了。如果你肯听我的,我有个办法;如果不听,大家都完蛋,不如我先自杀。"季布说:"我听你的。"于是周氏将季布剃成光头,颈上套一个带链条的铁环,冒充为因犯罪而被官府拍卖给私人的奴婢,然后将其放进装棺材的丧车,以避人耳目,再连同其他十多个家养奴仆,一起送往鲁国故地,以低于市场的廉价,卖给朱家。

这个朱家,《史记》上有他的小传,是当地著名的任侠,因犯罪亡命而靠他藏匿存活的"豪士"就有数以百人,其余鸡鸣狗盗的鼠辈不可胜计,所以周氏才想到把这个夷三族的风险转嫁给他。

朱家久历江湖,见多识广,一眼就认出了季布,但不说破,买下来后,便将他和其余奴仆一起托付给儿子,驱使种田,并关照说:"田里的活计,就听这个奴仆的,但你一定要和他一同吃饭。"

随后便乘上轻便的马车直赴洛阳,求见已经从汉王侍卫长变为皇帝侍卫长的夏侯婴。

夏侯婴追随刘邦反秦时,曾受滕县县令的任命,依楚国官制,称滕公。这位滕公当年亦属刘邦团伙,即便够不上"任侠",至少也是"少年"档次,很可能还得到过朱家的帮助,所以朱家前来,便待如贵宾,留他在官邸痛饮数日。高谈阔论之际,朱家找个话题,假痴假呆地言归正传了:"滕公,季布犯了什么大罪,皇上要如此着急地捉拿他?"夏侯婴说:"季布替项羽出力,好几次困窘皇上,皇上恨透了他,所以一定要抓住他!"朱家又问:"那么依您看,季布算是何等人物?"不脱江湖习气的夏侯婴应声而答:"当然是豪杰。"

朱家一听,对路了,遂侃侃而谈:"做部属的,各为其主而用。季布替项羽出力,这是他当时的职守。能把当过项羽部属的人全杀光吗? 如今皇上刚得到天下,就因自己的私怨去报复一个人,何以向天下显示宽广的器量呢? 而且季布是豪杰一流,汉朝这样要紧捉拿他,发起急来,不是北投胡人,就是南投越人。驱逐壮士去帮助敌人与自己作对,这就是当年楚平王逼走伍子胥,最后反落到掘墓鞭尸下场的教训呀! 您为何不从容地向皇上分析一下这其中的利害呢?"

话说到这个份上,夏侯婴已明白季布一定是被朱家藏起来了,略作思忖,便答应了下来。

从夏侯婴曾于刀下救出韩信一事,便可知道刘邦对这位滕公是很信任的,何况他后来又增加了冒死救出太子和公主的本钱。结果夏侯婴照搬朱家的理论为刘邦一分析,皇帝大悟,马上下令特赦季布。有了这份保单,季布前往洛阳自首,刘邦召见,还给他一个郎中官职。这个戏剧性的变化,政治效应想见不小,许多原来为项羽卖命的人,可以放心地冒出来改做大汉的顺民了。

令人意想不到的是,季布的舅舅——那位曾经释放刘邦逃生的丁固,却在投降刘邦以后,被送交军事审判。刘邦有个批示,概括了起诉理由:"丁公(指丁固)作为项王的部属,行事不忠,导致项王丧失天下的,就是他这种人。"军法官秉承皇帝旨意,判决丁固斩首,刘邦还有说法:"这样做,是为了让以后当部属的人,别效法丁公!"

有仇怨者赦免做官,有恩德者反而处死,刘邦对丁固、季布舅甥两人不同的处置,在当时和往后都引起很多争议。北宋史学家司马光表示赞许:造反起家的刘邦已经在和过去划清界线——如今贵为天子,四海之内全是臣民,自然应该强调忠君大义,哪能再容忍招降纳叛、藏奸任侠这一套呢? 清初政论家王夫之的见解,恰好是批驳司马光的所谓"大义"之论,道是刘邦此举,纯以私利为本,是假托"大义"的一种权术;而且效果也不会好——杀了丁公,不正是教人忘恩负义吗?

孰是孰非,见仁见智。惟生死荣辱,全在口含天宪的皇帝发一句话,适足显示天子权威,故在刘邦看来,诛杀丁公的意义,也就同迁徙吴芮、逼死田横、特赦季布以及重申夷三族令一样,都是为坐稳帝位所必须的。

五四　铲除臧荼

　　有个姓娄名敬的齐国布衣,从新皇帝即位后一连串急于树威的举措,摸准了刘邦寝食不安、唯恐天下得而复失的心态,决定抓住这个趋势,寻求进身的机会。当时他正被曹参领导下的原齐国地方政权征发去陇西服役,经过洛阳,故意穿了一件破羊皮袄,请求原籍也是齐人、现为刘邦部属的虞将军为他引见皇帝,说有重要建议面呈。

　　刘邦最大的长处之一,就是乐于听取各种人的意见,所以娄敬很快就见到了皇帝。

　　所谓重要建议,是劝皇帝把首都迁回关中,但破题却从提问开始:"陛下以周都洛阳为都,是想和当年姬周的兴盛媲美吧?"

　　刘邦答:"正是。"

　　娄敬说:陛下失算了! 眼看刘邦一脸惊诧,正是他所追求的效果,旋即端出了理由:周取天下,是以德致人,自认为不必依靠天险来防备诸侯,所以建都洛阳,取其位居天下中心,方便诸侯来此朝贡。后来周衰落了,这个无险可恃的位置便使它毫无办法,卒为诸侯所制。汉取天下,是以力服人,仅楚汉相争,大战七十,小战四十,使天下民众肝脑涂地,曝骨原野者不可胜数,哭泣之声迄今未绝,所受伤害远未痊愈,能够同周的德盛相比吗?

　　揭示此言要害,就是怨恨刘汉大有人在,天下绝非太平无事——对一般爱听歌功颂德的"开基"君主来说,这是不合时宜的逆耳之言,但对于正担心天下不服的刘邦,真正是搔到了痒处;是以精神一振,脱口问道:"那你说该怎么办?"

把首都迁回咸阳去!娄敬侃侃而谈:秦地被山带河,关塞坚固,土地肥沃,号称"天府",一旦有急,百万之众立时可集。陛下如果在那里建都,就不怕关隘以东发生叛乱了。这好比同人打架,不卡住对手的咽喉,按住对手的背,就不能全胜。在秦的故地建都,就等于卡住了天下的咽喉,按住了天下的背。

刘邦认为言之有理,便将娄敬的建议向群臣转述。刘邦集团的将吏大多是函谷关以东人士,当年随汉王去蜀汉,就抱着有朝一日重返关东的期盼,历经多年征战,好不容易实现了夙愿,现在听说又要回关中去,都不愿意。刘邦犹豫不定,又私下征求张良的意见。张良说:洛阳的形势虽然也称险要,但地小土薄,的确不是用武的地方。相比之下,左有淆、函,右有陇、蜀的关中,无论从经济或军事角度看,都比洛阳优越得多,足以居高临下,东制诸侯。娄敬的看法,是有道理的。

刘邦已从既往经验中养成了对张良几乎是言听计从的习惯,现在听他这么一表态,马上拿定了主意,史书上的记载是"即日车驾西都关中",可以设想当时的仓促情形。因咸阳被项羽烧得残破不堪,所以暂时仍以栎阳为都,另委萧何主持咸阳宫室修建,并将新都改名为"长安",取长治久安之意。娄敬因献策有功,拜为郎中,号奉春君,赐姓刘氏。

刚定都洛阳又即日西迁;才登位称帝便担心变乱重起;新都改名取意长治久安;迁都目的是为了扼制诸侯,卡住对手的咽喉……凡此种种,无不显示出在刘邦眼里,到处都埋藏着影响刘汉安稳的隐患。与此相应,他此前为树皇帝新威而采取的种种行为,特别是眼下事先不打招呼、没有解释,给世人感觉近乎是

突然袭击的迁都之举,足以使定陶庆功时的欢乐氛围倏忽飘散,
人们在政治空气中的呼吸又显得急促起来。

愈是怕鬼,鬼偏上门。像是要验证皇帝的担忧似的,就在刘
邦宣布迁都后未久,所谓"共天下"的各种力量的平衡被打破
了——诸侯链条中率先脱节的一环,就是史称燕王臧荼叛汉事
变。

燕王臧荼叛汉事变十分短命,汉高帝五年七月(公元前202
年8月),燕王臧荼反叛,皇帝亲自带兵征讨;汉高帝五年九月
(公元前202年10月),活捉臧荼。不过,过程虽然简单,倒也有
可议之处。

有的刘邦传记,多依据史传上几句简略的记载,妙笔生花,
演绎成一场蓄谋已久的军事叛乱。但是,只要仔细思索一下,至
少可以提出两个疑问:

首先,没提供臧荼叛乱的理由;若说他是因为感情上亲项敌
刘而反,何以不在楚汉战争初起时便站在刘邦的对立面,非要等
到项楚既灭后才来"独当一面"? 若说他是嫌燕王太小,也想做
皇帝,则其亲赴定陶参加诸侯劝进,就很难从情理上作出解释。

其次,既称造反,当然应有蓄谋,军事上的部署必不可少。
可是从七月称叛,到九月被俘,再把皇帝点兵、大军出征的在途
时间扣去,所谓造反,几可称猖狂一跳,倾刻瓦解。以臧荼在北
方经营多年的资历和经验,会如此不自量力,以卵击石?

总之,臧荼造反被俘,在汉初历史上,是头一个封国诸侯被
皇帝铲除的重大事件,而史传载述连"七月"、"九月"的时间记录
在内,总共篇幅不超过二十字,实在给人以兔起鹘落、倏忽即逝
的感觉,这与《史记》在后来介绍其他诸侯反叛经过时皆详叙原
委的笔法,完全不同。

体察真相的线索,也许是被司马迁故意隐藏在《高祖功臣侯

者年表》内。在这套档案合编里,有一个人叫温疥,最初在老燕王韩广麾下做将军,与臧荼是同袍。戏亭会议后,韩广因不服项羽将他徙封为辽东王,被新封燕王臧荼趁机吞并,温疥则投往项楚大司马曹咎麾下任职。曹咎死于楚汉战争后,温又投奔臧荼,做了燕国丞相。最后,以"告燕王〔臧〕荼反",被刘邦封为栒侯。

原来如此。不能说这些资料便已揭述了全部史实,但至少可以得知,所谓燕王谋反,首先出自温疥的告发。是不是事实?仅根据温疥的经历来判断,自可存疑,但是这个举报同皇帝极度防范诸侯的心理正相合拍,则是确定无疑的。具体到臧荼身上,还有地缘政治的特殊因素:此人因兼并老燕王得逞,拥有广阳、上谷、渔阳、右北平、辽东、辽西六郡之地,位居刘邦势力范围的赵、齐之后,令他有若芒刺在背。按远交近攻之道,即使臧荼无可指责,迟早亦将拔去这枚钉子,何况现在有借口送上门来?

于是便有了兴师动众的御驾亲征,而臧荼则在大军压境下仓促应战,故迅速崩溃被人活捉的结局,都可顺理成章地得到解释。

臧荼兵败被俘以后,刘邦随即改封其第一亲信、太尉卢绾为新燕王。值得一提的是:此举似乎说明他愿同诸侯功臣"共〔有〕天下"的理念确实出自本意。但是,分封体制的淘汰,已经成为历史的必然;无论高居帝位的刘邦,还是裂土封王的诸侯,在和平共处分享权益这一点上所达成的共识无论多么真诚,都无法消弭这种时代发展同个人意愿之间的冲突。正是历史的逻辑,使得他们从分封开始就处在中央皇权和封国利益互相对立的两极,喋血再起的悲剧势不可免——这种悲剧的理由,处在历史现场的刘邦和诸侯们,自身是难以意识到的。

倏起倏灭的臧荼事变,仅仅是悲剧的揭开,随之便是代地发生大规模骚乱,其为首分子估计是陈余和赵王歇的旧属,与心存怨望的臧荼余部联为一气,欲趁刘邦大军撤走、卢绾立足未稳的机会,东山再起,但很快便让刘邦派出的樊哙剿灭。其后,颍川又发生反汉事变,主谋者是项羽的旧属利畿。此人原任西楚的陈令,项羽自刎后向汉军投降,封在颍川,或许他与不少隐匿在民间的西楚将吏都有联系,这种联系同样为曾经也是项楚部将的温疥所知。适逢刘邦回师洛阳以后,召他去朝见,于是他心不自安,担心和臧荼一样,被温疥出卖,遂先发制人,以求一逞。刘邦不惮师劳,又亲自出征颍川,将其扑灭。

五五　贬韩信为淮阴侯

　　称帝的头一年在北征南讨中结束了。萧何在长安已将被项羽烧坏的兴乐宫修复完毕，改名长乐宫。回长安辞岁的刘邦睡在长乐宫里，却捉摸不到"长乐"的感觉。如前所述，当他顺应众人愿望，将分封政策一一付诸实施时，并不缺乏主观上的真诚，但是现在他又被一种新的恐惧攫住了心灵：时时对自己的安宁长乐构成威胁的、比之项楚余党更危险的势力，不正是这些裂土封王的诸侯吗？

　　臧荼之类在刘邦眼里，只能算"竖子"一辈，更使他担忧的是俱称军事强人的"兴汉三杰"，尤其是智谋韬略盖世无双的韩信，如今已取代项羽，成为皇帝的心腹之患。

　　对此，在军事上堪称巨人而在政治上却为侏儒的韩信，万万没有想到。

　　徙封楚王后的韩信，不仅没有因刘邦夺去他的兵权、又将他从齐王徙封楚王而心怀怨恚，反倒是以实现了衣锦还乡的愿望，得意得很。他刚到楚国就藩，就忙着派人找到那位曾供他吃饭充饥的漂母，赏赐千金，表示践履了当初"吾必有以重报母"的承诺。旋又下令，把那个害他背了多年"钻裤裆"名声的淮阴"少年"召来，给了一个中尉军职，并对属下将吏说："此人也算是个壮士。当初他侮辱我，我难道不能杀他？杀了他没有意义，所以我就忍耐了。"

有恩报恩，以德报怨，借此张扬功成名就——比之更招摇的，又巡抚诸县，出入皆有全副武装的警卫部队跟随，其用意近似后世的新科进士披彩游街，唯恐故乡父老不知道当年穷得连母亲葬事也办不起的韩信，今非昔比，衣锦荣归了。这些动作，在胸怀天下之志的人看来，品位实在不高，但恰能说明韩信的人生欲望，不过如此而已。

但是，尽管韩信满足于裂土封王的享受和尊荣，他的客观存在已成为刘邦主观认识中的最大隐患。汉高帝六年十月（公元前201年11月），新年刚过，有人切准了刘邦的心脉，上书皇帝，举报楚王韩信谋反——此乃温疥揭发燕王臧荼开启的一种模式，从那以后，几乎每个异姓诸侯的铲除，都是从吏民上书皇帝发端。

这一次，控告韩信谋反的上书中所列举的证据，是皇上正在通缉的项楚余党钟离眜，就藏在楚王府里。

钟离眜原籍伊庐（今江苏灌云东南），与韩信是大同乡。韩信供职楚军时，赏识其才略的钟离眜曾几次向项羽荐举他，虽然无效，但韩信对这位"伯乐"是心存感激的。刘邦称帝后，风闻钟离眜已潜回楚国，曾下诏令给韩信，要他搜捕，殆无下文，现在才明白原来正是楚王藏匿了"钦犯"。自从英布投汉、龙且战死，钟离眜位居项羽麾下第一号大将，所投靠者，又正是刘邦须臾难以释怀的韩信，当真要谋反的话，所谓猛虎添翼，谁能制服？

刘邦越想越怕，忙把他那班沛、砀诸将召进密室商量。心腹们的答案，众口一辞："立即发兵，坑杀这小子！"刘邦默不作声，把辱骂留在肚子里："呸！你们谁是韩信的对手？"

和徒有匹夫之勇的壮士商议不出结果，吕雉让刘邦去向谋士请教。

刘邦的首席高参，当推张良，但此人自从赞成迁都之议，随刘邦再返关中以后，便宣称体弱多病，要修导引辟谷之术，静居行气。有人为他惋惜：你为皇帝立了这么多功劳，正当大用，享尽尊荣；何以突然弃绝世事，连人间烟火亦都不食哩？张良说："我家世代相韩。韩国被灭后，我捐弃万金之资，为韩国向强秦报仇，意待天下局面为之一变。今以三寸之舌为帝者师，封万户侯，这是起自民间的布衣所能攀上的最高的尊荣，我已经很满足了。我将弃绝人间的一切事物，跟随仙人赤松子云游。"

其后，他果真常请病假，同政坛漩涡拉远了距离。

显而易见，这位"黄老"功夫最称到家的先生，早已预见到项楚既灭，新的权力斗争马上就要在昔日的讨楚联盟内部展开，功劳越大，名望越高，所受猜忌越重，处境也就越加险恶。所以他及早表白，自己的愿望仅到替韩报仇为止，绝无恃功而与皇上"共天下"的贪欲。唯恐口说无凭，索性绝谷食练气功，闭门不出，好让刘邦和那些猜忌他的丰沛兄弟们彻底放心——这正是黄老的保身之道，其中也不乏他决意不在"窝里斗"中再替刘邦出鬼主意的一点良心。

张良不问世事，刘邦把陈平召来，告诉他有人密告楚王谋反，以及沛、砀诸将都主张发兵，请他发表高见。

刘邦手下沛、砀诸将的排外性很强，特别是对张良、陈平这些靠"三寸舌"蒙获刘邦信用的策士之流，猜忌尤切。但张良尚有任侠气概，尤其是在项羽密谋袭击霸上时，建树过挽救整个刘邦集团的奇功，才使他们未便以怨报德。对于空手来投而迅速窜红的陈平，就没那份客气了。周勃、灌婴这些人，都去刘邦那儿说过陈平的丑话，说他有"盗嫂"的风化问题，有受贿的经济问题，甚至断言此人是"反复乱臣"，政治上绝对不可重用。当时刘邦对这班兄弟的信任度,当然远远超过陈平,曾为此怀疑陈平,还当面质问过,孰知陈平的回答十分坦率:臣是奇士,人家不用臣,臣就要另找肯用臣的人,这就叫反复? 臣是光着身子来投效的,不受别人献赠,靠什么花费? 臣贡献计谋给大王采用,如果大王认为没用,收受的钱财都在,就请交官,臣可以走人。"与此同时,把陈平推荐给刘邦的魏无知也说:"臣向大王进献奇谋之士,只求对大王有用,至于风化问题、经济问题,又何必计较? 譬如现在有个人,品德高尚可与尾生、孝己这些古贤媲美,可是对大王没有帮助,大王会用他吗?"

刘邦本来就不是一个讲求道德品行的人,听了他们的辩解后,深以为然,忙向陈平道歉,从此益加信任;但陈平对周勃、灌婴等人的鄙薄,也因此加深。这会儿密室召对,听刘邦介绍完情况后,先趁机踹他们一脚,发问道:"陛下自忖,您的军队能与楚王的军队相比吗?"刘邦老老实实地承认:"比他不过。"陈平又问:"陛下的诸位将领,有谁用兵能超过韩信吗?"刘邦叹气道:"没一人及得上。"陈平很欣赏皇帝的求实,所以也很坦率地说:"陛下的军队不如韩信的军队,将领又不及韩信,他们却催您发兵征讨,臣不能不为陛下担忧啊!"

这个结论揭述了沛、砀众将的虚狂,也击中了刘邦的软肋,刘邦苦着脸儿问:"那该怎么办呢?"

眼看贬低武夫而抬高自己的目的已经达到,陈平换了一个问题:"有人密告韩信谋反,韩信自己知道吗?"

"他自己不知道。"刘邦回答。

"那就好办了。"陈平胸有成竹地说出了他的计谋:"自古以来,就有天子巡狩召会诸侯的传统。陛下可以巡狩云梦为名,传令诸侯在陈县相会。陈县在楚国的西界。韩信听说皇帝巡游打猎,势必认为太平无事,自然会放松警惕,毫无戒备地来到西界迎谒陛下,这时候陛下只要用一个力士,便能轻而易举地把他抓起来。"

　　于是刘邦通知各国:皇上将巡狩云梦,请诸侯到陈县相会。

　　天下难有不透风的墙,刘邦欲借陈县聚会对韩信不利的企图,隐隐约约地传到了韩信耳朵里。韩信心里一度闪烁过先发制人的念头,可是做了楚王已很满足,再举兵反叛刘汉,实在不合他的本心,而且自忖没有做过什么对不起刘邦的事,刘邦不该对他有何不利。再转一念,万一消息当真,自己岂非自投罗网?

　　究竟去不去陈县谒见皇帝,韩信大犯踌躇。有人给他出主意:"大概大王藏匿钟离昧的事被皇上知道了。只要大王斩杀钟离昧,提着他的首级去见皇上,皇上自然高兴,大王也就没啥祸患了。"始终只想保住眼前富贵的韩信认为此言有理,但是杀害钟离昧,他也不忍心下手。于是便找钟离昧商量,愿意陪他向刘邦自首,争取像季布一样得到特赦。钟离昧骂他迂腐:"刘邦之所以不敢公然发兵打你,就因为还有我在这里做你帮手的缘故。你若把我献出去讨好他,我今天完蛋,明天就轮到你了。"

　　这个道理,应该说相当透彻,然而韩信不肯对刘邦怀有二心的立场,自当初拒绝蒯通献策以来,仍无改变。钟离昧见他沉默不语,知其卖友保身的主意已定,便骂他:"你不是厚道的人!"当场拔剑自刎。

　　钟离昧自行了断,韩信认为难题解决了,便于汉高帝五年十二月(前201年1月),提着他的首级前往陈县,参加刘邦召见诸侯的大会。

　　刘邦绝不因为韩信已经逼杀钟离昧而放弃这么好的机会,趁韩信毫不防备,马上喝令武士将他拿下,捆绑起来送上囚车,带回暂时仍作为行都的洛阳审查。韩信这才明白大错铸成,愤然道:"果然像有人说的:'狡兔死,走狗烹;飞鸟尽,良弓藏;敌国破,谋臣亡。'现在天下已定,我是应该被烹的!"这是众诸侯来陈县拜见皇上的场合,刘邦必须为自己的突然袭击作出解释。他拿出那封密告信说:"有人告你谋反!"

在此前后,凡向刘邦举报诸侯"谋反"者,都有真姓实名,被兑现了封赏奖励政策。可是举报韩信的上书,却无写信者是何人的落实——因知这份上书即使不是出于刘邦的导演,起码也是匿名投诉,大概与韩信就封楚王后的所作所为过于张扬大有关系,因而为心态难以平衡的仇家或小人所陷害。对此,太史公曾在写完《淮阴侯列传》后,大发感叹:假使韩信也能学一点黄老,表面谦让,不炫耀功劳,不自逞能干,那么他对于汉家的贡献,就可以同周公、召公、〔姜〕太公媲美,世代享受血食,又何至于落到这个下场?

然而,到此为止的韩信,除了缺乏黄老的防身自保术外,任凭刘邦如何追究,倒也找不出什么他蓄意反叛的证据。结果查办韩信谋反案的结果,是皇帝赦免韩信罪行,但由楚王降封为淮阴侯,在京都居住。

不见刀光剑影,未流一滴鲜血,便将最使人担忧的韩信手到擒来,圈在眼皮子底下使之动弹不得,刘邦和吕雉夫妇的沾沾自喜,毋需形容;陈平因奉献智擒韩信的奇策,而益加抬高了他在皇上心目中的身价,也可想而知。后人曾对陈平在这起事件中所起作用提出过批评,认为以他的智慧,及对韩信其人的了解,自然能一眼看出,所谓楚王谋反,盖属子虚。彼时战乱方平,帝国初立,从稳定大局出发,自应该利用刘邦找他商量的机会,剖析利害,帮助皇帝妥善处理好这种君臣间的互相猜忌;现在反过来逢迎刘邦的无端怀疑,出主意暗算昔日的同袍,实在太缺乏大臣之体了。而且往后的史实表明,打这以后,此人没有原则,只要达到目的便可不择手段的形象,反而在刘邦心内投下了更深的阴影,所以刘邦在弥留时说出的评判是"陈平智术有余,但难以独当重任";而刘邦的老婆吕雉,以及沛、砀的那班功臣,益加把他当作一肚子坏水的"反复乱臣"看待,刻意提防。检讨起来,他在邀宠于刘邦的同时,也在无形中毁损了自己的形象。

世人每将张良、陈平并称为刘邦的智囊,诸位现在可以看出,若论黄老自安之术的运用,陈平比张良又要差了一大截。自慰平生快意恩仇的张良"白驹难绊",无疾而终;陈平临死前对自己一生的总结则是:"我策划的阴谋诡计太多了,这是道家所禁忌的。我能善始善终就很不错了,但我的后代却不可能被起用。这都是我耍弄阴谋太多的结果呀!"

可以说,相帮刘邦计捉韩信,是陈平终身负疚于心的一块心病。

五六　封赏功臣

　　智取韩信大功告成,刘邦有一种最大危机暂告解除的松弛感;加以钟离眜这颗"定时炸弹"自我清除,也是心上的一块石头落地。浸沐在这种欣喜中,刘邦一时间又觉得不必再把形势搞得那么紧张了,于是又让萧何代他发布了一道大赦令。

　　他当然不会想到,这个一举揪出韩信的陈县大会,在整个汉初统治体制内部所造成的后果,恰恰与他期望天下从此安定的愿望相反。日本学者中井积德曾说:反逆者,三族之罪也,岂可赦哉? 赦〔韩〕信,以见其无罪也(《史记会注考证》)。试想,连外国人亦得依逻辑逆推出刘邦实在找不出韩信谋反的证据,只好以"赦罪"表示宽大,处在历史现场的诸侯们,能不体察韩信的冤枉,由此而生兔死狐悲之感? 陈县大会之后,诸侯更加深了对皇帝的疑虑。

　　与此同时,在刘邦直属集团的内部,将吏官兵因皇上迟迟未能兑现计功封赏政策,却急于内讧,不满情绪也在悄悄蔓延——

　　这个话题,应该从刘邦称帝之初说起。

　　时在刘邦于定陶即位,旋西都洛阳之后。刘邦直属集团的将吏们,在洛阳南宫大开酒宴,庆贺皇上登基。因为七大诸侯已各自就国,刘邦趁此机会,向他这班老部下提问:"诸位不要瞒朕,都说老实话:我为什么会得到天下? 项羽又为什么会失去天下?"

可能是琢磨不透刘邦提问的用意何在,也可能是虽然吃透了用意,但并不适宜照实回答,所以当时如丞相萧何、太尉卢绾这些位居前列的重臣,或者像张良、张平这几位能说会道的谋士,都装聋作哑,最终打破冷场的,一个是名不见经传、但自恃与皇上有同乡之谊的高起,另一个就是后来被刘邦评价为比较"戆"的王陵。两个人的发言,意思差不多:"陛下派人攻城略地,所得战果,都归于有功之臣,愿意同大家共享天下之利;项羽就不是这样,害怕功臣,猜疑豪桀,打了胜仗不肯计功封赏,占有土地不肯与人同利,这就是他所以失去天下的原因。"

看看再无人发表其他看法了,刘邦摇头说:"二位只知其一,不知其二。论运筹帷幄之中,决胜千里之外,我不如子房;论稳定后方,安抚百姓,输送兵源军需,确保前线的粮食供给,我不如萧何;论集结百万将士,战必胜,攻必取,我不如韩信。这三位,都是杰出的人才,我能重用他们,这就是我所以能获得天下的缘故。项羽只有一位范增,却不能用,所以他被我打败了。"

这段君臣对话,后来常被论者引为刘邦识己知人而善于总结经验的典范。其实,禀性戆直的王陵,以及可能是倚老卖老而敢出头的高起,倒是真正表述出了在座者的共同心声。这种不惮沙场劳苦艰险,只盼有朝一日计功封赏的理念,韩信在汉中登坛拜将时讲过,张良在荥阳分析"八不可行"时又讲过,刘邦也一再给予认同。所以,这会儿又从王陵、高起嘴里说出,而大家均无异议,这正是他们亟盼皇帝赶快封赏爵禄的急切表示。

颇令许多人失望的是,刘邦以"只知其一,不知其二"的高论,给他们泼了一盆冷水。什么缘故,值得细说:

首先,前面曾经讲过,刚刚登上帝位的刘邦,内心忐忑,并不认为自己已经坐稳了天下,所以在他看来,现在还不是论功行赏的时候。

其次,他有心要把这种"徒欲日夜望咫尺之地"的要求,从"该我所得"转换为皇上赐予,故其突出强调自己善用张良、萧何、韩信的重要意义,确实含有贬低众人功劳的用心。

更重要的,就是在私有制社会里,人人的本性使然。就拿这个一起打天下、一起坐天下的理念来说,并非如王陵、高起所谓,只有刘邦认同,其实项羽也一样认同,甚至认同感比刘邦更强烈一些——否则他不会拒绝蔡生劝他留居关中、相机一统天下的建议;以四十万大军在握的绝对优势,照样在戏亭会议上把一块一块土地分切给反秦有功的诸侯,不正是对韩信在拜将后向刘邦表述的"以天下城邑封功臣"的观念认同吗?然而,认同是一回事,真正实行起来又是一回事,所以韩信才批评项羽:每当有人建树军功,理当封爵时,连印绶也雕制好了,他却捧在手上摩挲不已,总舍不得交出去。我们不难看出,现在轮到刘邦来体会项羽的"印刓敝,忍不能予"的心理矛盾了。所以,赶快搬出善用三人的大道理,把王陵代表大家说出的大实话顶回去。

由于上述种种缘故,封侯赐爵的实行,被付之暂缓。随后,刘邦便卷入了征臧荼、诛利畿、捉韩信的奔忙,还要让这批功臣再立新功,在此过程中,真正得到裂土实惠的只有一个,就是同皇上有特殊关系的卢绾。

戎马倥偬中,半年过去了,直属集团内将吏渴望快行封赏的呼声日益高涨,而韩信的被扳倒,亦使刘邦心内的焦虑感在一定程度上得到缓解。特别是在严防诸侯的警戒心理驱使下,加强直属集团内部的凝聚力更加显得重要,于是众人期待已久的封爵终于开始实施。

汉朝的爵制,经历过一个从楚制到秦制的转变:大略而言,当刘邦集团先后在陈胜之楚、景驹之楚和怀王之楚三面旗帜下生存发展时,多采用楚爵,如曹参曾封执帛,夏侯婴曾封执圭,樊唅曾封国大夫,这都是楚制爵称;迄刘邦受封汉王后,改用秦制封爵,但楚爵仍在一定级别上保留,是为楚、秦两制混用的时代;到高帝五年刘邦统一天下后,始从萧何、周昌、张苍等人的规划,统一沿用秦朝的爵制,称为汉爵。

汉爵分二十级,一级称公士,二级称少上造,三级称簪袅,四级称不更,五级称大夫,六级称官大夫,七级称公大夫,八级称公乘,九级称五大夫,十级称左庶长,十一级称右庶长,十二级称左更,十三级称中更,十四级称右更,十五级称少上造,十六级称大上造,十七级称驷车庶长,十八级称大庶长,十九级称关内侯,二十级称彻侯。受爵高低,皆依军功大小而定,可以累进计算,到第七级公大夫起,便称高爵,随爵位有食邑赐予。大约十五六级以下的爵位封赏,都由部队长如将军、大将军按制度在军中颁授,但更高级别的爵位,必定由皇帝亲行,有相应的仪式。由这些制度推论,刘邦直属集团内的绝大多数官兵,都已经随着每一次的军功申报和核准,各自获得了高低不一的爵位,拖到这时才开始实施的封爵对象,主要是那些高级将领,泛泛估算,至少要有千把人吧。

见于《史记》《汉书》而又有具体姓名等资料记载的汉初封爵,只有二十级汉爵的最高一级——彻侯,约一百四十多人。高帝六年十二月甲申(前201年2月13日),共有十人首批受封,其食邑情况如下表:

姓　名	爵　号	食邑(户)	姓　名	爵　号	食邑(户)
曹　参	平阳侯	10600	靳　歙	信武侯	5300
夏侯婴	汝阴侯	6900	王　吸	清河侯	2200
傅　宽	阳陵侯	2600	召　欧	广严侯	2200
薛　欧	广平侯	4500	陈　濞	博阳侯	不详
陈　婴	堂邑侯	600	陈　平	户牖侯	不详

由上表可知,同样是彻侯,各人赏赐食邑户数的多少是不一

样的,其主要依据是战功统计,同时也要看刘邦对此人整体贡献的评价,比如陈平以谋士身份跻身首批受封的行列,就是很令人瞩目的,其中缘故,应当包括刘邦对他前不久献计捉拿韩信的特别感谢。陈平怕做"出头椽子",当场向皇帝辞谢说:"臣没有功绩可言,不当封爵。"刘邦说:"吾用先生谋计,战胜克敌,这就是功绩吗?"陈平道:"假使没有魏无知推荐,臣哪有机会为陛下效劳?"刘邦说:"像你这样,可以说是没有忘本。"于是又对魏无知赏赐。

彻侯受封的仪式是"剖符作誓"。符即"合符",是一个分成两半的铁筒,称"铁券",上面用红漆写有誓文:"使黄河如带,泰山若厉,国以永存,爰及苗裔。"大意是皇帝保证功臣的封邑像黄河泰山一样长存,传及他的后世子孙,而功臣也保证世世代代为皇帝及其子孙效忠。君主盟誓后,将铁券的一半交给功臣,作为已受封建的凭证,另一半由皇帝放入金封的盒子,藏于宗庙石室,此即史书上所说"丹书铁券,金匮石室,藏之宗庙"的大体解释。

首批行封后两天,即汉高帝六年正月丙戌(公元前201年2月15日),刘邦专为两位国舅爷——吕雉的兄长吕泽和吕释之举行了封爵盟誓仪式,吕泽封周吕侯,吕释之封建成侯。两人的食邑户数,似乎没有公开宣布,估计是一个敏感的概念。

二十多天后,汉高帝六年正月丙午(公元前201年3月6日),第三批名单发布了:

姓　名	爵　号	食邑(户)	姓　名	爵　号	食邑(户)
张　良	留　侯	10000	刘　缠	射阳侯	不详
萧　何	酇　侯	8000	周　勃	绛　侯	8100
樊　哙	舞阳侯	5000	郦　商	曲周侯	4800
灌　婴	颍阴侯	5000	周　昌	汾阴侯	不详
武　虎	梁邹侯	2800	董　渫	成　侯	2800
孔　聚	蓼夷侯	不详	陈　贺	费　侯	不详
陈　豨	阳夏侯	不详			

其中的刘缠,就是项羽的叔父项伯,由皇帝赐姓刘氏,他的受封功绩,是"汉王与项〔王〕有隙于鸿门,缠解难。"若依刘邦处死丁固的逻辑,其为臣不忠的后果远比丁固严重得多,而竟得及早封侯,位居前列,更映衬出刘邦杀丁固的权诈。

张良和陈平一样,也是谋士身份而无战斗功绩。刘邦把话说在前面:"运筹策帷帐中,决胜千里之外,子房功也。请先生在齐国范围内自择三万户做封邑。"

刘邦集团中,除韩信外,曹参战功最高,也只得封邑一万余户,而刘邦对张良,出口便让他自择三万户,足见张良在其心目中的地位何等重要!

张良也不肯做"出头椽子",辞谢说:"臣起自下邳,有幸在留县拜会皇上,这是上天有意让臣为陛下效劳。陛下用臣献计,幸而时中,臣只求在留县有块封地,就很满足了,哪里敢受封三万户呢?"于是刘邦封他为留侯,食邑万户。

眼看皇帝对张良如此推崇,张良又如此谦让,那些恃功求封的壮士们无话可说;此前受封的陈平,也是当众辞让,何况食邑户数不多,众人也就不发怨言了。可是他们想不通,萧何没有斩获一个敌人的首级,凭什么食邑八千户,远远超过了出生入死的战将? 于是七嘴八舌,一起冲着刘邦发难:"臣等披坚执锐,在前线冲锋陷阵,多者身经百战,少者也有数十次,攻城略地,战功不等。现在萧何未尝有汗马之劳,就靠做做文书,发发议论,封赏反而位居臣等之上,这是什么道理!"

皇帝封赏臣属,臣属竟敢当场表示不服,乃至群言汹汹地质问皇帝。这段情节,足以说明这班起自民间的将吏,虽然已都成为统治集团的上层人物,但依旧没有摆脱江湖团伙中彼此对等的习气;而面对众人的忿忿不平,刘邦亦无皇帝之尊,同样摆出团伙首领的派头,且笑且骂道:"你们都知道猎人带着猎狗去打猎吧？打猎的时候，追杀野兽兔子的是猎狗，但指示野兽兔子藏在什么地方而命令猎狗有效搏杀的，是猎人。现在各位都凭斩杀敌人的战功受封，正可比猎狗；至于萧何，则可比发出指示而让你们能够建功的猎人。你们说，功狗和功人的赏赐可以一样吗？何况各位大都以单身随我，至多也不过从家里带出几个人，萧何却从宗族里动员了几十个人跟我到前线，这个功劳我哪能忘记！"

听见刘邦这样说，大家不敢再吭声了。

前面说过，封赏爵位首先以战功大小为依据，这就需要查档案，做统计。试以首批受封信武侯、食邑五千多户的靳歙为例；在《史记·傅靳蒯成列传》里，就有一份司马迁从他个人档案里摘录出来的军功纪录，什么时候，在什么地方，和谁作战，斩首多少人，俘敌多少人，消灭成建制的部队几支，攻占多少要塞，收复多少郡、县，在斩首和俘敌中，有哪一级别的官吏几人，或某种职务的军官几人……都有具体的记录。

以此推断论功行赏的作业，先要画出分项细密的表格，从每一次战役后的战果汇报中逐一摘录数字，一一填入；有些战役是两人或两人以上共同指挥的，或许还别有一种计算方式。俟按照一定公式套出可以享受食邑的户数后，又要在直属中央的各郡县物色可选范围，因为还要保证各级地方政府的赋税收入和徭役征发不至于蒙受损失太大。此外，各人都有各自的特殊情况，相互间又需要作比较、平衡……凡此种种工作，既然由萧何、周昌、张苍这些文法吏出身的人来主持，肯定会搞成一个技术性很强的系统工程，其速度也就快不起来。迄每个功臣的封赏的初步方案形成后，还要呈报皇帝审批，而刘邦又少不了出于种种意念，再做斟酌加减，以致在封赏顺序上谁提前、谁压后，都有具体指示……因此，自3月6日萧何等十三人受封以后，其后7日

（正月丁未）、8 日（正月戊申）、12 日（正月壬子）、18 日（二月戊午）几天，先后有隆虑侯周灶、阳武侯丁复、阳信侯吕青、东武侯郭蒙凡四人受封，随即便因刘邦又忙着处理刘姓诸侯分封事宜等缘故，刚告开始的功臣分封工作，看似又停顿了下来。

期望尽快获得爵位食邑的将领们，每天来到宫里打听消息，结果总是失望。站在他们的立场上设想，那是什么滋味？某日，刘邦在皇宫内楼阁间的架空通道上散步，远远看见许多将领成堆结伙地坐在沙土上，聚首交谈，如窃窃私语状。刘邦觉得奇怪，便问正好在他身边陪着闲聊的张良："这些人在谈些什么？"张良说："陛下不知道吗？这些人在商量反叛呀！"

刘邦大惊："天下刚安定下来，为何又要反叛？"

张良说："陛下奋起民间，全靠这班人出力，才取得天下。现在陛下做了皇帝，萧何、曹参这些陛下的老朋友、亲爱者，都得到了封赏，而陛下平生所怨恨的人，多被处死。如今要是照战功统计来行封赏，恐怕直属中央的土地还不够分配。这班人既担心得不到封赏，更害怕以往犯下的过失还会成为陛下要惩罚他们的理由，所以便聚在一起酝酿反叛了。"

刘邦一听，才知道自己又犯错误了，不胜担忧，忙请教张良："那该怎么办？"

张良问："陛下平生最怨恨而又为众所周知的人，是哪一位？"

刘邦脱口便说："雍齿！这家伙过去就同我有仇怨，后来又背叛我，我一直想杀他。只因为他建树战功不少，所以才忍住没有下手。"

张良说："那就好办了。请陛下先赶快封赏雍齿，这样，其他的人都会安心了。"

刘邦对于张良，已到言听计从地步，旋于汉高帝六年三月戊子(公元前 201 年 4 月 17 日)这天,特为置酒宴请众将官,席间专为雍齿举行盟誓仪式,封他为什方侯(一作汁方侯),食邑二千五百户。同时当着众人的面,吩咐相国萧何、御史大夫周昌及计相张苍等人,抓紧定功行封作业。果然,酒宴散后,众人都高兴地说:"连雍齿都封侯了,我们还有啥好担心呢?"

从上述故事可以推想,刘邦即位以后所行的赏罚,基本上在走项羽的老路,如司马光所指出的,完全凭个人的情感爱憎,因而使群臣滋生怨望自危之心。此番封侯便是一次显示:吕氏兄弟受封的班次居然排在周勃、灌婴、樊哙、郦商这一班功勋卓著的骁将之前,而且食邑户数"打闷包",难免使人大起猜疑。不过比较起来,下面的事例影响更大:在张良等十三人受封后又陆续行封的四个人中,阳都侯丁复与东武侯郭蒙均为吕泽的部署,其中丁复食邑七千八百户,仅比周勃少三百户,比萧何少二百户,而远远超过樊、灌、郦、靳诸将。须知这几位都是《史记》上单独列传的将相级人物,论战功,都盖过吕泽,岂有食邑户数反比其部属还低的道理? 另一个郭蒙,更是名不见史传,居然也食邑三千户,超过了后来列名西汉十八开国元勋的傅宽和王吸——傅宽其人,《史记》上也有列传,官至齐、代相国,由前表可以看见,他的食邑仅二千六百户,王吸更低,仅二千二百户。

显而易见,缠上裙带关系的吕系诸将论功不实,封赏过高,势必激起众将的严重不满。

如果说在上述诸例名实难符的背后,尚有吕雉幕后操作的原因可寻,那么,同样是沛丰系高级成员的王陵迟迟不封,主要就是刘邦个人的恩怨观念在起作用了,而且恰好与雍齿大有关系。

"县豪"王陵早年在沛丰"少年"中威望甚高,刘邦曾拜他为"大哥",引作横断乡曲的一座靠山;其母亲为了坚定儿子为刘邦

效忠的信念,不惜伏剑牺牲,传为千古流芳的典故;刘邦兵败彭
城后,他浴血拼杀,在极其险恶的环境中保全了太子刘盈和公主
鲁元的性命。然而,照《史记》中王陵传记上的讲法,只因他一直
善待雍齿,又不是沛丰乡党中的第一批"从龙之臣",刘邦便一直
对他有看法,"以故晚封",因知刘邦的器量,并不比项羽大到哪
儿去,区别仅在于未得天下之前,难有机会暴露而已。张良说众
将担心因以往的过失会遭到皇帝报复,也许在他们眼里,王陵没
封便是一个榜样——其实这倒不至于;但假使没有张良一言,雍
齿之"倒灶",几乎是一定的。

　　好在一经张良提醒,刘邦立即觉悟——这是他不像项羽刚
愎自用的长处,那班文法吏也因此吓出一身冷汗,加快了工作进
度,到汉高帝六年八月(公元前 201 年 9 月),仅四个月时间中,
先后又有十四批约四十个功臣受封彻侯。王陵是排在第十三批
名单里,封安国侯,食邑五千户,同樊哙、灌婴一样,看来他守护
丰邑、保全太子的功劳,乃至当年同皇上兄弟相称的感情,最终
还是得到了充分估价。

五七 元功十八人

　　刘邦在世时,一共行封了一百四十余功臣为彻侯。大约在汉高帝六年年底到七年岁首之际,即前 201 年 11 月间,也就是受封彻侯者达七十人左右时,出于某一种考虑,刘邦突然提出要评比一个"元功十八人位次"。众将领都说:"平阳侯曹参,身负七十余伤,攻城略地,功劳最多,宜列第一。"皇帝的传达官(谒者)鄂千秋已通过刘邦两次誉扬萧何,摸准了他的心思,独持异议说:"你们各位的意见都不对。曹参虽有野战略地的军功,但这是一时的功劳,萧何就不同了:皇上与项楚作战,长达五年,其间几度丧失军队,轻身出走,萧何则不断从关中输送人马,补充兵源,常达数万之众;楚汉相争中,汉军又曾多次面临粮食匮乏,也赖萧何不断地从关中转运粮食到前线,才使广大将士从未陷入饿肚子的绝境;陛下虽然数次丢失中原,但萧何始终保全关中,使之成为陛下攻守进退的可靠基地——这都是万世的功劳啊!可以说,即使没有曹参身经百战,汉军也终将战胜楚军,这种一时的功劳怎么可以位居万世的功劳之上呢?依臣之见,萧何宜列第一,曹参次之。"

　　刘邦说:"好!"这套伎俩,就像他当初要封卢绾为燕王时一样,非等人家先说出来,自己再来拍板。旋又当场赐给萧何可以享受剑履上殿、入朝不趋的特殊礼遇——古礼,臣属朝见君主,要走急促的碎步表示尊敬,这叫"趋";如走上台阶与君主近身交谈,必须脱去鞋子,解除佩剑。此外,又加封萧何食邑二千户,使之同曹参、张良同为万户侯。同一天,萧何的父亲、兄弟、子侄等十余人,都得到了食邑封赏。

鄂千秋揣摩皇上心理准确,又不怕公然得罪曹参和众将吏,这份功劳也得犒赏。当时他已得到第十九级爵位——关内侯,刘邦一句话,提升一级,成为安平侯,从此也有了自己的"国邑"。

"元功十八人位次"最终是怎样排列的,两汉史料中留下两份名单。甲名单是:

位　次	姓　名	位　次	姓　名	位　次	姓　名
1	萧何	7	张敖	13	王陵
2	樊哙	8	郦商	14	韩信
3	张良	9	灌婴	15	陈武
4	周勃	10	夏侯婴	16	虫达
5	曹参	11	傅宽	17	周昌
6	陈平	12	靳歙	18	王吸

乙名单是:

位　次	姓　名	位　次	姓　名	位　次	姓　名
1	萧何	7	奚涓	13	陈武
2	曹参	8	夏侯婴	14	王吸
3	张敖	9	灌婴	15	薛欧
4	周勃	10	傅宽	16	周昌
5	樊哙	11	靳歙	17	丁复
6	郦商	12	王陵	18	虫达

　　两份名单的共同特点是沛丰、砀郡的人员占绝大多数,颇能彰显刘邦集团核心圈子的地域色彩。

　　但是,这两份名单的可信性都遭到过质疑。

　　一般多认为甲名单比较接近当时做第一次排名的原貌,且有后来班固写的"十八侯铭"可以印证。不过鄂千秋说"萧何第一,曹参次之",已得到刘邦赞成,则曹参的位次不该屈居第五。除了这一条之外,甲名单上颇有几点值得注意:

　　一是已经由楚王降为淮阴侯的韩信仍包括在内。虽然因为他"犯了错误",本该位居曹参之前的座次,被挪移到王陵后面,但是刘邦既然提出过因为他善用萧何、张良、韩信三人才取得天下的高论,不把他排进去,未免太说不过去;

　　二是张良和陈平两人都在名单前列。诸位已知,爵位应该凭军功获得,是诸将的共同认识,所以大家都不服帖萧何封赏太厚。如今在张良之外,又加进一个陈平,当是体现了刘邦的意志。

　　三是樊哙的突出。从食邑户数看,其人所得实惠远不及曹参、周勃、夏侯婴等人,但是他在刘邦"丰西斩蛇"、"起义芒砀"的早期阶段,有过特殊贡献,或许刘邦借此评定位次,彰显一下他在这方面的业绩,但是骤然位居张良之前,似乎又太夸张了。

　　以上三点,大体能说明甲名单的"也许可信性"。

　　乙名单的由来,史书上有明确记载:刘邦死后,吕雉掌权,要陈平为一百四十三个封侯功臣重新排列位次,这份名单就是截取了前十八名,所以距刘邦首次提出做"元功十八人位次"时的原貌甚远,但也有几点可叙说的:

　　其一,刘邦一死,陈平势孤,有笼络周勃、郦商、灌婴这班尚在掌权的武将们的必要,因此在排名时又突出了军功原则,把他自己和张良两人都剔除出了"元功十八人"的范围;

其二,彼时韩信的"谋反案"已经定性,故被逐出"元功"排行榜。鲁迅先生说,后朝的人写前朝历史,总是坏人居多,这就是政治对编史的指导意义。其实本朝人写本朝史,也是同样道理。你看,韩信一旦被扣上谋反罪名,他的开国元勋地位也就随之消失了,而且做篡改手术的,正是这段史实的见证人陈平。不难想像,假如没有一个敢于秉笔直书的司马迁,别说后来刘汉统治下的臣民不会再了解韩信在大汉帝国创立过程中的重大贡献,就连我们今天来细说刘邦同韩信的是非恩怨时,又有多少可以相信的史料可资利用呢!

其三,靠吃父王张耳老本的张敖,突然跃居第三,毫无疑问,这是陈平阿从吕雉意旨,甚至是主动献媚——张敖是鲁元公主的丈夫,也就是吕雉的女婿。同样道理,原先在甲名单中榜上无名的丁复,如今也因为是吕氏人脉的缘故,硬被他塞进了开国元勋的行列。

此外,后人还提出:刘邦提出排列"元功十八人位次"时,应该局限于封侯者的范围,否则已封燕王的卢绾绝无排斥在外的道理。倘此说成立,那么当时在做赵王的张敖,似也不应该出现在甲名单中。除了曹参不该位居周勃之后以外,甲名单也不是首次排行榜的原貌,又多了一条依据。

刘邦分封功臣、排比"元功",正是他政治手腕的一种表现,其目的是:

一曰制造矛盾,使相隔阂。

刘邦直属集团中,处于核心层次的是沛、砀嫡系,其特点是自恃乡缘和资历,排外性很强。其领军人物,便是萧何与曹参。刘邦借助了他们的人望,以及萧何缜密、曹参豪勇的不同特长,有效地实现了对这个乡党集团的控制和运用。然而,众多沛砀成员在此二人凝聚下抱成一团的趋向,恰恰又是越来越担心皇权旁落的刘邦所不愿意看见的。于是,借助论功评比隔阂萧、曹,进而扩大为整个沛砀嫡系间的相互猜忌,便成为他对这股势力进行分化以便分而驭之的一种谋略——很明显,这就是他连续三次扬萧抑曹的动机所在。

二曰平衡派别,使相制约。

制造隔阂、分而驭之的具体运用,就是让相互猜忌的各方彼此监视,形成一种互为制约的态势。

从前面列出的几批较早受封的名单来看,可知主要来自三个集团:如曹参、灌婴、傅宽、陈豨、陈武、孔聚、陈贺等,都属于北方军团,即韩信的麾下;周勃、樊哙、夏侯婴、郦商、周昌、靳歙等,均属刘邦直接指挥的中原军团,其中又有一部分人时在关中辅佐萧何,如樊哙、郦商;余下的,如吕泽、吕释之、丁复、郭蒙等,则属于吕氏一脉。张良批评皇帝封赏,尽先照顾故人亲戚,一点也不夸张。

三个集团中,最称势众功高的,当然是北方军团。等到正式给功臣封侯时,由于韩信已倒,曹参便成了北方军团的一面旗帜,本该首先归美于韩信统率指挥有方的丰功硕业,全都归到了曹参的名下。但从先封彻侯食邑户数的比较中可以看出,整个北方军团所受抑制十分明显:除曹参这面旗帜独得一万零六百户外,接下来便是一个大落差:第二号人物灌婴只得五千户;再接下来,第三号人物傅宽只得二千六百户。余如孔聚、陈贺,俱为垓下十面埋伏之役中独当一面的将才,史传有名,具体受邑数目不详,但是按资历排,当比傅宽更少。相比之下,一直跟随刘邦在荥阳、成皋一线的周勃、夏侯婴、靳歙等中原军团的成员,在具体封赏上显然占便宜多。以傅宽和靳歙为例,两个人在史传上齐名,但属于北方军团的傅宽仅得二千六百户,属于中原军团的靳歙却得五千三百户,相差一倍还多。至于吕氏山头的封赏过高,更不待赘述。总之,即便是在直属团体内部,沛、砀亲故之间,刘邦肚子里的分寸与轻重,也是昭然可见的。

厚此薄彼的结果,势必是各派力量之间的矛盾加深,但是刘邦也不让任何一派过于突出,建议"元功"评比排位的另一层用心,便在于此。从"甲名单"上可以看出,在受邑上吃亏的北方军团诸将如灌婴、傅宽、陈武(此人不在前三批受封名单)等人的位次,反比受邑较多的夏侯婴、靳歙等人要高;时在关中辅佐萧何的樊哙、郦商,在位次上的排列也与实际受邑不成相应。此外,受邑特厚的吕氏军团中,只有虫达一人进了"元功"档次(此人也不在前三批受封名单),直到吕媭掌权时,这个山头才又挤进了一个丁复。显而易见,这就是刘邦利用名利两器,在各派之间摆弄折冲平衡。

三曰恩威相济,使入羁縻。

这一招,最以王陵为典型。刘邦称帝以后,这位心直口快的戆汉第一个跳出来代表将领求封,却因善待雍齿、"从龙"很晚等缘故,偏被刘邦压住,其心中郁郁是可以想象的。然而刘邦对这位"大哥"的认识,相当透彻,所以待到排比"元功"时,忽然又把他提了出来,使在开国元勋之列,可以说在很高程度上满足了这位任侠之士的荣誉感。往后的事实表明,刘邦死后,始终对其心口如一、忠诚不二的,正是这位王陵。

已经被罢去楚王的韩信而仍得排进"元功"名单,也可以看作是打过之后再作抚慰的伎俩,但是韩信为人倨傲,不吃这一套,他被降为淮阴侯后,便假称有病,经常不参加朝会,以此表示不满。刘邦提出评比十八开国元勋时,别人都唯恐落榜,他却说羞与周勃、灌婴这些人同列——这是对沛、砀班底的公然蔑视,结果肯定是换来更多的人去皇上耳朵边嚼舌根。暗中同情他的人也有,胆敢见诸言行的只有樊哙一个,然而韩信也不当一回事。有一次，韩信去樊哙家拜访，樊哙受宠若惊，激动地说："大王竟肯赏光，驾临寒舍!"送迎皆行跪拜大礼。而韩信出门后，竟以自嘲的口吻笑道："此生就与樊哙为伍了。"

刘邦的心里，比谁都明白韩信的冤枉，所以也常把韩信召去闲聊，以示私交犹在，这也是一种羁縻之术。有一回，刘邦让韩信评点诸将的能力，韩信侃侃而谈，某人可将(指挥)多少人马，某人至多可将兵若干，某人根本不是将兵的料……听得津津有味的刘邦突然问道："你看我能将兵多少哩?"韩信说："陛下不过能将十万。"刘邦又问："那么你呢?"韩信毫不掩饰地说："如臣将兵，当然是多多益善。"刘邦不服气，笑着问他："你将兵多多益善，我将兵不过十万，那你怎么会被我制伏的?"韩信也笑了起来，说："陛下不能将兵，而善将将，这就是我被陛下制伏的缘故。而且陛下这种本事，正如子房先生说的，是'天授'，并非人力。"

试想，韩信如此排抑他人，夸耀自己，别说是面对皇上，即便是与同袍相处，也难以让人忍受。虽然最后两句的解说，为刘邦挽回了面子，但其自负才高功著因而终究不服的内心世界，可谓暴露无遗。

平心而论，刘邦这个"开国皇帝"，既无此前秦始皇那种居高临下的威势凭恃，也无后世根深蒂固的皇权观念支持，要想维护和加强其个人权力，特别是要保持对这一班倚仗战功和实力共坐天下的功臣的有效控制，没有一套权术，倒是难以想象的。好在此人从青少年时代起，就一直在首领这个层面上历练，如今只是把牢笼党徒的手段提升到驾驭臣属的境界而已。韩信说"陛下不能将兵，而善将将"，这正是他得天独厚的本事。

五八　定朝仪

任何权术的使用,都有其两面性效应;假使这种权术中的机诈和阴谋的含量特别高,则尤其如此。刘邦建议评比"元功"位次,虽然达到了挑起功臣相互不满和猜忌的目的,然而这把邪火一旦烧旺之后,他自己也受不了——凡遇朝会,众将吏必定以此为题,大开辩论,摆战功大小,争名次前后,使酒闹气,狂呼乱叫,甚至拔剑击柱,全无体统可言。说也难怪,大家都是"芒砀"出身的豪桀少年、壮士侠任之流,一起跟着"老大"刘邦打江山,随便惯了,如今尽管多已授官封爵,成为统治集团的骨干,但仍未养成高低贵贱的等级观念,甚至"老大"与皇上的天壤之别,也难有深切的体会——这一点,又使急于树立皇帝权威的刘邦感到特别难受。

开国功臣们"饮酒争功,醉或妄呼,拔剑击柱",闹得乌烟瘴气,博士叔孙通置身局外,特别注意刘邦的反应。此人先叛秦朝而投项梁,项梁战死后改从楚怀王;怀王被项羽迁徙到湖南时,他看准"义帝"已无前途,便留在彭城做项羽的部下,及刘邦统率讨楚联军攻进彭城,又改换门庭,做了汉王的博士。当时有许多儒生弟子追随他,可他专向刘邦推荐盗贼壮士,弟子们有意见,叔孙通说:"现在汉王正冒着枪林矢雨争权天下,你们能派上用场吗?大家且耐心等待,机会来了,我不会忘记你们的。"这会儿,他终于从皇帝厌恶的眼神中,看到了机会。

　　某日,秩序混乱的朝会解散之后,叔孙通向皇帝进言:"儒生这类人,在进取天下时,确实没有多少力量,但是在治理天下时,倒可以发挥作用。臣愿意去鲁国征召一批儒生,连同臣的弟子一起,先替陛下制定一套朝会的礼仪,使君臣之间都有规矩可循。"

　　刘邦向来蔑视儒生,尤其讨厌繁文缛礼,若是过去叔孙通跟他谈论这些,准挨一顿臭骂。可现在听说要让大家懂得遵守君臣之间的规矩,倒有点顺耳,但又怕搞得太复杂,连自己也受不了,便先问一声:"该不会很难吧?"叔孙通说:"古时候历代的礼仪,都不一样,不过是根据时世人情制定而已。臣打算兼采古礼和秦仪的长处,结合本朝的实际,不必搞得很繁琐。"刘邦说:"那就试试吧,最好简单点,至少要让我本人能够做得到。"

　　于是叔孙通亲自前往孔夫子的故乡鲁国,征召儒生,居然被他找到三十多个。可是有两个儒生不肯随他去关中,还且笑且骂道:"您老人家侍奉过的主子,该有十个了吧——全靠拍马屁得宠!依传统,制礼作乐,总得积德百年才能推行。如今天下初定,死者未葬,伤者未愈,您居然敢说兴礼作乐,我们可不敢跟着您胡闹。"叔孙通亦且笑且骂:"如你们两位先生,真所谓腐儒了,一点也跟不上形势的变化。"

　　叔孙通带着三十个儒生返回长安,连同自己的门生弟子,以及已经在刘邦左右谋得官职的几个儒生,大抵就是陆贾、随何、刘敬(即娄敬)等人,到郊外找了块地方,圈成营寨,共同研究如何制定朝仪。有人偷偷去看过,只见一百数十个人宽袍大袖,拿着许多树枝当标识插在地上,比划移动,起拜下跪,看不出在搞什么名堂。过了一个多月,叔孙通请皇帝前往观礼,由那些儒生弟子作为群臣的替身,将他们应该如何拜谒皇上的礼节从头到尾再演示一遍,然后再教皇上应该如何应对。给皇帝设计的礼节,都是最简单的。刘邦说:"这个我能做到。"于是命前来参加朝见的诸侯王和群臣一起去叔孙通那儿参加朝会礼仪培训。

汉高帝七年十月初一岁首(公元前 201 年 11 月 7 日),皇帝在萧何新建成的长乐宫前殿接受诸侯与群臣新年朝贺,这也是叔孙通新制汉家朝仪的首次演示。天色未明,诸侯群臣已来到宫门外,由宫廷传达官依礼制规定,依次引入殿门,分东西两列站定。由郎中和中郎组成的皇帝警卫团已全身披挂,执戟在手,从丹陛到殿下,分队排好,旗帜鲜明,气氛严肃。随后便是皇帝乘着辇车出房,自内而外,一个接着一个,高声传报。俟皇帝升殿入座,再由礼官引导诸侯群臣以下至六百石级别的官吏,依次序轮流向皇上奉贺。因为气象森严,朝贺时又唯恐出错,各人的感受莫不震恐肃敬。

贺礼完毕后,设置酒宴。按照叔孙通定下的规矩,再不许像往常那样,一个个昂首入席,开怀痛饮,而且毫无尊卑之分地与皇上对等交谈了。要求是入座之后,作拜伏抑首状,不敢用目光与皇上平视。侍从人员替大家斟酒后,先按爵位高低、官秩大小,依次向皇上举觞祝寿。如此循环往复,一共九轮,传达官即宣布"罢酒"。也就是说,每人只许饮九杯——以樊哙在鸿门宴上一斗卮酒一饮而尽度之,大概还不到他们寻常酒量的十分之一:肯定不过瘾,但可以确保头脑清醒。有几个人的礼节稍有差池,马上便被在一边监视的御史举控"失仪",当场撵出殿外,以致直到酒宴结束,席上无人胆敢喧哗。

正是在这满座肃穆的气氛中,大家深切领悟到了往常同"老大"之间那种没有拘束形迹的关系,已经一去不再,而刘邦亦终于摸到了一点做皇帝的感觉。但此人的本性是说话口无遮拦,十分坦率,竟当场发表感想说:"我到今天才算知道皇帝的尊贵啊！"

　　叔孙通制仪有功，官升太常（皇家典礼总局局长），特赐黄金五百斤。叔孙通趁机请求："臣有许多追随已久的门生弟子，这次与臣一起制定朝仪，请求陛下也赏他们一个官职。"刘邦说没问题，通通拜为郎官。叔孙通回家后，向大家通报喜讯，又把五百斤黄金分给众人。诸生都高兴地说："叔孙先生能知当世的要务，是真正的圣人。"

　　经过叔孙通这么一搞，君主的尊严发扬到极致，包括诸侯王在内的臣属的人格，全被踩到脚下，对于怀有共坐天下理念的众人而言，无疑是一种严重的心理顿挫，而皇权至高无上的观念则借此得到了进一步发扬。从那以后，如彭越、英布等人再到长安或洛阳朝见皇上时，君臣对拜的旧仪不复存在，诸侯王的身高都自然而然地矮了一大截。

　　随后，叔孙通又在刘邦支持下，将尊崇君主、抑制臣属的原则，运用到其他各种礼仪的制作上，大抵都沿袭秦朝旧制而很少变更，诸如皇帝的名号和自称，百官的职称和分工，不同性能的运作机制与相互关系，乃至有关宫室、车舆、仪仗、文件的制度与称谓等，基本上都是秦制的延续。

　　史家笔下，每将汉朝在政治、司法、军事、财经等各个方面对秦朝成例的全盘继承，统称为"汉承秦制"，就其结果而言，毋庸置疑，然而，其中有三个关节，不可不加注意。

　　其一，据司马迁介绍，汉承秦制的具体作业，又有"萧何次律令，韩信申军法，张苍为章程，叔孙通定礼仪"的分工和层次。所谓汉承秦制，是一个从刘邦就封汉王起就开始运作的历史过程，并非有待刘邦称帝之后。以职官为例，像丞相、太尉、御史大夫等"三公"官制，在汉国初期都已确立，而太常、廷尉、卫尉、典客等"九卿"官职，则要断断续续到刘邦称帝后很久，才一一添置齐全。所以,本书中"汉承秦制"的内容不作大汉帝国创立后的一个专门章节加以叙述,而是按照它自身的积累渐进的历史演绎,依次带出。

其二,汉承秦制的操作,常被后人誉为刘邦集团富有历史远见的行为。就其客观一面来讲,或许不错;若从主观上分析,又未必尽然。刘邦集团中连他本人在内,包括萧何、曹参、夏侯婴、周苛、周昌、张苍等上层分子,全具备在秦朝统治下做吏多年的经历,即使最后加入进来的叔孙通,也是秦朝的博士。这样,当他们脱离怀王、项氏这个大团体,有志于自搞一套汉家制度时,除了因袭最为他们所熟悉的秦制以外,可以说是别无选择。因此,就指导思想而言,所谓历史远见云云绝对谈不上,完全取决于这个集团的成分构成。

其三,正如叔孙通所说的:"礼者,因时世人情为之……"刘邦称帝时的最大的"时世",就是不容他独占讨楚联盟共同消灭项羽的胜利果实;最大的"人情",就是诸侯功臣都认为共坐天下乃理所当然,没人愿意回到朕即国家的绝对皇权专制的过去。所以,就是中央与地方行政的关系而言,汉初政体的具体形式,与秦始皇奠定的政体有极大区别,其演进嬗变也是一个历史过程,倘作阶段性划分,大体可分四个阶段:

第一阶段:汉国初建时,汉王与其他诸侯是平起平坐的并列关系;第二阶段:随着楚汉战争规模的不断扩大,汉王与反楚诸侯的联系,逐渐演绎为盟主与盟友的关系;第三阶段:项楚灭亡,慑于反楚同盟的威势,如衡山王、燕王等原先并非盟友的诸侯,也被迫加入到共同推戴汉王升为汉帝的行列中,刘邦的地位亦随着称号的改变,由盟主抬升到诸侯共主。虽然说这是一个不小的进步,但诸侯的国号封疆俱在,汉帝属下有三公官制、郡县领辖,各国属下亦有三公官制、郡县领辖,代表中央权力的皇权行使也有限度。将此同清一色中央直辖的郡县制度的秦朝政体进行比较，显然是无法用汉承秦制来概括的。

刘邦的本事，就是在前面三个阶段循序而进的基础上，脚步不停地向着第四个阶段跨越——这个阶段的基本特征，就是中央与地方的联系，逐渐由共主与诸侯合纵的关系嬗替为君主与皇族宗藩的关系，由此为汉承秦制在完整意义上的实现创造了历史条件。

五九　边境的隐患

接续前章,再看刘邦是如何实现历史性跨越,竭力把中央与地方关系的政体结构,拽向汉承秦制的轨道上的。

燕王臧荼的铲除,在史书上被判定为刘邦消灭异姓诸侯的开端。但是,刘邦马上又"顺应"众人推戴,另立卢绾填补臧荼的空缺。所以,去臧荼而立卢绾,并不构成皇帝对邦联政体的破坏,反倒可以看作是他真心愿与功臣共坐天下的理念重申。其效果,一方面是当他再接再厉,又将韩信的楚王废去时,不至于从改变政体的角度引发其他异姓诸侯的高度警觉;另一方面,难免又会启发其集团内部成员的侥幸之心:既然卢太尉可以因功授王,我们不也存在这种希望吗?

但是,聪明的皇帝将就着这口众人砌就的裂土而封的锅灶,又端出一盘新鲜的菜肴。

汉高帝六年正月丙午(公元前 201 年 3 月 6 日),也就是萧何、张良等十三人受封侯爵的同一天,刘邦的弟弟刘交和从兄刘贾,分别受封楚王和荆王;其地盘是把拔去韩信后的楚国一分为二,以淮东会稽、泗水等三郡五十三县为荆国;以淮西薛郡、东海、彭城等三郡三十六县为楚国。六天以后,即正月壬子(3 月12 日),他的哥哥刘仲和他的儿子刘肥分别受封代王和齐王:代国的地盘包括云中、雁门、代郡等共五十三县;齐国的地盘有胶东、胶西、临淄、济北、博阳、城阳共七郡七十三县。

四王封立制书的写法，与卢绾被封燕王时的表述一样，也是出于诸侯功臣共同推戴，推戴理由也是追叙反秦灭楚的功绩。刘交随兄起义，一直参预机密；刘贾从汉王还定三秦时起，就是挥戈阵上的战将，自然都有功可表。刘肥在刘邦诸子中年纪最长，归汉后跟着父亲出过几回兵，硬要叙功，也不是子虚乌有。最妙的是那位只会种田做生意的刘老二，从未披过甲胄，居然亦有"兵初起，侍太公，守丰"的功劳可叙。但不管怎样，所有这些，全能用凭功绩封王的原则罩住，从理论上讲，正可同卢绾受封的程序相衔接。但再不聪明的人，也能从彻侯与亲王同日受封的事实中明白，像卢绾这种异姓功臣裂土封王的好事，再也不会有了。

在这个由封立异姓到广封同姓的嬗变中，还有一个细节：封给代王和齐王的国土，是从刘汉中央直辖郡县中拿出来的。这种性质的资源本来就不多，一下子划出十郡一百二三十个县，张良所谓天下的土地不够论功行赏，就是基于这个事实来讲的。

从张良说出这番话的语气，看来他没有参预分封宗亲的策划。不过今非昔比，毋需良、平，抢着出谋画策并以此讨好的大有人在。当刘邦借巡游名义捉取韩信以后，马上就有一个叫田肯的人向皇帝进言，首先祝贺皇上扳倒了最具威胁性的韩信，然后便指出，齐国东有出产富饶的琅邪、即墨，南有可作天然屏障的泰山，西有黄河孟津之险，北有勃海鱼盐之利，幅员广达二千余里，集结兵力可达百万以上，这可是一片足与同关中相颉颃的地区啊。所以，他向皇帝建议："若非亲生儿子，切不可以使之就封齐王。"当时朝议中并无分封皇族的议程，因此田肯的这个建言，等于是要求皇上分封宗亲的提案。刘邦说："好！"当即赏赐他五百斤黄金，表示自己接受了这个建议。

　　从形式上看,封建宗亲的政策,就是如此这般确定下来的。但史实的真相,还是刘邦自己总结历史经验后得出的认识,以为秦始皇完全采用中央集权的郡县制度,使得皇族全无实力,这才导致天下一乱便迅速灭亡,所以有必要广封同姓,与位居中央的皇帝形成屏藩之势,共同镇抚天下。从情理上推测,一向参预机密的刘交,很可能也是这项决策的制定人之一。不过前已有述,即位之初的刘邦,皇权有限,所以即便方针既定,但由臣属率先提出而由自己接受,毕竟比自己主动提出,更显得走程序化。五百斤黄金,便是田肯善于揣摩皇上心理应得的回报。

　　同姓诸侯与异姓诸侯的权属,完全一样,在行政、财税、军事、司法等方面,都具有独立或半独立的地位,其职官制度也大体仿照中央。凡王国丞相、内史、御史大夫、卫尉、中尉等主要的军政职官,多由刘邦指派。如刚刚受封平阳侯的曹参,马上便奉旨出任最大的一个王国——齐国的相国。从这个任命来看,实际上他仍是刘邦最信任的高级官员之一。

　　刘邦在铲除异姓诸侯的同时又广封同姓,甚至拿出了原属"汉王国"所有的资源。为此,不少史学家都批评他是开历史倒车,却没看出他只能在既定的政体结构中玩弄偷天换日的伎俩。此外,这也是时势——在对外要防范异姓诸侯、对内要驾驭众多功臣的形势下所采取的迫不得已的策略。

　　既然如此,新一轮的利益冲突也就势不可免,首当其冲者是韩王信。

　　追溯历史,韩王信能有裂土称王的福分,可以说完全是刘邦一手扶植的结果——主要是当初尽力扩大反楚联盟以壮声威的需要,此外也不乏笼络张良死心塌地为其效劳的考虑。尽管韩王信并非由张良推荐,但张良再三表白因为要替韩报仇,才先后与嬴秦、项楚作对,则是一贯的。

　　然而，所谓彼一时也，此一时也。当刘邦完成灭楚大业，意在通过广封同姓分占荆楚、三齐等天下势要时，韩王信所处位置与这一政策的矛盾，便显得格外突出了。依原先剖符封王时画定的地图，韩国的疆域大体与秦朝时颍川郡复合，相当今河南登封、宝丰以东，尉氏、鄢城以西，密县以南，叶县、舞阳以北，但在它的东界，又把原先属于楚国的淮阳地区也划了进去——这又是出于借重韩王信来削弱牵制楚王韩信的考虑。时过境迁，当初针对韩信的划界，现在反成了对刘交的威胁，而且其北界毗邻巩、洛，南界逼近宛、叶，都是在中原用兵的战略要地。为确保刘汉对这一带的绝对控制，实在不放心让这样一个兼备才略武勇的异姓诸侯酣睡于卧榻之侧。

　　于是刘邦再次祭起当初对付吴芮的法宝，下诏将原为太原郡和定襄郡的三十一县圈为新的韩国，将韩王信徙封到此，并指定以晋阳（今山西太原）为王都。从中原迁徙华北，韩王信内心的不满可以想见，但是在异姓诸侯中，他不比彭越、英布，绝无讨价还价的本钱，所以奉诏以后，只好马上搬家。俟料理停当，他又给皇帝打了一个报告说："韩国地处边境，匈奴经常入寇，晋阳距边界上可以据险固守的地方太远，请允许臣把王都迁到马邑（今山西朔县）。"刘邦道是此言有理，即予批准。

　　往后，刘邦如果有回思前事的检讨，或许会意识到批准这个迁都的请求并不明智。

　　匈奴是生活在中国北部蒙古高原上的一个游牧民族。当秦始皇建成大秦帝国时，该民族的各个部落，已在其首任单于头曼的统驭下，完成了统一，旋不断往南扩张。秦始皇命大将蒙恬率兵斥逐匈奴，将现在的河套地区（在今内蒙古自治区和宁夏回族自治区境内）全部收复，并沿黄河构筑县城四十余座，不断移民备边，同时"因地形，用制险塞，起临洮至辽东，延袤万余里"，筑成举世闻名的万里长城,用以抵御匈奴等北方游牧民族对农耕经济区的侵扰。扎稳基础后,蒙恬再带领部队渡过黄河正流(今乌加河),据有阳山(即今内蒙古狼山最西的一段),"逶迤而北,暴师于外十余年,威振匈奴",成为确保大秦帝国不再遭受匈奴侵掠的坚固的北疆军团。

边防巩固了,内地也不能忽略。所以秦始皇又命蒙恬主持北起九原(今内蒙古包头市西北)南至云阳(今陕西淳化)的建路工程,这就是迄今在鄂尔多斯草原地区及陕甘子午岭上犹有遗迹可寻的大秦"直道"。史书记载,直道"堑山堙谷,千八百里",一旦内地有警,这支驻守边陲的国防军不消三天,便可利用这条道路从河套自抵关中,足见秦皇虑事周密;也因为这支三十万人的军团对于帝国安危的极端重要性,秦始皇又特派长子扶苏担任该军团的监军。

然而,再先进完善的战备工程,也将依赖活人利用。秦始皇一死,赵高、李斯和胡亥便沆瀣一气,伪造秦皇诏书,逼迫扶苏自杀,又将蒙恬、蒙毅等骗到关中杀害。对这支军团,他们起初伪造秦皇命令,委托蒙恬的裨将王离统带;其实对王离也不放心,不久又加派李斯的舍人去当护军。护军的职权,就是代表中央节制诸将,性质同扶苏这个监军也差不多了,舍人之名,不过是王公高官左右亲随的通称。李斯用一个史传上没有姓名的舍人,来行使皇长子扶苏的职权,使之监护三十万国防大军,其人之利令智昏,可想而知。随后,胡亥正式即位,又将王离等人调回内地,另委他职,于是该军团的上层班子乃成残缺不全;时日稍久,将士离心、军纪涣散,也就可以想见。

再往后,陈胜吴广起义,天下大乱中咸阳又闹内讧,李斯下狱而死。面对义军遍起的形势,独擅朝政的赵高宁可与义军媾和,也不敢把这支只须三天便可到达的军队调回关中——惟恐他们打起为扶苏、蒙恬报仇的旗号,先把胡亥和他给宰了。秦朝的军纪相当严格,没有调兵的兵符,该军团即使得知内地局势已经糜烂,也只能就地不动。刘邦顺利攻入咸阳时,为什么强大的秦军没有到位的问题,这就是答案之一。

接着,赵高弑二世,子婴杀赵高,刘邦俘子婴,项羽又将刘邦贬封蜀汉,再一把大火烧毁咸阳,随后便是刘邦还定三秦,楚汉大战,这支镇抚北方的国防大军,终于失掉了同中央的联系。像这种中央政权已被消灭而边防大军依然存在的现象,在后世的朝代更易中,常有出现,明末崇祯皇帝吊死煤山,吴三桂犹在山海关大兵在握,就是人们所熟悉的例子。通常,新上台的政权照例会以安抚的办法,收编这些军队继续为新政权看守边陲,但项羽、刘邦等人,或者是无暇顾及,或者是根本不知道还有这么一支军队存在,而应该对此有所了解的章邯,却马上便陷入了刘汉的围困,鞭长莫及。正是在这种诸侯急于内战、无暇外防的局势下,秦朝的北疆军团逐渐解体了。

于是,匈奴趁机南下,连同蒙恬军团在河套新筑的四十四个县邑一并归其所有,游牧各族与农耕民族的分界线,又回复到秦始皇统一中原以前的状况,即燕、代一带,包括此时刘邦为徙封韩王信而新设置的"赵国"地区,逐渐处在匈奴的直接威胁下。

解体后的秦朝北疆军团,并未接踵于道,悉数络绎返归关中和中原,其中不少人就滞留在河套垦区就食,或散落在种、代、燕、赵、中山等地区。在丧失生计的情况下,他们或相聚为从事汉匈边界贸易的走私团伙,或与当地的豪杰少年合流,嬗变为任侠游士一流,从而成为威胁汉朝在北方地区统治的另一种势力。史传上,在刘邦夫妇父子相继当国的数十年间,凡与匈奴相呼应或者有联系的北地叛乱活动,一般都以这些势力为依托,这就是并未突然消失的秦朝北疆军团留给刘邦重续秦皇统一大业的隐患。

当然，眼下的边地局势之恶化，还不止是秦军残部啸聚各地，随时伺机给汉朝捣乱，更因数十万国防军自行解体，极大地改善了匈奴对外扩张的环境。迄大汉帝国创立时，匈奴已在第二代单于冒顿（靠弑父头曼上台）的统驭下，先后兼并了东边的东胡、西边的月氏和南边的楼烦等其他游牧民族政权，更加强大，兼有秦军残部等反汉力量的配合，势力直达辽东、上谷、上郡以西，及云中等地，远非秦时的局面可比。到韩王信徙封未久，适逢匈奴正在这一带发起新的攻势，因为他把王都设置在距汉匈分界线太近的马邑，结果立时使自己陷入了被困王都的险境。

韩王信大恐，赶紧向长安呼救，据其解释，因为又担忧远水难救近火，所以同时连连遣使向冒顿求和。刘邦对此人本来就不放心，及获知他与匈奴通使来往的情报，不免猜疑其要求迁都马邑是否别有用心，遂派使者前往责问。韩王信对于刘邦将其徙封北地，本来就十分不满，现在听使者口气，大有追究叛逆的意思，联想起燕王臧荼、楚王韩信相继倒台的下场，百感交集，索性公然投降匈奴，献出马邑，相约联合反汉。其部属中，不少人都是从过去赵、代降卒中收编而来，与刘汉渊源不深，对徙封更为抱怨，是以叛帜一举，大多响应，很快便反戈攻打到晋阳城下。

刘邦闻报大惊，边令赵王张敖、代王刘喜就近发兵增援晋阳，边自率大军北征，以樊哙为主将。铜鞮（今山西沁县）一战，汉军大胜，阵斩韩军主将王喜，韩王信仓皇亡走匈奴。其部将曼丘臣、王黄等搜集余众，拥立故赵王歇的同宗赵利为赵王，反过来再以这个山头的名义，同匈奴单于及韩王信订立三家联合反汉的盟约。

就这样，以封建宗亲、迁徙韩国引发的利益冲突为导火索，大汉帝国又陷入了内忧外患相与连接的局面之中。

六〇 和战匈奴

伪赵、韩王、匈奴三家结盟以后，冒顿单于马上派左、右贤王率万余骑士与伪赵部队会合，屯兵广武（今山西代县西南）以南，威慑刘邦驻跸的晋阳。刘邦命樊哙主动出击，匈奴稍战即败走，然后又扎营，樊哙率军追击，又破营。樊哙再追，适值隆冬，一场特大寒流袭来，雨雪纷飞，多为南方出生的汉军十有二三被冻掉了手指，连兵器都握不住，只得收兵。

眼看汉军出师以来，接连战胜，刘邦乃生一举歼灭匈奴的雄心——倘能彻底解决这个秦始皇都为之头疼的祸患，确实是不世之功。当时他已获知冒顿单于自率主力，屯兵代谷（今山西代县），遂有轻骑奔袭而先擒贼王的打算。为求稳妥起见，先后派出十多个探子，潜往代谷以探虚实。孰知冒顿正有诱使汉军来袭的计划，故意把精壮的人马都藏匿起来，只留一些老兵瘦马供人观瞻，结果刘邦前后所得的情报相同：代谷匈奴不堪一击。郎中刘敬——就是那位献策迁都的娄敬，认为这些情报不可靠，刘邦很不高兴，说：那劳驾你去走一趟。

此时刘邦决心已下，没等刘敬回报，便令三十二万汉军悉数开拔北进，兵过句注山（在今山西代县北），刘敬跑回来了，他老老实实地告诉皇上，自己所见，的确和其他人一样，但又提出怀疑：两军对垒，照例都是夸大自己的力量以沮对方士气，但匈奴的做法恰恰相反，不合情理，恐怕设下了埋伏，所以不应贸然出击。

刘邦发火了，骑在马上臭骂："你这个齐国乡巴佬，靠能说会道才做了官，现在竟敢胡说八道乱我军心！"当即下令，先把这小子押到广武关起来。

急于建功的刘邦唯恐冒顿闻讯溜走，又嫌大军行动迟缓，先自领前锋部队，径扑平城（今山西大同），驻跸距平城东南约十余里的白登山上。冒顿旋即调集四十万精兵，将汉军团团围住，欲待王黄、赵利带兵前来，一起攻山。六七天后，汉军断食，形势万分危急，司马迁在《史记》中写道：皇帝用陈平奇计，派人找冒顿单于的阏氏（相当于汉人的皇后），才得以解围。因为这条计策太诡秘了，所以世人不知其详。元代史学家为《资治通鉴》作注释时，征引汉代应劭的说法：陈平请人画了一幅美女图像，送给冒顿阏氏，诡称汉家有此美女，现在汉皇被困，打算将她献给单于。阏氏怕汉家美女夺去她的宠爱，便劝丈夫解围，放走了刘邦。由于此计有失国家体面，所以秘而不传。

阏氏劝丈夫解围以及刘邦脱险经过，史传上倒是有详实记载。阏氏说："两主不相困。现在即使得到汉家疆土，终非单于久居之地。何况我听说汉帝有神灵，请单于谨慎一些。"冒顿单于惯听夫人教唆，又因王黄、赵利的军队迟迟不来，怀疑他们与汉军有勾结，便下令解开围困的一角，绝处逢生的刘邦乃由夏侯婴亲自驾车保护，在漫天迷雾的掩护中下山出围。车抵平城，由樊哙率领的大军也来到。冒顿目睹汉军人众，无意再战，悉数北撤。刘邦就势取消韩王信的封国，将其地盘的一部分划给由他二哥刘仲做国王的代国。情知这位二哥没啥本事，又令樊哙暂时留守代地，以防反复，自己则带领大军取道河北班师。

下一站仍是暂跸广武。回想起差点儿性命难保的危险，刘邦把罪错全部推到那十多个探子身上,下令通通斩首。接着又把刘敬从牢里放出来,说:"我没听你的劝告,所以才有平城之困。"马上给他晋爵建信侯,食邑二千户。复往南行,途经曲逆(今河北完县东南)。曲逆在秦时有三万余户,是一个繁荣的城市,迄汉初,虽经多年战乱,但仍称大县。刘邦说:"壮哉!吾行天下,独见洛阳与之相似。"遂改封陈平为曲逆侯,食邑五千户,以此酬谢他的"美人计"。

未出刘邦所料,汉朝大军从平城撤走后不久,匈奴又与韩王信合伙,卷土重来。幸亏樊哙驻军在代,与周勃分头迎战,始将敌军逐北。但只懂种田的代王刘仲吓坏了,乍听匈奴大举侵扰,便弃国南逃,传为笑话。依法处置,这是斩首之罪,但刘邦仅将他降为合阳侯。

刘邦当汉王后,陆续物色了不少美人做姬妾,其中最得宠的是得自定陶的戚姬。戚姬生了个儿子,取名如意,很讨刘邦喜欢,刘仲的王位被取消后,刘邦便封如意为代王,顶伯父的缺。但此时如意还是个小儿,戚姬舍不得让他就藩,刘邦只好命阳夏侯陈豨以相国的名义出镇北方,节制赵、代两国的边防部队,同时把樊哙调回关中——内重外轻则无从保证对边陲的镇抚,内轻外重则缺乏中央对诸侯的威慑,用陈豨替换樊哙的人事变动,反映出皇帝在分封体制下无法自安的两难心理。

匈奴的步步南侵,及北方各种反汉势力的叛乱,终究是威胁刘汉统治的祸患。刘邦把刘敬召来,问他有什么弭患之策?

刘敬说:"天下初定,士卒疲劳,不宜再动用武力使之臣服……"

刘邦笑了:"不用兵动武,难道用你们儒生所谓的仁义去说服?"

"那也不行。"刘敬说:"这个冒顿,是杀了他父亲头曼单于自立为王的,还霸占了父亲的姬妾。像这种弑父烝母的人,哪能指望说以仁义?"

刘邦说:"动武不宜,仁义又行不通,难道就没办法了?"

刘敬说:"臣有个长治久安的办法,就怕陛下不采纳。"

刘邦要他讲出来听听。

刘敬说:"陛下如果肯把嫡长公主嫁给冒顿为妻,再贴上一笔丰厚的嫁妆,冒顿一定高兴,肯定以长公主为阏氏,生下儿子后又必定立为太子。这样一来,冒顿就是陛下的女婿;等他死后,继任的单于又是陛下的外孙。岂有女婿、外孙敢同丈人、外公作对的?这样,匈奴便逐渐变成了大汉的臣属……"

刘邦说:"你这个办法倒是不错,但我的长公主已嫁与赵王为妻。要不,从宗室或后宫里选个美女,诈称是长公主……"

刘敬忙说:"这可不行!单于很快会知道真相。不是正宗的长公主,便不会立为阏氏,要想以外孙继任单于的指望,岂不全部落空?"

刘邦觉得此言有理,便说"好!"随即便打算让鲁元公主再出嫁一回。吕雉得知,痛骂刘敬腐儒,居然想出这种馊点子!缠着刘邦又哭又闹:"我只有一个太子,一个女儿,怎么舍得让她被弃之匈奴!"对这个性格刚毅,也有点见识和手段的老婆,刘邦一向有些敬畏,何况在抗击匈奴再犯代地的战争中,其长兄吕泽亲冒矢石,冲锋陷阵,身负重伤,眼看性命难保,倘若妻兄死于匈奴,再让女儿嫁与仇人,不仅老婆受不了,就是自己也难以面对如此不堪。踌躇再三,转念一想,平生欺天瞒地、李代桃僵的事情做得够多了,骗骗匈奴又能怎样?于是便选了一个宗室生的女儿,封为长公主,由刘敬护送,前往匈奴结亲。果然,吕泽终因伤重不治而死,刘邦为安抚妻子,晋封其长子吕台为郦侯,次子吕产为交侯。按常例,父亲死了,长子袭爵,但吕泽家由一侯变为二侯,是为特例。

再说冒顿单于见汉皇主动送来貌美如花的"长公主",还有丰厚的陪嫁,眉开眼笑,一口答应立她为阏氏。但是让他尊奉刘邦为丈人,他不干。刘敬与之讨价还价,最终约定汉皇与单于结为兄弟,以后汉朝每年都送上一定数目的絮、缯、酒、米及其他食物给匈奴,匈奴则承诺不再侵扰汉地。

带着这样的"和亲"结果回长安复命,刘敬的心里自然忐忑不安,结果在他嘴里,送嫁之行又提升为边疆民族地区的考察,收获也比"和亲"丰富得多。他告诉刘邦,冒顿单于已经凭借强大的武力,在汉朝北边建立起一个广阔的统治区,不仅代、赵边地在他们威胁之下,连号称险固的关中也不得幸免,如臣服单于的河南白羊、楼烦王等匈奴部属,距长安仅七百里之遥,轻骑奔袭,一日一夜便可抵达。

随后,刘敬又主动献策说:关中历经战乱,人口稀疏,但肥沃的土地足以养民。过去陈胜、吴广举义反秦,率先起来同秦朝捣乱的,尽是齐国的田氏,楚国的昭氏、屈氏、景氏这些豪强大族。如今陛下虽然以关中为都,但人口稀少,而关东却有随时可能捣乱的六国豪强大族存在。一旦有变,陛下能高枕无忧吗?臣建议陛下把六国贵族的后裔,以及豪桀、大族等,都迁徙到关中,既可防范匈奴侵袭,一旦诸侯叛乱,也可征调他们去讨伐,这是强本弱末之术。

刘邦听刘敬把匈奴讲得那么厉害,当然再无理由追究他降格求亲的罪错,再听他主动献上既可防御外侵、又能平抑内患的"强本弱末"之计,更加觉得这位先生不虚此行,思虑周全。于是连连称"好",居然忘了正是此人当初献策迁都长安,又是被山带河,关塞坚固,又是扼人咽喉,不怕山东叛乱,全是好处。转眼之间,还是同一个长安,居然远忧外患,近忧内乱,竟然不得高枕无忧了——看来刘邦曾骂其人靠能说会道做官,倒是准确的评语。

　　根据刘敬献策,刘邦下诏,将齐、楚两国的昭氏、屈氏、景氏、怀氏、田氏五大姓族及其他豪强共十多万人口,强制移民到关中,由政府供给耕田和住宅。据史传记载,整个移民过程,不过三个月时间,被迁徙者之损失惨重,以及对社会生产和人心稳定的影响之大,可想而知。但是汉承秦制,法律上尤其苛严,人们敢怒而不敢言,唯有自认晦气。整个迁徙工程,刘邦都交给刘敬负责。

　　其实,稍知秦汉历史的人都知道,迁徙六国贵族豪富到关中定居,并非娄敬首创,秦始皇统一全国后,就曾强徙十二万户六国豪富到咸阳安家。但他的目的,是把这些人看作是可能搞复辟活动的势力,强迁咸阳则是方便他就近管制。十二万户迁走,又经过多年战争,余下的族人中,还能从政治上与先秦六国王亲贵胄发生联系的,势必不多,故刘敬竭尽搜罗,也不过十余万人。而依旧把他们看成是伺机捣乱的势力,迁徙的目的又包含着依靠他们来抵御外患、平息内乱,无论从情理或逻辑上讲,殊觉不通。

　　清初政论家、史学家王夫之还从发展社会经济的角度剖析过刘敬所献迁徙政策的荒谬。照他看来,富豪大族之所以强盛,全赖根据当地的环境和条件,发展经济而成。齐国的诸田如果不靠开发渤海地区的鱼、盐、贸易,不会富强;楚国的屈、昭、景氏如果不靠开发云梦地区的丰饶物产,不会富强。与此同时,这种规模巨大的经济作业,又非得依赖"姻亚之盛、朋友之合、小民之相比而相属",即广泛的社会联系,才能开展。现在硬要抽去他们的资本,剥离他们的生产生活环境和社会联系,强迫他们到关中从事所不熟悉的作业方式,不用十年,生气和事业皆告凋敝,结果是一大批失业寄食而又满腹怨气的客民,全聚集在皇帝的周围，与当初的愿望正好相违。反之，齐、楚等国的传统经济事业，因为这个迁徙政策而蒙受的重大损失，也是不难想象的。

对于刘敬所献并亲自操作的另一项外交决策——和亲，包括王夫之在内，后人亦多持批评。如司马光说，刘敬既然知道冒顿凶残，连父亲也当禽兽一样猎杀，还要与之联姻，指望他尊奉丈人，岂不自相矛盾？何况鲁元已为赵后，硬劝刘邦夺妻另嫁，又岂不荒谬？再如贾谊指出，刘敬的"和亲"实践，实际上等于公开承认匈奴强大，汉朝弱小，每年向匈奴送上金絮彩缯米酒，更是将汉皇定格在定期向单于贡纳的臣属位次上。结果则是匈奴既娶了汉女，收了贡纳，但并不因此停止对汉的侵扰，直到汉武帝领导的反击匈奴战争取得决定性胜利之前，匈奴始终是笼罩在西汉头上的最大祸害。还有人分析，匈奴之所以接受刘邦开创的和亲政策，实际上利用它来造成对其统治下的异族民众，特别是西域诸国的威慑作用，看，连强大的汉国都向我岁贡财物！也因为这个缘故，后来汉武帝派人通使西域时，惊奇地发现，他们对匈奴单于的一封信都奉如神明，对持节出行的汉使则毫无畏惧。说白一些，当时的和亲实践，不只是自欺，而且便宜反倒全让匈奴占去了。

王夫之将刘敬的两大建策，概括为"徙民之不仁，和亲之无耻"，痛骂"娄敬之小智足以动人主，而其祸天下也烈矣！"但是还不解气，又进而分析道："中国"的夷狄之祸，自冒顿入侵开始。冒顿能越过句注，侵扰太原，自韩王信叛降开始。韩王信何以会萌发叛降之心，是因为刘邦夺去他的故封，徙之太原。他请都马邑的用心，就是想接近匈奴便于勾结，假手冒顿以图不逞。可以说，早在其公开降匈之前，叛汉之志已经确立了。

一句话，一切后果的起因，就是刘邦激反了韩王信。

六一　废赵王

　　韩王信引狼入室的外患未除,刘邦心里又添上了"赵王敖"谋反的内忧。此事的起因,紧随刘邦北征匈奴而来。

　　时为汉高帝七年十二月(公元前199年1月),从平城脱险后的刘邦,取道他女婿张敖的赵国,返归长安。张敖对丈人皇上执礼谦卑,唯恐伺候不周,知道老丈人好色,特意把被自己纳为侍妾的东垣美人赵姬贡献出来,陪刘邦睡觉。刘邦则因为打了败仗,还险乎送命,心情不佳,趁势把怨气全出在女婿身上,睡了女婿的小老婆,又责备他种种不是,甚至当着赵国群臣的面,倚倨席上,两足舒展而左右分开如簸箕状,指着张敖谩骂不已。

　　在古人的礼仪禁忌中,刘邦这种坐式叫"箕倨",是一种表示轻蔑侮辱的姿态,所以《礼记·曲礼》中有"坐毋箕"的警告,凡后生加冠走上社会前,都要懂得这个规矩。现在年近六十的皇帝以此对待一个封国君王,而且还是他的亲女婿,在大多为张耳旧属的赵国群臣看来,实在是无法容忍的无赖行径。等到谒见礼结束后,便三三两两凑在一起抱怨:"我们的君王,太懦弱了,怎么能忍受如此侮辱?"

　　当晚,赵相贯高及赵午等几个老臣去见张敖,说:"天下豪桀并起,全凭本事称王——并非靠别人恩赐。现在大王事奉汉帝恭敬至极,汉帝却傲慢无礼,请让我们为大王杀了他!"张敖吓得声色俱变,当场咬破手指,舔着指血发誓说:"诸位所言何等荒谬!我的父王失位亡国,全赖汉帝扶助,才得复国,德流子孙,哪怕是一点一滴,没有不是皇上赐给的。希望诸位再也不要说出这种教我忘恩负义的话——我是至死不会背叛汉帝的!"

贯高、赵午等人唯唯而退,走出王宫后自行商议道:"大王太忠厚了,我们自己干吧。成功了算大王的,失败了由我们承担罪责。"

对此,刘邦全不知情,在整个盘桓赵国期间,始终没有对张敖稍假词色。赵王愈是谦恭,他愈是感觉对方心怀叵测——因为韩王信、王黄等人相继背叛的刺激,使其即位之初便萌生的唯恐别人看不起的心理综合征,由此进入了反复发作的阶段:看起来异姓诸侯都不可靠,连女婿也未必可以相信。

然而张敖和鲁元公主夫妇俩小心翼翼,终于没让有意找茬的父皇抓住什么罪错,直到如释重负地将他送走。

汉高帝八年二月(公元前199年3月),刘邦回到长安,丞相萧何率领百官恭迎圣驾,将其导入新落成的皇宫——未央宫。始终未从心忧边患情绪中解脱出来的刘邦,一见未央宫气派巍峨,装修华丽,立即大发脾发,怒斥萧何说:"国家还处在动乱纷扰中,我为此一连几年劳苦征战,成败尚未可知,为什么要盖如此豪华的宫殿?"

萧何为自己辩解说:"正因为国家未定,所以才要盖宫室。天子的皇权广被四海,宫室不雄伟壮丽,就不能显示天子尊贵和权威。何况皇上的宫殿应该一次性奠定规模,别让后代再来增添扩建。"

这是刘邦北征韩王信勾结匈奴叛乱归来后的一段小插曲,十分真切地传示出刘邦对形势的估计:到处都是暗藏的敌人,颠覆活动从未停止,大汉江山随时可能改变颜色。萧何在辩白中着重强调宫室壮观与突出皇权的关系,正是摸准了他的这种心态,所以刘邦听了以后,马上转怒为喜。

有些刘邦传记将这段对话解释为这一对君臣都颇关心民生疾苦和恢复生产,这是误解;所以司马光很不客气地批评刘邦说,皇帝应该以多行仁义道德来树权威,把民生疾苦节约增产放在首位,这才是让国家趋向安定的正确办法,岂有靠宫室壮丽镇服天下的道理? 与此同时,司马光对萧何在督建长安工程中的铺张糜费,特别是所谓"无令后世有以加也"的辩白,也斥以"岂不谬哉!"

住进未央宫后,刘邦旋即下令把一部分还留在栎阳的京朝机构通通搬到长安,又正式设置专掌序录皇室嫡庶次序及宗族亲属远近的宗正(官名),补全了"九卿"官制。前面讲过,刘家在沛丰是移民,家族成员很少,但当真要整理谱系,远溯旁搜,在中原,在山西,在关中,肯定都能找出许多刘氏一条脉络上的人物。在刘邦对异姓诸侯、功臣之猜忌防范的心理日益强化,但在"子幼,昆弟少,〔因而〕欲大封同姓以镇抚天下"的情况下,宗正机关的设置,正是我们窥视刘邦心路轨迹的又一个坐标。

迁居未央宫不久,刘邦因对中原和南方的诸侯彭越、英布等人放心不下,又去洛阳行都驻跸,一住就是半年。近几年来,刘邦常去洛阳"镇抚"而让萧何辅佐太子在关中"监国"——其实是吕雉当家,已经成为他们这对政治夫妇的分工模式。有擅长楚风歌舞的戚夫人朝夕陪伴,刘邦在担忧诸侯功臣之余的生活,倒也不至于太乏味,而吕雉则以协助太子的特定身份,就近监督萧何等人对日常政务的处理,同时瞪圆双眼,密切关注中央和朝臣的动向,随时向留居洛阳的丈夫传递讯息。在此过程中,她倒是逐渐学会了一些把握全局和处理政务的技能,与萧何、郦商等一班留守关中的沛砀系文臣武将的关系也比较密切起来——从确保老臣忠心辅佐太子的长远利益计较，在对待这批沛砀故旧的态度上，她倒是比刘邦圆滑得多，因而在一些越来越害怕皇帝的人那里，颇能赢得好感。

爱好享乐而不耐处理具体政务的刘邦，对于这种格局可能导致的倾向，此时尚无暇顾及，眼下最让他操心的是怎样把那些貌似恭顺、心怀叵测的潜在的敌人一个个搞掉，确保自己百年以后，大汉江山也永不改姓。所谓哪壶水不开提哪壶，正当皇上常为这些问题难睡安稳时，北方又传来了韩王信叛国势力在东垣（今河北石家庄以东）一带作乱的消息。这一带，属于赵国毗邻地区，不过刘邦放心不下让张敖就近出兵平乱，遂不惮辛劳，又一次从洛阳出师，御驾亲征。

所谓"赵王敖谋反"案，就是在此背景下发生的。

汉高帝八年闰九月（公元前199年初冬），刘邦自率大军出征东垣途中，在属于赵国的柏人（今河北隆尧西）暂驻，事先已通知张敖把那位东垣美人赵姬送来侍御。赵王遵旨行事，又命贯高为丈人准备好舒适的行馆，以便他恋花难舍，多住几天。贯高等人则趁此机会，在行馆的厕所内埋伏下刺客，打算等刘邦夜里如厕时将其杀害——秦汉时厕所分上下两层的特殊结构，前文已有过介绍。果然，刘邦与那位美人缱绻之后，便有了留下来过夜的打算，但到了晚上，突然有一种心悸的感觉，便问左右："这个县叫什么名称？"左右告诉他："柏人。"刘邦说"柏人？听起来像'迫人'。"遂不宿而去。

这样，由于刘邦随时防范暗藏敌人的高度警惕，贯高等人精心策划的一起谋杀案流产了。

两个月后，韩王信集团在东垣一带的作乱被汉军平息，刘邦率军队直接返归长安。翌年开春后，又去洛阳驻跸，一住就是半年，迄当年秋季重返长安时，淮南王英布、梁王彭越、赵王张敖、楚王刘交等诸侯都来随驾,个个神情正常,实在看不出有何想要谋反的迹象。时为汉高帝九年九月(公元前198年10月)。据《西京杂记》卷三记载,当时为戚夫人侍女的贾佩兰后来回忆说,那一段日子,可能是皇上晚年最欢乐的时光:七夕节那天,刘邦与戚夫人带着大家来到百子池演奏西域的乐曲,又拿彩色丝线做"相连绶"的游戏;八月初四,他们一起离开雕有花纹的行宫,到竹林里下棋,又取丝线向北极星祈求长命;九月初九,菊花竞放,皇上也佩带茱萸,同戚夫人一起喝菊花酒,吃蓬蒿糕,还让人采集菊花的茎叶,掺进黍米酿酒,相约明年重阳时再来洛阳饮菊花酒;十月十五神女节,是在长安过的,皇帝带大家一起进神女庙祭神,吹笛击筑,歌《上灵》之曲,又互相牵手,载歌载舞——许多宫人惊奇地发现,原来皇上在楚式歌舞方面的造诣,竟不逊于专业人员的水平。

可是好景不长,一封举报信击破了刘邦对青春时光的美好追忆——贯高在赵国有个仇家,事后得知他曾在柏人策划暗杀皇上未遂,即向刘邦上书揭发。

当时刘邦已携戚姬重返洛阳,见信后,马上下令将赵王张敖等人械送长安,自己也同时启驾回京。得知谋弑汉帝的阴谋暴露,赵午等十多个参预者抢着要自刎,贯高破口大骂:"大王并未参与,现在也被抓起来了。你们全死了,谁来替大王辩白?"于是众人都随着张敖的囚车前往长安投案。

皇帝的女婿谋反入狱,此事在长安引发的举朝震动,可想而知。为防止赵国将吏轻举妄动,或有人通款说情、攻守同盟等,皇帝还特发诏令:敢有涉及赵王敖谋反案者,一律夷三族! 于是连夏侯婴这些老战友也不敢对此案多说一句。

这道诏令,等于明白宣示赵王谋反的罪名已经成立,秉承皇上意旨的廷尉(司法部长)自然以追究张敖主谋责任为办案重点。张敖指天发誓,死不认罪。吕雉亦认为女婿是吃冤枉官司,几度流着眼泪向丈夫诉说:"张敖同您的女儿结为夫妻,哪会谋害您呢?"刘邦瞪起眼睛骂她没有见识:"假使张敖政变得逞,占有天下,还怕缺少女人?"

但是,赵午等其他涉案对象在接受审讯时,都众口一辞咬定赵王确实不知此事,贯高更主动承担主谋罪名。廷尉怀疑他们搞攻守同盟,便施以酷刑,贯高被鞭笞数千后,再以铁椎戳刺,乃至体无完肤,但他坚持不改口供。

廷尉无法照刘邦的意思结案,只得如实禀报。刘邦想了想,说:"这贯高倒是一条硬汉。不知谁同他有私交,不妨以朋友的身份去掏出真相。"中大夫泄公听皇帝的口气有所松动,忙趁机进言:"臣的儿子知道贯高为人,这确实是因为他们不忍赵王受辱,才私下商议谋反。"刘邦仍不相信,便让泄公带着疗伤药品和食物去探监,同贯高套交情,趁机问他赵王到底知不知道柏人弑君的阴谋。贯高说:"人之常情,谁不爱父母妻儿?现在我已犯下谋逆大罪,三族都要处死,岂有爱赵王胜于亲人的道理?实在是因为赵王不知此事,所以只得由我们自己承担。"泄公据实禀报,刘邦这才不吭气了。

软硬兼施,找不出张敖参预谋逆的证据,老把他关着也说不过去。翌年春天,刘邦下令特赦张敖,又要泄公去牢里探望贯高,传达皇帝也打算赦免他的意思,听听他的反应。贯高得知张敖已被释放出狱,十分高兴,及听说刘邦也准备赦他死罪,顿时警觉,当即对泄公说:"我所以强忍痛苦,活到现在,就是要洗清赵王的冤枉。如今赵王已经出狱,我死无遗恨。况且做臣属的有篡弑罪名,还有什么面目侍奉君主呢?"言罢,抬起脸来往后使劲一仰,折断颈骨而死。

所谓的"赵王敖谋反案",就这样最终以赵王敖本人脱案而告结束。但是刘邦内心对女婿究竟是否参预此案，始终抱有怀疑——贯高等人的口供不可全信，这方面他有切身体验：当初自己做泗水亭长时，误伤夏侯婴，夏侯婴不也是激于义气，忍住酷刑而一口咬定是自伤吗？所以，让泄公再去探监，告以皇上有意连他也一起赦免，其用心是想再作试探，掏出他所怀疑的"真相"。没料到贯高如此机警，居然当场自毙，遂使案成铁铸。《史记·高祖本纪》记载："赵相贯高等事发现，夷三族。"连无辜的三族老少最后都难逃一死，可见所谓要赦免贯高云云，不过是皇上的另一种"破案"手段而已。

贯高虽死犹夷三族，在刘邦心目中终未解脱嫌疑的张敖，自然不可能独善其身，汉高帝十年正月（公元前197年2月），皇上颁诏：原赵王敖降为宣平侯。稍后，经查实确未参预柏人谋逆案的一部分赵国将吏，均由中央另行安排工作，分赴其他郡、国任职。

需要一提的还有那位东垣美人赵姬：自那一天刘邦同她梅开二度以后，厌食嗜酸，有了身孕，吓得张敖再也不敢碰她，在王宫外另筑金屋，把她像小丈母娘似地供养了起来。侯所谓赵王谋反案发作，她也随张敖的母亲、兄弟和侍妾们一起，被汉朝廷尉逮捕，关在河内（治所在今河南武陟西南）。她告诉狱吏："我是侍奉过皇上的，现在已怀有身孕。"狱吏忙向上级禀告。事情汇报到刘邦那里，刘邦正怨恨女婿谋反，怀疑她也是陷害自己的美人计的道具，未予理会。于是赵姬的兄弟赵兼又走辟阳侯审食其的门路，恳求审食其向吕雉陈述，再通过吕雉向刘邦说情。

审食其倒是代赵兼向吕雉陈述了，可当时吕雉为女婿求情也被刘邦驳回，正为关在牢监里的张敖担心，何况是老头子在外面乱搞，此女肯定是狐媚一类，所以不肯管这个闲事。审食其挺能理解吕雉的心思，也就不再力争了。结果赵姬在狱中生下儿子后，羞愤交集，竟自杀了。狱吏抱着婴儿去长安朝见皇上，刘邦后悔莫及，命将美人归葬故乡东垣，又把这孤儿托付给吕雉抚养。吕雉因婴儿的母亲已死，不再存在争风吃醋问题，倒是待这孩子视同己出，此儿就是后来封为淮南王的刘长。从其长大后的行径来看，同赵王如意一样，颇得乃父遗风，居然亲自动手，用一把大锤砸死了已称元老的审食其，然后去皇兄那儿肉袒请罪，说是替母亲报仇。因为有汉文帝庇护，结果不了了之。

六二 起用新人

张敖被废,刘邦将代王如意徙封为赵王。外人看来,这是用儿子取代女婿,属于"陛下家事",但对于皇帝而言,则是在广建同姓铲除异姓以扩大皇权的道路上,又迈出了一步。

站在吕雉的角度看,味道又不同了;丈夫宠爱的女人所生之子,夺走了自己女婿的封国,其内心怨忿可想而知。

而且这个家庭内部的矛盾,还不仅到此为止:戚姬还利用刘邦的宠爱,撒娇作态,日夜啼泣,请求皇上废黜太子刘盈,改立如意为皇位继承人。刘邦也认为刘盈太懦弱,将来管治不了那一班诸侯功臣,倒是刘如意越来越像自己,庶几不负期望,于是便私下答应了戚姬,并在改封赵王之后,正式向一班大臣提出了欲改立如意为太子的打算。

熟睹吕、戚两人争风经年的大臣们,早知会有这么一天。在沛丰班底这个圈子里,因为刘邦的原配是曹氏,长子是刘肥,又涉及到曹参的关系,所以除吕泽、樊哙等极少数与吕雉母子有密切关系者外,倒也不一定非持反对态度不可——毕竟,欢喜哪个老婆或儿子,这是陛下的"家事"。

但是从他们的个人利益考虑,更换太子又不仅仅是陛下"家事"了:就乡缘人脉而言,刘盈是喊着他们伯伯叔叔长大的;当年也曾以"四嫂"相称的吕雉,就感情亲疏而言,也远非刘邦当上汉王后才来攀高枝的戚姬可比。倘如意果真取代刘盈成了太子，日后母以子贵，势必要另外扶植她的党羽取代沛丰乡党——这其中的进出得失，毋需别人分析，他们自己也能设想。至于像夏侯婴、王陵、任敖这些人，都曾经在保全太子或皇后上建树过大功，但太子易位，这一份够吃刘邦父子两代的老本，岂不化为乌有？此外，在刘邦、吕雉分居洛阳、关中的这些年里，颇有心计的吕雉，确实也在笼络沛砀老臣上下了一点功夫，这又是只知以美貌和歌舞邀宠刘邦一人的戚姬所不及了。

有这样的轻重权衡，群臣对刘邦的打算多持反对态度，其中最为激烈的是御史大夫周昌。此君"为人彊力，敢直言"，沛丰群臣中，自萧何、曹参起，人人怕他，甚至刘邦亦让他几分。有一回，刘邦正在内室休息，周昌闯进去奏事，适逢皇上搂着戚姬调笑，丑态不堪入目。周昌掉头便走，刘邦则恼羞成怒，冲上前一把将其绊倒在地，趁势骑在他的脖子上，问道："我是什么样的君主？"周昌仰起脸说，"陛下就是桀、纣那样的君主。"刘邦只好一笑了之，但从此更敬畏周昌。这时见周昌反对易储的态度最偏，便要他说说理由。

周昌平常讲话有点儿结巴，此时又值情绪激动，当即回答道："臣不善于谈大道理，但是臣、臣、臣……臣知道这件事绝不能做！陛下想要废太子，臣、臣、臣……臣绝不奉诏！"

刘邦欣然而笑，心里则挺敬佩他为人诚实。

因为沛丰系一致反对，更易太子的打算只得暂告搁置。当时吕雉就藏在刘邦和亲信们议事的殿堂东厢，偷听到了整个谈话过程。散会后，吕雉见到周昌，情不自禁地向他跪谢，说："若不是您，太子就要被废黜了！"

皇后向臣属下跪，吓得周昌赶快也下跪还礼——但由此也知道，自己的言行瞒不过吕雉的侦伺，从此愈加小心起来。

　　戚姬这一边,眼看如意取代太子的计划受阻,只得同意刘邦的安排,先让儿子就藩赵国,总比赤手空拳留在长安为妥。这一回妻妾争风、嫡庶争储的另一面效应,是易储不成,双方的矛盾反而激化了,而且在此选择上,沛砀系老臣多站在太子一边的立场,也表现得十分鲜明,益发勾起刘邦无限忧虑。这以后,他一直显得心事重重,也很少再同夏侯婴、王陵这些老朋友一起饮酒聊天,常一人独处,时而唱起音调悲怆的楚歌,发抒郁闷,而"群臣不知上之所以然"。

　　周昌有个部属叫赵尧,是其手下四十五个御史之一,负责掌管皇帝的符玺,因为年纪轻,资历浅,并不惹人注意。有一回,方舆县令来京述职,临行前对周昌说:"您的部下赵尧,年纪虽少,倒是奇才,奉劝您另眼相看一些,将来他会取代您的职位。"周昌不相信:"他还年轻,只是个刀笔小吏,何至如此?"这时,正当刘邦的这么多老朋友都不解皇上为何不欢时,赵尧却找了个机会,悄悄地和刘邦攀谈上了:

　　"陛下之所以不快活,大概是因为赵王年少而戚夫人与吕后有嫌隙吧? 是担心万岁之后而赵王不能自全吧?"

　　刘邦说:"正是。我最近老为这事担忧,不知有何对策?"

　　赵尧献计:"陛下可以派一个皇后、太子和群臣都敬畏的人,跟着赵王就藩,便可以保全赵王了。"

　　刘邦问:"有这样的人吗?"

　　赵尧说:"御史大夫周昌就是这样的人。"

　　刘邦连声称善,遂召见周昌,要他随如意去当赵相。周昌流泪说:"我追随陛下多年,为什么突然把我外放?"刘邦屏退左右,向他掏出了心里话:"我知道这是委屈了你。但是我为赵王的今后担忧,更想保全他,除了你之外,再无第二人选。你勉为其难,为我而行吧!"

　　如此重托,周昌没话可说了。随后,刘邦发令将周昌调为赵相,即日护送赵王如意就藩。

　　但是,此时的刘邦,并未改变要用如意取代刘盈的打算;在此之后,他还一直在设法实施易储计划,戚姬也从未对此灰心过——一句话,鹿死谁手尚未定局。

　　调任周昌为赵相的起因还是这一次由易储之争引出的力量摊牌,更与周昌的地位以及他的表态直接相关。

　　汉制的中央官职,以相国、太尉、御史大夫并称"三公"。相国是政府首脑,也就是外朝一把手,统领行政、财经、司法、外交及京师守备等一应部门,职权极重,自刘邦始封汉王起,就一直由萧何担任。太尉主管军政,但刘邦看重兵权,并不常置,原先是卢绾担任,从他就封燕王后,就一直空着。而从排名上讲,御史大夫是仅次于相国的重要职务,因其不仅掌管监察、执法,而且兼领君主的文书、图籍、符玺管理等机要工作,相当于皇帝的秘书长。刘邦始封汉王时,御史大夫由周苛担任;周苛在荥阳遇难,便由其兄弟周昌继任;此外,灌婴也常领有御史大夫的名义。但是刘邦自沛丰起兵,机要工作就一直是卢绾和刘交负责,所以那时的周氏兄弟,只能掌管监察这一摊子。迄卢绾、刘交先后就封燕王、楚王以后,御史大夫的职权便凸显了出来,其办公地点就在宫内,皇帝有何指示,从草拟诏书、核准用玺、直到向相国传达,都由他领导的这个机要班子经办。此前说刘邦的卧室周昌能直接闯进去,正说明他在此时的出入自由,已同当年之卢绾、刘交的特殊身份完全一样了。这种位居内朝咽喉的角色,即便相国亦得让他三分,又何况他为人厉害哩,也就难怪萧、曹以下个个怕他了。

　　然而,正是这个本该绝对秉从君主旨意而上承下达,并负有监察群臣切实贯彻的角色,居然敢称"绝不奉诏",在吕雉自然是感激涕零,在刘邦不啻是受制于肘腋。即使刘邦情知周昌为人诚实,对自己忠心不二,但也不能容忍自己处于这样的处境——无论是为搬掉实施易储计划的绊脚石,还是从及早纠正沛丰老臣尾大不掉的趋向着眼,这位周昌肯定是不能再留在御史大夫的位置上了。

刘邦直属集团中,外放诸侯国丞相的功臣不少,像齐相曹参、代相傅宽等,在"十八元功"中名次都在周昌之前,受命时并无抱怨,而周昌竟至流泪,可见他自己也深切地感受到了这次调职的内涵之重。不过,刘邦以爱子相托,亦是一种高度信任,正像他把失去嫡长身份的肥儿郑重托付给曹参一样;况且,用众人忌惮的周昌傅保如意,其实包涵了两种可能性:如易储成功,周昌的地位随之上升,日后便是替新皇帝守护君位的看门神;万一易储不成,又是维护赵王既有利益的保护伞。所以,也不能说刘邦向周昌倾诉的不是心里话,因此这个老实人最终还是心甘情愿地领受了这个新的使命。

相似的事例,还见于刘邦另一个儿子代王刘恒被迎立为皇帝时,其身边的将史如宋昌等人,亦多是厉害角色,连周勃、陈平等也不得不承让几分。

周昌调任地方,皇上将启用何人继任他的职务,成为满朝关注的热点。周昌离京后,刘邦手持御史大夫的官印,摆弄了很长时间,嘴里直嘀咕:"让谁干呢……"某日,忽然抬眼看见在一边值班的赵尧,恍然而悟:"没有比赵尧更合适的人了。"于是,正如当初方舆县令所预言:年纪轻轻的赵尧成了周昌的继任者。

赵尧其人毫无军功资历可叙,是大汉帝国创立后才进入政坛的一个小秘书,如今一下子越过这么多功勋老臣,跃居仅次于相国的御史大夫,反过来,不仅政府同宫廷的联系都要通过这个中介,而且自相国以下,诸司百官都要受他监察。不难想象这项人事安排在当时引起的震动。但是,如果站在刘邦这一边来考虑问题,就很容易解释:无论从推动易储实现的角度着眼,还是从强化君权的长远需要计较,都有在沛砀系老臣以外另行培植新兴势力的必要:其基本要求,就是同老臣们绝无共同利益可言,因此也就不存在同吕雉母子间有任何牵丝攀藤,而是绝对忠实于将他们破格提拔起来的皇帝本人。套用这个标准,敢于把吕雉母子和功勋老臣当作防范对象而向皇上献策的赵尧,无疑便是安排到这个咽喉位置上的最佳人选。

赵尧官拜御史大夫,仅仅是个开端。随后,又有陶舍、张相如、宣义、公孙昔、公上不害等一大批大汉建国以后才崭露头角的年轻官员,因皇上钦点,越级窜升到许多重要职位上,如宣义成为执掌司法、位居九卿的廷尉,陶舍成为守备京师的中尉,甚至一向由夏侯婴担任的侍卫长的角色——太仆,也一度改任公上不害。大概是想想这种做法过于伤害老朋友感情吧,不久,公上不害被调为赵王如意的太仆,中央九卿之一的太仆职务又还给了夏侯婴。

在刘邦集团这个讲究以功换爵的团体内,仅有高官而无高爵是不够的。例如叔孙通,官拜九卿之一的太常,又是太子太傅,但没有彻侯的封爵,就不可能在政治运作的实践中位居彻侯将吏之前。他如陆贾、随何、刘敬等,在西汉创业史上都是有声有色的角色,但都无彻侯爵位,都够不上同功臣平起平坐的资格。但是,皇帝要想让谁沾一点军功,十分容易,他会为你创造这种机会,是以不久之后,这批少壮派都有了彻侯之封,如赵尧封江邑侯,陶舍封开封侯,张相如封东阳侯,公孙昔封禾成侯,宣义封土军侯,公上不害封汲绍侯,等等。官爵配套,职权并重,汉初以来功臣分掌津要的朝局,由此演出前所未有的改观。其中最令人瞩目的是，凡承旨宣诏等机要事务，以及监察执法、京师治安等可依制度对群臣裁抑的职务，都由皇上转交给了绝对听话的少壮派。

六三 陈豨叛乱

皇上玩弄权谋愈益圆熟，老臣们也没傻到无可救药，仍旧是出于维护自身利益的本能，在反映皇室内部各种利益冲突的易储之争中，从此益加谨小慎微。刘邦满意地发现，那些曾为改换太子问题同自己抬杠的老兄弟，比过去乖巧多了。正欲趁热打铁，议案重提，孰知外放为赵相的周昌忽然上书，请求紧急召见，由此又引出一连串事变。

梳理线索，应当从三年前刘邦派阳夏侯陈豨出镇北方替回樊哙说起。

陈豨是早年投身反秦起义、追随刘邦入关灭秦的旧臣，据其履历表记载，当沛公驻军霸上时，他已有关内侯的封爵，任职游击将军；到汉高帝六年刘邦正式行封功臣时，又是较早受封彻侯者之一，可见资格是老的。迄刘邦派他去北方坐镇，因为要节制赵、代两个封国的军队，所以特别给予相国的印绶。按汉高帝九年修订的官制，各封国的总理政务大臣一律称丞相，相国一称则是在中央总理政务的萧何所特有；此外，只有皇帝特派重臣出镇或出征，才给此名义，但也不是常例——比如陈豨的前任樊哙只领左丞相名义，相当于副相国的职称。两相比照，陈相国之风头正健，一望而知。

这是什么缘故呢？说开了也很简单：刘邦平生所好，就是所谓"贤士豪桀"一流,而这位陈豨便是此道中人,特别是他平生最仰慕的伟人,正是昔日刘邦的心中偶像——信陵君魏无忌。过去,由于陈豨长期在北方军团效力,无缘同刘邦深谈,等到刘邦出征旧燕王臧荼时,陈豨随驾,君臣闲暇时聊天,这才发现"英雄所见略同",于是进入情趣相投的境界。而且陈豨在楚汉战争期间,常随韩信、曹参在北方作战,对于这一带的山川地理及用兵之道,比之汉王直属军团的人要熟悉。这样,当刘邦决定召回樊哙时,便点了陈豨的将。

福倚祸伏,崇尚任侠而不解黄老的陈豨,当然无法领会这个道理。结果,帮助他邀宠皇上迅速蹿红的"信陵君"这颗福星,恰恰又成为其一跟斗栽倒的祸根。

信陵君的最大作派,便是广泛结交,食客三千,致令青少年时代的刘邦为之羡慕不已——陈豨也是如此。过去在天子脚下当差,没有这个环境,如今以相国名义开府封疆,招降纳叛的名望也有,养士赐食的条件也有,于是游荡在北疆的豪桀少年、游侠散卒接踵而来,众多在汉匈交界地区做走私贸易的商贩团伙,也寻求他的庇护——在内地,汉朝推行歧视商人的政策。前面说过,这些群体中的许多人,都是秦朝北疆军团解体后流散在当地的成员,诸如此类形形色色的一伙,依仗相国做后台,在赵、代边地干了不少违法的事,都被陈豨睁一只眼闭一只眼遮盖了。

等到周昌前来赵国当丞相,这局面就难以维持了:以他长期主持监察工作的职业素质,马上嗅出这里的风气不对劲,正欲就此开展一番调查,适逢陈豨回封邑阳夏休假,途经赵国的王都邯郸,仅随从宾客就有千余乘之多,把邯郸的官办招待所全住满了。周昌就近观察,个个都不是安分守己之人,心想这还了得!遂立即求见皇帝,当面密奏所见所闻,结论是:这位相国在外统兵数年,又豢养了这么多不三不四的人,恐怕会惹出祸变。

　　皇帝本人就是任侠出身，当然知道是怎么一回事。不过对于"豪桀"、"侠任"一流，他自有独到见解，何况在这方面同陈豨气味相投，所以也没有马上将豢养宾客与心怀叵测挂起钩来，只是叮嘱周昌返国后继续注意，暗中防范，一边又另外派人前往代国调查。这一查，查出不少陈豨宾客的违法活动，搜集到的证词亦多与这位相国有牵连，与此同时，皇上在暗中调查阳夏侯宾客不法行为的风声，亦不断传到陈豨的耳朵里，情知皇上多疑好猜的陈豨，不禁恐慌起来。

　　这一切，都没有瞒过一直在匈汉边界窥测动向的韩王信的耳目，遂让王黄、曼丘臣等派出说客去见陈豨，为其剖陈利害后，诱劝他扯旗造反。陈豨犹豫不决。汉高帝十年七月（公元前197年8月），刘邦为太上皇举行葬礼，楚王刘交、梁王彭越等诸侯都赴关中送葬。刘邦要陈豨也回关中参加葬礼，陈豨怕蹈韩信覆辙，一回长安便被逮捕，遂假称有病不去。这一来，既激起刘邦怀疑，他本人也越不自安，最终于汉高帝十年九月（公元前197年10月）自称代王，公开宣布脱离汉朝，旋与伪韩、伪赵等匈奴豢养的势力联合行动，发起了声势浩大的叛乱。

　　一个节制诸军、位居相国的重臣在边地称叛，三个伪政权在绵长的北疆同时出兵，长驱内地，霎时形成了大汉帝国创建以来前所未有的危急局势。警报传到长安，刘邦大惊，忙拜樊哙为左丞相，周勃为太尉，连同自己亲统一军，兵分三路赶赴前线，又以此诚危急存亡之际的缘故，连躲在家里多年、远避政坛是非的张良，也被他硬邀出山，随驾亲征。这一情节，在《史记·留侯列传》上只有两句话："留侯从上击代，出奇计马邑下。"究竟是何"奇计"，或者还是不止一计的复数，因史传无载，不能编造，但从本书往下之一段一段的细说里，确能看出刘邦临机处置，有不少高明的策略，隐约可以看到背后便有张良帷幄中执箸筹画的身影。

　　且说刘邦心如火燎,带着张良等将吏到达邯郸时,仅常山郡的二十五座城池,就有二十二座被陈豨的伪代政权占有,其部将侯敞指挥的一支万余人的游击部队,同伪赵王黄的骑兵相配合,已将襄国、曲逆这一片攻下;其另一支由部将张春率领的叛军,已渡过黄河,向齐国西境的聊城(今属山东)进犯。与此同时,由伪赵王利自己统率的叛军在匈奴的支援下,在马邑、东垣等军事重镇布防,同伪代构成犄角之势。另外,伪韩王信直接由匈奴骑兵保驾,深入至参合(今山西阳高南)一带。

　　形势危急如此,但刘邦传檄诸侯同时出兵的落实情况,却很不理想:除齐相曹参和燕王卢绾以防区毗邻,已经同叛军进行交战外,只有梁王彭越派出的部队来到邯郸听候调遣,他如荆、楚、淮南、长沙等南方诸侯,皆因路途遥远,加以行动迟缓,尚在道上。相比之下,夹漳河而对峙的叛军与汉军,几乎可称势均力敌。

　　刘邦决定就地募兵以扩充军力,还让周昌推荐一批能带兵的赵国壮士担任将领,周昌举荐了四个人。刘邦一见面就骂:"你们这几个竖子,能够为将吗?"四个人被他骂得满面羞愧,拜伏在地,岂知刘邦旋即便授他们为将领,还各封食邑千户。待四人感激不尽地磕头谢恩离开后,夏侯婴等人忍不住质询皇上:"多少将士追随陛下入蜀汉,伐项楚,历经百战,尚未个个受到封赏,这几个小子还没有尺寸之功,凭什么受封千户?"刘邦训斥他们:"你们懂什么?倘陈豨造反成功,赵、代都将为他所有,还缺少这四千户?我传檄诸侯共击叛贼,到现在连鬼影也不见一个,如今只好征调赵国子弟替我冲锋陷阵,以此区区四千户激励他们奋勇建功,有啥舍不得的?"

　　夏侯婴等恍然大悟,都说皇上的办法真好。

　　周昌又犯了长期主持监察工作的职业病,要求刘邦依法处死那些此前在抵御叛军进攻中丢失城邑的守令丞尉。刘邦问：
"他们都造反吗?"周昌说："没有。""是呀"，刘邦说："那是因为他
们的力量不足以抗击叛军,怎么可以怪罪他们呢?"遂传令颁诏,
凡弃地丧师的将吏和被迫归顺伪政权的父老子弟,一概赦罪不
问,反戈一击者有功。

　　新募壮士无功先赏,有罪吏民赦免不究——这两条策略马
上产生了神奇的效应。据《史记·货殖列传》介绍,赵、代地区的
民风,向来是"矜懻忮,好气,任侠为奸,不事农商……丈夫相聚
游戏,悲歌忼慨",惟恐天下不乱的任侠少年一流,大有人在。原
先都可能是起而响应陈豨叛乱的力量,如今则踊跃报名参加汉
军,希冀像那几个壮士一样,建功受赏。另一方面,那些已经"附
逆"的代地吏民,又有不少人受到政府赦罪的政策感召,纷纷叛
离陈豨。一进一出,双方力量互见消长,叛乱初起时那种迅速蔓
延的势头得到了遏制。

　　此外,当刘邦得知陈豨部下有不少将领都是做边区走私贸
易的商贾后,又高兴地说："我知道该用什么办法对付他了。"马
上拿出许多金银珠宝,估计还是由老于此道的陈平主持实施,向
对方发起凌厉的银弹攻势。商贾重利,见钱眼开,不少人相继倒
戈,投向汉军。

　　汉高帝十一年(公元前196年),冬逝春回之际,汉军与叛军
相持的局面转变为汉军进入全线进攻。东线首先奏凯,叛军张
春一路被齐相曹参和汉将郭蒙围歼于聊城。随后,太尉周勃从
太原攻入代地,一路北进,在马邑包围据险死守的陈豨部将乘马
缔(姓乘马,名缔),经过连日激战,最终以血腥残暴的屠城结束
战斗。旋乘胜逐北,在楼烦(今山西宁武附近)大破韩、代、赵三
个伪政权的联军,再转入云中(今内蒙古托克托东北)破敌,一举
收复雁门郡十七县、云中郡十二县。樊哙一路则在击溃王黄以

后,进入代南扫荡,先后克定七十多个乡邑,伪代丞相冯梁、太仆解福等一一落网,又在横谷大败陈狶等引为王牌的匈奴骑兵。陈狶退守灵丘(今属山西)一带,期盼冒顿来援。周勃不让他有喘气机会,紧追穷寇,连克代郡九县后,攻破灵丘,陈狶亡入匈奴,其新封伪相程纵、将军陈武及都尉高肆等,全被俘获。

负隅顽抗的韩王信和为他保驾的匈奴骑兵,被汉军陈武(和陈狶部下的陈武是两个人,后面第七十八节还要出现,又作柴武)一路围困在参合。陈武派人送信给他,说:"陛下宽仁,过去诸侯有叛亡的,只要回来投诚,都恢复原先的位号,不予处分,大王您是知道的。现在大王因败亡才投靠匈奴,算不了什么大罪,还是快回来吧。"韩王信回书说:"陛下把我从闾巷中提拔起来,使我南面称孤,这是我的幸运。荥阳战役时,我不能临阵死难,做了项羽的俘虏,这是第一项罪过;俟匈奴进攻马邑时,我不能坚守而献城投降,这是我第二项罪过;现在又反过来为敌寇带兵,同将军争一旦之命,这是第三项罪过。当年文种、范蠡无一项罪过,尚且受死败亡;我有三项大罪,还指望陛下让我存活吗?这就是伍子胥所以僵死于吴国的缘故啊。"

眼看劝降不成,陈武下令死攻,结果与周勃攻破马邑一样,以残暴的屠城结束了参合攻守战,韩王信战死阵中。

伪代、伪韩相继覆灭,剩下伪赵一家做困兽之斗。刘邦以重金悬赏王黄和曼丘臣的人头,其部属涎利,砍了他们的首级前来投降。最后,赵王利被刘邦亲自指挥部队围困在东垣。不过刘邦的军事素质毕竟不如他的部下,加上赵王利还有匈奴帮忙,东垣攻城战打了一个多月,还没攻克。赵王利让部下每天在城上谩骂皇帝,气得刘邦七窍生烟。幸好,灌婴一路在曲逆聚歼陈狶别部侯敞后,又在燕王卢绾的配合下,连克卢奴、上曲阳、安国、安平数县,前来东垣增援皇帝,终于打下了东垣。刘邦下令在战俘中进行甄别,凡骂过皇帝者,一概斩首。

铲除伪赵后,刘邦下令将东垣改名真定(今河北正定),以纪念汉皇亲自克定边乱的功绩。这时他切感刘敬对匈奴的和亲政策,见效极微,甚至可以说根本不起什么作用,欲保边地安定,还得靠自家人,遂下诏重新设置代国,封薄姬所生的儿子刘恒为代王,都晋阳,后又徙都中都(今山西榆次)。随着时光流逝,皇帝分封宗亲似已成为理所当然,再也用不着铨叙战功了。

六四　吕雉斩韩信

　　陈豨拥兵造反，交通匈奴而勾结韩、赵，声势汹汹，堪称刘邦在位期间诸侯称叛中影响最大的一次。幸亏刘邦临阵措置得当，周勃、樊哙等拼出血勇，再加上齐、燕诸侯配合有力，始将危局挽回，乱定思乱，自当连呼惊险。又有一件令他意想不到的事，这起规模浩大的叛乱，还把称病在家的韩信也牵扯了进来；而他那位"为人刚毅"的老婆吕雉，居然在相国萧何的配合下，先斩后奏，一举粉碎了这起震惊长安的所谓"淮阴侯谋反"案。

　　案件发生于刘邦亲征陈豨期间。韩信府上有个姓乐的舍人，因为得罪了主人，被韩信关了起来，扬言要杀他。其弟弟乐说也在韩信府内当差，为营救哥哥，便去求见皇后吕雉，当面检举韩信谋反。

　　据乐说揭发，陈豨出镇赵、代边区前夕，曾来韩信家里向老长官辞行。韩信牵着陈豨的手来到庭院里，仰天叹息说："你是可与深谈的人吗？我有话想对你说。"陈豨说："我唯将军命令是从。"韩信说："阁下要去就任的所在，是统领精兵强将的位子。阁下正受皇上的宠信，所以才能膺此重寄。不过我们这位陛下为人多疑。如果有人说你心怀异志，陛下肯定不信；第二次说，陛下就要起疑心了；再有第三次告发，则必然拍案而怒，自己带着大军来征讨你。如果真有这么一天，我为阁下在关中起兵呼应，那么天下都是我俩的。"陈豨听罢，向韩信作揖："我一定记住您的教诲。"随后，韩信亲自将他送出大门——

吕雉一听，原来陈豨造反是韩信所教唆，吃惊不小，忙追问乐说："你还知道什么？"

乐说继续揭发道：陈豨发难，皇上亲征，淮阴侯假称有病，不随陛下前往，却另外派人去北方同陈豨联络，说是"兄弟你尽管放开打，我在这里协助你。"同时便与家臣们密谋，准备某夜伪造皇上的诏书，把那些因为犯罪而在官办工场服役的囚徒释放出来，编为突击队，袭击皇后和太子。现在部署已定，就等陈豨那边的回音了。

得知自己和太子已经处在随时可能送命的危险之中，吕雉大起惶恐，欲召韩信当面责问，又不知道他到底有多少同党，万一泄露出去，激起他们立时发动，岂不性命交关？遂先把萧何召进宫内密商。萧何听吕雉把乐说的密告一五一十说完，将信将疑，但想到此时皇帝出征在外，自己身居相国，天大的干系都压在肩上，真正是宁可信其有，不可信其无；何况韩信其人乃自己当初极力向皇上推荐，即便是在降为淮阴侯后，也承他心念旧恩，时有过从，万一谋反属实，岂不将自己也牵扯进去。这一汪浑水，如何洗得干净？

在吕雉咄咄相逼的目光注视下，萧何越想越怕，便决定先发制人，灭祸患于未作之前。这个念头，正与吕雉的想法合拍——刘邦的身体每况愈下，她早就盘算起了太子接班后的将来。这班沛丰老乡各有多少斤两，自己完全清楚，但是像韩信、彭越这些枭雄人杰，一旦老头子不在了，有谁能驾驭得住！如今既有乐说出头举报，日后便是坐实韩信谋反的活证，当断不断，后悔莫及。

一个是处事刚毅果决的女中丈夫，一个是善于保身避祸的多谋相国,各有打算,一拍即合,当即商定了第二次智擒韩信的计划——这一回,并非陈平策划奇计,但需要萧相国再扮演一次"朋友"的角色,诱使韩信上钩。

根据吕、萧的密谋,翌日,长安盛传皇上派人从前线返回告捷:北疆叛乱已经扑灭,陈豨被诛,受命监国的太子将在长乐宫接受群臣朝贺。韩信自降为淮阴侯被软禁在京都后,便一直称病居家,不参加朝会,当然更不会去朝见太子。萧何亲自上门,劝他说,太子受贺与寻常朝见皇上不一样,哪怕你真的有病,也得去走一趟,不可驳太子的体面。韩信拗不过恩相的盛情,便随他前往长乐宫。刚进去,便被吕雉预先埋伏好的武士拿下,用绳索捆绑后送往宫中悬挂铜钟的房间,旋由吕雉亲自监督,斩首于铜钟之下。

韩信临死前曾慨叹:"我悔不早听蒯通之言,现在竟为女子小儿所骗,岂非天意!"而在后人据此段历史改编的京剧《斩韩信》(又名《未央宫》)中,尚有韩信痛骂萧何卖友,而萧何的唱词则是:"在宫中领了国太命,背转身来自沉吟,韩信未央丧性命,可怜他汗马功劳化灰尘"——看来,至少在编剧者认为,萧何是问心有愧的。

使人怀疑萧何心中有愧的,还在于史实本身:韩信被杀后,紧接着便是三族问斩,似乎非如此不足以证明他的确是犯有谋反大罪。但韩信既死,皇帝尚未回京,在未经奏请的情况诛一大臣已属特例,又急忙将其三族全都斩尽杀绝,仅留下告密的乐说成为无从对质的孤证,殊属不合情理,也就难怪世人怀疑是否有点儿欲盖弥彰的味道了。

司马迁说:孔子著《春秋》,于隐公、桓公这一段历史,笔法彰显,写到定公、哀公这一段时,就很隐晦,这是因为时间上切近当世,他不得不有所忌讳的缘故——轮到他自己来编写《淮阴侯列传》时,同样有切近当世而不得不有所忌讳的问题,于是,乐说向吕媭告发的那些像煞是他亲闻亲睹亲历的情节,全都写了进去,以致不少刘邦和韩信的传记多据此材料,确认果有其事。但是,更有许多会读书的史学家,却从中看出了太史公的《春秋》笔法,从而断定此事乃一彻头彻尾的冤案:

先看他写刘邦北征陈豨归来:"至,见[韩]信死,且喜且怜之。"对此,清人梁玉绳有刘邦何以"且喜且怜"的心理分析,喜的是对于韩信的才干,"畏恶其能非一朝一夕",如今终于从世上消失了,怜的是"亦谅其无辜受戮为可怜也"(《史记志疑》)。这里,司马迁隐曲地写出,连刘邦本人对于韩信之蒙冤,也是心知肚明的。

次看刘邦"且喜且怜"后的言行。他问吕媭:"韩信死前说了些什么?"吕媭答:"韩信说悔不早听蒯通之言。"刘邦说:"此人是齐国的辩士。"乃发诏齐国,令将蒯通逮捕,解赴长安。蒯通来到后——

上曰:"若教淮阴侯反乎?"

对曰:"然,臣固教之。竖子不用臣之策,故令自夷於此。如彼竖子用臣之计,陛下安得而夷之乎?"

实际上,韩信临刑前后悔当初不反,正说明过去确实不曾想反,也是特笔。

刘邦因蒯通坦陈教唆过韩信叛汉,当即下令将其烹杀。蒯通大喊冤枉,刘邦责问:"你教韩信造反,还有何冤枉可言?"蒯通说,当初秦失其鹿,天下共逐,疾足者先得。那时我只知有韩信,不知有陛下,所谓蹠犬吠尧,各为其主罢了。何况想同陛下争权天下的人太多了,只是力量不逮而已,陛下能全都烹杀吗?"

刘邦觉得这话也有道理,便下令把他放了。那个举报淮阴侯谋反有功的乐说,赐封慎阳侯,食邑二千户。

六五　诛　彭　越

　　北疆大局略定,所剩陈豨残部勾结匈奴时来骚扰的问题,全都托付给太尉周勃应对。汉高帝十一年正月下旬(公元前196年3月),刘邦携戚姬前往洛阳休养。

　　青草初长,早莺啼暖,然而明媚的初春景致却无法排遣皇帝的一腔愁绪,他老在琢磨蒯通的答辩——这个臭小子说话倒挺实在,想和老刘家争夺天下的大有人在,你能一个个都找出来烹杀吗?

　　显然不能。那又咋办?刘邦反复思考,得出结论:最妥善可行的办法,莫如把这些有本事有抱负的家伙,全都牢笼到汉家集团中来,既可为我驱使,又能使之处在明处,方便监督而相互制约,岂不大妙!

　　主意既定,皇帝颁发了一个"布告天下"的《求贤诏》,大意是:天下的贤者很多,患在君主不结交他们,他们哪来进身的途径?现在我托庇上天护佑,和贤士大夫共同平定天下,成为一家,欲其长久,世世勿绝,就应该同贤人共享利益,否则是不行的。凡贤士大夫愿意追随我的,我都能使他们尊荣显贵。为此布告天下,使大家都知道我的想法。御史大夫周昌以下各诸侯相国,相国酂侯(即萧何)以下各诸侯王,御史中丞以下各郡县守令,凡知道这样的贤者,都应亲自劝勉,用公车送到京师,去相国府报到,登记行状年纪。倘若有这种人而不去劝驾的,让我知道了,就免去你的官职。如果虽称贤者,但年老疲病,那就别送来了。

然而成为一家、共享利益的诏旨言犹在耳,汉高帝十一年三月(公元前196年4月),"与我共平之矣"的"贤人"之一——梁王彭越被砍了脑袋。

欲论彭越的出身、经历和性格类型,同蛰伏芒砀时的刘邦十分相似,而且早在反秦起义阶段,两人便有协同作战的合作。等到大汉帝国创立后,彭越又是异姓诸侯中与皇帝最称意气相投的一位,尽管高帝六年刘邦诱捕楚王韩信时,他就在现场,谅应受到惊吓,但并未因此拉开同皇上的距离。此人年纪与刘邦相近,老于世故,能够夤缘时运,从一个钜野湖盗位登诸侯,内心已很满足,只求尊荣安逸地享受人生晚年,流荫子孙,故而在韩、英、彭"兴汉三杰"中,又是处世作风最称谨慎的。

韩信被夺去王位后,彭越更加着意讨好刘邦。皇帝每来洛阳驻跸,他都去请安,饮酒谈天,曲意迎合。在异姓诸侯中,则是远赴长安朝觐天子次数最多的一个。叵耐如此慎微,这一回因身体不适,仅派部将率兵去邯郸随皇帝征讨叛军,引起了皇帝的不满。俟其再返洛阳后,刘邦马上派人去定陶,代表皇上责备梁王。

眼看刘邦发怒,彭越怕了,即欲前往洛阳向皇帝当面请罪。部将扈辄劝阻说:"大王原先称病不去,等皇上责怪了又去,不是正好说明您的生病是托辞吗?去了以后,难免像当初韩信一样被抓起来,倒不如就此起兵进攻洛阳,还可以先发制人。"彭越拒绝造反,但又怕当真像韩信那样在陈县就擒,索性继续装病。没想到过了几天,他的太仆因故得罪主人,彭越光火,威胁说要杀他。此人竟连夜跑到洛阳,向刘邦告发梁王与部下扈辄等密谋造反。或许此时又有一肚皮诡计的陈平在侧,或许刘邦自己也有了独立策划的火候,居然仅派一个使团前往定陶慰问梁王,就以迅雷不及掩耳之速,将猝不及防的彭越抓回了洛阳。

半世枭雄的梁王既然会在自己的王都束手就擒,反过来正可证明他确实没有举兵叛变的部署。但廷尉宣义善解皇上的心意,认为既然梁王没奏请诛杀劝他造反的扈辄,就可以作为"反形已具"定案。刘邦觉得这正是趁机废黜彭越的理由,但内心明白得很,于是批准以谋反定案,但又发布赦令,仅将彭越废为庶人,指定送往蜀郡青衣(今四川名山北)安置——该地原为羌民居住区,此时已置县,属于蜀郡西部都尉辖区,将彭越安置在这里,含有让都尉就近管制的意思。

彭越叩谢皇上"圣恩"后,随押送他去蜀郡的官兵上路,途经郑县(今陕西华县),恰与离开长安前往洛阳的皇后的车队相遇。这时候,诸侯群臣都已经知道大汉有两个政治中心,一个在皇帝常住的洛阳,一个在皇后当家的长安,心存侥幸的彭越自以为同吕雉相熟,在太上皇葬礼上还随刘邦一起做过"孝子",够得上叔伯和嫂子通话的情分,遂求见皇后,哭诉自己的冤枉,最后老泪纵横地说:"臣已老衰,只求让一把老骨头安葬故乡昌邑便感激不尽了。"吕雉竭尽好言抚慰,让他随自己一起去洛阳,答应为他向皇上说情。

刘邦得知下属听从吕雉命令而违背自己旨意,又把彭越带回了中原,大为恼怒,马上将负有领导责任的廷尉和直接有关人员全都撤职,又谩骂老婆擅权。吕雉说:"彭越这种壮士,您把他放到蜀郡去,不是自遗后患吗?还不如干脆杀了他——我还是冒着他突生变故的风险同他一起回来哩。"

刘邦经她这么一提醒,恍然大悟,旋又发愁:已经赦他死罪,天子之言,岂能反悔?

　　吕雉冷笑道："那还不容易？"随后便唆使彭越家的一个舍人出面，告发彭越回到洛阳后，又纠集家臣阴谋叛乱，于是彭越又被捕下狱。新任廷尉王恬开比宣义更厉害，仅凭诬告定案后，奏请按谋逆罪处死彭越，并夷三族，刘邦批"可"，又下令将彭越的首级悬挂于洛阳闹市，传旨说："有胆敢替他收殓的，立即逮捕。"

　　有个叫栾布的人，是彭越做渔民时的贫贱之交，后来因贫困，离开故乡到齐国的酒家打工。数年后，彭越亡入钜野为盗，他则被人贩子掠卖到燕国为奴仆。迄陈胜举义，其麾下韩广在燕称王，栾布因替主人报仇，卷入一宗杀人案。当时臧荼还在韩广部下做将领，认为栾布是个人才，便将他保下来做自己的都尉，随其一道营救赵王，再会同项羽进军咸阳。臧荼做燕王后，栾布亦升为将领，及臧荼以"谋反"被捕，栾布也做了俘虏。梁王彭越听说老朋友在牢狱里受苦，便向皇帝求情，自愿拿出一大笔钱为他赎罪，又提拔他做了梁国的大夫。

　　所谓"梁王谋反案"发作时，栾布正奉彭越之命出使齐国，等他返回，彭越的首级已被悬挂在洛阳市上。栾布跪在市上，向彭越的首级复命奏事，然后拿出供品，哭而祭之。在一边看守的吏卒立即将他逮捕，并向皇帝禀报。刘邦让人把他押来，痛骂道："你跟着彭越造反吗？我禁止任何人收殓反贼，你却祭而哭之，分明是他的同谋！"旋命令左右："立刻把他烹了。"

　　左右提起栾布就走，栾布回头说："希望能讲一句话再死。"刘邦叫人把他押回来，问："你有什么话要讲？"栾布说："想当年，皇上败走彭城，困于荥阳、成皋之间，项王之所以不能得逞，就因为彭王占有梁地，与大汉合作对付项楚。那个时候，彭王向楚则汉破，向汉则楚破。特别是垓下会战，若无彭王出力，项氏不会灭亡。俟天下已定，彭王剖符受封，诚心诚意想传之万世。现在陛下要彭王出兵，彭王确实有病不能随驾，陛下便怀疑他谋反，虽然并无谋反证据,却听由一班宵小罗织冤狱,处以族诛的惨刑。臣恐自今以后,功臣人人自危!如今彭王已死,臣亦生不如死。臣要说的都说了,现在就请烹杀吧。"

这一番句句含血带泪的倾诉,听得刘邦面红耳赤,忙叫左右将栾布释放,又拜他为都尉——大约是又想起了蒯通的提醒:不可能把所有的人都烹杀吧?

敢为彭越献祭鸣冤的栾布尚且被开释升官,梁国的将吏臣民都宽心不小,梁国的局势很快便安定了。汉高帝十一年二月丙午(公元前196年4月9日),刘邦册封皇子刘恢为梁王;三月丙寅(4月29日),又封皇子刘友为淮阳王。同时撤销东郡的直属郡建置,增加梁国的地盘;撤销淮阳郡建置,增加淮阳国地盘。刘友和刘恢都是刘邦同其他姬妾所生,在吕雉的立场想来,可谓一番算计,为别人换取实惠,所以十分不悦。

六六　赵佗受封

　　刘邦铲除彭越后，二十天内，接连册封两个儿子为王。皇帝不会再分封异姓诸侯的心志，到现在可以说是全国皆知。但是，就在此后不久，他又不得不封立了一个不姓刘氏的藩王，说起来，此亦形势所迫——

　　话题还要从秦末农民战争谈起。从陈胜、吴广揭竿而起，到刘邦、项羽分进咸阳，当强大的秦朝二世而亡之际，曾经横行天下的秦军主力的去向共有两处：一部是由蒙恬、蒙毅兄弟统率的北疆军团，开赴北方，驱逐匈奴，从此"暴师于外十余年"，直到秦末大乱中自行解体，为匈奴卷土而来留下无穷后患，前已有述。另一部，就是由任嚣、赵佗等统率的南征大军，于秦始皇三十三年(公元前214年)挺进五岭以南，一举完成大秦对南越诸地的统一后，便留驻当地，其主要将吏都分别兼任秦朝在此新设的桂林、南海、象郡三郡及所属各县的军政长官。此外，秦始皇又徙戍卒五十万人，分别在百越(南方各少数民族的总称)之间屯驻，由此构成又一支稳定南方的国防部队。

　　从兵力上看，任嚣的南疆军团比蒙恬的北疆军团实力更强，这与秦朝的政治重心位居西北、对广大南方地区鞭长莫及有关，故南疆军团的主要使命除实边之外，还要根据中央号令，随时出击南方地区可能发生的动乱。秦始皇特命史禄兴修的灵渠(在今广西壮族自治区境内），就是承担这一战备任务的著名航运工程，它将长江同珠江两大水系联为一气，从而使岭南与中原的交通趋向便利。在秦始皇的治国规划中，南方的灵渠就同北方的直道一样，都属于战备工程。直到近代，因公路、铁路的修筑，其航道作用才逐渐消失，成为以灌溉为主的河渠。

可以设想一下：当吴芮、刘邦、项梁叔侄等各路南方义军相继崛起时，强大的秦朝南疆军团如果从岭南出征，从他们背后掩杀而来，这又是一个什么样的局势？

对刘、项而言堪称幸运的是，当此严峻的历史时刻，统领南疆军团的任嚣正老病将死，临死前授政赵佗，要他马上派兵切断灵渠和其他通道，从此脱离秦朝，在岭南地区实行自治。任嚣死后，赵佗即遵其嘱，传檄各关隘"急绝道，聚兵自守"，旋又将三郡地方长官中拒绝叛秦者悉数除去，换上自己的亲信，并以番禺（今广东广州）为都，自立为南越武王。这样，胡亥、赵高既不敢调北疆军团，又调不动南疆军团，只能靠章邯临时编组的囚徒充当主力，貌似强大的大秦王朝终于被削木为兵的农民推翻了，而秦皇在三十六郡之外新设置的南越三郡，从此变成了独立于中原外的南越国。

秦汉之际的岭南，百越散居，社会发展状况相当落后，赵佗本人是东垣（就是刘邦攻克后改名真定之处）人，其麾下将吏和五十万戍卒，也都来自中原，给当地输入了先进的经济文化。迄其由中央派驻官员改换成"南越武王"身份后，更多方取悦当地土著，自称"蛮夷大长老"，改换越人服饰，又倡导驻军官兵与百越通婚，同时起用越人吕嘉为相，并与之结为儿女亲家。凡此种种，对于保护岭南地区不受中原战争破坏，并在民族和睦的环境中促进社会发展，俱称可书可颂的政绩。

但是，当楚汉战争结束、大汉帝国创立，这种军事割据便成为阻碍国家重新统一的严重障碍。从情理上说，解决这个问题的最佳时机，应该是垓下会战方告奏凯，便趁讨楚联盟大获全胜的锐气，立即转入大举南征。但是刘邦不愿意，其主要原因，就是当时由他直接掌握的军队有限，固陵一战，连兵疲师老的楚军尚不能敌，遑论打赢历经恶战的故秦南疆军团？若要开战，就势必继续依靠所谓"兴汉三杰"一同合作，尤其是要借重韩信，但这样一来，从北方打到中原，再从中原打到南海的韩信，其战功和声威将无以复加——这个皇帝或霸主将由谁做？此外，彭越、英布亦都不是省油的灯，刘邦在固陵要他们出兵，还得派人拿着地图去讨价还价，果真一同出兵岭南的话，岂不再多两个赵佗？

这些算计，都可从他迫不及待夺去韩信兵权，又将其徙封为楚王的动作中推导出来。

另一方面，刘邦又确实想除掉赵佗的这个割据政权。在他称帝的当月，便将春秋时越王勾践的后裔封为闽越王，又将衡山王吴芮徙封为长沙王，所指定的封疆，或与"南越国"接壤，或把整个南海三郡包括在内。这两项安排，都是借用他力充打头阵，期以用武力完成对岭南统一的重要措施。但是，这以后接踵而来的诸侯"谋反"、逆臣叛乱，特别是匈奴在北方的威胁，以及在其支持下各种叛汉势力此起彼伏的捣乱破坏，不仅从多方面消耗了大汉帝国发动南下之战的国力，而且迫使他把两大最具实力的直属部队——周勃军团和樊哙军团，全都长期驻扎在北方。只要想一想，秦朝时的北疆防线远距咸阳近两千里外，到刘邦时，骤然收缩到最近处仅七百里，便可体会到汉朝在北方承受着何等严重的压力，已无可能再对南方用兵。

岁月淹绵，大汉初创时闽越、长沙环伺"南越国"的咄咄气势，逐渐消释。相反，赵佗却因经营得法、脚跟站稳，以及汉家军事重心不断北移的缘故，转而从绝道自守变成了相机侵扰，成为帝国的"南边患害"——这四个字,写在《史记·南越列传》中,用词简约,而其实际内容之丰富,足以令刘邦头疼不已。南北两边同时作战既不可能,唯一的途径,只能是谋求政治解决了。于是,时距大汉帝国创建将近七年之后,汉朝终于不得不放下中央政府的架子,主动向"南越国"派出了第一个使团。

首席使节是汉王时代最著名的外交家陆贾。刘邦托付给他的任务,是说服赵佗接受皇帝授予的南越王印,从手续上实现南越国对汉朝中央政府的归顺。

赵佗听说中原来使,有意给他一个下马威:接见陆贾时,不戴冠,露出越人的头结型发式,双足前伸,左右分开成簸箕状,就像刘邦接见赵王张敖时一模一样。

这种傲慢无礼的行为,陆贾在刘邦那儿司空见惯了,毫不在意,反过来开导他:"足下出生中原,兄弟亲戚的坟墓都在真定,现在自弃中原冠带礼仪,做出这种模样,欲凭区区之越与天子抗衡,不知道灾祸就要降临吗?"

紧接着,陆贾为赵佗分析形势:"秦朝失政,豪桀并起,只有汉王率先攻进关中,占据咸阳。项羽背约,自立西楚霸王,诸侯都依附他,力量可谓强大了。汉王奋起巴蜀,一个一个地收拾他们,五年之中,平定海内,此非人力所能,是天意向着汉王啊!及汉王称帝,将相们都说君王您不诛暴秦,擅自称王,要兴师动众诛灭您,幸得皇帝怜悯百姓劳苦,劝阻他们,派我来授您王印,接受正式的册封。君王本该出郊相迎,北面称臣,如今居然自恃强大——能比项羽更强吗?倘汉皇得知,先去真定掘了君王先人的坟墓,夷灭君王的宗族亲戚,再派一偏将,统率大军来剿,到那时越人便为怨恨君王惹祸,自行动手诛杀君王而归顺大汉——不要太容易哦。"

这一番宏论,一半是竭尽渲染刘汉的强势,另一半是点出赵佗的弱势:你的祖先宗族都在中原,要想让百越死心塌地地拥戴你同汉朝对抗,怎么可能?

后一半,点击对方犹深。于是赵佗蹶然而起,向陆贾道歉说:"我在蛮夷的环境里呆得太久了,有失礼仪。"遂又问:"我与萧何、曹参、韩信相比,谁更英雄?"

陆贾先看他作派,再听他有此提问,立刻明白对方亦属"豪桀"一流;以他长期在刘邦集团中惯与此辈周旋的经验,心里更有底了,从容答道:"同他们相比,似乎君王更英雄一些。"

赵佗大喜,又问:"那我与皇帝相比,谁更英雄?"

陆贾立刻又换成教训口吻:"皇帝起丰沛,讨暴秦,诛强楚,为天下兴利除害,继三皇五帝之业;数以亿计的人民,辽阔万里的疆土,丰饶殷富的物产,全归他一人统治,此乃开天辟地以来从未有过的丰功伟业。君王不过在崎岖山海之间,拥有数十万蛮夷,最多可比大汉的一个郡——怎么可与皇帝相比呢?"

赵佗闻听陆贾先说自己超过萧、曹、韩信,现在又说自己不如刘邦,便认为此人态度实在,有一说一,便大笑道:"我没在中原起家,所以只能在这里称王。如果我在中原起家,也未必不如皇帝哩。"

于是赵佗把惯与豪桀任侠打交道的陆贾引为意气相投的知音,执意挽留他多住一些日子,每天设席款待,饮酒聊天。陆贾在刘邦麾下,专做出使诸侯的工作,见闻极广,加上能说会道,博古通今,听得闭塞于岭南二十年的赵佗欣然忘倦,感慨道:"我在这里,没人可与畅谈,先生到来,使我闻所未闻,真是太高兴了。"

高兴了,什么事情都好办——这就是脾气爽快的豪桀型人物的特点,几个月后陆贾告辞,赵佗正式接受了刘邦立其为南越王的册封,愿向大汉皇帝称臣,还送了陆贾一笔价值二千金的厚礼。对于汉帝,赵佗没有献礼,这就益加凸显出陆贾在南越国归顺汉高祖事件中绝大的面子。

赵佗受封称臣其实质为"易帜"性质。从汉朝中央与诸侯的关系看,诸侯王虽然在各方面都保持有独立或半独立性,但在政治上必须朝见皇帝,经济上定期献纳,军事上听从调遣,司法上接受监督;礼仪上,诸侯王也得像各直属郡一样,在京师设邸(即行馆兼驻京办事处),派赴中央的人员对皇帝的礼节,称"上",称"朝",称"谒"。但赵佗不承担任何朝见、献纳、奉调出兵之类的义务,与中央的往还联系称"通使",相当于诸侯国相互报聘的级别。在此同时,汉朝解除以前不得向岭南输入铁器、牲畜等物的禁令,赵佗则作出"毋为南边患害"的承诺。凡此,都与其他诸侯有明显区别。

但是,即便是地位特殊,终究使得刘邦在形式上完成了对岭南的统一,从而为以后汉武帝当国时最终实现实质上的统一,奠定了观念上的基础。此为陆贾对大汉帝国的历史性贡献,而刘邦对此估计不足,陆贾回朝复命,"高祖大悦,拜[陆]贾为太中大夫",连一个彻侯也没有封赏。此亦说明刘邦有务实的风格——没有强大的武力为后盾,这种仅有形式的统一毕竟是不牢靠的。

不过另一方面,因为职务提升,陆贾在皇帝面前说话的机会却多了。惟此人难改儒生本色,动辄引用《诗》《书》,刘邦发火了:"老子骑在战马上夺取天下,哪里用得着《诗》《书》?"陆贾不服,回敬皇上道:"骑在战马上夺取天下,还能骑在战马上治理天下吗? 当年汤武取代夏朝,就是逆取顺守,文武并用,这才使商朝长期保有天下。如果秦朝兼并天下后,也能效法汤武,施行仁义,陛下能得到它的天下吗?"

刘邦对其不肯放弃崇儒立场的态度很不高兴,不过听他举出秦朝二世而亡的例子,倒是触动心机——这也是自己最担心的问题,于是便对陆贾说:"你把秦朝为什么会失去天下、我为什么能夺取天下的道理都写出来。"

　　于是陆贾埋头著述，"上陈五帝之功，下列桀纣之败"，一直讲到"秦所以亡"，共十二篇。每写完一篇，先奏呈皇上，刘邦都说写得好，左右便学舌说好，高呼"万岁"，又称此乃"新语"。后来，这部流传下来的史学类著述，就以《新语》为名。不过细审该书对"秦所以亡"的原因分析，大致可归纳为三点：一是"举措太众、刑罚太极"；二是重用李斯、赵高之辈不当；三是"骄奢靡丽"。这些道理，全在刘邦自己也能够感觉或可以接受的范围之内，而并无对秦朝尊法毁儒的正面批判，更没敢提出靠《诗》《书》治国的观点。这也见得陆贾同叔孙通一样，属于那种会看菜吃饭的乖巧型儒生，与叔孙通取笑为"不知时变"的那两位恪守传统儒学的鲁国诸生，不是同一类人。

　　说白一点，要想在这位讨厌《诗》《书》的皇帝治下保住自己的政治前途，他们也不得不这样做。

六七　四　皓

　　赵佗稽首称臣，南方暂告无忧，刘邦抓紧时机，又将易储问题提上议事日程。

　　很多人都把晚年刘邦急于更换太子的原因，归结为他对戚姬的宠爱，这是皮相之见：在看似妻妾嫡庶争风纠缠的表象下，此举实在是蕴含着他对刘氏江山能否永不变色的深远忧虑。

　　取消刘盈接班人资格的理由，刘邦以"太子仁弱"一言蔽之，这是大实话——就是本该由他具备的刚毅性格，却体现在他母后吕雉的身上。这种秉赋放在寻常人身上，不失为听话懂事的好孩子，若是充当皇帝这种大任，无疑是最不合格的。中国古代的各种官制法典多如牛毛，却从来没有对皇帝的权力有所规定，全靠传统习惯所赋予、军队监狱所维系、皇帝个人能力所把握。第一项条件，在刘邦所处的那个时代，"皇帝"还是秦始皇所创的新生事物，只看赵佗同陆贾谈论皇帝的口吻，就知道连刘邦也没有这方面的定势可恃，遑论他儿子？

　　军队和刑罚这些暴力，倒是有的，但都归诸侯群臣分别统率，能否做到百官垂拱，政由己出，那就全看皇帝驾驭这班人的能力了。"仁弱"的刘盈之绝不具备这个本事，根本不存在疑问，故其继位后必然敛手无为、大权旁落，乃至受制于人的前景，也是刘邦所料定的。

　　大权旁落谁家？吕氏。这个趋势已经一清二楚地摆明了。刘邦不在京都，萧何辅佐太子监国，这是楚汉相争时代就定下的规矩，从制度上讲，皇后并无直接问政的名义，但实际上，刘邦出于全面防范的需要，已经默认了夫妻俩内外当家的事实，而这种机制的运作结果，就是吕雉竟能在不待请准皇帝的情况下，让相国听命，诛杀韩信三族；让廷尉靠边，篡改刘邦将彭越送到蜀郡安置的旨令——尽管这些擅自处分都符合他们的共同利益，但众多大臣，特别是沛丰系那一班人，既听命于皇帝、也受制于皇后的潜规则已经形成，一旦皇帝驾崩，懦弱的接班人即成吕雉玩弄于股掌上的傀儡，则刘邦鞍马辛劳打下来的江山还能姓刘氏吗？

　　经历了韩信、彭越两大血案后的刘邦，对此感触殊深，这也是他在这时又急于将易储问题提出来的缘故。母以子贵，一旦刘盈被废，吕氏篡刘的危险也就随之解除了。

　　相比之下，如意又具备哪些胜于刘盈的条件呢？其母戚姬除了能歌善舞、鼓瑟击筑的艺术特长之外，既无过问朝政的能力，也无兄弟子侄封侯任官的娘家背景。而据《西京杂记》记述，其人还极善于逢迎刘邦，不敢稍有忤逆：她曾让人用百炼精金做成指环，照得见手指里的骨头，皇上见了很厌恶，她便马上把这些指环分送给了侍女。如此百依百顺，正与吕雉的刚愎凶狠形成对照，刘邦不担心她利用儿子操纵朝政。

　　《西京杂记》还提供了一条能为赵王如意作侧面写照的史料：如意年纪还小，尚不能接受老师的教诲，戚姬找了个老婆婆教养他，给他的居室起名养德宫，后来又改名鱼藻宫。估算如意当时已近十岁，这样的年龄还不从师学习，就有点娇养顽皮的嫌疑。再从他母亲为之撰拟的居室名称看，"养德"的义涵很明显，毋庸解释；"鱼藻"乃《诗经·小雅》的篇名，《诗序》以为讽刺幽王荒逸,言万物失其性,这又像似为"养德"无效的如意作进一步劝勉了。如果又把这些同刘邦一再声称"如意类我"的赞许联系起来观察,一个活泼泼的少年刘邦的形象,呼之欲出,难怪他老子认为此儿最有希望了。

这种比照和选择,其实也是折射刘邦治国理念的一面透镜:要想同这一班三山五岳的豪桀共坐天下,非得有一身类似自己的气质和手腕,即便撇开吕雉的因素不论,顽皮捣蛋的如意也比懦弱仁爱的刘盈合适得多。

不过,这个关系刘氏皇权长保永固的深谋远虑,由于与他所要依靠的众多老臣之间存在利益冲突而遭致反对,因而自上一回易储之议被迫搁置后,刘邦便有意识地提拔了一批政坛新人,对老臣进行抑制,其中第一目标锁定,就是同吕雉母子关系最密的萧何。

汉初宰相权重,这是楚汉战争时代形成的传统。当时在"守关中,侍太子"的名义下,萧何有"许以从事,即不及奏上,辄以便宜施行"的特权。迄刘邦称帝,一方面由于内乱外患接踵而起,迫使皇帝经常出征在外,另一方面也因为刘邦好逸恶劳,懒得亲自过问和处理国务政事,一有闲暇便带着一帮女人泡在洛阳休养,结果这个战争年代的特例又积淀为建国以后的常例,直到萧何与吕雉合谋处决韩信,夷其三族,终于引起刘邦内心的震撼:不得了!这简直是第二个中央了。

未知是否赵尧给他出的主意,刘邦裁抑萧何的措施十分干脆而管用:首先表彰相国平叛有功,益封食邑五千户;同时在保卫相国安全的名义下,给他加派一支五百人的警卫部队,由一位少壮派担任领兵的都尉。

萧何与曹参同为文法吏员出身,算账收税、督建工程之类,确是一把好手,论韬略,他却又不及曹参,当皇帝诏令给他益封食邑、加派卫队时,他还挺得意,自以为替刘邦除掉了心腹之患,此乃应得的回报——按照他的法家意识形态,君臣也是市道之交,臣属以贡献换取君主的利益酬报,是理所当然的。是以奉诏之后,便在卫队环护之下,威风十足地接受群臣祝贺,风光得很。

等到贺客散尽,来了一个"吊客",姓召,名平,原先是秦朝的东陵侯,秦朝灭亡后,沦为布衣,现在长安东郊种瓜自给。此公从大秦的侯爵跌到大汉的瓜农,可谓白云苍狗,亲历世变,政治见识反比一路顺风的萧何高明。大概是相府常买他产品的缘故,他跑上门来告诫萧何:"您的祸难从现在开始了!"

萧何大惊,忙将他带到内室请教缘由。召平为他分析:"皇上暴师于外,您安守于内,没有亲冒矢石的战功,却得益封置卫的奖赏,全是因您处置淮阴侯一事引起了皇上的猜疑呀!特别是派置卫队,不是皇上宠信您,是让人监视您哩。"

萧何顿悟,原先的得意霎时化为乌有,旋按召平指教,上表皇帝,自谦无功受禄,退还益封的五千户外,还把自家财产贡献出来,补贴皇上北征陈豨的军费开支。如此乖巧,"高祖乃大喜"。

益封退还了,警卫队是退不掉的。从此,萧何自省一言一行皆处在刘邦监视之下,深自韬晦,再不敢像处理韩信一案那时,同吕雉搞得那般密切,有意拉远了距离。

沛丰系的领军人物尚且如此,遑论其他。结果,这一回刘邦再提出易储,虽然大家多不赞成,但反对的声势却减弱许多。而吕雉在韩信、彭越两案中所显示出的刚愎狠毒,已经造成栾布所谓"臣恐功臣人人自危"的效应,也是原因之一:皇帝皇后个个厉害,输赢尚在未定之天,我又何必在他们的内部争斗中引火烧身呢?这种现象,《史记·留侯列传》中的表述是:"上欲废太子,立戚夫人子赵王如意。大臣多谏争,未能得坚决者也。"

儒家和法家在处理君臣关系上的一大区别,就是前者崇尚
尽忠纳谏,后者讲求利益交换;及至黄老,则以保身避祸为
先——这时候一班老臣的从政作风,大多取最后一种姿态。而
对于刘邦来讲,只要不再有周昌这种"臣期期不奉诏"的顽固分
子,就是一大进步,当然不必再强求大家都坚决拥护他更换接班
人了。

抑或冥冥之中确有天意,正当吕雉眼看风向旋转、刘盈地位
岌岌可危时,刘邦突然病倒了,而且病象极怪,厌恶见人,身边仅
留一个宦者侍候,连平素最宠爱的戚夫人亦得回避,其他姬妾侍
儿等一概不许进他居室。这一来,原欲付诸实施的易储,暂告搁
置。

抓住这一机会,不知所措的吕雉到处求人帮忙,这几天,想
必自萧何以下,那一班能在刘邦面前说得上话的沛砀亲信,都接
受了吕雉的再三拜托。但皇帝给看守门户者下了死命令,任何
人都不许放进来,再想谏争亦不得机会。一筹莫展中,有人给吕
雉出主意:"留侯善画计策,何况皇上对他言听计从,应该去求他
帮忙。"

吕雉恍然而悟:怎么没想到这一茬!

不过,张良自称生病,要静居行气,辟谷绝食,已杜门不出数
年,而且一再宣称将随赤松子游,不再过问政事。直到刘邦征讨
陈豨叛乱,硬把他拖出山后,这才以体谅皇上老年心境寂寞,每
当刘邦回长安小住,都来陪他说说话,调理心情。不过他与刘邦
虽然海阔天空,无所不谈,但绝不涉及国家兴亡,现实政治;说到
底,还是因为这对政治夫妻男忌女忍,所以得格外小心谨慎,别
卷入风波险恶的旋涡。对此,吕雉的心中雪亮。

张良不管"闲事"怎么办? 这就显出吕雉这个女人确实不同
寻常了——皇上能把他硬拖出来,我也给他来硬的!

遵照妹妹下达的死命令,建成侯吕释之以迅雷之势,用绑架手段,将张良劫取到他的密室,向其传达皇后懿旨:"先生常为皇上的谋臣,现在皇上执意要更换太子,先生还能高枕而卧吗?"

张良辞谢说:"过去,皇上因用兵而数在困急之中,臣才得献策,侥幸为皇上所采纳。如今天下安定,皇上以情感而欲易太子,骨肉之间,哪怕有一百个张良,也没有用。"

"不行!"吕释之态度坚决,非要张良插手,"先生能说会道,肯定能把皇上说得回心转意。"

张良苦笑:"此难以口舌争也。"

吕释之寸步不让,想必一面对留侯软硬兼施,一面同吕雉保持热线联系,随时汇报请示。最后,也不知她给出什么"政策",居然说服了张良,愿意合作——想来也是利益关系吧。

张良告诉吕释之:此前皇上下诏求贤,天下贤豪甘愿效劳者不少。但有四大高人,都认为皇上待人轻蔑无礼,所以隐于草莽山泽,坚决不做大汉的臣属。皇上同我谈起时,很为遗憾。其实我知道这四大高人隐于何处。如果您不吝惜金玉璧帛,让太子亲笔致书,卑辞安车,由能说会道的辩士充当使者去执意邀请,他们便肯出山。来长安后,太子请他们做宾客,带着去朝见皇上。皇上看见后会奇怪,一问,得知是四大高人都愿辅佐太子,这就有转机了。

吕释之大喜,忙向吕雉禀报。吕雉立即指示刘盈亲笔写成四封信,精选说客,备上厚礼,照张良给予的指点,分头请客。奇哉!四个精奇古怪的老头子,居然都被请到了。根据张良的再三叮嘱,这四大高人并未成为太子的宾客,而是被悄悄送进吕释之的密室,潜伏下来。

所谓四大高人,一姓庾,字宣明,因常在园中,号东园公;一姓崔名广,字少通,因隐居夏里修道,故号夏黄公;一姓周名术,字元道,是西周泰伯的后裔,世称霸上先生,大概是曾经在咸阳霸上居住过的关系,后来又称角里先生;还有一个叫绮里季,是姓名还是字号,谁也讲不清楚。又有一种传说,道是这四个人因避秦末之乱,相继隐于商山(今陕西商县东南),所以又有"商山四皓"的并称。

然而,历来史家对于所谓"四大高人"云云,多取怀疑,如司马光在《通鉴考异》中便有专论批驳;更有人认为这又是张良在耍花招,因为此人自述种种奇遇,什么东见沧海君,什么圮上老父传授《太公兵法》,什么欲从赤松子游等等,都是神秘莫测而从无对证的事情。但刘邦在鬼神迷信的楚文化熏陶下成长,又对信陵君广交四海,举凡真人术士、大侠高人这些轶闻奇事最感兴趣。或许这"四皓"根本不存在,是张良在"与上从容言天下事"时,接过刘邦广求贤豪的话题信口编造出来;或许江湖上原先有此传闻,此刻被他移花接木,在其广泛接交中物色了四个老汉来冒名顶替。

可以提出几个疑问:岂有云里雾中行迹飘忽的山中高人,就靠太子一封书信便能请到红尘扑面之长安来的?既来之,又何以不照原定计划,直接让他们去辅佐太子,而先送到吕释之的密室中躲藏起来,高人竟肯享受这等待遇?

这就是子房先生先保自身的看家本领了:高人不"高",放在太子身边,深居宫禁,既不方便他随时授计,幕后操纵,又防不住吕雉好奇,一经交谈,诡计全部拆穿。所以先锁进吕雉不便前去的建成侯家里最保险。要说保险,为何又不放在留侯自己家里?他知道刘邦忌刻好猜,像信陵君一样,到处安置耳目,倘风声一露,发案现场就在自己家里,岂不毫无退路? 书信是太子亲笔,人都住在吕家秘室,他依然还像当年做下博浪沙行刺秦皇大案后一样,"尝闲从容步游下邳圯上",浑身不搭界——这就是远避灾祸之黄老的一等境界。萧何肯定不能望其项背;陈平因功利心太强,也比他差一截。

　　也因为这个"秘密武器"是一把双刃剑,稍有不慎便会刺伤自己。所以,身不由己卷进刘邦、吕雉夫妻斗法中的张良,决定不到紧要关头,绝不使用。

　　幸好,不等刘邦怪病痊愈,又发生了迫使他暂停易储操作的大事:淮南王英布谋反!

六八 征 英 布

　　英布其人,好色贪财,龠运时遇,经过反秦战争的风雨洗刷,由一个囚犯变身为九江王,自觉人生到此,已称满足。孰料因贪图安逸享受,未从项羽出征,就此被拖进楚汉相争的涡流中,又尝了几年戎马倥偬的辛劳。所幸大乱平定,依然据功分封,依其本性本心,是想从此酒色自娱,以安乐王了结此生、传之后世的。

　　不过,记取当年因不听使唤而招致楚霸王猜忌的教训,大汉建国以后的英布,对刘邦的态度是相当恭顺的,上比彭越不足,下比"初之国,行县邑,陈兵出入"的韩信则谨慎得多。《史记·黥布列传》记其"[高帝]七年,朝陈;八年,朝洛阳;九年,朝长安",宜称恪守臣礼。又当初英布由随何陪伴拜谒刘邦时,刘邦曾自编自演过一出"踞床洗足"的轻喜剧,试探出其人禀赋深浅。因此,在所谓"兴汉三杰"中,相对而言最使刘邦放心的,便是英布——只要有吃喝玩乐,有珍宝美女,就是此人最大的人生欲望了。

　　但是正如栾布所言,刘邦忌刻诸侯、制造冤案的一贯方针,却不能不令功臣人人自危。吕雉斩杀韩信、夷其三族的通报传到六都时,即引起英布内心恐慌。接着,又发生所谓彭越谋反大案,按"汉承秦制"继续而来的刑律,凡犯谋逆大罪,斩杀枭首后,还要碎尸万段,剁成肉酱,以儆效尤。刘邦夫妇明知此案是他们合谋制造,但为掩人耳目,也照此办理,并将肉酱"遍赐诸侯"。"赐"给英布的这一份送到淮南国时,英布正在打猎,听使者说这是梁王谋反后被剁成的肉酱,不由回忆起韩信在陈县被擒时(当时英布亦在现场)说的:"狡兔死,走狗烹……"眼望正听自己使唤追逐野兔的猎狗,念及难免也落到韩信、彭越一样的下场,内心震悚,几不可言状。

这以后,他暗中加强了淮南国周边的戒备,打算万一刘邦要来收拾自己,就拼个鱼死网破,绝不学韩、彭束手就擒,心存通过申辩洗清冤屈的幻想。

此乃预防性部署,但君臣关系已到这等剑拔弩张、随时准备大打出手的紧张程度,还可能不出事吗?

起因又是告密。

英布有个美貌的宠姬,因为患病,常去一位医师家就诊。英布部下的中大夫贲赫,就住在这个医师家的对门,他自认为是内臣,不必避嫌,遂出于讨好的心态,每当该姬来看病时,都去医家慰问并送上厚礼,有时还同她一起在医师家饮酒,借机拍马奉承。以后,该姬在侍奉英布时,从容谈笑,称道中大夫贲赫是厚道人。英布生气说:"你怎么知道他仁厚?"该姬便把来龙去脉讲了一遍。英布醋心很重,立即怀疑贲赫与自己的宠姬有暧昧关系。贲赫听说后,吓得称病躲在家里,英布愈加觉得他心里有鬼,扬言要逮捕他。贲赫认为事态已到无可挽回,便直奔长安。英布得知,急忙派人追赶,已来不及了。

跑到长安后的贲赫,立即上书皇帝,举报淮南王阴勒兵马,准备叛汉,应该趁其未发先诛。刘邦正卧病在榻,实在提不起精神来面讯贲赫,辨别真伪,便批交相国萧何处理。萧何原乃刀笔之吏,办案经验何等丰富,一经提审贲赫,便料定此人也不是好东西,而且语言夸张,未可相信;何况中央连年用兵,财政入不敷出，还是少打仗为妙，遂面陈刘邦说："英布不至于要造反，恐怕举报人与他有仇怨，存心诬告。请先把贲赫关起来，再由中央派使者去六都，向淮南王调查。"

病中的刘邦，实在也求多一事不如少一事，况且以前一个个举报诸侯谋反者的动机，他心里也有数，于是马上批准了萧何的请示。

且说英布自贲赫出逃长安后，心里一直忐忑不安，及闻中央派人来调查，唯恐又同彭越一样被人宰割。当时，皇上健康状况日渐恶化的情况，在政坛上层已经不是秘密，故英布认为先发制人，并非没有把握，遂举兵发难。他对部下说："皇上老矣，已厌恶打仗了，肯定不会亲自出征，只能在他那班沛砀老乡中选一个人挂帅。说句实话，他麾下将帅中，只有韩信和彭越有真本事，其余皆不足畏。"

众将吏都认为大王的分析有理，信心满怀，首先向东出击荆国。时为汉高帝十一年七月（公元前196年8月）。

消息传到长安，正值刘邦厌恶见人的怪症又持续发作，已有十多天拒见群臣，相国萧何一筹莫展，太尉周勃及灌婴等人欲向皇上告急，都被受命看门的卫士挡驾，面面相觑，无计可施。太仆夏侯婴多个心眼，去找曾经做过西楚令尹的薛公说："你曾与英布同事项王，对他有所了解。你说说看，皇上对他裂土而封，剖符而王，他为啥还要造反？"薛公说："他当然是要反的。去年杀彭越，前年杀韩信——英布同他们三人，可谓同功一体。两个死了，剩下一个自疑灾祸及身，所以要反。"

夏侯婴默然片时，又说："你等着皇上召见吧。"适逢樊哙从北方回京，得知南边形势危急，而皇上不问政务，便要闯宫。群臣因其同皇帝有连襟之亲，都怂恿他，说是你冲锋在前，我们全跟着你。樊哙攘袖奋臂，拿出当年硬闯鸿门宴的劲头，一下子便把看门的卫士撞得东倒西歪,"排闼直入,大臣随之"。只见刘邦正把那个贴身服侍的宦者当作枕头,神气恹恹地卧在地上。

眼看襟兄被病魔折磨成这个形状,樊哙伤心不已,流着泪水说:"当初陛下与臣等起丰沛,定天下,何其壮也!今天下已定,又何惫也!陛下病重,大臣震恐,但不召见臣等计事,总不能就和一个宦者相守在此吧。陛下难道忘记赵高亡秦的事了?"

周勃等人也纷纷垂泪,七嘴八舌地把英布造反的事告诉他。刘邦目睹大家对自己的真情流露,转念到底还是这班老兄弟可靠,精神一下子振奋许多,遂决然而起,宣布马上视朝。

平息英布叛乱是当务之急,刘邦问诸将有何见解?大家都气势汹汹道:"发兵征讨,坑杀这小子,他还有啥能耐?"

刘邦情知英布用计不及韩信,刁滑不如彭越,但论上阵打仗的骁勇,却远在那两人之上,特别是他部下的淮南国将士,多以当年汉军的克星楚军为骨干,如今既无韩信这等"连百万之众"的帅才,又无彭越这等会拖后腿的游击将军,光凭尔等拼死向前的血勇,要坑杀竖子,谈何容易呢?

夏侯婴看出刘邦的犹豫,忙把自己询问薛公的经过汇报一遍,建议皇上召见此人,详细垂询。

薛公告诉刘邦,英布叛汉,不足为怪,正是韩、彭两案逼出来的。站在英布立场上,有上、中、下三计可供选择,如出于上计,华山以东将非大汉所有;如出于中计,胜败之数正未可知;如出于下计,陛下可以安枕而卧。

刘邦问:何谓上计?薛公说:东取荆王[刘贾],西取楚王[刘交],兼并齐王[刘肥],再传檄北方陈狶等叛逆,固守其所,遥相呼应。这是进取之计,如此,山东将非大汉所有。

刘邦又问:何谓中计?薛公说:东取荆王,西取楚王,兼并淮阳王[刘友]和梁王[刘恢],占据敖仓粮储,堵塞成皋之险。这是相持之计,如此,则胜败之数尚未可知。

刘邦复问:何谓下计? 薛公说:东取荆王,西取下蔡(属沛郡),以淮水为屏障而拒王师,这是退守之计,最后必然是归辎重于南越王[赵佗],结联盟于长沙王[吴臣],如此,陛下可以安枕而卧,大汉无事。

刘邦再问:先生估计英布会出于哪一计? 薛公说:他肯定出于下计。

刘邦奇怪了:他为什么舍弃上计、中计而选择下计? 薛公说:英布,不过是骊山的一个刑徒而已,运交时遇,才做了万乘之王,但此人只求保住眼前富贵,从来不从长远利益计较,更不会替百姓着想,所以臣料定他出于下计,以退保南方为基本战略。

刘邦认为薛公的分析很对,也没听出他话语中英布是被逼反,以及不为百姓着想的讥讽之意,连声称"善",封他千户。又宣布废去英布王位,册封儿子刘长为淮南王。

判定英布将取据淮而守的战略后,刘邦安心了许多。再仔细盘算一下,荆王刘贾是战将出身;老弟刘交虽然习儒,但派给他的楚相堂邑侯陈婴,却是比自己资历还老的反秦宿将,还做过西楚的柱国,对英布相当熟悉,估计这两个人都能抵挡一阵。遂决定调取当年在北方军团作战的曹参担任主将——其人在刘邦嫡系中战功最大,威望最高,汉军半数以上是他的老部下,具有指挥灌婴、郦商这一班骁将的本钱;而且在刘氏诸军中,尤以这支韩信一手训练出来的齐军最称善战,要想战胜英布,似乎也非以该军为主力不可。

不过,这一次平叛是刘姓诸侯的协同作战,各诸侯王都在丞相侍奉下亲自出马,让曹参凌驾于这些皇帝的兄弟和儿子之上,显然不合规矩。为此,刘邦又决定让刘盈以皇太子的名义挂帅。消息传出,满朝惊诧。

　　分析一下刘邦欲使刘盈挂帅的缘故,有多方面的因素。

　　一方面,正如英布所判断的,"上老矣,厌兵",而且病象越来越明显。上一回,他亲自出征陈豨叛乱时,一直任其战车护卫的老同乡周緤(封蒯成侯)就流着眼泪劝他:"难道就不能委托别人代替陛下亲征吗?"刘邦很感动,道是蒯成侯"爱我",当场赐他"入殿门不趋、杀人不死"的特权。同当时相比,现在的身体状况更不如从前,而且正值发病期间,被樊哙硬拖起来主持朝会,还要出征打仗,实在是力不从心了。另一方面,薛公已有言在先:只要英布出于下计,陛下便可以安枕而卧。刘邦亦相信他的分析,而且在韩信既死的情况下,让曹参出马,可以说在点将上已拿出了一张最大的王牌,自己实在懒得再动弹了。

　　至于要太子刘盈挂帅,除了的确具有维持体制的必要外,也不乏借此机会察看一下其究竟有无能力的动机。不幸的是,这个小算盘马上被躲在家里称病的张良看穿了。

　　遵照张良的指教,东园公等所谓"四大高人"告诉吕释之:"太子是嗣君,位已至极。如今挂帅出征,即使有功,不可能再提升位次;万一无功,不正是用赵王取代他的理由吗?应该立刻让皇后出面阻止。"又把如何阻止的办法一一教授给他。按照吕释之从"四大高人"那儿转批过来的张良之计,吕雉一把眼泪一把鼻涕地对刘邦说:"韩信、彭越已死,英布便是天下唯一的枭雄了。现在陛下派去征讨他的诸将,都是您的旧属。您让太子统率这班人,无异使羊驱狼,他们会老实听话吗?反过来,英布一旦得知陛下已不能亲征,便会改变据守淮河的战略,鼓行而西,进取中原。陛下虽然有病,哪怕躺在有帷盖遮蔽的辎车里挂帅,诸将不敢不尽心竭力。这样,虽然陛下劳苦,但为了刘汉江山,也不得不勉力自强啊!"

　　剔去保护刘盈的特殊动机不论,这番分析的合理性也是无可置疑的,并且马上就被战局的演变所证实:刘邦原以为荆、楚两国兵多将广,能和叛军周旋一番,岂知荆王刘贾虽然富有作战经验,但比之英布还差得远,连败数阵后败走富陵(今江苏盱眙),被叛军杀死,荆国三郡五十余城连同军队辎重,全被英布兼并。随后,实力大增的叛军渡过淮河,进攻楚国,楚将部署不当,在徐城和僮城之间(今江苏泗洪南)被英布攻破防线,三军奔溃,楚王刘交逃到薛郡,东海、彭城大半陷落。消息接连传到长安,群臣心理上感受到的震撼是不言而喻的。

听到这一消息,刘邦从卧榻上立即坐起,决定亲自出征。

经年内战,汉军实力已消耗不少,辽阔的北疆还得安屯重兵防守,为补充兵源,中央政府曾一再额外征调,此时形势危急,刘邦宣布特赦全国所有死罪以下的囚犯,皆令从军,由各地政府派专人送往长安霸上集结。

东征部队陆续出发的日子来到了,奉旨留守关中的萧何等群臣将吏,都来到霸上替皇上送行。在家养病的张良亦提前来到邮亭等候,单独求见刘邦说:"臣理当随驾出征,实在是因为病得太重,不能遂愿。楚人剽悍轻疾,愿陛下莫与争锋斗强。"刘邦见其在危难时刻,又主动关心起国家大事,还当他忠心耿耿,便说:"我卧病之人,也不得不出征;子房虽病,替我躺着辅佐太子吧。"张良作义不容辞而勉为其难状,一口答应。当时叔孙通已拜为太子太傅,于是刘邦当场拜张良为太子少傅——这是他自刘邦称帝之后,所接受的第一个亦是唯一的一个实授官职。

有了这个身份,张良马上向刘邦献策,请求将原属周勃等直辖的上郡、北地、陇西等郡的车兵和骑兵,以及从巴蜀征调来的野战军,加上由中尉统率的京师卫戍部队,共三万多人,全部编为太子卫队,驻屯霸上,以防不测;樊哙和周勃两大军团则依然留驻赵、代边界以及云中等处,抑制匈奴和陈豨等人的余部。刘邦认为这都是确保大局的万全之策,当即批准。

　　刘邦亲征的次数历历可数,但群臣众将"皆送至霸上"的记载,仅见于他东征英布这一回。诸位由此可以想见当时刘邦的身体之差,再加上英布骁勇,目前连克荆、楚,正取上风,即使刘邦亲征,曹参出马,恶战亦势不可免,弄不好,卧在辒车里出征的刘邦就此一行,竟是"壮士一去兮不复还"了——于是便有了举朝送别的悲壮场面。张良自遭吕释之劫取,已身不由己地卷入了维护太子利益的同盟;此刻刘邦拜以少傅,在他感觉竟似托孤般沉重。所以上述献策的实质,便是趁机帮刘盈把兵权抓在手里,果真前方有变,或万一刘邦殁于军中,就不致于在惶恐中穷于应付了。

　　张良的万全之计,反过来也可看作是皇上的周密考虑:天假以年则易储之事必办,如有不测,则以张良再为第二代帝王师,确保刘盈顺利接班——刘邦固然一生好色,但绝非沉溺于儿女情长不能自拔的人,只要能保刘汉江山永不变姓,无论吕雉还是戚姬,都是可以放弃的。

　　安排停当,刘邦带着夏侯婴、灌婴、郦商等人,踏上了东讨英布的征途。

六九　大　风　歌

未出张良所料,英布在击溃楚国三军后,果然野心陡增,并没像薛公估计那样,就此据淮自保,而是乘胜西进,摆出了问鼎中原的派头——这也难怪,一个败国令尹的见识,哪能及得张良运筹千里之外的算计?

幸好,在刘邦出征之前,齐相曹参已辅佐齐王刘肥先投入平叛战争,共出动十二万人,车、骑、步各兵种齐全,兵锋凌厉,由博阳循泗水而下,一路战胜,拦腰截住了叛军西进的势头。未几,刘邦自率大军赶来,两军在蕲县(今安徽宿县南)一带会师。眼看一年不见,刘邦已病成如此形状,曹参亦当感慨不已吧。

汉高帝十二年十月(公元前196年11月),汉军与诸侯联军在蕲县西郊的会甀(音 zhuì)和叛军展开决战。刘邦登上汉军在庸城(地名)扎营的寨壁,遥望英布的布阵,与当年项楚的阵形一模一样,心里十分厌恶。正自忖太不吉利时,只见英布全身披挂,骑在战马上走出阵来,遂远远地招呼他。英布先只当皇上亲征是吓唬人的舆论攻势,这时抬眼看见果然是刘邦站在壁上,惶恐之际,竟也欠身向皇上行了个军礼。

刘邦见对方还知道礼数,便质问他为何要造反?英布认为事情已经闹到这种地步,根本不可能再靠口舌辩明是非委曲,当即嬉皮笑脸地回答:"我也想尝尝当皇帝的滋味呀。"刘邦一听,当即破口大骂。英布听刘邦骂得如此难听,也来了火气,立命射手向汉军壁上放箭,卫士们回护不及,刘邦已中一矢。这一次,他仍如当初在广武中箭时一样,强忍疼痛以固军心,像没事似的,喝使左右挥起进攻令旗。顿时,诸侯各寨一起擂响战鼓,曹参和灌婴、郦商等各逞奋勇,率领诸军掩杀过去。一场恶战历时一个多时辰,刘邦强忍伤痛,始终在夏侯婴、周緤等人的卫护下,端坐于壁上观战,对振奋军心大起作用,而原先被英布裹胁叛乱的荆、楚降卒,纷纷于阵前倒戈。最后,英布终以寡不敌众,阵溃败逃,受命指挥汉军与诸侯联军的曹参不让他有喘息机会,一路追击,先后在竹邑、相城、萧县、留城几个地方与之再战。最后,英布身边只剩下数百个亲信相随,南渡淮河而去。

会甀决战分出胜负后,刘邦便把平叛军事全都委托给了曹参,自己则由夏侯婴亲自驾车,周緤参乘,绕道故乡沛县返回长安。

这是刘邦自公元前205年兵败彭城后,第一次返回他阔别十年的故乡,这时精神似乎也好了许多。因为这座县城是"龙兴之地",又是出过众多功臣的"将军县",当地政府曾特意筑建"沛宫"以壮观瞻。刘邦便在沛宫摆下酒宴,把沛县的父老子弟和老相识们都请来饮酒叙旧,还在当地找了一百二十个男孩,组成歌队,在宴会上演唱助兴。

旧地重游,抚今追昔,刘邦感慨无限,遂亲自击筑,自为歌诗:

> 大风起兮云飞扬,
> 威加海内兮归故乡,
> 安得猛士兮守四方!

歌罢,让那一百二十个男孩学唱,旋在清脆的童声伴唱下,离席起舞,一时慷慨伤怀,涕泪纵横。舞罢,犹激动不已,对父老们说:"游子悲故乡,我虽然建都关中,但万岁之后,我的魂魄还想着回到故乡来。"

擦干泪水后,刘邦又对父老说:"我是从沛县起义反秦而得有天下的,今后,沛县就是我个人的汤沐邑。从此,沛县的民众都将免除徭役,世世代代不受征调。"

沛县父老高呼万岁。

因为沛宫的地盘有限,刘邦宴请父老故人的活动,只能分期分批举行。当年常供他吃白食的王大娘、武大嫂等,如今都已经是耳聋眼花的老婆婆了,男女老少,济济一堂,毫无拘束地回答着皇帝对故乡人事的种种询问,间或共同回忆起许多有趣的往事,谈笑欢乐,沉浸在这种氛围中,刘邦连病痛也忘记了。

十余日后,刘邦恋恋不舍地向乡亲们告别。沛县父老一再恳请他多住一些日子,刘邦说:"随我一起来的人太多了,父兄们供给不起。"乃起驾启程。沛县民众捧献牛酒,空城相送。刘邦感激父老盛情,又在城郊支起帷帐,再住三天,同父老们饮酒饯别。当时丰邑已经提升为县,因为其曾经属于沛县的关系,所以沛县父老又恳求皇帝说:"沛县有幸免除了徭役,可是丰县尚未得此恩典,请陛下哀怜他们。"

前文已有叙说,刘邦称帝以后,已在关中另筑新丰,并将原居丰邑的众多故人都迁徙到那儿,以娱太公,而且丰邑"出产"功臣特多,仅封爵彻侯者就有近二十人,眷属族人亦多随之迁走,所以这次刘邦回乡,没有再去那儿——剩下来的老居民,都是他不愿意再见的人。此时听父老提出请一体豁免丰县徭役的要求,便说:"丰是我出生长大的地方,我哪能忘记呢?只是想起他们曾跟着雍齿降魏反我,心里便不愉快。"父老们一再请求,刘邦终于拗不过乡情旧谊,遂宣布从此丰县亦得一体享受沛县的待遇。

　　当时刘邦二哥刘仲的儿子刘濞，年已二十，有气力，此前已封沛侯，这次也随叔父出征英布，任骑将，在会甀战役中建树了军功。汉的封爵，彻侯以下，与诸侯王有极大区别，诸侯王是裂土而封，享有各种特权，彻侯等则只能按封户数字享有指定食邑的租税，没有土地所有权，同封户也没有统属关系，斯土斯民，仍归封邑所在的中央直属郡县或诸侯国所属郡县治理。刘濞受封沛侯以后，在沛县享有多少户数的租税，史载不详，但刘邦回乡，宣布将沛县作为自己的"汤沐邑"后，他就不能再享有沛侯爵号了。正巧，在英布叛乱中阵亡的荆王刘贾没有子嗣，刘邦便将荆国改称吴国，封立这个侄子为吴王，享有鄣、吴、东阳三郡五十三城。加上先已受封取代英布的淮南王刘长，至此，刘姓诸侯已有八位，其中一半在南方，整个大汉帝国的版图颜色，远非他称帝时可与相比了。

　　然而刘邦的心绪依然不宁，老牵挂着关中那边。刘邦在东征英布途中，多次派使者去长安谒见主持全局的萧何，询问相国最近做了哪些工作？有人悄悄警告萧何："您快遭灭族之祸了。"萧何不解："老夫又惹谁了？"那人说："您位居相国，分封时又功居第一，还能复加吗？但是自您初入关中以来，一直得到民心依附，已十余年了。皇上所以一直派人来关心您，其实是怕您威望太高。"萧何惶恐，忙请教有什么办法不让皇上猜忌自己。那人教他多做一些强买硬赊、危害民众的事，把自己的公众形象搞坏，皇上就放心了。萧何依计而行，用赊欠贱买的方式，强行霸占了许多民田民宅，又接受商贾行贿，故意泄露给外人。所有这些，都由刘邦派来保卫相国的都尉陆续禀报给皇上。

　　得知相国正忙于舞弊营私，留守长安的其他重臣也无异常迹象，刘邦才稍觉放心。同时，各条战线的捷报也不断传来：先是英布逃往洮水（今湖南境内）一带，纠集残部负隅顽抗，又被汉军击破,准备投奔其姻亲长沙王吴臣,结果反被吴臣派人诱杀,向皇帝献头表忠;而后,据守当城一带的陈豨余部也被歼灭,对于卧病辎车的刘邦,肯定是一剂良药。结果在路经曲阜时,经不起笃信儒学的楚王刘交一再恳求,居然强打起精神,在刘交等人陪同下,去拜祭了一次儒家学说的创始人孔子。　　　　　·

一向崇法贬儒的皇帝祭扫孔子,这一举动曾给许多学儒的知识分子带来憧憬,但是不久以后由皇上发布的一道《守冢令》,却与这次祭孔活动形成鲜明对比,诏令宣布将由政府出钱,为已绝后嗣的秦始皇、陈胜、齐楚魏赵等战国诸王,以及信陵君魏无忌设置专业编户,世世代代为他们看守坟冢,血食献祭。相反,对于孔子则没有任何褒奖,更无政府出资为之修墓守冢一类实质性的安排。

有一种颇为流行的观点,就是先认可早年的刘邦,长期接受秦始皇以法为教的法家思想熏陶,所以“不好儒”,但称帝以后,经过叔孙通制礼仪、陆贾述《新语》等一系列过程,逐渐改变了对儒家的偏见,至其曲阜祭孔,便成了由法入儒的转折性标志;此外,让叔孙通当太子太傅,以及那篇检讨当年自以为读书无益的《敕太子》,亦都成为其人晚年思想发生重要变化的例证。

显然,这都是光从史传语言表述而作出的判断,并非史实真相。至于曲阜祭孔,其本质就同刘邦一生厌恶“腐儒”,但又先后任用郦食其、随何、陆贾、叔孙通这些儒生一样,还是出于实用主义态度。他的曲阜之行,除了老弟刘交极力怂恿外,还是和荆、楚两国经历英布叛乱,因而需要有所安抚有关。以他的生活经历和文化素养,根本无暇亦不可能通过诵读《诗》《书》一类,哪怕稍有领会儒家学说对于治理天下的实用价值。所以,终其一生,如“挟书律”、“妖言令”、“诽谤罪”等一系列包括禁绝《诗》《书》传播在内的思想文化方面的专制法网,从未一日松弛。祭孔的用意，也就同他在灭楚后厚葬项羽一样，是一种收买鲁国人心的姿态而已。《守冢令》惠及形形色色，偏偏没有他刚祭祀过的孔子，正是其坚决抵制儒家思想立场的鲜明展示。

在故乡时，一曲慷慨激昂的《大风歌》，正是其即将走到人生尽头时的真情展露，孜孜以求的，还是期望有更多的像其沛丰乡党一样的"猛士"豪桀一类，为他镇守刘氏江山，确保已经走向中央专制集权道路的大汉帝国千秋万世，永不变色。

因此可以在《大风歌》的题目下做个结论：如果刘邦也有"学术流派"，那么，他就是标准的法家。

七〇 救太子

汉高帝十二年十二月（公元前 195 年 1 月），由夏侯婴亲自驾驭，一辆辒车把老病疲惫的皇帝载回长安。

銮驾尚未进城，告御状的民众在道路两边黑压压地跪了一大片，收上来的诉状，全都是控告相国萧何强买贱取民众田宅，案值达数千万。迄銮驾回到未央宫，萧何前来谒见，刘邦笑着说："相国居然取利于民！"随手把带回来的民众上书全交与他，说："你自己向民众谢罪吧。"

萧何强取民田的自污行为，本来就是出于旁人教唆，此时见皇帝态度和蔼，还挺关心民众利益，一时也糊涂了，竟趁机请求道："长安地狭，上林（皇家苑林）中空地很多，都在抛荒，是否可以让出来供民众耕种。"这一下，又犯忌了。刘邦马上板下脸来，大怒道："你收受商贾贿赂，又强取民田，反过来又为民请命，要动我上林的土地！"立即传令廷尉，给相国戴上狱具，关起来。

皇帝最信任的萧相国下狱，还像犯人一样戴上狱具，此事在朝野引起的震惊之大，可想而知。按情理，周勃、夏侯婴这一班沛丰老乡，自该帮忙说情。可是大家都知道这两年皇帝对他们的猜忌日甚一日，脾气也越来越古怪，所以都各自明哲保身；更何况一批战将型人物，原本就对萧何无"功"受禄而功居第一，心怀不满，此时亦乐得静观事态发展。这情景就像当年韩信在陈县大会上被冤枉谋反时一样,大家都不肯站出来说一句话,况且如今的政治空气比那时更加恶化——不知道蹲在牢里的萧老相国,此时此刻是否抚今追昔:怎么我就没有想到,自己也会有这么一天!

过了几天,有个官居九卿的王卫尉(皇宫警备司令),也是刘邦自赵尧以后新提拔起来的少壮派,陪皇上聊天。此人与沛丰系、砀薛系全无瓜葛,所以不必避嫌,找了个话题问刘邦:"相国有何大罪,陛下竟把他当重犯对待?"

刘邦怒气冲冲地说:"我听说李斯做秦皇帝的丞相时,有善举都归功于皇上,有恶事都诿过于自己。我的这位相国,自己受商贾贿赂,而为民请吾苑林,借此讨好民众,所以我要惩治他!"

王卫尉说:"知道怎么做对民众有好处,便向皇上请求,这正是宰相的职守;陛下又为何怀疑他接受商贾贿赂呢? 当年陛下在荥阳与项楚相持数年,近来陈豨、英布接踵叛乱,陛下都亲自出征,全是相国留守关中。在这些时间里,如果相国怀有异心,则武关以西便非陛下所有了。试想,相国连这么大的利益都不企求,会贪图商贾行贿的小利吗? 何况秦朝就是因为不自省有罪过,才亡失天下,李斯为皇帝担戴罪过这种事,又有何值得效法呢? 陛下把相国看得太浅薄了。"

刘邦听了很不高兴,但内心也不得不承认自己这一回操之过急,反而弄巧成拙。王卫尉离开后,他又想了片刻,旋派一特使,手持代表圣旨的符节,前往诏狱,宣布赦免相国。那一刻,萧何的感觉有如大旱中突见云霓,不顾年老体衰,恭恭敬敬地前往皇宫,免冠赤脚,向刘邦叩谢圣恩。刘邦酸溜溜地说:"相国快收起这一套! 相国为民请苑,我不许,我不过是桀纣一类的昏君,相国却是贤相。我故意把相国关起来,好让百姓都知道罪过在我哩。"

　　萧何系械下狱，谁也不知道究竟会酿出什么大案，现在眼见
如此收场，都暗自庆幸。孰知一波方平，一波又起，刘邦此时再
次提起更易太子的话题。老相国刚吃过三天牢饭，哪里再敢犯
颜"请命"？其他的人，也只能面面相觑。如今的皇权，远非建国
初期，皇帝一言，九鼎之重，为易储之事已三次发言，还有谁敢顶
撞？

　　众人无力劝阻，位居太子师傅的叔孙通和张良，便成了捍卫
接班人地位的最后一道防线。然而，张良进谏，刘邦却不听。这
可是自鸿门宴以来，刘邦对张良言无不听、计无不从的破天荒，
显示出一种不达目的决不罢休的意志。张良不是硬争强谏的
人，话不投机，马上称病回家。叔孙通不甘罢休，试想：太子顺利
即位，他就是皇帝的师傅，岂能让这一眼看就要达到的人生奋斗
的终极目标就此丧失？遂在吕雉的支持下，奋力争辩。

　　叔孙通说："过去，晋献公因宠信骊姬的缘故，废太子，立奚
齐，晋国因此内乱数十年，使天下耻笑；秦皇帝因为不早定扶苏
为嗣，让赵高钻了空子，扶立胡亥，自亡社稷，此陛下所亲见。现
在太子仁孝，天下皆闻；吕后与陛下同甘共苦，陛下又岂可背
弃？"

　　刘邦不听，重申了所以要用如意取代刘盈的理由。

　　叔孙通也学周昌，跪伏在地上发毒誓："陛下一定要废太子
而立少子，臣请求先伏诛，让颈血涂地！"

　　有他这么一带头，不少人都跪伏到了地上。

　　刘邦受不了，忙说："别，别，别来这一套，我听你的。"

　　然而，这只是一时的敷衍，刘邦易储之心并未改变。

　　可能有人要问，刘邦要换太子，发个诏令不就行了，何以几
次三番向群臣提出，老是这么争来辩去？

　　说清这个问题，得稍费几句口舌。

　　原来汉国自始建以来形成的规矩,凡立储封王这种重大的人事安排,照例都是列王群臣根据刘邦的旨意,先联名举荐,然后再由皇上"顺应舆情",予以批准发布。虽说这是皇权有限时形成的规则,但既成惯例,此后便一直未打破过。比如彭越、英布等相继被铲除后,皇权之威已称通行无碍,而刘氏同姓诸侯的产生,依旧在走这个程序,如皇帝"诏曰:择可以为梁王、淮阳王者",其后便是"燕王[卢]绾、相国[萧]何等请立[皇]子[刘]恢为梁王、[皇]子[刘]友为淮阳王"。

　　显然,刘邦要换太子,也要走这个程序,先把自己的旨意告诉大家,然后让他们联名上书,列举刘盈不适宜做太子的理由,称颂如意的种种优点,然后才由他发布易储诏书。

　　但是群臣不愿意更换太子,所以这个联名上书搞不出来。也就是皇上的旨意被具体手续的履行卡住了,这也是大汉建国以来从没发生过的事。

　　刘邦本不是循规蹈矩的人,过去因为自恃身体不错,不妨从长计议,反复周旋;现在情知时日无多,"疾益甚,愈欲易太子",岂能听任老臣们这样不死不活地拖着。最后,他终于放弃了让列王群臣主动上书的耐心,决定另走蹊径:让懦弱听话的刘盈自己上书,请求让出皇储位置给赵王。

　　于是,多时不蒙父皇召见的太子,突然接到了皇帝召宴的通知。

　　躲在家里装病的张良又是什么人? 刘邦这套本事,至少有一半是他带出来的,"学生"又在耍什么花招,还能瞒得过他? 是以一听到皇上召太子赴宴,便知道这是最后的一招——父子摊牌的时刻来到了。

　　到此地步,已无退步周旋的余地。张良被迫拿出了此前绝对不敢轻意亮相的秘密武器——四大高人。

接下来的故事,都记载在《史记·留侯世家》里,太富于戏剧性了,不如先直引原文:

> 及宴,置酒,太子侍。四人从太子,年皆八十有余,须眉皓白,衣冠甚伟。
>
> 上怪之,问曰:"彼何为者?"
>
> 四人前对,各言名姓,曰东园公、角里先生、绮里季、夏黄公。
>
> 上乃大惊,曰:"吾求公数岁,公辟逃我,今公何自从吾儿游乎?"
>
> 四人皆曰:"陛下轻士善骂,臣等义不受辱,故恐而亡匿。窃闻太子为人仁孝,恭敬爱士,天下莫不延颈欲为太子死者,故臣等来耳。"
>
> 上曰:"烦公幸卒调护太子。"
>
> 四人为寿已毕,趋去。上目送之,召戚夫人指示四人者,曰:"我欲易之,彼四人辅之,羽翼已成,难动矣。吕后真而主矣。"
>
> 戚夫人泣,上曰:"为我楚舞,吾为若楚歌。"歌曰:"鸿鹄高飞,一举千里。羽翮已就,横绝四海。横绝四海,当可奈何!虽有矰缴,尚安所施!"歌数阕,戚夫人嘘唏流涕。上起去,罢酒。
>
> 竟不易太子者,留侯本招此四人之力也。

先指出一点:所谓商山四皓各报姓名并极力颂扬太子之后,便给刘邦敬酒(上寿),旋即匆匆告辞,显然都出自张良策划——刘邦这种老江湖,只要稍与交谈,就能发现破绽。如此,一场好戏砸锅不算,连编剧导演辛苦半世挣下的富贵功名也要全部赔进去了。所以,一揖而退,既无言多必失之虞,又有搭足架势之效。这就是留侯会故弄玄虚的本事。

刘邦也会受张良的骗。

然而他的机变权略,也在这倏忽之间,得到充分展示:既然商山四皓心甘情愿辅佐刘盈,又称天下豪桀都肯延颈为他效死,遂使他马上改变了原想在酒宴上摊牌的计划,一句"烦公幸卒调护太子"的拜托,可谓一锤定音。在他心里,刘汉江山的分量岂是一个女人可以相比的? 所以他随后对戚姬所言,亦是推诿之辞。《鸿鹄歌》的最后两句意译,就是鸿鹄已经所向无阻,纵有利矢,也派不了用场,换一句话说,便是到此地步,连我这个做皇帝的,也动不了太子的地位了。

这就是刘邦在哄骗戚姬了。

不过,虽说他爱江山胜于美人,但也不是不爱美人。江山的事安排稳妥了,接下来就不能不为戚姬母子担忧了。据曾为戚夫人侍儿的贾佩兰回忆,刘邦生命中的最后一段时光,倒有一半是在愁眉紧锁中度过的,"见戚夫人侍高帝,尝以赵王如意为言,而高祖思之,几半日不言,叹息凄怆,而未知其术,辄使夫人击筑,高祖歌《大风诗》以和之"(《西京杂记》)。《大风诗》就是他在故乡创作的《大风歌》,想来他终因"未知其术",只好用毕竟江山为重的大义,聊以自慰吧。

对比霸王别姬难以割舍的儿女情长,此亦观照刘邦其人的一个侧面——预见戚姬的下场可能比韩信、彭越更惨,他也决不会再改变既定方针了。

没有办法的办法,最后,刘邦在留给刘盈的遗嘱中以如意母子相托。为求叙事连贯完整,就把这份后人题为《敕太子》的遗嘱译成白话,在此提前发表吧:

　　我生长在乱世。当秦朝颁布燔书禁学法令时,我心里真是高兴呀! 因为我一向认为读书是没啥用处的。自即位以来,有时才明白,读书是让人知道作者要讲的道理。追思以前的所作所为,大多是不对的。

尧、舜都不把天下传给儿子,而是传与他人,这不是不爱惜天下,而是因为他们的儿子不能扶立。人有好牛好马尚且爱惜,何况是天下哩。我以你嫡长子的缘故,早有扶立你的意向,群臣都称颂你的朋友"四皓",我都不能罗致他们,他们却愿意为你效力,可见你是能够担当大事的。现在,我正式确立你为接班人。

我平生不习书法,但通过读书和向人请教,多少还知道一些,因此也不甚高明,但也足以自我安慰了。现在看你的书法,还不如我。你应该多加练习,每次上疏,宜自己动笔,别让他人代笔。

你看见萧[何]、曹[参]、张[良]、陈[平]这些公侯,都是我同辈人,年龄大你一倍,要尊敬他们。这些话,也要转告你的弟弟们。

我的病情已经十分严重,我把如意母子托付给你——其他儿子,都可以自立,我怜悯他还是个小孩啊。

七一　兄弟情仇

鸟之将死,其鸣也哀。

由《敕太子》的最后几句,可以体会出刘邦与病魔相搏的痛苦,以及那种因心力交瘁而益加凸显的无可奈何。

好在历时三年的易储之争总算有了定论,各有利益涉及的群臣也不必在此漩涡里沉浮,是以君臣皆有松了一口气的感觉。

然而,历史的宿命偏不容刘邦在神安气闲中走完人生的最后里程——北疆陈豨残部的覆灭,又牵出了所谓燕王卢绾谋反的大案。

此事的来龙去脉得从陈豨叛汉说起:当时刘邦传檄诸侯共击"汉贼",卢绾是最先响应的一个,立即发兵从伪代的东北方向出击,同时派一使团出使匈奴,劝告冒顿单于不要和叛军结盟。这个使团的首席代表叫张胜,是个"匈奴通",估计原来是秦朝北疆军团的成员,该军团解体后,即流落当地,出入汉匈之间,从事边境走私活动,因此与匈奴方面较熟。由史传记述推测,他最先是燕王臧荼的部属,迄卢绾取代臧荼后,又以旧人员身份被卢绾接收下来。

且说张胜率领燕国使团到达匈奴后,马上碰到了老熟人——逃亡在匈奴的老燕王臧荼的儿子臧衍。臧衍开导他说:"你所以受燕王重用,因为你是匈奴通;燕王所以能存在到今天,又是因为诸侯接踵叛汉,内战不断。现在你为急于消灭陈豨而来劝告单于不要出兵,等陈豨一灭,接下来就该轮到燕王倒台了,到那时,你们都将成为俘虏。"

张胜认为他的分析很有道理,便请教他该怎么办?臧衍教他:你应该劝告燕王不必急着攻打陈豨,自己先在这儿帮他同匈奴拉上关系。陈豨能够存在,就是燕王能够存在的保障;果真汉朝要来攻打,他也可以依赖各方援助,保有燕国。

于是张胜擅自改变使命,在与匈奴的谈判中,反过来要匈奴帮助陈豨阻击燕军。此事马上有使团中其他成员向卢绾送去了情报。卢绾大怒,马上上书中央,请求按谋反罪,将住在内地的张胜全族通通处死。

报告刚经过驿传送出,张胜带着使团回来了。卢绾要办他擅改使命、暗通匈奴的罪,他不慌不忙地分析了何以如此行事的理由。卢绾认为蛮有道理,忙又上书一通,假称前一份报告搞错了,勾结匈奴的不是张胜,使其家族得以保全。此后,张胜便成了卢绾的私人代表,暗中与匈奴周旋。同时卢绾又派其亲信范齐潜往陈豨住地接洽,要他坚持下去,并保证燕王不会把他逼到绝境。

可是陈豨的能耐,并不如卢绾所期望的那么持久。当刘邦东征英布,在南方大打出手时,樊哙军团(一说周勃军团)亦终于在当城之役中将陈豨残部彻底消灭。叛军俘虏中有一个陈豨的裨将,为求将功赎罪,便向汉军将吏揭发了卢绾曾派范齐与陈豨接洽的事。

陈豨究竟是灭于樊哙还是周勃,史传中记载不一,但以他们对卢绾与刘邦关系的深切了解,当然不会轻信燕王会背叛皇上的说法。但事涉"谋逆",谁也不敢隐瞒,于是案卷马上被移交廷尉。这个系统,如今已由少壮派掌握,惟以办案立功是求,当然不会有哙、勃的沛丰情分。于是,刘邦在"第一时间"得到了"燕王通敌谋逆"的密奏。

前述有关卢绾使张胜暗通匈奴、使范齐暗通陈豨的情节,大多由司马迁录自汉朝档案,代表了官方对这段历史的正统表述,性质就同淮阴侯家臣举报韩信、梁王太仆举报彭越一样。但因为这一次的举报对象是"诸侯王得幸莫如燕王"的卢绾,刘邦基本不信——事实上,他内心太清楚这些"举报"是怎么一回事了。不过,既然有人揭发,对自己绝对忠诚的监察司法部门又是如此郑重其事地禀报上来,皇上认为还是有必要向卢绾当面核实一下,何况他自省已将不久于人世,也很希望再同卢绾见上最后的一面;于是召卢绾来京朝见。

或许卢绾果真心里有鬼,或许不知出于哪个幕僚的劝阻,卢绾接到皇帝的通知后,居然称病不来——后来他为此一念之差,抱憾终天。

卢绾不肯来见,刘邦不免要起疑心,又派辟阳侯审食其和御史大夫赵尧为特使,专程去迎接燕王。审食其同卢绾是沛丰老乡,但同时又是吕雉的亲信;赵尧不仅职务性质特殊,还是"少壮派"的领军人物——听说这两位人物前来蓟城,卢绾更加害怕了,关起门来向亲信们发牢骚:"现在非刘氏而称王的,只有我和长沙王了。往年春天,淮阴侯被族诛;夏天,又诛彭越,全是吕后的主意。现在皇上生病,朝政都是吕后操纵。这个女人,就想着把异姓诸侯和功臣们全都搞光!"遂依然称病不行。

审食其和赵尧不甘空跑一次,便"验问左右",每天找人谈话,核实陈豨裨将的揭发材料,材料没搞到,却有人向审食其密报了燕王对皇后的恶毒攻击,回长安后,加油添酱一汇报,刘邦益怒。正巧,又有匈奴那边的人来投顺大汉,并说燕王的使者张胜的确在匈奴。

　　各种证据都对卢绾不利,本该为他辩解的沛丰老臣亦都明哲保身,刘邦终于相信"卢绾果反矣"。燕是拥有六个郡的大国,所属部队历经平叛之战,素质不弱,但刘邦的病势沉重,已无可能御驾亲征,只得派樊哙以相国名义率军出征,并统一指挥诸侯部队,同时宣布废去卢绾的王位,另立儿子刘建为燕王,时为汉高帝十二年二月下旬(公元前195年4月初)。至此,刘邦的八个儿子除刘盈立为太子外,其余七个都获得了王位。

　　认定卢绾"谋逆"并对之讨伐,不啻从情理上揭示了以往一系列"谋反"大案的虚妄性:如果连从小与皇上一起长大、六十年同甘共苦的燕王也成了坏人,那么在皇上眼里,这世上还有好人存在吗?刘邦大概也意识到了自己处境的狼狈,所以特地发了一个诏书向全国吏民作出解释,同时对堕入迷茫和恐慌中的燕国吏民进行安抚。诏书说:

　　　　燕王[卢]绾与我有故交,我待他,就像对我儿子一样亲爱信任。有人举报他和陈豨通谋,我认为不会有这种情形,所以派人迎他来京。他称病不来,正好暴露出谋反是实。燕国吏民是没有罪的,凡六百石以上的将吏,我都给你们加爵一级。跟随卢绾的人,只要回归大汉,我都赦免他的罪过,也给加爵一级。

　　为表明皇上并无要把异姓诸侯通通除尽的打算,刘邦同时又发了一道封王诏令:"南武侯织亦粤之世也,立以为南海王。"这个"织",大概也是越国后裔,但刘邦封给他的"国土",就是在南越王赵佗封疆内的南海郡,所以这个异姓诸侯只是一个徒有其名的王号,明眼人看起来甚至有点欲盖弥彰。

　　听说皇帝派出大军前来讨伐,卢绾懊悔莫及,进退两难:束手待毙则心有不甘,称兵反抗又实在不敢,何况这一来反而坐实了自己真有反意。史传记载韩王信、陈豨、英布等叛汉,照例都从宣布独立并主动出击开始,惟述"卢绾反",全无这些挑衅动作,好在樊哙和曹参、周昌等"邻国"将相都很谨慎,只要卢绾未作轻举妄动,他们也都心照不宣,按兵不动,仅取陈兵燕界的扼制之势。事实上,直到刘邦快死前,所谓卢绾造反和伐燕之役,都未演化成布阵开打的事实。

未几,因为有人逸言,樊哙的职权被中央新派来的周勃所取代。周勃不敢再袭樊哙故态,到任以后,马上下令发起进攻。消息传到燕都蓟城,卢绾大惊,遂不顾燕相偃、太尉弱(燕国将吏多失姓无考,后同)等人的劝阻,立即带上家属等,在骑从卫护下弃城而走,坚决回避与汉军作战,结果汉军顺利攻破蓟都,燕相偃、太尉弱、大将抵、御史大夫施屠、郡守陉等一班燕国高级将吏,全都做了俘虏。

卢绾宁肯弃国也不愿与汉帝为敌的消息传开后,燕国吏民益加认为汉帝理亏,曾试图自行抵制汉军,但群龙无首,根本不是周勃的对手。《史记·绛侯周勃世家》记载,汉军连取浑都、上兰、沮阳,"追至长城"后,再分兵略地,旋"定上谷[郡]十二县,右北平[郡]十六县,辽西[郡]、辽东[郡]二十九县,渔阳[郡]二十二县",整个过程的神速,有如接管,远非过去同陈豨叛军的艰苦作战可比,因知开战后不久,燕国吏民便放弃了抗拒。惟全线奏凯之时,已在刘邦去世以后,后人因通史叙事简略,多以为"卢绾反"的平定时间是在刘邦生前,故宜在这里特别说明一下。换一句话讲,讨伐卢燕战役最终会是什么结果,直到刘邦咽气,还是悬在他心头难以放下的大事之一。

卢绾跑到哪儿去了?他就和家属、宫人等住在长城脚下,指望等刘邦病愈后,再去长安向皇上请罪,当面把一切误会解释清楚。但是,不久便传来了皇上驾崩的噩耗,使他永远失去了再和刘邦契阔谈讌的机会。六十年往事,历历如梦,化为一恸,接下来,也只有"北走胡"这一条退路了。

这里有个疑问:卢绾弃蓟出走的去向,就是逗留于长城,而周勃亦曾"追至长城",何以放着这么大一个目标而不勇追穷寇,居然容忍他逗留到刘邦去世,再全身而退呢? 显然,这又与周勃有意放他一条生路有关,其道理就同此前樊哙的盘马弯弓、引而不发一样——在思维正常的沛丰乡党的内心深处,是很难相信卢绾也会背叛刘邦的。所以,都想留出一个度尽劫波兄弟在、相逢一笑泯恩仇的转圜机会。可惜天不假年,致成刘邦与卢绾两人到死也无从消释申张的委曲。

卢绾举家亡入匈奴时,连带宫人、侍卫,共有千余人众,被冒顿单于封为东胡卢王,惟心里一直郁闷,希望回归大汉,没多久便在愁苦中死去。十多年后,随他亡入匈奴的妻子认为刘家已坐稳江山,过去的恩恩怨怨都应该化解了,便通过燕国向吕雉上书,请求全家回归大汉。吕雉同卢妻在沛丰时的关系,就像两妯娌一样亲密,此时见她来书,未免触动旧情,便要她使用汉朝的驿传,来长安叙旧。

卢妻十分高兴,立即带上家人赶赴长安。因为是皇太后请来的客人,又是故燕王的家眷,所以从边境到长安,一路绿灯开放。到长安后,卢绾一家被安排在燕邸(燕王来京朝见时的行宫,兼有燕国驻京办事处功能)住宿,待遇极高。尚活在人世的沛丰乡党,亦都纷纷前来会面,相见唏嘘,悲喜莫名。随后,吕雉派人传旨,说要亲自来燕邸看望他们全家,卢妻为此准备下了丰盛的宴席。但届时又有人来告知,太后忽然病倒,不能来了。随后便是太后驾崩,卢妻终于未能再同"老姐妹"见上一面,旋即也病死长安。

紧随吕雉去世而来的,是一连串兔起鹘落的重大事变,吓得不知会有什么结果的卢氏一家,赶紧离开长安,又退回匈奴。直到刘邦的孙子汉景帝刘启当国时,卢绾的孙子卢他之才终于实现祖父遗愿,举家回归汉朝,被封为亚谷侯。祖辈的恩怨,终于在孙子一代得到化解,而此时距刘邦、卢绾的相继去世,已经有四十多年了。

七二　白马之盟

　　当刘邦怒不可遏地喊出"卢绾果反矣"的当时,可以想象他在精神上所受到的打击是何等沉重!连如同手足的卢绾也会背叛自己,还有什么人可以相信呢?

　　刘邦的病势由此转入急剧恶化,各诸侯王都接到诏令,纷纷赶赴长安侍疾。

　　眼看诸子环侍,除了齐王肥儿正"富于春秋"、太子刘盈接近成人外,其余还多是小孩子。就这种现状,他们能担负起传承刘汉江山的艰巨使命吗?

　　务实的刘邦在内心承认,还是要依靠这一班跟随自己出生入死的老臣,尽管在失去卢绾的同时,他已失去了对任何人的信任,但现实又迫使他不得不作出把整个刘姓皇室托付给功臣集团的抉择。

　　以他的人生经验,君尊臣卑的观念,监察司法的体制,都不如把大家的利益捆在一起可靠,对于他这个成分单调的功臣集团而言,尤其是这样。

　　于是刘邦拖起病老之躯,采取了一个在中国皇权发展史上可谓绝无仅有的动作:皇帝带上太子和皇室作为一方,彻侯功臣作为一方,同在庙堂之上,举办了一个标准的江湖仪式——白马之盟,就是现场割取白马之血,滴入每个人的酒杯内,然后一起举杯发誓:"非刘氏不得王,非有功不得侯;不如约,天下共击之!"誓毕,各将杯中血酒一饮而尽。

白马誓词的实质,就是刘家皇室担保已封功臣的既得权益不受侵削(如刘邦晚年提拔赵尧等少壮派并加封彻侯,就是对功勋老臣既得利益的侵削,现在则宣布封死这条"倖进"捷径),以此换取已侯功臣同心共辅刘家皇室的承诺。再说白一点,就是从今以后,称帝称王是刘氏血亲的禁脔,出将入相是功臣列侯的特权,甲乙双方的利益永远捆绑在一起,谁敢违背,"天下共诛"。

白马之盟以后,刘邦仍不放心,惟恐这批身居高位者或出于野心,或出于私心,会集体性地背叛自己,所以又将血誓的宗旨用诏令形式发布,诉诸于"天下贤士功臣"。同白马誓约一样,这份编入《高皇帝所述书》并被后人题为《同安辑令》的诏令,其实是一个重申天子与功臣"共天下"的文件,区别则在于把传达范围扩大到所有随他征战立功的将士,务使全国吏民都知道,从而形成一种自下往上的监督。试将《同安辑令》译为白话如下:

　　　　我立为天子,帝有天下,迄今已有十二年了。天下的豪士贤大夫与我一起平定天下,我也愿和大家一起安抚天下:功劳最大的人都裂土封王,次一级的都封列侯,以下亦都受爵,享有食邑。那些国家所倚重的大臣,待遇尤隆,其家人或为列侯,并允许他们自置官吏,有征赋的特权;或娶皇室公主为妻,结为姻亲。凡为列侯食邑者,都给印绶佩带,赐给宏敞的住宅;俸禄达到二千石级别的将吏,就可迁居长安,赐给次一等的住宅。所有当年追随我进入蜀汉,或其后追随我还定三秦的老战士,也都得到了世世代代免除徭役的奖赏。我于天下贤士功臣,可以说没有什么对不起了。如果有人不义而背叛天子起兵作乱,人人都有与天下共同讨伐消灭他的义务。为此布告天下,使大家都知道我的心意。

七三　临终遗命

喝过血酒,又发过了《同安辑令》,殚精竭虑的刘邦终于垮了。

对于刘汉皇权能否传之后世,刘邦至死都难以摆脱郁结于内心深处的恐惧感,但是在个人生死问题上,他倒是一个处之泰然的达观者,这一点,恰与他所崇拜的秦始皇形成鲜明对照:晚年的秦始皇,始终无法接受自己也会像常人一样撒手归天的事实,为此而到处寻求长生仙药,待终于绝望后,竟实行鸵鸟政策:"始皇恶言死",迫使"群臣莫敢言死事",以为这样便能拒绝死神的到来,结果反而使接班人问题未能及早解决,导致一生宏业二世而亡。

刘邦则大不相同:一样是站在富贵尊荣的巅峰上,他毫无秦始皇那份如此执着的贪恋不舍,孜孜在念的却是大汉帝国的前途。《同安辑令》发布后未久,他在东征英布时留下的箭疮又与久治不愈的痼疾并发了。此时的吕雉当然知道,随着"兴汉三杰"及陈豨等人的消灭,他们夫妇俩与反楚功臣的矛盾已退居到次要地位,白马血誓的矛头所指,首先是针对吕家的。不过,看在刘邦最终放弃易储的份上,她亦不免动了一点夫妻感情,设法找来一个"良医"为丈夫治病。良医给皇帝来过望色切脉这一套操作后,先以虚言安抚,说是"疾可治"。刘邦开口便骂:"吾以布衣提三尺剑取天下，此非天命乎！命乃在天，虽扁鹊何益！"旋让吕雉赐给良医五十斤黄金，并关照以后再也不许找什么良医了。

从此，刘邦拒绝服药，随着病情迅速恶化，时而会进入昏迷状态，但当其处于清醒时，思路还是很清晰，坚持听取近侍禀告外面的情况。有一天，吕雉来看望他，主动问起："陛下百岁之后，萧相国也死了，由谁继任？"

刘邦不假思索地回答："曹参可以继任。"吕雉又问：曹参以后，谁可以接替？

刘邦想了一下："王陵可以继任，可是他有点戆，可以让陈平协助他。陈平智术有余，但难以独当重任。周勃为人朴实，不好诗书，今后安定刘氏天下的，一定是周勃，可以让他做太尉。"

吕雉还要问下去，刘邦不耐烦地说："这以后的事情，你也不知道了。"潜台词就是：到那时你也死了！

从刘邦开出的这份重臣名单可以看出，他的确是要照白马誓约的精神行事的，即将相人选，必须从功臣中产生，同时又以沛丰系为优先人选。只要把这份名单同第五十七节的"元功十八人位次"作一个对照，就可以看出这条思路。萧何功居第一，位居相国，他一出缺，自然就该由屈居第二的曹参接替了。曹参之后，周勃年纪尚轻，且已安排为执掌军权的太尉，郦商、灌婴、傅宽、靳歙这几位，都不是沛丰小团体（即嫡系中的嫡系），所以自然是王陵接任（灌婴年纪也小，按资历，就是接班，亦得同周勃一样，排在曹、王之后）。但王陵是标准任侠，有点戆，因此只好把并非沛丰系的陈平挑出来辅助他，不过刘邦对陈平其人的滑头，一直持有警惕心理，故而特为点明不能让他独当一面。王陵、周勃以后，固然还有周昌，但刘邦务实得很：秦始皇如此费尽心机，亦难保二世而亡，还能考虑那么长远吗？

其实，在曹参之后、王陵之前，应该还有两个出自沛丰的重量级人物:樊哙和夏侯婴。樊哙经常以相国名义出征或出镇;按说已经具备了相国的资历;夏侯婴在刘邦的戎马生涯中,尤称亲信中的亲信,"元功"位次也居前列,何以两人都没有被列入将相接力名单?

这并非是刘邦的疏忽,他对夏侯婴已有特殊安排:要他在自己身后,继续忠心耿耿地为刘盈保驾,再当新一任皇帝的贴身侍从长。至于樊哙,若论政治素质,恐怕在这班沛丰乡党中位居第一,可资证明的事例极多。会"相面"的吕公在选中刘邦做二女婿后,遍识众人,偏偏又把小女儿吕须嫁给他,亦可见此人不同一般。有些人因其"屠狗为事",当他是只会喝酒赌钱的莽汉看待,实在是误会了。

不过,也正因为樊哙与吕须的婚姻关系,断送了他本该接替曹参继任相国的前程——妻姊太后,妹夫相国,皇帝懦弱,外戚专政,这大汉江山还能姓刘吗? 此时的刘邦,正以吕氏篡政为第一假设之敌,岂能容忍这样的局面? 可能吕雉在王、陈以后还要追问继任相国的人选,就是想从刘邦嘴里掏出一个"樊哙"来,可让侍御史将"旨"记录在案,而戒备心理极高的刘邦,则始终抱定只让他居"相国"之名而不给执政之实的宗旨,遂使吕雉败下阵去。

前面说过,自赵尧接任御史大夫以后,刘邦的宫廷机要班底,俱由绝对忠于皇上而同吕雉没有关系的少壮派充任。这些侍御史中,不乏善于揣摸皇帝心思的聪明人,于是吕雉"问政"离开后不久,就有人向已近奄奄一息的刘邦进言,由此又引出刘邦生前最后一次向功臣开刀的大案——樊哙谋逆。

所谓"樊哙谋逆"事件的真相以及解决经过,《史记》中的记述分别见于几处,缀合起来,大致如下:

先是有人向病危中的刘邦密奏,正以相国名义征伐燕王卢

绾的樊哙,同吕雉结为一党,只等皇上断气,就要动武消灭戚姬和赵王如意。《樊哙列传》的表述是:

> 卢绾反,高帝使[樊]哙以相国击燕。是时高帝病甚,人有恶[樊]哙党于吕氏,即上一日宫车宴驾,则[樊]哙欲以兵尽诛灭戚氏、赵王如意之属。高帝闻之大怒……

引文中的"人"究竟是谁,笔者怀疑多半是御史大夫赵尧,或由其在背后操纵的亲信御史:因为只有他知道刘邦最担忧的身后变故之一,就是皇后要迫害戚姬母子;而刘邦所以会马上作出如此激烈的反应,势必又同樊哙迟迟未向卢绾动手有关——站在赵尧的立场上看,燕王谋反一案由他亲自参预调查认定,万一由这批沛丰老臣联成一气给推翻,倒也是吃不了兜着走的事。

接下来的故事,在《陈丞相世家》中有详述:

> 人有短恶[樊]哙者,高帝怒曰:"哙见吾病,乃冀我死也。"用陈平谋而召绛侯周勃受诏床上,曰:"陈平亟驰传载[周]勃代[樊]哙将,[陈]平至军中即斩哙头!"

多少年生死与共的老朋友、老战友、老连襟,居然不问情由,说斩就斩,可见皇上恐惧刘氏江山不保的心理强迫症,到其临终之时,已发展到了完全违背情理的程度。不过最使我们注意的则是"用陈平谋"这一句:这个一肚子诡计的智囊,这会儿又给刘邦出了什么主意呢?《绛侯世家》涉及这段史实的表述是:

> [周]勃以相国代樊哙将,击下蓟……

照应前文作综合分析,估计陈平的献谋至少有两层意思:

第一层,马上选调大将接管樊哙的兵权,其人应能不折不扣地执行皇上意旨,到任以后,马上发起平燕战争。史传称"[周]勃为人木彊敦厚",所谓"木彊",就是不会脑筋急转弯,不会像樊哙、曹参那样三思而行,于是便成了代替樊哙的最佳人选。果然,到任之日,直捣蓟城的总攻击就打响了。

第二层,也就是刘邦召他来共商如何防范或扼制樊哙"党于吕氏"的对策谋划。以陈平之狡诈,估计不会献出立斩樊哙这种"诡计",多半还是和当年策划在陈县诱捕韩信一样,又想了一个诱捕樊哙的鬼点子。但是令他万万想不到的是,刘邦竟会把诱捕发展为立斩,而且还指定自己来执行这一使命!

后一个决定,处在刘邦这一边来看,倒是很自然的:就像樊哙奉命攻打卢绾而犹疑不决,要让周勃奉旨立斩樊哙,他会忍心下手吗?

然而,正如刘邦在易储一事上没能玩得过他老师张良,现在在斩哙一事上,也没能玩得过他的另一个老师陈平。

且说两人受诏之后,立即利用驿传系统直奔前线。还未抵达时,陈平对周勃开口了:"樊哙,是皇上的老朋友,建树了那么多的战功,而且又是吕后妹妹吕须的丈夫,既亲且贵,现在皇上因一时忿怒,下令杀他,事后恐怕要后悔的。我看,宁可先把他抓起来,献交皇上,让皇上自己杀他。"

周勃对于陈平,一向存有意见,不过这个主意他是挺赞同的。接下来的行事,可见《史记》原文:

> 未至军,为坛,以节[符]召樊哙。[樊]哙受诏,即反接(反绑)载槛车(囚车),传诣长安,而令绛侯[周]勃代将,将兵定燕……

汉高帝十二年四月二十五日甲辰(公元前 195 年 6 月 1日),大举伐燕的新一轮内战已经打响,隆隆战鼓声中,刘邦病卒于长乐宫,享年六十二岁。

由于没有"实录"一类的原始文献传世,无法逐日排述刘邦临终前的言行,但综合《史记》《汉书》所载,可知他在分派周勃、陈平两人同赴燕国各自执行使命之后,至少还下过一道诏令:命陈平、灌婴率十万大军屯驻荥阳。由此推测,在等待死神召唤的日子里,刘邦一直攥着兵权没有松手,并在军事方面作了最后的部署。

汉高帝十二年五月二十三日丙寅(公元前 195 年 6 月 18 日),刘邦落葬在长安北郊四十里处的长陵,葬礼结束后,皇太子刘盈和群臣一起返回设在长安的太上皇庙开会。按西周以来的传统,凡有一定品阶地位、社会影响或特殊事迹的人落葬后,应由国家给予一个特殊称号,称"谥号",即《礼记·士冠礼》所谓"葬而谥",是传统葬仪中用以划分生死界限的一个重要环节。君主的谥号,一般是在其接班人的参与下,由礼官议定,然后在圜丘祭天仪式上宣布,表示这是由老天给他的儿子(天子)加谥。秦始皇称皇帝后,认为"死而以行为谥,则是子议父,臣议君",毫无君臣父子天地悬绝的专制体统,下令取消这道仪典,所以自称始皇帝,以后皆按世代计数,这就是胡亥称"二世"的由来。史称"汉承秦制",无奈汉之开国远不能同秦皇称帝时相比,故在施政体制上变通很多。现在,议谥之典也未遵照秦制废除,而是一俟葬礼完成,马上就转入了这一道程序。

格外令人瞩目的是,刘邦的谥号,也不是按传统礼制,由礼官在继任君主者的指导下议定,再以表示上天给"天子"加谥的方法宣布,而是同他称帝的过程一样,由功臣们聚在一起,以集体讨论的形式产生。据《汉书·高帝纪》载,大家的意见是:"帝起细微,拨乱世之正,平定天下,为汉[国]太祖,功最高。"于是给他的谥号便是一个"高"字。这个字,在战国时有人假托周公撰成的谥典上是查不到的,但是和诸侯群臣在定陶大会上推举刘邦称帝的理论依据完全一致,就是反秦灭楚,大家有功,但你汉王的功最高。由此可见,群臣坚持要恢复这个被秦朝废除的环节,又变通传统礼制和谥典,搞成这样的形式,实际上也是"共天下"理念的再次重申,不仅与定陶大会精神一脉相承,也同白马盟誓和《同安辑令》的指导思想互相契合。

有意思的是，从这以后，这个谥典上不载的"高"字，也常为后世所采用，如唐朝开国皇帝李渊(唐高祖)、南宋开国皇帝赵构(宋高宗)的谥号，均用这个字，惟世变时异，支撑其的"谥法解"，再也不会是皇帝与功臣贤豪共天下的理念了。

汉惠帝五年(公元前 190 年)，大概是夏侯婴提议吧，汉家君臣们想起了刘邦在"高祖还乡"时说过的话："游子悲故乡，我虽然建都关中，但万岁之后，我的魂魄还想着回到故乡来。"遂决定在原已建筑在长安渭河北岸的高祖原庙之外，再搞一个享受香火供奉的祠庙，就以他曾同父老故人欢聚一堂的"沛宫"为高祖原庙庙址。那一百二十个曾由先皇亲自教习学唱《大风歌》的男孩，全都召来，组成一支专职乐团，就此吃上了"皇粮"。史载，这个乐团的编制定额始终是一百二十人，"后有缺，辄补之"。

从此，悲怆苍凉的《大风歌》旋律，时时萦绕于沛宫上空，使人临风怀想，感慨无限；而据《中国名胜词典》介绍，如今原址只剩下夕阳斜照碑残字缺的大风歌碑了。

七四　长乐宫的
"东朝"

　　刘邦既葬之后,群臣在议谥会议上对他的评语,其实只限于推翻秦朝和讨灭项楚、创建大汉两部分,完全不涉及他在称帝以后一次次收拾诸侯功臣的所作所为。什么原因,也许是多数人对此都持保留态度,也许觉得还不宜马上做出结论。实际上,就是处在两千多年以后的今天,对刘邦细说到此,要想给他来一个盖棺论定,也嫌困难,所以笔者以为,要想对刘邦在称帝后的思想与活动能有更深入一点的认识,至少还应该再为"后刘邦时代"的史事,画一个大致轮廓。

　　刘邦去世时,平燕之战还在进行,直冲吕家而来的立诛樊哙的勅令尚未撤销,加上刘邦临终前在军事上的种种部署,无一不使吕雉感到紧张。所以刘邦断气后,她首先想到的便是先将此消息封锁起来,然后便在亲信审食其的帮助下,与少壮派的领军人物赵尧达成某种交易——前面讲过,当时御史大夫执掌的这套机要班子,都在宫内办公,而且刘邦直到弥留之际,仍通过这些人与外朝沟通,因此皇帝崩逝是无法瞒过他们的。何况郎中令(宫廷保卫局局长)王恬开(一作王恬启,就是曾任廷尉请诛彭越的那个人)、兼任皇家近卫军(即"南军")司令的卫尉(皇宫警备司令)王氏,以及兼任首都禁卫军(即"北军")司令的京师卫戍司令(中尉)戚鳃,都是刘邦在汉高帝六年以后才提拔上来的少壮派,这也是吕雉急切希望得到他们支持的原因。

这一过程的内幕情节,史传上没有交代,但赵尧在吕雉站稳脚跟后仍得留在御史大夫这个位置上,反证了吕雉也会操袭刘邦故伎,继续对这股势力进行利用。另一方面,皇宫区戒备突然升级、审食其及吕释之诸人的频繁过从等迹象,也引起了外界种种猜测,终于,皇上已经驾崩的消息流出了宫外,接下来,便是皇后正策划把老臣除掉的谣言满城飞传。

当时老将郦商已因伤病退居二线,但因其曾佩右丞相印绶,又是留居长安将吏中军阶最高的一个,大家都来找他商量。于是郦商去见审食其说:"听说皇上已死去,四日不发丧,欲诛诸将。果真有这回事,天下危矣!陈平、灌婴率十万人马守荥阳,樊哙、周勃率二十万大军在燕、代,假如听说皇上驾崩,诸将皆诛,肯定会联合发兵,进攻关中。大臣内叛,诸将外反,你我就踮起脚来等着看汉家灭亡吧!"

审食其忙解释绝无此事,又马上进宫向吕雉禀报。吕雉没料到暂时封锁一下皇帝逝世的消息,竟会造成这种后果,忙下令为刘邦举丧。这一天是汉高帝十二年四月丁未(公元前195年6月4日),距刘邦逝世,正好是四天。

刘邦生前把京师卫戍、皇宫警备和宫廷内卫的兵权全都托付给他一手提拔起来的少壮派(中尉戚鳃直到汉高帝十一年刚封临辕侯,卫尉王氏和郎中令王怡开则连彻侯也没封上),目的是让太子顺利接班,并得掌握足以维护自身安全的武力;而让周勃、灌婴等军团驻屯在外,除便于各种力量相互牵制使儿子能分别驾驭外,也隐然造成从外围维护刘汉皇权的军事态势,首先是对吕雉构成威慑。再讲明白一点,由于长安的兵力皆在少壮派的掌握中,老臣中即使有一两个像陈豨之类的野心家,或者像吕释之、樊哙这样的"党于吕氏"者，也无法制造政变；反过来，如果少壮派被人分化瓦解，或竟让吕氏得手，那么周勃、灌婴、曹参等屯驻在外面的军队，又可依"白马盟誓"进军长安，重建刘汉皇权。要之，这样的力量配置，足使利益互不相同的各个派系，谁都不敢马上背叛自己，轻举妄动——在运用权术谋略上，刘邦比秦始皇要能干得多。

郦商通过审食其的传话，可以说是体现了刘邦的精巧设计和老臣的战略眼光，当然远非少壮派和此时之吕雉所能及得上。若非郦商以威望压住众人，主动站出来找审食其沟通，那么，因谣言攻势而紧张起来的外朝将吏一旦妄动，势必造成大乱而致不可收拾。所以，后来吕雉对郦商一直颇存感激之心，让侄子吕禄同他的儿子郦寄交朋友，借此笼络住一个老帅。

陈平在押送樊哙返回的途中，因全国举丧而得知皇帝已死，忙先乘专车直奔京师，半道上，遇见刘邦生前派出的使者，向他宣读要其去荥阳和灌婴一同带兵的诏令。他受诏之后，不去荥阳，反而加快速度往长安跑，唯恐樊哙的老婆吕须去吕后那儿说自己坏话——这也难怪，当时大家多认为是陈平给皇上出的立诛樊哙的主意。

心急火燎来到长安后，陈平直奔长乐宫，哭倒在刘邦灵前，状极悲哀——也是真伤心：他当然明白自己同周勃、灌婴这班人的关系，一旦刘邦死了，也就失去了依靠。所以又没忘记马上向吕雉汇报：我没按照先皇勅令将舞阳侯就地斩首，而是把他带回来了。吕雉当然知道这个滑头货是急于讨好自己，但她也认为最初给皇上出这种绝计的还是陈平，因此很冷谈地说："知道了。你太劳累了，出宫去休息吧。"

这个态度，可把陈平吓坏了，拜倒在地上眼泪直流，坚决要求留在宫内为先皇守灵。吕雉脑子转得快：萧何年老多病，眼看也快不行了,张良又不问世事,趁此机会把这个智囊收为已用也不错,于是马上任他为郎中令,并说:"以后你要多傅教太子。"郎中令相当于宫廷保卫局局长,"傅教"太子,就是做第二代皇帝的老师。这两个任命,不仅把陈平笼络住,而且也使吕雉自己获得了安全感:就此把原先由少壮派掌握的宫廷内卫权力接管了过来。

果然,听说陈平回来了,吕须赶紧找姐姐哭诉,要求严办这个家伙,吕雉劝她少管闲事。随后,樊哙被押解到京,吕雉立即宣布赦免,原先的爵位和封邑全部恢复。颇觉失望的是叔孙通,有了陈平这个"傅教",他这个太傅就难做了,待刘盈即位后,又回到了太常这个老位置上。好在刘盈对这位曾经以死相挟力保自己接班人地位的老师一直很感激,凡叔孙太常有所奉告,无不虚心接受。相反,尽管父皇在《敕太子》中要他多多请教的四个人中,也有陈平,可他对于这位一肚子诡计的老师,就是亲近不起来。

刘邦去世的消息传到北疆,卢绾哭祭后便亡入匈奴,周勃的平燕战事也很快结束。京师复安,天下太平,刘邦的葬礼遂得顺利举办。三天后,即汉高帝十二年五月二十日己巳(公元前195年6月26日),刘盈登基,史称汉惠帝。所谓四大高人,本来就是张良搞出来瞒吓刘邦的,派过一次性用场后即告消失,所谓"天下莫不延颈欲为太子死者",倒成了刘邦的一厢情愿,而其最担忧的可能,马上变成事实:儿子住在未央宫做皇帝,三天两日要去吕雉居住的长乐宫朝见,倘有大事,还得立即去汇报请示,权力都落到了太后手里。

这以后,除了汉武帝一立太子便杀其生母,以防母后干政之外,西汉历代皇后,如文帝窦皇后、景帝王皇后、昭帝上官皇后、宣帝王皇后、元帝王皇后,均以太后身份居长乐宫"垂帘听政",

相对于未央宫的"大朝"而言,长乐宫竟有"东朝"之称,而外戚专权的恶性发展,最终导致王莽篡汉,追溯根源,还是吕雉首创先例。

惠帝即位事毕。吕雉马上用营陵侯刘泽任卫尉,取代王氏。刘泽为刘邦同一个曾祖父的族弟,说起来算是皇族成员,但他娶的妻子,就是吕须与樊哙生的女儿,所以又是外戚身份。如此,宫廷内卫和皇宫警备的权力,包括南军兵权在内,都从少壮派转移到了吕雉的控制下。

回思刘邦执意易储的惊险,吕雉无限感激张良。张良学辟谷炼气,已经绝食,吕雉亲自劝导他:"人生一世间,如白驹过隙,何至自苦如此乎?"一定要他吃饭,享受世俗的幸福。张良因做成这件大功劳,也不用担心吕雉和刘盈对自己有何猜忌了,于是"强听而食"。按照规定,他的侯爵只能由世子张不疑继承,于是吕雉便将他的另一个儿子张辟强提拔为伴随皇帝左右、可以出入宫庭的侍中,成为皇宫机要人员,作为回报。

报恩的同时,吕雉也没忘记报仇,凡刘邦生前宠爱的姬妾,多遭迫害。最为其所嫉恨的戚姬,被剃成光头,穿上犯人的赤色囚服,罚做苦役。戚姬还指望在赵国当藩王的儿子来救她,一面舂米一面悲歌:"子为王,母为虏!终日舂薄暮,常与死为伍!相隔三千里,当谁使告汝?"

吕雉听说后,受到启发,决意将赵王如意也一网打尽,遂派使者去邯郸,召赵王进京。赵相周昌假称赵王有病,不让他来。吕雉的使者跑了三次,最后周昌挑明说:"高皇帝把赵王托付给臣,听说太后怨恨戚夫人,欲召赵王连同其母亲一起杀害,所以臣不敢奉诏。"使者返报,吕雉另施一计,先遣使召周昌进京述职,俟周昌一到长安,马上又派使者去召赵王。果然,周昌不在,赵王身边无人再敢对抗太后,于是刘如意只能随使者动身。

　　惠帝正为辜负父皇嘱托,没能保护好戚姬而心怀不安,听说赵王来京,惟恐他再落到母后手中,忙亲赴霸上迎接,带回未央宫里,从此同吃同睡,不让吕雉有下手机会。当年冬天的一个早上,刘盈出宫射猎,如意因年少贪睡,不肯随皇兄早起,结果被吕雉派人用毒酒酖杀。当时陈平是执掌皇宫内卫的郎中令,又是皇帝的师傅,但他既未"傅教"皇帝如何保护赵王,也未恪尽保卫局长的职责,仅刘盈外出打猎这么一点时间,就能使吕雉下手成轼,足见其明哲保身的功夫。

　　周昌获知赵王被害,愧疚不已,从此称病在家,不肯朝见。

　　害死赵王后,吕雉下令将淮阳王刘友徙封赵王,又命斩断戚姬四肢,并剜去双眼,熏聋耳朵,使饮哑药,再扔进厕所里,称为"人彘"。彘,就是猪,当时的厕所兼派猪圈之用,所谓"人彘",就是把戚姬同猪关在一起。过了几天,惠帝奉太后之命,被带到厕所参观"人彘",得知面前这个怪物就是戚姬后,他既惊且怕,当场大哭,回去后便病倒在床,并派人向吕雉传话:"这种事,不是人干的,我是干出这种事的太后所生,是不能治理天下的。"惠帝从此每日饮酒作乐,不问政事。

　　次年十月岁首,楚王刘交、齐王刘肥等前来朝见,吕雉设宴招待。惠帝因齐王是他兄长,不让他叙君臣之礼,而是按家人礼节,自己坐在齐王下首。吕雉怀恨,便让人把放有毒药的酒拿来,给齐王斟上,要他为自己祝寿。惠帝因赵王被害,比过去机警多了,一看吕雉和侍从神色有异,旋将此酒也给自己斟上一杯,说是要同齐王一起给太后祝寿。吕雉慌了,忙起身将儿子手中的酒泼翻,齐王见状,吓得不敢饮酒,佯醉告退。

　　返回齐邸(即齐王在京的行宫,同前文所述卢绾妻宿于燕邸的性质相同)后,刘肥已知刚才差点儿被老虔婆毒死,不胜惶恐,惟恐不能活着离开长安。陪他前来朝见的齐国内史(民政官)出主意说："太后独有皇帝和鲁元公主一对儿女。如今大王享有七十余城,公主的食邑只有数城。大王若献上一郡给公主做汤沐邑,太后必喜,大王也就能消灾了。"于是齐王上表,自请献出城阳郡给公主,又请奉公主为齐国王太后,吕雉果然大喜,亲自来齐邸为刘肥钱行。脱身返回临淄后的齐王,羞愤交集,从此称病,再也不敢去长安。

七五　女主称制

恩仇快意间，长期卧病的相国萧何终于死去了，时为汉惠帝二年七月初五辛未(公元前193年8月16日)。

因为诸将屯军在外的局势并无变化，吕雉需要与功勋老臣的相安共处，于是遵照刘邦遗嘱，曹参被召往长安继任相国，时为七月廿七癸巳(9月7日)，距萧何逝世为20天。曹参临行前，向继任齐相的傅宽面授无所作为的黄老之术，俟进京任相后，自己身体力行，日夜饮酒，凡来相府请示工作或欲有所献策，不让人家开口，先拖入席中，共饮醇酒。时间一长，大家都习惯了。从此上上下下，都以饮酒为日常工作。相府后园靠近机关吏员宿舍，吏员们白天不上班，窝在宿舍里饮酒唱歌，相府职员厌恶透了，故意请曹参游后园，希望他发现问题给予处分，孰知他听见后，反让下属把酒席摆到后园来，也饮酒唱歌，大呼小叫，与吏员宿舍的"醉歌"形成合唱。

惠帝得知满朝将吏都跟着相国混日子，觉得太不像话。此时曹参的儿子曹窋也在惠帝身边任中大夫，惠帝便要他劝父亲干点实事。曹窋奉旨行事，反而被老子打了一顿。事后，惠帝责备曹参，曹参说："陛下不如先帝，臣亦不如萧何，所以陛下与臣只要守住他们的既定方略就行了，还用干啥呢?"

通检史传，曹参任相三年的唯一"政绩"，就是继续萧何留下来的长安基建工程。"［惠帝］三年春，发长安六百里内男女十四万六千人城长安，三十日罢"；"六月，发诸侯王、列侯徒隶二万人城长安"；"五年春正月，复发长安六百里内男女十四万五千人城长安，三十日罢"。不过具体实施的，都是担任工程总指挥的少府阳城延，相国只管签发征调夫役的命令。

相国只抓工程，皇帝也依葫芦画瓢。因为三天两头要去长乐宫朝见母后，而两宫东西相距较远，每一次出行，都要先清道（就是阻止行人交通，让皇上车驾顺利通过）。惠帝嫌麻烦，便命阳城延替自己在两宫之间架筑一条复道（类似现在的"天桥"）。当时汉朝为表示永远缅怀刘邦，由叔孙通搞出来一个制度：每月一次，把刘邦生前穿戴过的衣冠从陵寝中取出来，送往原筑在长安城门街东的高帝原庙供祭，然后再送回陵寝。这条路线，恰好从复道下经过。于是当复道工程施工到位于长乐、未央两宫之间的武库之南时，叔孙通求见惠帝："这是高帝衣冠每月出游的道路啊，难道子孙后代能在祖宗出游的道路上空行走吗？"惠帝一听吓坏了，忙说："赶快拆掉！"叔孙通摇头说："君主怎么可以有过失呢？现在复道施工，百姓皆知，再拆掉，反而暴露了。陛下可以把原庙搬到渭水之北，这样便不犯错误了。"

惠帝依言而行，这就是刘邦原庙立在渭北的由来。

汉惠帝四年十月岁首（公元前192年11月），惠帝为父亲守丧期满，吕雉为他举办婚礼，立妻子张氏为皇后。此张氏，就是鲁元公主与张敖生的女儿，从辈份与血缘上讲，是皇帝的甥女。但吕雉为了确保吕氏血脉同刘氏的"重亲"，不顾此举乱伦，这就像刘肥反过来尊奉小妹妹鲁元为"王太后"一样。只要对巩固吕氏权势有利，皇太后都乐于为之，大臣们则袖手旁观，这一回，连叔孙通也装聋作哑，放弃礼仪局局长的职责了。倒是刘盈自己心里明白，虽然不敢抗拒这门"政治婚姻"，被迫立甥女为后，但婚礼之后，绝不相干。想到"人彘"的可怖，母后的淫威，以及绝无可能从一班黄老派大臣那儿寻求奥援的现实，初登位时有心好好干他一番的志向，早已磨灭殆尽。从此纵情声色，借酒浇愁，绝不再过问朝政半句。

其实这几年的国家大事，当然远不止长安筑城一项，撇开连年大旱，乃至"江河水少、溪谷水绝"不说，也不论因连年征调，终于激起蜀郡少数民族造反，只说曹参继相的第二年，便有刘邦生前最为担忧的又一件大事——北疆匈奴之患，卷土重来。

所谓卢绾叛汉被平定之后，匈奴内侵又起，而且冒顿单于格外嚣张，派人致书吕雉，语极下流："……数至边境，愿游中国。陛下独立，孤偾独居，两主不乐，无以自虞（通"娱"）。愿以所有，易其所无。"吕雉读过信后，气得七窍生烟，马上召将相大臣前来商量，自曹参、赵尧、周勃以下，人人面无表情，不吭一声。樊哙因身份特殊，自然不能忍看大姨受此侮辱，便表示愿意率兵十万，横扫匈奴。中郎将季布马上说："哙可斩也"，理由是当年高帝被围平城时，樊哙有三十二万大军尚不能解围，现在说以十万之众便能报仇，分明是面欺太后。

既然大家都无意为太后雪耻，太后也就只好唾面自干，吞下耻辱。最奇妙的是，还让其亲信谒者（宫廷传达室主任）张释写了一封无耻之极的回信："单于不忘弊邑，赐之以书。弊邑恐惧，退日自图，年老气衰，发齿堕落，行步失度，单于过听，不足以自污。弊邑无罪，宜在见赦……"堂堂大汉，开口闭口自称"弊邑"，还求对方"见赦"，尤让人笑掉大牙的是，面对单于的公然调戏，居然自谦因"年老气衰"，所以无法满足您的欲望。

随同回书一起送往匈奴的，又是"以宗室女为公主，嫁匈奴冒顿单于"。空前的包羞忍耻，总算又换来了北疆的暂时安宁。

　　汉惠帝五年八月(公元前190年9月),当了三年相国的曹参也死了,长安基建工程,离竣工还远。

　　曹参死前及稍后,周昌、张良、樊哙、傅宽等人相继死去。按刘邦生前指定,王陵为右丞相(第一丞相),陈平为左丞相,其郎中令一职,由吕雉长兄吕泽生前的老部下、也是丰邑人士的冯无择接任。未几,周勃被任命为太尉,大概是想有所牵制吧,不久,屯军荥阳的灌婴也得到了太尉的名义。

　　王陵是老戆,不通政务。陈平则除终日酗酒以外,还婣玩女人。照樊哙遗孀吕须的形容,就是"陈平为相非治事,日饮醇酒,戏妇女。"这种表现,深受吕雉欢迎。不过最使她高兴的,则是齐王刘肥的含愤死去。刘邦的这些儿子中,吕雉最忌的有两个人,一个是险乎取代刘盈的赵王如意,另一个就是被刘盈夺去嫡子身份的刘肥——后者国大兵众,又有曹参、傅宽等厉害角色辅佐,就怕他觊觎刘盈的帝位,所以此前在酖杀如意后,又想把他毒死。现在,刘肥随着曹参、傅宽死去,使她压在心上的石头,又掉了一块,剩下的代王刘恒、赵王刘友、梁王刘恢、燕王刘建等,年纪还小,暂时还进不了她分别对付的计划中。

　　然而,人算不如天算,刘肥死去不久,汉惠帝七年八月十一日戊寅(公元前188年9月26日),她的独生儿子刘盈也告驾崩,年仅二十余岁。连头带尾,这个"皇帝"只当了七年。因为是傀儡,司马迁甚至连"本纪"也没给他立过。

　　刘盈和他的甥女"皇后"是挂名夫妻,但同后宫美人生有孩子。有一个男婴出生后,吕雉即将该美人杀害,让外孙女冒称孩子的母亲,立为太子。刘盈死后,太子即位,吕雉以太皇太后名义"临朝称制"。

　　汉承秦制,皇帝之言一曰制书,二曰诏书。制书的解释就是"为制度之命",是"天子"独有的特权,故吕雉的"称制",就是行天子之权，比后世的太后垂帘听政而仍得借皇帝名义颁诏，大不相同。从这个意义上讲，她可以算是中国第一个女皇帝。

七六　诸吕封王

　　历经七年经营,当吕雉从后台走向前台时,其处境远非刘邦去世后可比了,最关键的变化是,分掌南军和北军的皇宫警备司令及京师卫戍司令两职,已完全从少壮派控制转为由她控制(吕须女婿刘泽在惠帝元年接任卫尉,原中尉戚缌于惠帝四年去世,继任者推论是卫毋择,也是沛县老臣,到刘邦死后始得重用)。此外,陈平的郎中令一职由冯无择接任,赵尧的御史大夫也由任敖接任(此人就是吕雉早年在沛县监狱遭人性骚扰时拔拳相助者,后来封广阿侯,一直是吕雉的亲信),这两个职务,加上吕雉心腹宦官张释担任的大谒者,分掌宫廷机要、内卫和传达,体现出太后称制的内朝班底已经形成。

　　所以,面对儿子去世,吕雉毫无丈夫去世时的惊慌,一面替儿子发丧,一面便通过侍中张辟强(即张良的儿子)找到最称乖巧而善于迎合太后的陈平,要他率同外朝大臣主动请拜吕台、吕产(吕雉已故长兄吕泽的儿子)、吕禄(吕雉已故次兄吕释之的儿子)等人为将,分掌南、北军,并让其他吕氏子弟分据长乐、未央两宫的职务,居中用事。用载于《史记》的张辟强的原话说:"如此,则太后心安,君等幸得脱祸矣。"

　　南、北军权和中朝机要本来就已经全在太后手里,张辟强的建议,不过是要让一大批吕姓子弟同他们的女族长一样,有正式的名义登上政坛的前台,故陈平将此意思向同僚转告后,大家均表示无不可,马上照办,于是"太后悦",而惠帝的葬礼亦得于九月初五辛丑(10月19日)顺利举行。

吕雉称制后不久,便在一次召见三公的小范围谈话中,试探性地提出了封立吕氏为王的话题。三公即丞相王陵、陈平,御史大夫任敖,以及太尉周勃,共四人。陈平、任敖已被她划进吕党,所以主要欲听另两位的反应。王陵快人快语,瓮声瓮气道:"当年高帝刑白马订盟约:'非刘氏而王,天下共击之'。现在要立吕氏为王,不是违背盟约吗?"吕雉霎时板下面孔,转问陈平、周勃。周勃说:"高帝定天下,王子弟;今太后称制,王昆弟诸吕,无所不可。"就是说,天子封子弟为王乃天经地义,既然太后如今已同天子一样称制,封子弟亦属理所当然,哪能再用白马盟约来约束呢?

散朝后,王陵责问陈平、周勃:"当初与高帝一起歃血订盟,诸位难道不在场吗? 现在高帝驾崩,太后做了女君主,欲王吕氏,你们为讨好她而不惜背约,日后有何面目见高帝于九泉之下?"陈平、周勃讪笑着回答他:"如今和天子当面争论,我们不如你;日后保全刘氏社稷,你不如我们。"这段对话,多半是以后为陈平、周勃遮盖的官史口径。周勃与陈平一向不和,而且陈平早已公开投靠吕雉,这两个互相提防的人,再加上快人快语的王陵在场,他们胆敢相互作这种表述吗? 不过周勃并非如刘邦所说那般"重厚"纯朴,此时的自保功夫亦称到家,倒是可以从他当面逢迎吕雉的谈话中,略见一斑。

吕雉也从王陵的表态中获得进一步提醒:虽然大家都拥戴自己称制,但心抵吕氏者还是大有人在,特别是那些都从白马盟誓中吃到"定心汤圆"的封侯功臣,已经把自己的既得利益全押到了"非刘氏不王,非功臣不侯"的合同上。现在,吕雉对当初丈夫称帝后急于频频树威的动机,有了更深切的体会,她也要显显权威,让这些人知道这个合同并不管用。

　　首先被拿出来开刀的就是原御史大夫赵尧。此人当时被免去职务,撵出宫廷,其实就是吕雉与少壮派蜜月期宣告结束的标志。当然,对于这些利益和第一代老臣有所不同的官员,只要诚心改换门庭,她仍乐于利用,比如曾任郎中令的王恬启被派到梁国当丞相,专事监督梁王刘恢;又如曾任廷尉的土军侯宣义,被她派到燕国为相,就近监视刘邦的小儿子燕王刘建。但作为一股整体性势力,少壮派已不复存在,其领军人物赵尧,因为曾给刘邦出过用周昌保护赵王如意的计谋,则尤为吕雉记恨在心,现在正好派杀鸡儆猴的用场,给他的罪名,就是"高祖时定赵王如意之画",然后给以废除彻侯的惩罚。

　　光是严办赵尧,还算不了什么,因为此人毕竟是建国后才一举蹿红的刀笔小吏,靠刘邦破格提携才挤进封侯集团。问题是,打倒赵尧之后,吕太后又一口气废除了棘丘侯襄(失姓)、柏至侯许盎、赤泉侯杨喜、深泽侯赵将夕共四个人的爵位和封国,襄是砀郡系的老将,参加过反秦战争,汉王时代就当过治粟内史;许盎也是反秦时便追随刘邦的老战士,汉王时代就当过中尉;杨喜和赵将夕都是楚汉战争中投效刘邦,战功累累,其中杨喜还有"从灌婴共斩项羽"的大功,食邑一千九百户。所以,对此四人的免侯除国,其意义便不仅是宣告白马盟约的保险失效,简直是一份"顺我者昌,逆我者亡"的宣言。在往后多年中,吕雉仅以藏匿死罪的具体罪名,再处分过一个任侯张越,而许盎等这一批老臣,后来又都由她给恢复了爵位和封邑,这就越加证明了吕雉称制后不久便惩办他们的用心,意在向老臣示威,而含糊其辞的"有罪",多半是同王陵一样,因不满诸吕"激进"而说过几句反对话之类吧。

当然,像王陵这种曾是高帝"大哥"、位居元功名次的老帅,不能用革爵除国方式相待,吕雉调他做"皇帝"的太傅,位居三公之上,升陈平为右丞相,另以审食其为左丞相。这个左丞相不去外朝相府办公,"令监宫中,如郎中令",等于是中朝即宫廷治事班底的第一把手,但以往的中朝官员如卢绾、刘交等,都不兼外朝职务,审食其有左相名义,内外兼管,所以史传又称他"及为相,居中,百官皆因决事",也就是由他代表吕雉,把原本属于丞相的大权都揽了起来,那位号称第一丞相的陈平,只能秉承其旨意,负责对付一应日常政务。

"皇帝"还是娃娃,需要的不是太傅而是保姆,王陵再戆,也知道这是吕雉故意排挤他出局,一怒之下,称病告老,自请免去太傅,从此杜门不出,直到死去,整整七年不朝见太后。他有这个本钱,何况过去曾拼死保护刘盈、鲁元姐弟俩脱险,所以吕雉也没拿他怎样,王陵死后,马上让他儿子王忌承袭安国侯,五千户封邑一户不减。

这叫"逆我者亡",还有"顺我者昌":在剥夺掉一批老臣的官职爵邑之后,吕雉又分别于高后元年(前 187 年)和四年(前 184 年),新封了十二个彻侯,其中有吕泽的老部下、现任未央宫郎中令的博成侯冯无择,现任中尉的乐平侯(一作乐成侯)卫毋择,有吕台的亲信中邑侯朱进,有她派在梁国任丞相的山都侯王恬启,有派在赵国任丞相、监视刘友的祝兹侯徐厉,有派在齐国任丞相、监视新齐王刘襄的齐受,此人原是她的专车乘务组主任(家车吏)。吕雉族人吕婴在楚汉战争中阵亡,现在叙功封俞侯,由其儿子吕它袭爵。还有早年以撑船营救吕雉逃难的单父老乡周信,也封了一个成阴侯,食邑五百户,并派任直属中央的河南郡守,负有侦伺灌婴的秘密使命。这些人的原籍,大多是沛丰和单父。过去刘邦主持朝会时,通用语言是沛砀语系(陈平也是砀郡人),到了吕雉时期,又增加了单父方言,好在她自嫁到沛县后,就学会了沛语,是以两种方言都能操习,此乃西汉初期"政治语系"的一个特色,顺便提一下,也在于说明吕太后何以能熟练驾驭沛砀系的原因之一。

恩威并用之间,太后称制的绝对权威大树特树,无人再敢效仿王陵,于是吕雉不失时机地向着"王吕氏"的既定目标发起冲击。

第一步,先从追封吕雉父亲吕公为吕宣王、长兄吕泽为悼武王开始,发为先声。然后,通过大谒者张释向陈平、周勃等传达旨意,由陈平、周勃联络郦商、灌婴等老臣联名上书,请封悼武王吕泽的长子吕台为吕王,并割取齐国的济南郡为吕国封疆。吕台即位的次年便因病去世,由儿子吕嘉继任,但是这个侄孙不讨吕雉喜欢,后来被吕雉以"居处骄恣"的罪名废掉,另以吕台的弟弟吕产为吕王。

和吕台封王先后进行的,是刘、吕、张(即吕雉的女婿张敖)三姓子弟成批受封。汉高后元年四月(公元前187年5月),鲁元公主病故,谥鲁元太后,其儿子张偃封鲁王,鲁国的封疆就是当年齐王刘肥奉献出来的城阳郡。张敖比妻子后死四年,追谥鲁元王。张敖在娶鲁元公主之前,有过妻子,就像刘邦在娶吕雉之前已有妻子一样,还生过两个儿子张侈和张寿,两个人颇知抱粗腿,后来被吕雉分别封为新都侯和乐昌侯,让他们辅助鲁王。

刘姓子弟中,刘盈后宫之子刘强、刘不疑、刘义、刘朝、刘武、刘太等人相继封王,国号有淮阳王、常山王、济川王、梁王等,其中常山国的封疆是从赵国割取常山郡,济川国的封疆是从齐国割取济北郡,淮阳国和梁国是刘友与刘恢先后徙封赵王后留下的空档。汉武帝时,主父偃献策"推恩令",就是命令诸侯王把封疆分封子弟,使王国越分越小,以强化中央的控制能力,其实率先实行此道的是吕雉。

其他刘姓子弟封彻侯者,尚有楚王刘交的儿子刘郢(一作刘郢客)封上邳侯,故齐王刘肥的儿子刘章封朱虚侯,刘兴居封东牟侯。这几个人,都因为不是世子,不能承袭王位,吕雉给他们封侯,又让他们都来长安任职,宿卫宫中,似乎有点一碗水端平的姿态。

不过在明眼人看来,这碗水还是明显地向着太后的娘家倾斜,因为除了刘盈六子以外,吕氏封彻侯者远比刘氏为多,如吕泽的孙子吕通封腄侯,其兄弟封东平侯,吕释之的儿子吕禄封汉阳侯,吕雉姊姊吕长姁的儿子平(姓氏失考)封扶柳侯,吕雉妹妹吕须封临光侯,其族人吕胜(就是任淮阳相者)封赘其侯,吕更始(就是任楚相者)封滕侯,吕忿封吕成侯,吕莹封祝兹侯。此中最令人注目的是吕须以女性封侯,在此之前,只有奚涓的母亲和刘邦的大嫂享有这个待遇。《史记·樊哙列传》说,"[樊]哙以吕后女弟吕须为妇,生子伉,故其比诸将最亲";到吕雉当国时,吕须"用事专权,大臣尽畏之",大有二天子的气概。此外,她的儿子樊伉袭爵舞阳侯,女婿刘泽为营陵侯,一门三侯,也是权至巅峰的一个标志。而樊哙生前与同僚相处,可没她如此嚣张。

吕雉扩张吕氏权势的基本思路,就是以她和吕须两个家庭为样板,不断扩大刘氏与吕氏的联姻关系。继吕须嫁女刘泽之后,她又将吕禄的女儿配给朱虚侯刘章为妻,他如赵王刘友、梁王刘恢等,亦都由太后做主,以吕家姑娘为王后。

故意被隐瞒或淡化的历史真相,还包括其他诸多沛砀老臣对吕雉的合作与支持,这也正是他们当初尽力抵制戚姬如意而扶保吕雉刘盈的利益所在。比如世人尊称为"滕公"的夏侯婴,在刘邦死后继续为惠帝做侍从长(太仆),吕雉对这位曾经营救过自己子女的老乡非常信任,把长安最好的一处楼盘赐给他做府第,并给题写了一块匾额:"近我",表示亲密程度优于他人,及惠帝死后,又让他继续当自己的侍从长。所以"滕公"在吕雉时代的春风得意,比刘邦时代尤甚,也超越了陈平、周勃等人。

再如郦商,自充当调人化解危机后,深得吕雉好感,虽然因有病在身,未能再出任实职,但仍是一个常被咨询国事的高参。灌婴因吕雉提携而职权加强,周勃被任为太尉不久,他也有了太尉名义,明显的区别在于周勃这个太尉不能将兵,他却能来往于荥阳、长安之间,惠帝病危时,吕雉还特意把长安的一部分车骑、力士调配给他统辖,增强荥阳军区的兵力,作为自己在京外的奥援,正好同徒有名义而无兵权的周勃形成对照。假使以郦商、灌婴两人作为砀郡系之代表人物,可以说,正是在吕雉时代,整个砀郡系的地位又得到了新的提升。此外,如张良的儿子张辟强、郦商的儿子郦寄、樊哙的儿子樊伉等一批老臣子弟受到重用,都透射出吕雉对勋宿的回报与笼络。又如任敖告老后,曹参的儿子曹窋马上跃居位次丞相的御史大夫,成为政坛新星。

不过,刘吕联姻的效果并不理想。赵王刘友与吕氏王后毫无感情,宠爱他姬。王后去长安向吕雉进谗言,说刘友宣称等太后百岁后,要消灭吕氏。吕雉大怒,将刘友召到京师,关在赵邸内,不给饮食,使之活活饿死,再废其王位,葬在民家。随后又徙梁王刘恢为赵王。刘恢与吕氏王后的关系也很僵,王后从娘家带来的从官个个骄横,不把他放在眼里。刘恢另有爱姬,被王后使人酖杀,"王不胜悲愤,自杀。"吕雉说他为一个女人而弃宗庙,把他的王位也废掉了。

吕雉废王,也废帝。汉高后四年四月(公元前184年5月),那个在未央宫做小皇帝的娃娃得知自己并非张皇后所生,而生母已被奶奶杀害后,口出狂言,宣称长大后一定要报仇!吕雉得知,先将他关进永巷,对外佯称皇帝生病。随后又召见群臣说:

"现在皇帝病久不愈,神经失常,不能再继嗣宗庙,治理天下,应该从惠帝的儿子中另选一个来取代他。"陈平、周勃等异口同声道:"皇太后为天下齐民计,所以安宗庙、社稷甚深,群臣顿首奉诏。"于是吕雉宣布废去其帝号,旋予杀害。五月十一丙辰(6月15日),已封常山王的刘义被立为皇帝,更名为刘弘。

一个皇帝被杀,两个藩王送命,腾出了不少位置,吕雉趁机提携娘家人:先是吕产被立为梁王,但不就藩,留在长安任位居三公之上的皇帝太傅;其后,吕禄被立为赵王,并追封他的父亲吕释之为赵昭王,吕禄也不就藩,留在长安典军。有个田生自动来拍马屁,通过大谒者张释向太后献策,说是诸吕纷纷立王,群臣未必心服,可以给名为刘氏而实为吕家女婿的刘泽也封一个王,混淆视听。吕雉认为这主意不错,遂封刘泽为琅玡王,割取齐国的琅玡郡为其封疆。吕产受封梁王后,所遗吕王由吕释之的儿子吕种(即吕禄的哥哥)继任。再往后,刘邦的小儿子刘建病故,吕雉唆使她派在燕国的亲信将其儿子杀害,另将吕泽的孙子吕通封为燕王。

上述操作的结果,是刘邦时代的九个同姓诸侯,演变为刘、吕、张三姓共十四国,兹将吕雉去世前的状况列表如下:

国名	王名	身份	国名	王名	身份
楚	刘交	刘邦弟	吴	刘濞	刘邦侄
淮南	刘长	刘邦子	淮阳	刘强	刘盈子
梁	吕产	吕雉侄	鲁	张晏	鲁元子
齐	刘襄	刘肥子	琅玡	刘泽	刘邦族
吕	吕种	吕雉侄	济川	刘太	刘盈子
赵	吕禄	吕雉侄	常山	刘朝	刘盈子
代	刘恒	刘邦子	燕	吕通	吕雉侄孙

此表可予说明者有三点:

　　其一，表中鲁、淮阳、琅琊、常山四国的国主，即吕雉的孙子和外孙，都是孩子，并未就藩，故此四国加上梁、吕、赵、燕诸吕四国，都在吕氏势力范围，如加上兼有皇族和外戚身份的琅琊国，就是九国，疆域总计二十一个郡，而保留在刘氏势力范围内的楚、吴、淮南、齐、代五国，总计十七个郡，可谓一半对一半。

　　其二，原先分领赵、梁、燕、淮阳四国的刘邦诸子或继承人，都已被吕雉"赶尽杀绝"，而刘肥、刘襄父子的齐国封疆七郡，也被吕雉割取掉四郡，损失严重。第三任赵王刘恢自杀后，吕雉曾派使节去代国，欲徙刘恒为赵王。赵国割让常山郡另立常山国后，尚有五郡，而且多在中原，代国只有四郡，靠近匈奴，但刘恒辞谢说，愿意替中央守边，吕雉遂以吕禄为赵王。总体上看，吕雉的主要迫害对象是刘邦同其他女人生的儿子，反之，楚王刘交同她的关系一向不错，吴王刘濞是她在丰邑做刘家媳妇时看着长大的，淮南王刘长更是她从襁褓时便收为养子哺育，懂事前一直当她是亲生妈妈。《史记·淮南衡山王列传》说，淮南王因为从小失去母亲，由吕雉带大，所以在刘邦死后而吕雉肆意迫害其兄弟们时，他却由于颇受吕雉喜欢的缘故，安然无恙，正好可以这段史实来印证。由此看来，这个女人在刘盈、鲁元相继死后，内心深处，也还有一点母性的情愫存在。

　　其三，处在长安这个西北的政治中心，吕雉最关注的是对中原和北方地区的控制，这种地缘政治因素，大约也是她对楚、吴、淮南等国暂予容忍的一个缘故。

七七　齐王发难

　　吕氏势力的迅速扩张，特别是对刘邦诸子的迫害与侵夺，势必激起刘氏宗族的不满。当时担任宗正（相当于皇族事务管理局局长，位居九卿）的是楚王刘交的次子刘郢，完全由吕雉一手提拔，还给他封上邳侯，所以对这个四伯母感激不尽。

　　可是利益受到侵犯的宗室，态度就不同了。被夺去四郡封疆的齐国是最大的受害者之一，虽然吕雉把齐王刘襄的两个弟弟刘章、刘兴居都封为彻侯，安排宫廷职务，又把吕禄的女儿配与刘章为妻，极尽笼络，但如此剥削他们父王传下来的土地，实在难以容忍。此时刘章正当英年气盛，敢作敢为，在一次宫廷宴会上，高唱《耕田歌》曰："深耕溉种，立苗欲疏；非其种者，锄而后去！"矛头直指诸吕显贵。随后，他又借用吕雉许以军法监督宴饮秩序的特权，追杀了一个因醉酒而逃席的吕氏子弟，从此声名大振，一些不满吕氏的宗室都来依附他，威望反而高于他的叔父宗正刘郢。

　　目击吕党坐大，许多老臣都极为不满，更不齿于当红大臣们对吕雉的曲意逢迎，自朱虚侯刘章闹出名声后，不少老臣都在背后给他鼓劲，又非吕雉所知了。

　　汉家政局动荡不定，南北边患趁机发作，从汉高后六至七年之际（公元前182年5月到公元前181年1月），匈奴两度侵扰直属中央的陇西郡和天水郡,在第二次侵扰时,仅在狄道(陇西郡首府,今甘肃临洮)一地就掠走人口两千多,汉朝无可奈何。与此同时,曾向汉朝称臣的赵佗也宣布独立,自尊为"南越武帝",并不断发兵进攻长沙国,显扬军威。吕雉曾派砀郡名将隆虑侯周灶率军出击,无功而返。总之,这时候大汉帝国的内部矛盾,其实比刘邦时代更加严重,占据军政上层的功勋老臣各有打算,人心涣散,根本无从集中国力抵御边患。

国步艰难,太皇太后也在"发齿堕落,行步失度"中走向了暮年,按照专家考其生年,假定她与刘邦结婚时已近三十岁,这时也不过年逾六旬而已。照刘邦估计,妻子可与乡党中年纪较小的周勃齐寿,所以在口授沛丰勋旧相继执政名单时,道是周勃以后,"亦非而(尔)所知也",而吕雉自恃年轻,认为她会比周勃活得更长,因此才提出了周勃之后用谁继任的问题。孰料人算不及天算,汉高后八年三月初三丙辰(公元前180年3月26日)上巳节这天,她依传统风俗去市郊水滨招魂续魄,祓除不祥,回宫途中路经轵道亭(就是秦末子婴向刘邦献玺投降的地方)时,突然感觉胳肢窝被什么怪物碰了一下,再仔细看,并无怪物,便请人卜筮,结论是"赵王如意为祟"。据史传记载,"高后遂病掖伤",现在推测起来,很可能是淋巴癌,原定要去燕邸同卢绾妻子叙旧的活动安排,就是因此取消的。

吕雉发病症状极为凶险的消息在政坛高层悄然流传后,有人暗自高兴,有人惶恐不已,而陈平尤其为自己担忧。这些年来,所有扬吕抑刘的政策,照例都由他领衔提议,刘氏宗室中,不少人骂他背叛高帝,其在功臣集团中特别是在沛砀勋旧中的不得人心,更是二十多年来人所共知的;反之,太后一旦归天,吕氏家族领袖的角色,肯定由吕须继任,这个女人自刘邦下勅立诛樊哙以来,对陈平恨入骨髓,整整十五年未尝稍减,只是吕雉压住,才使她无法报复,俟其一朝大权在手,结果可想而知。总之,太后殁后,诸吕权势熏天也罢,皇族势力重振也罢,都没有他的好日子过。

陈平设想,最佳的保身之道,莫如先消灭吕氏,尚可取悦皇族。不过要做成这件大功,断断少不了周勃和灌婴这两个人物的配合,从人脉讲,他们是沛丰系和砀郡系的领军,从职位讲,两人都是太尉,灌婴的本职还是荥阳大将军(大军区司令),握有兵权。可是,正是这两个人,远从楚汉战争起,就是自己的冤家;这些年来虽然共居三公之职,但同床异梦,退朝后便无私语可言,要想勾结一气而谋诸吕,又谈何容易呢?

正当"智囊"亦觉一筹莫展时,瞧破他满腹心事的陆贾主动找上门来了。揭述过陈平的进退两难后,陆贾说:"天下安,注意相;天下危,注意将。将相和调,则士归附。"旋指点陈平主动巴结周勃,又与之共商日后如何对付诸吕。陈平依他指教,拿出五百金为周勃祝寿,又办了一席丰盛的酒食同他共饮。同样在为自己前程发愁的周勃看见"智囊"主动来结交,正中下怀,随即给以回报。几个回合下来,将相结成深交,为感激陆贾,陈平以奴婢百人、车马五十乘和钱五百万相赠。

外朝将相暗中联结时,内朝也在紧张地筹划未来。汉高后八年七月二十二日癸酉(公元前180年8月10日),病危中的吕雉下命,以吕禄为上将军,居北军,以吕产居南军,并当面告诫他俩:"吕氏封王,大臣不平。我快死了,皇帝又年少,大臣们恐怕要趁机捣乱。你们一定要把军队控制在手里,卫护两宫,别出宫送丧,以免被他们劫制!"七月三十辛巳(8月18日),吕雉病逝,遗诏大赦天下,并以吕产为相国,同时指定把吕禄的女儿立为皇后。

遵照吕雉的嘱咐,吕禄和吕产各自住在北军和南军中不敢离开，太皇太后的葬礼，由陈平、审食其、周勃等人辅弼皇帝主持。葬礼结束后，审食其便由长乐宫迁居未央宫，出任少帝太傅，同时辞去左丞相——这个人事安排，史传上未交代是不是吕雉的遗嘱，但不管是否，应该都是吕党内讧的结果；审食其以吕雉的情夫得宠，但又以乡党缘故，同沛丰勋旧的关系也不错，事实上，过去刘邦在世时，沛丰系竭力为刘盈保驾，以后吕雉当国，凡沛丰勋旧俱得保全，同时又多听命这位"大嫂太后"，都少不了此人做媒介。随着吕雉老衰，他在宫中的地位也因情夫作用的丧失而摇摇欲坠，不久便为后起之秀、宦官张释所取代，吕雉患病后还不忘加封张释为建陵侯以固其宠（寺人得封彻侯，在汉朝历史上是第一例）。张释极乖巧，不像审食其在诸吕面前以前辈自居，而是竭尽讨好，因此到后来审食其亦为吕禄、吕产等所厌恶，吕雉一死便被撵出长乐宫，正是诸吕与张释合伙排挤的结果。

　　至此，老臣们纷纷向着朱虚侯刘章和太尉周勃、灌婴这几个核心人物集结。曹窋等一批曾经得到"太后伯母"拉拢的勋贵子弟，也开始暗中与陈平、周勃、灌婴、张苍等人通款。

　　值此时刻，刘邦生前广封同姓的策略终于显示了它的作用：诸刘中自认为受害最深的齐王刘襄，由他舅舅驷钧帮助策划，决定以白马盟约为旗帜，号召天下共诛"非刘氏而王"的诸吕，并与在长安任职的两个弟弟暗中约定，齐军西征之日，二刘即联络在京宗室和老臣为内应，杀尽诸吕，大功告成后，拥戴齐王称帝——在他们兄弟看来，高帝的接班人本来就属于父王刘肥，如今只是把被吕雉母子夺走的帝位抢回来而已。

　　这时候，原由吕雉亲信齐受担任的齐相一职，已因他年老告退，换成了召平，此人履历不详，但无疑也是她信得过的人。听说刘襄准备起兵讨吕，召平立即调动军队将他的王宫包围起来，同样也是中央派来的中尉魏勃闻讯赶来,对他说:"齐王没有虎符而擅自发兵,这是犯法,我来替您掌兵看守住他。"召平便把兵权交给他,岂知魏勃早已被驷钧暗中拉拢到了齐王一边,一等兵权到手,立刻把围在王宫外的军队全部撤走,反过来把相府围住,时为八月二十五日丙午(9月12日),距吕雉去世还不满一个月。召平知道大势已去,遂自杀。于是刘襄以驷钧为丞相,魏勃为将军,又把自己的卫队长(郎中令)祝午提升为主管民政的内史,旋对全体齐军下达了战争动员令。

刘邦在世时,同姓诸侯中军事实力最强的是齐国,但自从被吕雉先后割去四郡后,损失不小。所以刘襄一边下令齐军集结,一边又派祝午去邻国诈骗琅玡王刘泽说:"吕氏要在京师搞政变,齐王欲发兵西征诛讨叛逆,但又自以为年纪还小,不习兵革之事,愿意把自己的军队都托付给大王。大王从高帝时就做将军,德高望重,请大王去临淄共商大计。"刘泽见有这等好事送上门来,喜不自禁,忙急驰齐都临淄去见齐王,刚到临淄,便被刘襄扣住,迫使他把兵权交给祝午,旋使祝午调发琅玡国军队,编入齐军,接受齐王的统一号令。

刘泽情知受骗,反过来又哄骗刘襄说:"大王才是高皇帝的嫡长孙,理当继承帝位。现在京朝的大臣们都狐疑不决,本王在刘氏宗室中辈份最大,大臣都等着本王去拿定主意。现在您把我留在这里,起不了作用,不如让我进关去同他们协商,早定大计。"刘襄认为此言有理,忙为他准备好车马行装,以隆重的礼仪送他启程。

送走琅玡王刘泽后,刘襄马上誓师出兵,同时以"寡人"自称,向各诸侯王发出檄书,这是刘邦去世以来第一个宣布要履行白马盟誓的历史文献。

七八 长安政变

  齐国发难,楚国呼应,消息传到长安,群臣大受鼓舞,诸吕大起惊慌,位居相国的吕产代皇帝作主,派灌婴马上赴荥阳点兵,讨平叛乱。灌婴跑到荥阳后,立即派人同刘襄联系,要他联络诸侯厉兵秣马,和自己保持一致,先静观待变,伺机共诛诸吕。

  齐、楚两军暂时停止了西征长安的行动,但仍驻兵边界,做盘马弯弓随时待发之势,同时灌婴也未出兵讨伐叛逆,而是留在荥阳按兵不动,这种微妙的局势让吕禄、吕产束手无策。躲在家里的陈平决定趁此机会,先发制人,搞了一个方案,由周勃主持执行。大致是,由周勃出面把郦商从家里骗出来,即予绑架,迫使其儿子郦寄代表父亲去游说吕禄:"高帝与吕后共定天下,刘氏所立九王,吕氏所立三王,都出自大臣的提议,布告诸侯,大家都认为很合适。现在太后已崩,皇上年少,足下佩着赵王印玺,不去就国守藩,却以上将军的名义留在京城里掌兵,大臣和诸侯自然要生疑惑。足下何不把上将军印信归还皇上,把部队交给太尉,也请梁王把相国印信还给皇上,再与大臣们订立合约后,各去梁国、赵国就藩。这样,齐王必然罢兵,大臣们也安心,足下则可高枕无忧地做千里之王,岂不利在万世?"

  吕禄和郦寄交情极深,而且自惠帝去世以后,一直把郦商当作是倾向吕氏的老帅,现在听郦寄传达老爷子的建议,觉得挺有道理,便让人向吕产转达,并请诸吕长辈一起拿主意。长辈中,有人认为这是化解危机的好办法,何况有位居十八元功的老臣郦商担保,不用担心受骗,也有人觉得不可轻信。正如陈平所料,吕媭一死,三姑奶奶吕媭便成了族长,她坚决不同意交出南、北两军的兵权,结果此议便成不死不活。

可是陈平此计也有收获,吕氏内部为此不断商议时,吕禄和吕产的戒备心理松懈了下来,受到周勃等人压力的郦寄趁机邀吕禄离开北军驻地,外出打猎散心,经过舞阳侯府邸时,两个人还一起去给三姑奶奶请安。吕媭看见吕禄悠闲自得的神情,勃然大怒道:"你这个小子,身为上将军,居然离开军队,吕氏还有立足之地吗?"说罢,把家里的珠玉、宝器全拿出来扔在地上,气急败坏地说:"这都是人家的东西了,还藏着干吗?"吓得两个人赶紧逃走,出门后还怪老太太未免太神经过敏了。

九月初十庚申(9月26日),距齐王发兵正好半个月,汉初历史最称惊心动魄的一天来到了。早晨,曹窋前往南军找相国吕产议事。吕产对曹窋也挺信得过,便同他商量该不该接受郦商的提议,正在此时,其亲信、郎中令贾寿从齐国出使归来,听他们在讨论这个话题,便说:"大王早不就国,现在才想走这一步,还有可能吗?"接着便向他通报最新截获的情报:灌婴已同齐、楚等诸侯联合起来,准备除尽诸吕,并催促吕产马上进未央宫,先把皇帝控制在手里,准备实施应急方案。

吕产和贾寿都没把曹窋当外人,孰知他早已投向了周勃。吕产、贾寿前脚一走,他后脚就去向周勃、陈平报信。陈平分析局势,认为此刻吕产不在南军,而吕禄尚不知道贾寿带回来的最新消息,正好立即下手,遂决定先由周勃去京师卫戍区驻地,把北军抓到手里。

周勃虽有太尉的职位,但上面已有"不得入军门"的禁令,除非你有皇帝的符节。当时掌管皇宫印信机要的是襄平侯纪通（其父纪城在楚汉战争的好畤战役中阵亡），亦同曹窋一样，已站到了伯伯叔叔们一边。于是周勃一面令纪通赶快伪造皇帝派太尉进入北军的符节，一面又令郦寄与典客刘揭先赴北军，诱骗吕禄交出兵权。两个人来到北军对吕禄说："皇上已下令让太尉接管北军，要足下去赵国就藩。你赶快把印信还给皇上后就走人，要不然就会大祸临头了。"吕禄认定郦寄决不会欺骗自己，何况还有主管藩国事务的刘揭在一边作证，便解下佩在身上的上将军和中尉共两个印绶，交给刘揭，由郦寄陪同离开了北军。

刘揭其人履历，史传失载，估计也是刘氏宗室，因为取得吕雉信任而得此职务（过去这个官职由审食其担任，可见也很重要），但吕禄绝不会想到他是和老臣们串通一气的。吕禄走后不久，周勃便在纪通的陪同下，手持符节，顺利进入北军，又从刘揭手上拿到了印绶，旋传令全军："为吕氏右袒，为刘氏左袒!"袒，就是脱去衣袖，露出手臂，先秦以来的传统，凡为礼仪，都脱去左边衣袖，凡请罪待刑，就脱去右边衣袖，故周勃的这道命令，其实已向将士们挑明了应该站在哪一边，何况他手持符节，身佩将印，还有啥可犹豫的? 结果"军中皆左袒"，周勃顺利掌握了这支部队。

计逐吕禄的同时，对付吕产的计划也在付诸行动。按周勃等人的指示，曹窋抢在吕产之前，命未央宫卫尉卫毋择在宫殿大门前布防，不许吕产进宫。卫毋择也是沛丰乡党，本来靠吕雉提拔封侯，但终为诸吕排挤，所以也加入了老臣阵营，侯吕产偕贾寿带着他的卫队来到未央宫前时，被他喝令禁止前进。其实吕产真要把南军全部调来，卫毋择麾下的这点卫队绝非对手。然而这位青年相国从未有真刀实枪干过一仗的经历，更不知吕禄已离开北军，面对卫队阻挡，一时竟犹豫起来，遂形成双方僵持之势。

曹窋唯恐吕产会把南军调来,忙纵马驰入北军向周勃求援。这时朱虚侯刘章已由陈平派往北军协助周勃,看见曹窋跑来告急,便自告奋,愿去消灭吕产。当时周勃因南军尚在吕氏控制下,并无绝对取胜把握,所以不敢公然说要讨伐诸吕,而是向刘章下了一道给自己留有后路的命令,叫作"赶快进宫去保卫皇上"。

血气方刚的刘章哪有他这般老谋深算,当时一心只想铲尽诸吕,夺回刘氏天下,接令之后,便率领周勃分给他的一千多骑卒,直奔未央宫。此时吕产还在那儿徘徊不定。刘章不待其开口,马上喝令诛杀叛逆!众人一拥而上,从未见过这等阵势的吕产吓得屁滚尿流,赶紧跟着贾寿逃入郎中府。随他来宫的相国卫队看见披甲执戟的正规军队来到,没人敢上前格斗,遂听任刘章将吕产搜出来,当场砍杀。

至此,审食其已陪着小皇帝刘弘在内宫被困了大半天,听说吕产已被朱虚侯领来北军杀掉,知道吕氏大势已去,忙让传达官(谒者)拿着符节跑出来慰劳刘章,意在争取主动,表示皇上也支持消灭吕氏的立场。刘章伸手要抢符节,传达官紧抓着不放手。急中生智的刘章索性把他拦腰一挟,劫持到战车上,再带领将士向着长乐宫驰去。长乐宫的卫队只看见皇帝的传达官紧握符节,和朱虚侯一起站在车上到来,谁敢阻拦?于是刘章顺利进宫,长乐卫尉吕更始还没搞清楚是怎么一回事,刘章手起刀落,一颗脑袋已滚了下来。到此,未央、长乐两宫全部被听从太尉号令的北军所控制。

不消半个时辰,大功告成,刘章手提吕产和吕更始的首级,驱车驰入北军还报周勃说:"原先独患吕产利用南军作乱,现已伏诛,天下定矣!"周勃大喜,忙起身拜贺,并立即下令分头捕杀诸吕。翌日(九月十一日辛酉),吕禄被捕,当场处死。凡居住在长安的吕氏族人及其家属,几被杀尽。史传没有记载是哪一个领着人马去捕杀吕须的,只说吕须被乱棒活活打死,包括其世子舞阳侯樊伉在内,一门老小男女全被杀光,只有樊哙生前和外室所生的一个庶子樊市人,因为吕须不许他们母子住进舞阳侯府邸,这才侥幸活命。

除尽长安诸吕的同时,主持政变的陈平、周勃等人又派专使手持符节赴燕国,以皇帝名义处死燕王吕通,并宣布废黜鲁王张偃王位。接着,再将济川王刘太徙封梁王,随后让朱虚侯刘章向齐王通告诸吕已全部铲平,要他收兵回国。

齐王撤兵后,灌婴马上返回长安,和周勃、陈平一道,构成主持善后的“三驾马车”,召集参与或支持这次政变的老臣们开会,商量下一步该怎么办。在此之前已被释放回家的郦商,没想到老病之中,被人绑票当人质,还连累儿子郦寄得了个“卖友”的名声,气羞交集,没多久便一命呜呼了,所以没有参加这次老臣会议。

由于政变是在中外共诛非刘氏而王者的大旗下进行的,因此,继续拥戴刘氏称帝是不争的选择,问题在于如今的皇帝刘弘恰恰是吕雉的孙子,其丈人和妻子(即吕禄和他立为皇后的女儿)都被他们杀掉了,这就不免使大家为各自的将来担忧,有人很直率地指出:等他长大亲政后,我们这些人不可能有幸存者了。比之更聪明的人,则从釜底抽薪的意义上为此结果加了个前提,道是这位刘弘,连同封为梁王、淮阳王和常山王的刘太(刚由济川王徙封)、刘强和刘朝等人,其实都不是惠帝的儿子,而是吕雉从别处搞来的孩子,杀了人家的母亲,命惠帝当自己的儿子养在后宫,再立帝封王,用于增强吕氏势力的,这样的来历,日后当然是要为诸吕报仇,找我们算账的。

这个大胆的表述,立刻获得满座赞同,于是包括刘弘在内,这些少年帝王不应该再继续存在的理由就被决定了。下一个议题,就是从其他刘氏诸王中,再选一个人到长安来当皇帝。

首先被提出来的人选自然是齐王刘襄。推举齐王的理由很硬,"齐悼惠王是高帝的长子,现在的齐王是悼惠王的嫡子,推本言之,就是高帝的嫡长孙,应该立为皇帝。"

这时候,那位被刘襄骗掉军队和封疆的琅玡王刘泽站出来说话了:"吕氏凭什么能以外戚而几乎颠覆刘氏宗庙?就是娘家的恶人太多!齐王他娘家有些什么人?他娘舅驷钧就是一个大恶人,是一只戴着帽子的老虎!假使立齐王为帝,我们岂不是又为刘氏宗庙找来又一个像吕氏一样的外戚吗?"

刘泽阻挠刘襄称帝,报复的用意是很明显的,不过在刘交垂死不能来京参加"诸大臣相与阴谋"的情况下,他的辈分就是皇族中的家长,发言十分有力,而且陈述的理由,也不乏说服力,结果齐王称帝的提案被否决。但还是作出决定,让刘章继任赵王,让他弟弟刘兴居继任梁王。这个许愿很诱人,因为齐王即使当了皇帝,接班人也是他的儿子,会不会另封两个弟弟为王,是个未知数,在功侯会议就答应给他们封王,并且是偌大两块地盘,所以他们都表示满意,不再坚持为王兄争取帝位了。

摆平了功劳最大的刘章,大家继续讨论皇帝人选,又有人提出淮南王刘长,但也有人反对,理由两条,一是刘长年纪太小,二是他的舅家,即真定美人的娘家赵氏,也多是恶人。结果这个提案也被否定了。

这时候,刘邦儿子中尚在人世的,总共只有两个,除淮南王刘长外,剩下的就只有代王刘恒了,又是刘泽提出:"方今高帝诸子中,代王年纪最长,仁孝宽厚,而且他母舅家薄氏也称谨良,立长子,名正言顺。”

　　谁都不会为刘邦的两个侄子刘濞和刘郢去争取帝位,于是刘泽的提案获得一致通过,“乃相与共阴使人召代王”。

七九 文帝即位

宗室和功臣在利益相关的条件下,共同履行白马之约,战胜了外戚集团,接下来,西汉的历史又将在两者既相互依存又彼此斗争的辩证逻辑中发展,这个过程,从迎取刘恒为帝的长安秘密使团抵达代国后便开启了。

刘恒就陈平、周勃等人迎取自己进京称帝,询问左右意见。郎中令张武说:"京朝的大臣,都是高帝时的大将,既习兵事,又多谋诈,其野心勃勃,从不以已经给他们的爵禄为满足,只是害怕高帝和吕太后的威势,才一直不敢轻举妄动罢了。现在尽诛诸吕,喋血京师,又以拥戴称帝的名义来迎接大王,实在不可相信。臣希望大王称病不往,静观其变。"其他的人,也多赞成张武的意见。

掌管王都治安的中尉宋昌独持异议,认为群臣的看法有片面性,旋为刘恒分析说:"第一,自秦朝失政后,诸侯豪杰并起,自以为能得到天下者何止万人,但最终登上天子之位的是刘氏,其他人已断绝了这种念头;第二,高帝广封子弟为王,地界相连如犬牙交错,像盘石一样坚固,势威力强,足以慑服天下;第三,汉兴以来,废除暴秦苛政,简约法令,广施德惠,人人自安,其统治已经难以动摇了。以吕太后之威严,封立诸吕为王,擅权专制,然而太尉仅凭一杆节符进入北军,登高一呼,便能令将士皆为刘氏左袒,将叛汉的吕氏全都消灭——这都是天命在刘的缘故啊,岂是凭人力所能达到的? 如今大臣们虽然想要演变,但民众不会受他们驱使,其党羽又岂能始终保持一致? 从形势看,现在他们内惧朱虚侯(刘章)、东牟侯(刘兴居)诸皇室之亲,外畏吴、楚、淮南、琅玡、齐、代众诸侯之强,哪有再搞一次政变的胆量? 再从大王的条件看,如今高帝亲子还在的,只有淮南王和大王,大王既是长子,又以贤至仁孝著闻天下,所以大臣们迎立大王,其实是顺应天下的意愿,大王没有什么可疑惑的。"

听宋昌这么一分析,刘恒和群臣都觉得有道理,便向刘恒的母亲薄太后请示,薄太后犹豫不定,又叫人占卜,得到的兆象和解释都很好。为稳妥起见,刘恒又先请薄太后的弟弟薄昭赴长安与周勃接洽,因为"三巨头"中,只有周勃是高帝的沛丰老乡,而且他曾长期率军驻扎代郡,与刘恒很熟,相比其他两位要可信得多。薄昭和周勃会谈后,备悉推举刘恒为帝的过程,又由他引见,同陈平、张苍等人也见了面,遂还报刘恒说:"可以相信了,不用再疑惑了。"

至此,刘恒确信了长安老臣们迎立自己为帝的诚意,这才在宋昌、张武等人的陪同下前往长安,陈平、周勃等人皆到渭桥迎接。周勃上前一步,请求让其随行人员回避,以便他和刘恒单独谈话。站在刘恒身边充当警备的宋昌板起脸道:"如所言公事,就当着公众讲;如所言私事,王者无私!"太尉忙唯唯称"是"。因为掌管天子印玺符节的纪通早已听从他们的号令,所以这一整套代表皇帝权威的"大宝",此时也已经落到了周勃手中,并当场要给刘恒献上。刘恒辞谢说:"等到了代邸(即代王在京行宫)再作商议。"时为汉高后八年九月初五乙酉(公元前180年10月21日),距长安政变成功,不到一个月。当大臣们跟随刘恒车驾来到代邸时,已经是晚上了。

　　前面已说过,重新选立皇帝的经过,始终是在"诸大臣相与阴谋"的秘密状态下进行,虽然原先最有希望的齐王已被淘汰出局,本该为其内应的刘章、刘兴居也因被大臣收买而转变了立场,但陈平仍担心消息泄露,刘襄会在其舅父驷钧唆使下动武蛮干,因此特意让灌婴再返回荥阳勒兵,形成威慑之势,同时又把长期和周勃在代地搭档的老将棘蒲侯陈武抬出来,任为大将军,此举既扩张了周勃的势力,也增加了使代王放心的砝码,因为陈武同他也很熟悉。这样,自刘邦去世后便很少来长安的刘恒,一到渭桥,就见到了两个掌握兵权的将帅级故人,忐忑的心理又化解了不少。

　　双方都怕夜长梦多,刘恒即位的仪式遂在昏暗的暮色中举行,地点就放在规格有限的代邸,这在中国皇权史上又是崭新的一笔。这位皇帝的即位,是继刘邦称帝、吕雉称制之后,第三次采取了群臣推戴的形式,隐含在其中的依然是君主与功臣"共天下"的灵魂不散。

　　刘恒提出:"承祧高帝宗庙是大事,应该请楚王出来主持商议,寡人不敢当。"这个表态,实质上是要把皇权传递纳入刘氏法统自然继承的轨道,换句话讲,就是一切由皇族自己作主,我这个皇帝不是靠你们得来的。

　　陈平是何等聪明的人,当即抓住对方既想即位又欲凸显皇权法统在宗室公证下传递的两难心态,调整一下口气说:"臣等商议,大王继承高帝宗庙最合适,就是诸侯和民众也会认为这是最合适的。希望大王听取臣等请求。臣谨奉天子玺符再拜上。"

　　刘恒听见陈平在再次推戴中增加了"天下诸侯万民"的表述,也就见好即收,接过陈平献上的玺符,然后接受大家朝拜,就此完成了比刘邦称帝更为简单的即位仪式。这个依旧是推戴出来的皇上,史称汉文帝。

　　仪式结束，东牟侯刘兴居马上自告奋勇说："消灭诸吕时，臣没有功劳，现在请为皇上清扫宫殿！"遂与名义上仍是刘弘侍从长的夏侯婴一起进入未央宫，找到刘弘说："足下不是刘氏的子孙，不该做皇帝！"旋环顾左右执戟的卫士，要他们放下武器撤走，有些人不肯撤走，正僵持间，事先已得到通知的大谒者张释从长乐宫赶到，命令他们全部撤走。于是夏侯婴最后一次为这个下台皇帝驾驭车乘，载其离开已居住多年的未央宫。刘弘惶惶不安地问："你们打算如何安置我？"夏侯婴说："先出宫去找个地方住下。"遂将其送到少府（皇家特种税收兼手工业管理总局）禁闭起来，然后换用天子出行的仪仗，前往代邸，向刘恒汇报说："宫殿已经清扫。"就这样，这位先后为刘邦、刘盈、吕雉和刘弘做过四任太仆的"滕公"，如今又亲自为刘恒驾车，当起了第五任侍从长。

　　由于夏侯婴是从边门把刘弘送走的，那个实际上属于吕氏一党的张释，也不知出于什么缘故或受什么人唆使，并未及时向皇宫卫队传达已经发生的变化。因此，当新皇帝在众臣簇拥下来到未央宫前殿之正南门（端门）前时，竟遭到十多个卫士执戟阻拦，还喝问刘恒："天子住在这里，足下为什么要进入？"刘恒转过脸去看周勃，周勃忙走上前去，向他们宣布皇帝已经换人，乘在车上的就是新天子。这些人都认识太尉，听说后忙放下武器撤走，刘恒遂得进宫。

　　这个发生在端门前的小小插曲，很可能是以周勃为代表的这批老臣有意要制造一点戏剧性效果，借此突出皇帝是由他们护送进宫抬上宝座的事实。刘恒身边既然有宋昌、张武这些能干角色，自然也会在他们的帮助下分析出这个看似意外的性质。好在他们针对京师的现状，早在动身来长安时便有策划，端门前天子不得而入、太尉出令便能让卫士缴械的这一幕上演，其效果则是促成他们提前将这个策划付诸实现——

　　进入未央宫以后的刘恒,连夜发布两道人事安排:"拜宋昌为卫将军,镇抚南、北军";"以张武为郎中令,行殿中"。郎中令典司宫内警备机要,前面已有介绍;卫将军这个官称,在此之前还没有设置过,这个统揽京师卫戍区和皇家禁卫军两大武力兵权的职务,后来在《汉仪》中列为"金紫上卿",而此时以宋昌首膺是职,就是将南、北二军一举夺回皇帝手中,其防范周勃等人的戒备心理,当然是昭然若揭了。

　　随后,刘太、刘强、刘朝和刘弘四个少年帝王,马上被廷尉等有关部门分头捕杀。

　　两个方面同一种意义上的隐患全都解除后,刘恒还坐未央宫前殿,向全国发布即位诏书,大赦天下。推断时间,已将近半夜,等全国臣民一觉醒来,大汉帝国的历史又掀开了新的一页。

图书在版编目（CIP）数据

细说汉高祖/完颜绍元著.—2版.—上海：上
海人民出版社,2014.4
（细说中国历史人物丛书.帝王系列）
ISBN 978-7-208-12200-0

Ⅰ.①细… Ⅱ.①完… Ⅲ.①汉高祖（前256~前
195）—生平事迹 Ⅳ.①K827=341

中国版本图书馆 CIP 数据核字（2014）第 059390 号

责任编辑　楼岚岚
封面设计　范昊如

· 细说中国历史人物丛书·帝王系列 ·
细说汉高祖
完颜绍元 著

世 纪 出 版 集 团
上海人民出版社出版
（200001　上海福建中路 193 号　www.ewen.cc）
世纪出版集团发行中心发行
常熟市新骅印刷有限公司印刷
开本 890×1240　1/32　印张 14.75　插页 3　字数 340,000
2014 年 8 月第 2 版　2014 年 8 月第 1 次印刷
ISBN 978-7-208-12200-0/K·2201

定价 42.00 元